JN123984

小倉城と城下町

北九州市立自然史・歴史博物館 編

海鳥社

刊行のごあいさつ

北九州市長　北橋健治

小倉城は江戸時代に西国支配の要（かなめ）の城として重視され、文化人としても名高い細川忠興（ただおき）が天守を築き、城下町を建設しました。後継の細川忠利（ただとし）、さらに細川氏の熊本転封後には譜代大名の小笠原忠真（ただざね）が小倉城主となってまちづくりを進め、現在の小倉および北九州市の基礎を築きました。

昭和三十四（一九五九）年に天守が再建され、さらに小倉城庭園、松本清張記念館や中央図書館、文学館、万葉の庭などの歴史的・文化的な施設が集積しています。

本市では、小倉城周辺エリアをさらに魅力ある観光・文化の名所とするため、平成二十七（二〇一五）年度に「小倉城周辺魅力向上事業基本計画」を策定し、翌二十八年度からの三年間を重点期間として、様々な整備事業を実施しました。特に歴史の掘り起こしに重点的に取り組み、平成三十一年三月には天守内の展示の大規模リニューアルを行いましたところ、来場者数は大きく増加しました。

本書はこのような歴史の掘り起こしの一環として、長年にわたる、また最新の調査研究成果を集成して、小倉城と城下町の歴史をわかりやすく紹介するものです。本書が多くの方に読まれることにより、小倉城の歴史や役割、「名城」としての魅力を再認識し、郷土に対する誇りや愛着を高め、本市のにぎわいづくりやイメージアップが図られることを願っています。

本書の刊行に際して、様々な形でご協力いただいた関係機関の皆様をはじめ、ご尽力いただいた多くの方々に深く感謝を申し上げます。

本書の編集にあたって

北九州市立自然史・歴史博物館館長　伊澤雅子

関門海峡に臨む北九州は時の権力によって特に重視された地域で、小倉城は西国支配の要の城として重要な役割を担いました。また小倉城下町は九州の玄関に位置し、長崎街道など九州の街道の起点として多くの人々が往来しました。本書はこのような小倉城と城下町の独自な歴史と魅力を明らかにするものです。はじめに、本書の編集方針について述べたいと思います。

第一に、対象期間について。本書は毛利元就による「築城」から現代までを通して、とりわけ江戸時代に細川忠興（ただおき）によって天守を含めて大規模築城が行われ、小笠原氏の統治を経て、明治以降軍隊や軍事施設が立地し、昭和三十四（一九五九）年に「復興天守」が建設されるまでを中心に設定しています。

第二に、対象区域について。本書は本丸と天守などの城の中心部だけでなく、東・西両曲輪（くるわ）と帯曲輪を含む「惣構（そうがまえ）」までを設定しています。「城」といえば天守や本丸などの中心部をイメージするかもしれませんが、本書は「惣構」の内側全体を城とする立場をとっています。一方で小倉城が水陸交通の要の城であることに鑑み、城の外側との連絡・関係についても重視しています。

第三に、これまでの調査研究の成果や関連資料を集成して執筆を行っていることです。『小倉市誌』とその後の『北九州市史』をはじめ、長崎街道小倉城下町の会が編纂した『城下町小倉の歴史』、元北九州市助役の出口隆氏が著した『地図で見る近代の小倉室町と城内』といった先行文献、小倉郷土会の調査研究活動と会誌『記録』、小倉城内各地で行われた発掘調査、昭和五十年に開館した当館の前身である北九州市立歴史博物館や昭和五十八年に開館した北九州市立考古博物館、後身である当館による調査研究や展示活動。これらの蓄積をふまえることで本書は成り立っています。

忘れてならないのは、小倉城の大規模築城を行った細川忠興と後継者の細川忠利（以降の藩主）、また細川家家老を務めた松井家に関する膨大な歴史資料を伝えてこられた公益財団法人永青文庫、公益財団法人松井文庫、長年にわたって調査研究に取り組んでこられた熊本大学や熊本県立美術館、八代市立博物館、長く小倉藩を統治した小笠原家の歴史資料を守ってこられた福岡県立育徳館高等学校錦陵同窓会、整理・公開を進めてこられたみやこ町歴史民俗博物館の存在です。これらの歴史資料と調査研究の成果がなければ小倉城の歴史を詳細に知ることはできません。関係する皆様に心より敬意を表します。

第四に、当館と北九州市市民文化スポーツ局、北九州市芸術文化振興財団の学芸員の力を結集し、「現場」で小倉城に関する調査研究に取り組んできた成果を盛り込んで執筆を行っていることです。

このような編集方針のもとで、私たちは小倉城と城下町の歴史をできるだけわかりやすい形で紹介するように心掛けました。本書が小倉城を再評価する一助となれば幸いです。

最後になりますが、本書の編集に際して多大なるご尽力を賜った関係者・関係機関の皆様に厚く御礼申し上げます。また本書の刊行の労を取っていただいた有限会社海鳥社に感謝申し上げます。

【凡例】

一、字体は新字体に統一したが、人名など一部旧字体で表記したものがある。

一、引用した資料や文献は本文中に（　）で示した。「アジア歴史資料センター」でインターネット公開されている資料についてはレファレンスコードのみを示した。頻出する資料については巻末にまとめて資料解説を付した。主な参考文献については巻末に一覧を掲載し、本文中には著者名と文献名のみを示した。

一、掲載した図版のうち、北九州市立自然史・歴史博物館など北九州市および北九州市芸術文化振興財団の所蔵資料や提供写真については所蔵者の表記を省略した。地図や現況については仰木徹氏が撮影したものが多数あるが、撮影者の表記を省略した。

小倉城と城下町　目次

小倉城とは何か

様々な「試練」を乗り越えて

小倉城は毛利元就が永禄十二（一五六九）年「小倉津に平城を構えた」ことに始まった。その後高橋氏・森（毛利）氏を経て、関ヶ原合戦後に細川氏が入り、当主である細川忠興が中津から小倉に拠点を移し、天守を築き、東西両曲輪と帯曲輪から成る広大な「惣構」を有する小倉城と城下町を築いた。忠興の後を継いだ細川忠利が小倉藩政の基礎を整えた。

三代将軍徳川家光の時代に細川氏が熊本藩に移ると、初代将軍徳川家康の曾孫で譜代大名の小笠原忠真が小倉藩主となった。小笠原氏は譜代大名でありながら転封されず、また「小笠原騒動」と「白黒騒動」という二つの御家騒動（小倉城第一の試練）があったにもかかわらず、改易や減転封されることもなく、幕末に至るまで小倉藩を治めた。

小倉城は「九州咽喉の地」に築かれ、周辺の外様大藩を譜代大名の小笠原氏が監視する「九州御目付」としての拠点となった「要城」であった。また層塔型の独自な天守と広大な惣構を有し、陸海を往来する人々からその威容を讃えられる「名城」として知られた。しかし天保八（一八三七）年に天守は焼失し（第二の試練）、再建されずに幕末に至った。

幕末の長州戦争で、譜代大名の小倉藩は幕府軍の先鋒を務めたが戦況不振の中で孤立して、慶応二（一八六六）年八月一日に小倉城を自焼し、田川郡香春へと撤退した。これは「作戦」だったが、結果的には大混乱に陥った。この時に西曲輪の大半と東曲輪の武家屋敷の一部が焼失した（第三の試練）。小倉城下町と企救郡は長州藩や新政府（日田県）の預り支配を受けた。

明治以降小倉城は「存城」＝軍用地となり、軍隊が入り、軍事施設が立地して、軍都小倉・北九州の中心として原爆投下目標になった（第四の試練）。昭和二十（一九四五）年敗戦後は連合国軍に接収されたが、昭和三十四年までに返還され、その後は公園となり、様々な公的施設が立地して、小倉市さらに北九州市の中心地となった。また返還と同じ昭和三十四年には鉄筋コンクリート造りの復興天守が建設されたが、層塔型の天守に本来はなかった破風が付けられた（第五の試練）。

この間、旧小倉城下町では鉄道や軌道が敷設、道路が開削され、海岸・河岸の埋め立ても進行した。近年は公的施設に加えて大型商業施設や高層住宅が建設されている（第六の試練）。このように小倉城は様々な「試練」を受けてきたが、それらを乗り越え、大きな変貌を遂げて現在に至っている。

小倉城は幕末に小倉藩が「敗けて焼いて逃げた」城というイメージが根強くあり、昭和戦後の復興天守は本来の姿とは異なると批判されるなど多分に評判が良いとはいえない。しかし前者については本来「作戦」だったし、譜代大名としてやむを得ない面があった。後者についても「戦後復興」や「高度成長」の時代における人々の期待の表現であった。海外からを含めて多くの来城者があるのも令和元（二〇一九）年に「還暦」を迎えた復興天守の存在があればこそに違いない。

小倉城の「歴史資源」としての価値と魅力を向上させるためには、何よりも現在に至る「歴史」を知る（見直す）こと、また開発によって失われていった中でも現在に伝わる遺構や関連資料を大切に保存・活用していくことが肝要であろう。

［日比野］

第一部

第一章　小倉城の位置と構造

小倉城の地理的環境

九州の最北端に位置する現在の北九州市は昭和三十八（一九六三）年に門司、小倉、戸畑、八幡、若松の五市が合併して誕生した政令指定都市であるが、かつては門司、小倉が豊前国に、戸畑、八幡、若松が筑前国に属していた。

関門海峡を挟んで本州の山口県（旧長門・周防国）と向き合い、北は響灘、東は周防灘が海岸線の先に広がっており、前者は日本海域に、後者は西部瀬戸内海域に属し、地勢的にも気候的にも表情が異なる。

また、この地域は弧状をなす日本列島西岸をなめるように駆け上がる対馬海流、かたや関門海峡をくぐり抜け瀬戸内海西部の伊予灘から東へ、また豊後水道から南へと続く潮流の影響下に、太古の昔より豊かな自然の恵みと文化を育んできた。

街道・城・宿・港の位置図

海城小倉城遠景。中央やや右に天守の屋根が見える

北九州はこうした地理的環境にあるからこそ、中世末から近世においても、幾多の攻防を経て豊臣政権による九州支配や大陸侵攻への足掛かりとなる一方、海上交通や交易、遠隔地物流を形作る経済活動要衝の地、そしてひと・もの・情報を伝達し、内海・外海を躍

動する海峡都市にもなったといえるのである。

小倉城の城主と時期区分

旧豊前国（福岡県の東半部と大分県の一部）の要の城であった小倉城は、慶長七（一六〇二）年、細川忠興により築城され、三十年後の寛永九（一六三二）年に小笠原氏に引き継がれた近世城郭であるが、それ以前からすでに存在していた。

宗像大社に伝わる天正六（一五七八）年の「宗像大社辺津宮置札」には、中国地方を支配していた毛利氏がその家臣である伯耆国住人南条勘兵衛に永禄十二（一五六九）年に小倉津に平城を築かせた、という記載が見られる。その後、豊後国を領有していた大友氏の傘下にあった高橋鑑種・元種父子が主君に反旗を翻し、毛利方に与して小倉の領地を与えられている（元亀元〔一五七〇〕～天正十五年）。続いて豊臣秀吉は九州平定後、同郷で信任の厚い毛利勝信（森吉成）に豊前国の企救・田川二郡を与えてこの地域の監視役とした（天正十五～慶長五年）。

「宗像大社辺津宮置札」（部分、宗像大社蔵）

勝信の時代にはすでに城郭としての陣容が一定程度整い、紫川より西に位置する西曲輪では梵鐘づくりを行う小倉鋳物師の生産拠点や城下町形成が進められていたことは、各地点での発掘調査で銅を溶かす溶解炉はじめ江戸期以前の各種遺構、遺物がたくさん出土することからも理解できる。

そこで、小倉城の歴史を考える際は、時代に沿って小倉城郭および城下町の形成と発展をもとに、①中国毛利期～高橋鑑種

上：小倉鋳物師が築いた甑炉
右：地鎮めのための輸入陶磁器（毛利勝信時代）

・元種期（一五六九～八七年）、②毛利勝信期（一五八七～一六〇〇年）、③細川忠興・忠利期（一六〇〇～三二年）、④小笠原忠真（ただざね）以下十代藩主期（一六三二～一八六七年）に分けて考えると理解しやすい。小笠原期は非常に長いので、東曲輪の町屋にも瓦屋根が普及するきっかけとなった京町大火災の発生（享保十（一七二五）年）、二三〇年間歴代藩主の中心施設として威容を誇った小倉城天守の焼失（天保八（一八三七）年）を境に三期に分けることも可能である。

　ここでは小倉城と城下町、およびそれに付随する堀や土塁、石垣などを含めたいわゆる小倉城郭が形成された場所の地形的特徴や、小倉城郭が次第に整備されていく上での構造的変化を、最近の発掘調査成果をもとに考えてみたい。

江戸時代の小倉城郭の位置

　小倉城下町の発掘調査は昭和六十三（一九八八）年の室町遺跡に遡り、四十年以上かけて一三〇カ所以上の地点を調査してきた。調査面積は一六ha以上に及び、近世の城下町遺跡としては、西日本でも有数の調査履歴を持っている。

　城下町は中央を南北に流れる紫川を天然の中堀として東西に広がっているが、東と西とでは整備された時期や遺跡の分布に片寄りが見られる。

　西曲輪は先ほど説明したように、江戸期以前の遺構が各所で見つかり、さらに古い古墳時代～古代にかけての遺構や遺物も場所によっては発見される。また西エリアのほとんどの地区では各時代の遺構が上下に積み重なるようにして発見され、膨大な量の遺物が出土している。そして、そのあり方が小倉城下町の形成過程や発展の歴史を如実に物語っているといえるのである。

　こうした考古学的調査成果を文献資料、絵図・絵画資料、また民俗学、歴史地理学は言うに及ばず、悉皆（しっかい）調査や伝承・口伝など幅広い分野での研究と融合させることが、近世都市遺跡を考える上には欠かせない視点であると思われる。しかし、そのためには個々の歴史的事実を吟味・検証し、正しく位置づける地道な作業が繰り返されねばならない。

　特に、遺跡から出土した遺物は犯罪捜査でいえば「物的証拠」にはなるが、それ自身では「もの」を語ってくれない。そこで、そのものが発見された状況を正確に記録し、その形態、大きさ、色、材質、作られ方、使われ方、破損したり埋もれたりした状態など、様々な特徴を把握して分類を行い、ものの変化の方向を読み取ることによって、歴史という時間軸の中に当てはめ、製作、使用、廃棄、埋没の各年代を探りながら、そのものの機能や用途、作った人、使った人の行動や背後にある社会組織、考え方などにも迫っていく。

　こうした考古学的研究により、今まで文献でしかわからなかった小倉城の成り立ちや変

大手町遺跡の整地層（江戸中～後期）

遷、また文献にはほとんど記載されない町人や商人などの庶民の生活の様子、墓制や死生観なども次第に明らかになってきた。

近世遺跡の発掘調査は、加速度的に増えていく生活用具、生産用具や大地に刻まれた遺構から当時の生活や社会を復元・検証できる極めて科学的な歴史解明の手段なのである。

さらには、近世に城がそこに存在することの意味を、築かれた場所の地理的・地形的・地質的特徴からも考えていくことで、大地に、そして地域に根を張って生き続けた小倉城郭とそこに暮らす町人がより身近に感じられることと思う。

では次に、幕末期の絵図をもとに、これまでの小倉城下町発掘調査成果や文献資料に記載された区分けや施設を加味して、その構造について考えてみよう。

小倉城の縄張り

紫川の河口に築かれた小倉城と城下町は東西一・七五km、南北一・六kmのおよそ逆台形の範囲に存在しているが、まず第一の特徴として、北流する紫川を中央に挟んで西と東のエリアに分かれており、それぞれ「西曲輪」、「東曲輪」と呼んでいることに着目したい。

天守を置いたエリアは西曲輪にあり、逆三角形の範囲がいくつもの堀と石垣で囲われている。その外回りはさらに何重もの堀が巡らされており、二ノ丸や三ノ丸、また町屋を配して最も外側（外郭）にも堀を設け城内と城外を区分けしている。こうした城郭構造を「惣構（そうがまえ）」や「総曲輪」などと呼んでいる。曲輪とは堀や土塁、石垣などで区画された平坦地で、その配置状況を「縄張り」という。城づくりには何をどこに配置しようか、という設計プランが必要で、その図面を「縄張り図」と呼ぶのである。

したがって、小倉城を理解するための具体的な作業として、現存する縄張り図（絵図）とそれに描かれた地形を現在の地形と照合させながら、発掘調査で見つかった石垣、土塁、堀、道、段差、区画溝などの配置関係を考慮して縄張りを区分してみよう。

すると小倉城は大きく八つのエリアに分けることができる。

［A］南から北に向かって篠崎台地が延び、北東部の最高所に位置する本丸周辺⬇天守をはじめとする小倉城郭の中枢施設が集まる西曲輪の中心エリア。ここは絵図で見るように逆三角形の形をしており、他の地割りとは違っている。

［B］Aのエリアの北側にあり、紫川西岸河口と外海が形成した砂丘上の低台地（海岸平野）⬇家老クラスの上級家臣団が居住する二ノ丸と、中堀を挟んで北側に町屋が広がるエリア。

［C］篠崎台地西側から城郭の西側を区切る板櫃（いたびつ）川に向かって緩やかに傾斜していく丘陵緩斜面⬇中堀と中堀に挟まれた三ノ丸の一部、中堀と外堀に挟まれた町屋が南北に延び、長方形街区が形成されたエリア。

［D］Cエリアとは対照的に本丸南東側で紫川に向かって急角度で下降し断崖状を呈する河岸段丘とそれに連なる礫（れき）層による緩斜面⬇下級藩士や町屋が限られた範囲に集住するエリア。

［E］湾入した紫川に形成された中州と葭（よし）原（はら）を造成して誕生したいくつかの新地部分⬇新しい地割りに基づいて形成された中・下級藩士が集住するエリアと、葭や

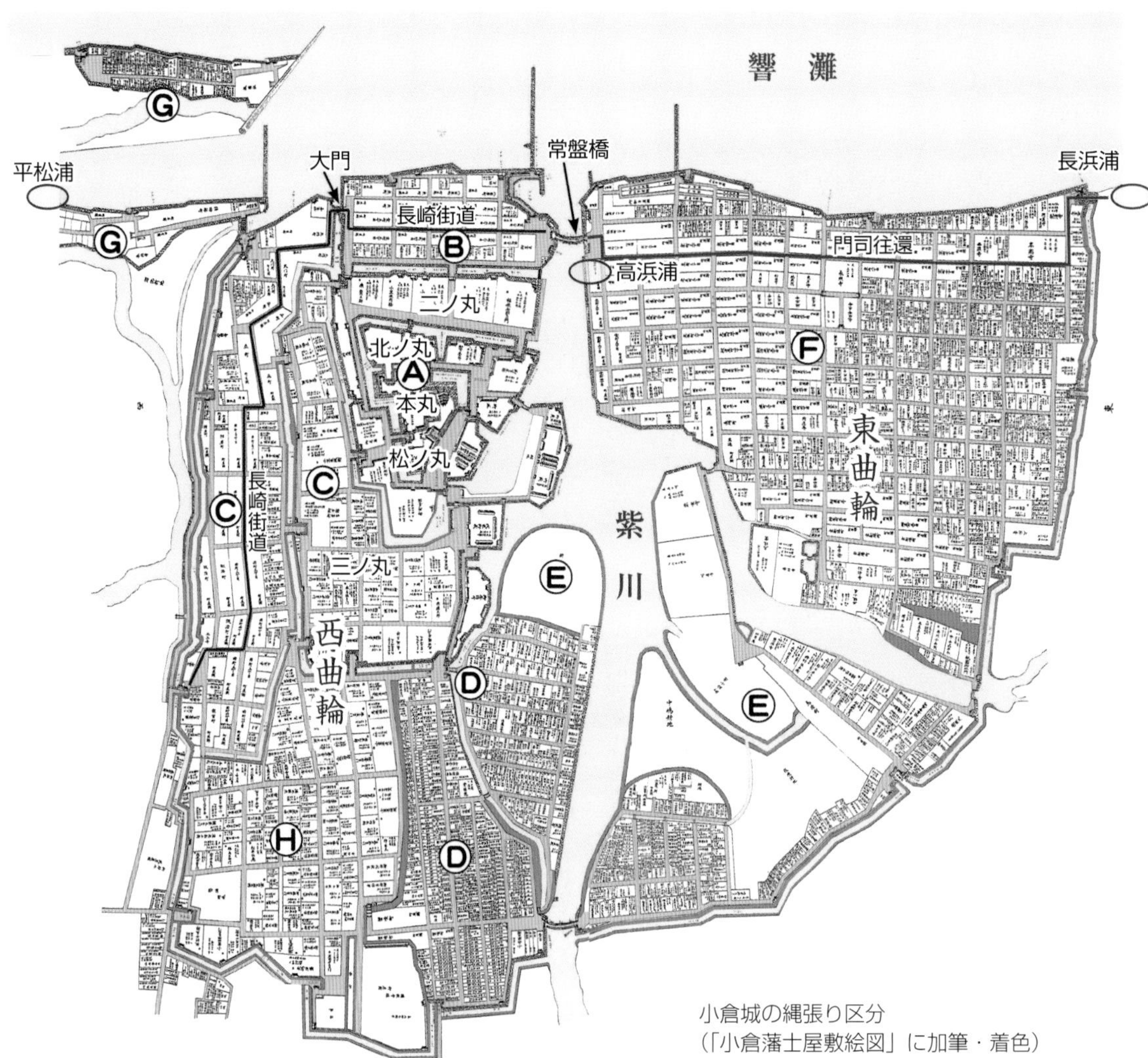

小倉城の縄張り区分
（「小倉藩士屋敷絵図」に加筆・着色）

葦などが繁茂する残された沼沢地。

［F］紫川を挟んで広がる、低平な風成砂丘からなる海岸平野を整地して形成された広大な東曲輪➡西曲輪とは全く異なる碁盤目状の正方形街区が整然と地割りされた藩士屋敷と町屋、寺が混在するエリア。

［G］城下町北西部にあり、東西に延びる砂州の埋め立て地域➡帯曲輪と称され、江戸初期に鋳物師町がこちらに移転させられるとともに祇園社（八坂神社）が置かれた小倉城郭独特の町場エリア。

［H］城下町南部の篠崎台地基部➡惣構南半部の要（かなめ）としてか、比較的上級の家臣団屋敷地や馬場が存在するエリア。また南からの敵に備えるため、厳重仕様の堀と土塁を設けたエリア。

以上のように、惣構内には極めて複雑な自然地形と、天守はじめ様々な中枢施設を配置するために行われた大規模な改変地形が織りなす城郭風景が各所に残されている。

近世以前から城郭としての機能が西曲輪を中心に付加されていったのは、もともとの丘陵部を利用して開発が進められていったからに他ならないが、この地が戦略的要所であったため、その後藩主が交代しても、海浜砂丘の開発は長い時間をかけて行われた一大プロジェクトだったようだ。細川忠興の小倉入部後はまさに惣構の近世城郭として、堀、石垣、土塁、櫓、門、道、港など主要施設と構築物が整えられ、それが小笠原氏にも引き継がれて小倉城下町の全体が整備されていったわけである。

地形から探る小倉城郭

今回、新たな試みとして、小倉城天守を通る南北・東西の断面図を作成するため、平面図に小倉城郭の範囲を落とし込み、もともとの地形がどのように削られ、埋められて今の地形が出来上がっているのか、それに城郭の諸施設がどう配置されていったのかを示してみた。縮尺が小さくて見にくいかもしれないが、もとになる地図は、明治三十年代に大日本帝国陸地測量部が製作した一万分の一の地形図である。図はそれをさらに縮小している。

天守を通るラインは、地形のもっとも良く現れた箇所を求めたため、南北縦断面ライン（A－B）は直線にはならないが、東西横断面ライン（C－D）は紫川、板櫃川を通る直線ラインが引けた。また別に、紫川の中州に築かれた御蔵を通る横断面ラインをE－Fとし、篠崎台地を通る横断面ラインG－Hも作成してみた。

各断面図は起伏がわかりやすいように、小倉城天守や堀などの高さと深さは縮尺を五倍に強調している。黒線が幕末期の絵図と発掘調査データから起こした小倉城郭断面図、茶色のアミ線が、城郭が築かれる以前の旧地形を示している。

南北縦断面図の旧地形①A－Bを見ると、天守が築かれた部分が一際高台になっていることがわかる。しかしこれは北側（A側）で地山が一旦下降しているため目立つ地形になっているのである。さらに南側（B側）にいくと次第に地山は高くなり、その部分は切り土▽を行って外堀を築いている。外堀は八m近くの深さがあり、その土は北側（城郭の内側）に土塁として盛り上げ、その高さも同じかそれ以上あったようだ。逆に天守の南にある二つの内堀と中堀の間は地盤が低いため盛り土▼を行ったうえで、堀を築いている。

一方、天守の北側（A側）は二つの内堀、中堀の先に低平な砂丘が海に向かって延び、汀線（ていせん）際は盛り土▼を行い土塁石垣を築いて外郭の北の端としている。

上：段丘崖（小倉北区役所付近）。崖の法面に合わせて石垣を築いている
下：永照寺と砂丘（小倉駅南口、京町遺跡）。所々に見える石は旧本堂の礎石

小倉城郭地形平面図（大日本帝国陸地測量部製作の地形図に加筆、縮尺約 1/20,000）
アルファベットは左の地形断面図作成位置を示す

次に、東西横断面図の旧地形②C－Dを見ると、天守の東側（D側）では、台地が崖状に急傾斜し、ここに内堀が設けられ、やや緩やかな傾斜で紫川西岸に続いている。川の東岸は東曲輪が形成された広大な風成砂丘が広がるが、その盛り土▼は比較的薄く、三〇～五〇㎝であることが米町遺跡や堺町遺跡の調査でわかった。また東端は人工的に築いた砂津川で外郭を区切っている。

天守の西側（C側）は緩やかな傾斜で内堀、二つの中堀、外堀と続き、最後は旧板櫃川に達するが、流路が西側に付け替えられた新板櫃川も表現した。途中小規模な切り土▽、盛り土▼が繰り返されるが、新板櫃川側の両岸は護岸盛り土▼で仕上げられている。

また、③E－Fの東西横断面図を見ると、中州部分に微高地があり御蔵の施設が設けられ、その西側は船溜（ふなだまり）となっている。天然の紫川の一部を城郭内に取り込んでいるわけである。中州の東側には神嶽（かんたけ）川が城郭の東南側から流入し、やがて紫川に合流する。

一方、④G－Hの東西横断面図の整地状況を見ると、中央に標高一〇ｍほどの低い篠崎台地が幅約五〇ｍでわずかずつ西に傾斜して

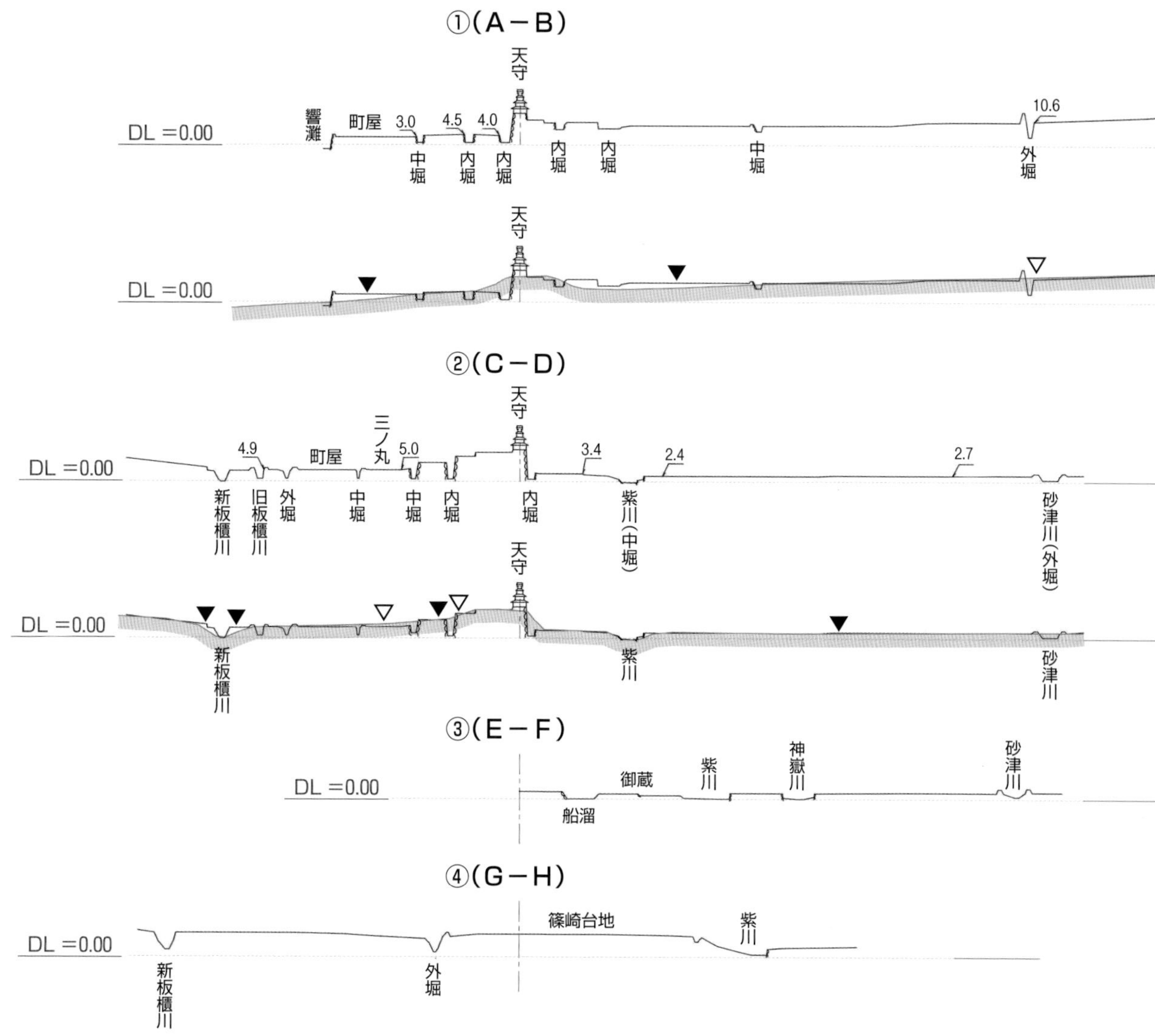

小倉城郭地形断面図（縮尺約 1/15,000）
高低差は距離の５倍で図示している。茶色のアミは想定旧地形を示す。数値は標高（m）を示す

いき、その位置に外堀が設けられている。この外堀から板櫃川までの距離は約六〇ｍとなっており、東側へ約六〇ｍの位置にはやや蛇行する紫川が流れている。

以上、小倉城郭を旧地形の上に載せて、その整地の様子、施設の配置を見てきた。小倉城時代のこうした大規模な土木工事は「普請」、建築工事は「作事」と呼ばれ、それを受け持つ役所として「普請所」が置かれている。

小倉城郭の建設には地元の職人のみならず、細川氏がかつて支配していた丹後国（現在の京都府）からも職人を呼び寄せていたと考えられ、京都周辺でよく製作・使用されていた「京都系土師器皿」が大量に出土している。石垣築造、堀の掘削など多岐にわたる城郭建設の槌音は細川期、小笠原期と決して休むことなく響き続け、私たち現代人はその労働力の多大さに息を呑むばかりである。

こうして小倉城は、九州最北端の要害の城として江戸初期から幕末期まで二六〇年間存在し続けたのである。

［佐藤］

第二章　戦国時代の小倉城
―毛利勝信時代まで

湊町・小倉

小倉城築城以前の小倉について、小倉藩記録方の春日信映が編纂した『倉城大略誌』を要約すると次のようになる。

文永年間（一二六四～七五）に緒方大膳亮惟重という武将が小倉に城を築いたが、この城は延慶年間（一三〇八～一一）に水原備中守定元の攻撃で焼失した。その後、元徳二（一三三〇）年に黒崎土佐守景経が城を築いたが、建武元（一三三四）年には長野七郎貞家が攻略して居城とした。さらに応永年間（一三九四～一四二八）には山口の大内氏の持ち城になったという。それらの城名は「勝山の城」・「勝野の城」といわれたと記すが、これらを証明する確かな史料は見出せていない。今のところは、伝承として記憶に留めておくのがよい。

古くは応安八（一三七五）年二月十八日、長崎県五島市玉之浦町の大宝寺に伝わる梵鐘に「大工豊前小蔵藤原顕宗」の名前が見えることから、小倉（小蔵）に梵鐘を鋳造する鋳物師が居住していたことがわかる。地名で小倉（小蔵）が記される、早期の記録でもある。

南北朝から室町時代の間に造られた梵鐘が各地に伝存している。中世期小倉鋳物師の鋳造した梵鐘は、吊るしの竜頭に特徴があり、その形状から早期には建保三（一二一五）年の東禅寺鐘（宮若市）、北九州市内では芝津神社鐘（正平二十〔一三六五〕年、小倉南区貫）、西光寺鐘（至徳四〔一三八七〕年、小倉南区井手浦）、徳雲寺鐘（永享二〔一四三〇〕年、若松区二島）、そのほか全十五点が伝存している（坪井良平『日本の梵鐘』角川書店、一九七〇年）。それら梵鐘の銘文から先の藤原顕宗のほかに、坂田家守・沙弥円覚・宗貞・沙弥宗仁・善照・沙弥安宗・沙弥浄音・道仙という鋳物師の名前がわかった。そして昭和六十二（一九八七）年の発掘調査によって、溶解炉・鋳型などの鋳造遺物が見つかったことから、「小倉」の場所は、現在の紫川西部で海岸寄りの室町辺りと推定された。

文明十九（一四八七）年の「大内氏壁書」は、赤間関（下関）との渡海賃として、「せきとこくらとのあいた　三文」とあり、小倉の地が関門海峡の渡し場（湊）でもあったことがうかがえる。そこには大門・金屋・毛屋・田中・辻・白石などを名乗る、町衆の存在も指摘されている（米津三郎編著『わが町の歴史 小倉』）。

平城の建設

小倉に城が建設されたことが確認されるのは、永禄十二（一五六九）年のことである。「宗像大社辺津宮置札」（天正六〔一五七八〕

年）は次のように記している。

永禄十一年戊辰八月下旬、到豊前三岳要害、被攻渡、干時城督長野兵部少輔弘勝為豊州一味拘之、同年九月四日被斬崩、弘勝討死、幷数百人討果之、翌年筑前表可有陣替之由、到芸州註進之、故元就御父子三人、輝元長府江御着陣、警固船数百艘乗浮之、為通路小倉津構平城、伯州南条勘兵衛尉被差籠、在津

毛利元就が、豊後国大友義鎮（宗麟）に与する筑前国糟屋郡の立花道雪（戸次鑑連）を攻撃するに際して、まず敵対する三岳（小倉南区）城主の長野弘勝を攻略し、筑前進撃の足掛かりとする「平城」を「小倉津」に築き、伯耆国の武将南条勘兵衛尉に守備させたというものである。築城には長門国の一宮住吉神社が保管する漂着船板などを使用し、小倉津の町衆も協力した。急ごしらえの「平城」で、本丸や天守などの施設を備えるのちの城には及ばないが、小倉が城下町になる契機の出来事といえよう。

天正三年、薩摩国から京都への途次に当地方を経由した同国武将の島津家久は、その道中記「御上京日記」（『近世初頭九州紀行記集』九州史料叢書十八、九州史料刊行会、一九六七年）に、

三月十日　そねの町を打過、未程にこくらの町に着、高橋殿の館一見し、それより舟おしいたし行は、右方に赤阪といへる村有

と記している。即ち、島津家久は曽根を通って小倉に向かい、小倉からは船で下関に渡るのであるが、小倉では「高橋殿の館」を一見している。当時の「高橋殿」とは、かつては大友義鎮（宗麟）の重臣であったが離反して、毛利氏庇護のもとで小倉に住居した高橋鑑種で、この「館」が右の「平城」のことと思われる。筑前国古処山城主秋月種実の次男元種が、天正六年に高橋鑑種の養子となり、後には田川郡香春岳を本拠にし、小倉は端城となる。

天正十四年八月、豊臣秀吉は薩摩国島津氏攻撃の先陣として、中国・四国地方に勢力を有していた毛利輝元・吉川元春・小早川隆景一族に、関門海峡の通路を確保するために、北部九州への出兵を命じた。かつては毛利氏の庇護を受けていた秋月種実が薩摩国の島津義久と意を通じていたことから、高橋元種も島津勢に加担していたのである。この時、黒田孝高（官兵衛、勘解由）が「検使」として派遣されている。十月四日に毛利勢が小倉城を包囲したところで、端城守備軍は香春岳本拠に退却し、小倉城は毛利勢の手に落ちた。年内には高橋元種が降伏し、毛利勢が北部九州を掌握したことから、翌天正十五年三月に豊臣秀吉本隊が九州に出陣し、七月一日には島津氏を抑えて筑前国箱崎に凱旋した。同二日に小倉城に入り、さらに赤間関（下関）に

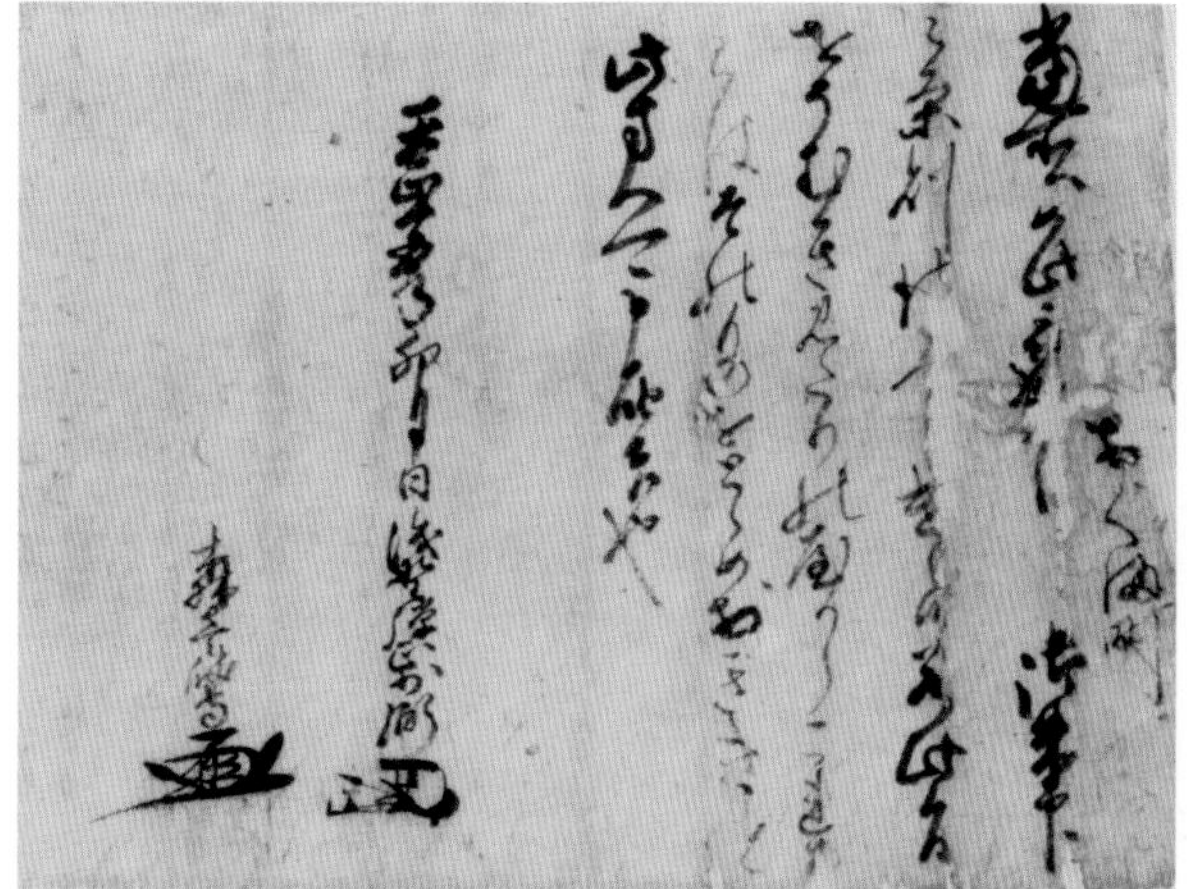

森吉成・浅野長政連署状（天正15〔1587〕年卯月日、嘉麻市蔵）。乱暴・狼藉を禁じるもの

渡って、同地にて九州の大名配置を行ったのである。

毛利勝信(森吉成)の入封

豊前国については、八郡のうち六郡(京都・仲津・築城・上毛・下毛・宇佐)を黒田孝高(如水)、残る企救・田川の二郡を毛利勝信が支配する。

この毛利勝信の生年・出自は判然としないが、尾張国の出身で本姓は「大江」という。当初は森三左衛門と名乗り、後に森壱岐守吉成と称するが、天正十五(一五八七)年に豊臣秀吉の命により姓を「毛利」と改めた(『小倉藩政雑誌　歴代藩主一』、『豊前叢書』第三巻、国書刊行会、一九八一年)。また宝暦十二(一七六二)年に英彦山修験道の大先達広延が著した「塵壺集」(有吉憲彰編『福岡県郷土叢書』文献出版、一九七五年)によると、「毛利壱岐守勝信は秀吉の寵厚く黄母衣七騎の其一騎」とあり、豊臣秀吉の近習であったようである。

秀吉の九州出兵では、天正十四年十一月に、秀吉の意向を前線の毛利・吉川・小早川勢に伝える使者として九州入りし、高橋元種の本拠香春岳城の受け取り役にもなった。翌十五年の秀吉出陣に際しては、掌握地の鎮撫など、戦後処理を務めている。毛利勝信拝領の企救・田川郡知行高は六万石の評価で、小倉を本拠とした。

小倉城主となった毛利勝信の人物像について、福岡藩黒田家臣の礒水泡は、関ヶ原合戦時に豊後国一帯での黒田孝高(如水)の活躍を中心に記録した「豊後御陣聞書」(『続群書類従』二十三輯上、続群書類従完成会、一九二四年)の中で、次のように評している。

壱岐守という人物は、武道への心懸けは薄く仁義にもとり、欲心は深い。日頃から理由も無く米銭を蓄え、蔵に積み置くことばかりを生業にしている。

この評価からは、勝信は先陣を切って刀槍を交える戦国武将ではなく、算勘に長けた文官をイメージさせる。彼が「米銭」を蓄蔵するのは、九州の「太閤蔵入地代官」(森山恒雄『豊臣氏九州蔵入地の研究』吉川弘文館、一九八三年)や「朝鮮出兵検使役」(中野等『秀吉の軍令と大陸侵攻』吉川弘文館、二〇〇六年)を務める必要性によるもので、豊臣秀吉から信頼された「代官」の姿が想像される。九州と本州の結節点に位置する地理的条件や、毛利勝信の性格などから勘合すると、小倉の地は豊臣政権の直轄地的性格を帯びていたといえる。ちなみに、勝信(吉成)の子息勝永(吉政)も朝鮮出兵に従軍しており、帰国の際には「犬一疋」を関白豊臣秀次に献上し、秀吉から労いの朱印状を送られている。

豊臣秀吉朱印状(毛利勝永宛、文禄2〔1593〕年3月24日)。朝鮮出兵を慰労するもの

毛利（森）氏の統治

　毛利勝信の時代はわずかに十三年足らずであったが、本就寺・東岸寺・善行寺などの寺院の建設記録に加えて、城域内の発掘で金箔付き鬼瓦片や自然石を野面積みした石垣なども見つかっており、小規模ながらも本格的な築城と、町づくりが行われたことがうかがえる。小島礼重の「鵜之真似」によると、

　城下町は紫川の西側、海岸に近く、侍屋敷は今（小笠原氏時代後期）の三ノ丸の所斗りにてあり、一説には今の二ノ丸の所にも侍屋敷少々在り

といい、「二ノ丸の所には町家も少しありしとの事也」と見える。すなわち、侍屋敷は城の西、細川・小笠原氏時代には三ノ丸となった辺りに限られ、城の北側で、後に家老屋敷となった二ノ丸辺りにもわずかに侍屋敷があったとの説もあるが、ここには町家も建設されていた。また、二ノ丸紫川寄りには、毛利氏菩提寺の日蓮宗長喜山本就寺（現在は小倉北区清水）が建設されていた。このほかにも、心光寺などの寺院があったようである。侍屋敷は三ノ丸の位置に集約されていたという。

金箔付き鬼瓦片

　領地支配のために、田川郡香春岳城に重臣の犬甘九左衛門時定、同郡岩石城に弟の吉勝（吉雄、高頼ともある）を配した。犬甘時定は小笠原家臣犬甘大炊頭政徳の嫡男であるが、毛利勝信の一門に加えられて毛利姓を名乗り、知行高は六千～七千石である。吉勝の知行高は一万石という（「毛利系伝」、山内家史料刊行委員会編『第一代一豊公紀』山内神社宝物資料館、一九八〇年）。

　また勝信は、九州修験道の本拠である彦山（英彦山）を掌握するために、先座主舜有の娘で「女座主」昌千代の婿に一族の者を据えようとした。その人物については、勝信の二男、あるいは弟吉勝の子息など定かではないが、吉勝の子息正九郎が「婚礼婿入」と称して、家老の神崎某を従えて押し寄せたという（「塵壺集」）。彦山側は毛利一族からの婿入りに反発して、昌千代を下毛郡に避難させる一方で、中津城主黒田長政を頼り、伏見城の大老徳川家康に善処の訴状を送った。家康は「守護不入」という古来からの由緒を尊重して、毛利勝信の彦山掌握を認めなかった。慶長五（一六〇〇）年三月のことである。

多聞口横石垣。毛利勝信が築いたもの

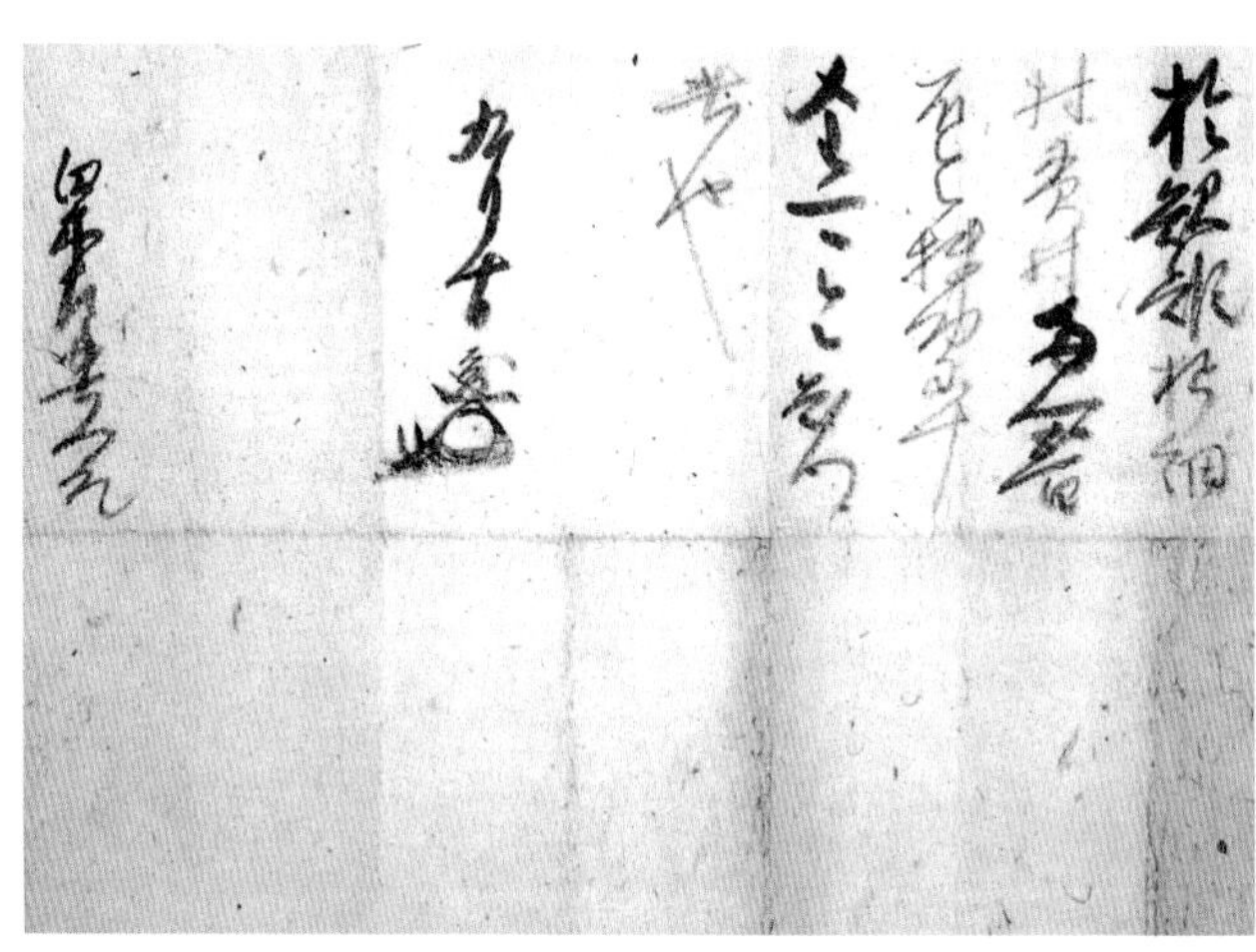

森吉成知行宛行状（天正16〔1588〕年９月10日。白木家文書）。朽網・貫村で500石を与えたもの

森吉政知行宛行状（慶長３〔1598〕年２月10日）。森吉成（毛利勝信）の嫡子吉政（勝永）が田川郡の自領のうちの200石を家臣の白木太郎右衛門に与えたもの

関ヶ原合戦時の毛利（森）氏

慶長五（一六〇〇）年九月に、豊臣秀頼を擁する石田三成の西軍と徳川家康率いる東軍との天下分け目の合戦、関ヶ原合戦が勃発するのであるが、毛利勝信は豊臣方に与して、加藤清正ほか九州の武将勧誘に尽力した。ところが、中津城主であった黒田如水が、小倉城を攻略するために、まずは香春城に向かった。同城を預かっていた毛利時定は、嗣子定房（吉十郎）の継承問題で勝信と反目していたことから、黒田氏の誘いを受けて主家の勝信に反旗を翻すことになった。定房の軍勢を加えた黒田勢が小倉城に取り付いた時には、すでに勝信は船にて上方に脱出しており、城内は無人だったという。

勝信は京都の建仁寺に潜伏していたところを見つかり、土佐国高知城主となった山内一豊に預けられ、西ノ丸の屋敷に隠居した。慶長十六年五月七日に同地で死去し、江口村尾土喜円坊に埋葬された。没後百年の正徳元（一七一一）年には、高知市郊外の秦泉寺山中に墓石ごと改葬されている。墓誌は白雲院殿好雪神祇。ちなみに大坂夏の陣において、配流地土佐国を脱出して大坂城に籠り、豊臣秀頼とともに自刃した毛利勝永（豊前守吉政）は、勝信の嫡子である。

［永尾］

毛利勝信墓石（高知市中秦泉寺）

第二章 江戸時代の小倉城Ⅰ

——細川氏の時代

細川忠興肖像（部分、公益財団法人永青文庫蔵）

細川家の足跡

関ヶ原合戦後の慶長五（一六〇〇）年十二月、丹後国宮津の城主だった細川忠興（越中守）が、豊前一国と豊後国国東郡および速見郡の一部の表高三十万石を拝領して、先主黒田長政の居城だった中津に入城した。

忠興の父長岡藤孝（細川幽斎）は「古今和歌集」伝授者、茶人として、当代一の文化人と評される人物であるが、室町幕府足利将軍家を補佐し、足利義昭を擁立、側近として活躍した。また織田信長に接近し、子息忠興には明智光秀の娘玉子（洗礼名ガラシャ）を室に迎えるなど、戦国時代の政権中枢における細川家の地位を堅持した。

藤孝は織田信長の庇護によって京都府長岡京市の勝竜寺城を回復し、天正八（一五八〇）年八月には丹後国を拝領して、宮津に本拠を移した。本能寺の変（天正十年）後は豊臣秀吉に与し、天正十七年には幽斎（藤孝）と忠興両名に、丹後一国十一万七百石の判物が発給され、旧領安堵となった。

京都近辺を居住地にしていた細川氏にとっ

左：勝竜寺城址（京都府長岡京市）。細川忠興と妻の玉子（ガラシャ）ゆかりの城
右：宮津城址（京都府宮津市）。丹後国における細川忠興の本拠

て北九州の地は、「思ヒ之外遠国」（『松井興長宛細川忠隆書状』慶長五年十一月六日、公益財団法人松井文庫蔵）であるが、「西国のはて」に転封するのであれば「豊前望」であった。その理由は、「上方ニ便よく国しまりてよく候」（『綿考輯録』第二巻）というものである。

　ちなみに慶長五年二月、太閤秀吉・大老前田利家すでに亡く、豊臣秀頼幼少の豊臣政権末期にあって、細川忠興は大老徳川家康より、大坂滞在中の諸費用補填の名目で、大友氏旧領の豊後国内で六万石の領地を与えられた。忠興は飛地の受け取りと支配のために、木付城代として有吉四郎右衛門立行を派遣し、松井佐渡守康之も手勢を率いて同行した。また忠興も、四月には木付に赴き、両氏の案内で拝領地を見分し、同月末に木付を出船して大坂に向かった。細川氏と九州との縁は、この時にできていたのである。また関ヶ原合戦は、有吉・松井両氏の豊後滞在中の出来事である。

小倉城の大普請

慶長五（一六〇〇）年十二月に細川忠興は、徳川政権下の大名として豊前に入国するが、当初は領地受け取りの手続きもあって、黒田氏本拠の中津城（大分県中津市）に入り、小倉城は弟の興元（玄蕃頭）が家老職で預かることになった。忠興は翌年の夏に領内を検地し、その内検高三十九万九千石を基礎にして、家臣の領地配分を行うが、興元は大名への夢を捨て切れずに出奔した。その経緯は、慶長六年末に幽斎が中津に下向した際、歓迎のために重臣を中津に呼び寄せたにもかかわらず、興元は仮病にて養子の興秋（忠興の二男）を代参させ、自らは黒田氏が仕立てた廻船にて上方に出奔したというものである。憤った忠興は、興秋を中津に幽閉し、さらには三男忠利の代わりに人質として江戸に送ることにした（興秋は江戸行きを拒んで京都で出家）。これを契機に忠興は、小倉城を本拠とすべく、大普請に取り掛かかることを決意した。

　実は、慶長六年夏に領内検地と並行して、「もし（門司城）・かんた（苅田・松山城）・小倉」の旧城普請を行い、九月には「もし・かんた」の櫓普請は終わった。小倉城については、興元側からの報告では、予定通りに堀普請の八割を終え、「見事さ申すなきばかり」とのことで、忠興は「満足」との意を表していたのである（『松井康之宛細川忠興書状』公益財団法人松井文庫蔵）。

　慶長七年正月十五日に「鍬初」を行い、その後忠興は度々小倉に来て家臣の丁場割りなどを指図したという（『綿考輯録』第二巻）。普請は順調に進んだようで、八月までに「過半」が終わり、十一月中旬には本丸の普請成就、下旬に忠興は中津から小倉に本拠を移した。天守の建設はさらに数年を要し、慶長十五年十一月、天守五段目に「不動尊の御札」を納めた（『豊前小倉御天守記』、『小倉城小倉城調査報告書』北九州市教育委員会、一九七七年）。天守とならんで「小天守」も造られている。ちなみに、天守の高さは台場を含め約二二m、本丸は東西一八〇m・南北二七〇m。これを取り巻く二ノ丸は周囲一四〇〇m、北・西・南に広がる三ノ丸の周囲は一七五〇mである（『筑前筑後肥前肥後探索書写』）。

　細川氏の領内には、本城の小倉城、隠居城となる中津城（忠興隠居までは忠利居城）のほかに、門司（北九州市門司区、長岡〔沼田〕勘解由左衛門延元預り）・香春（田川郡

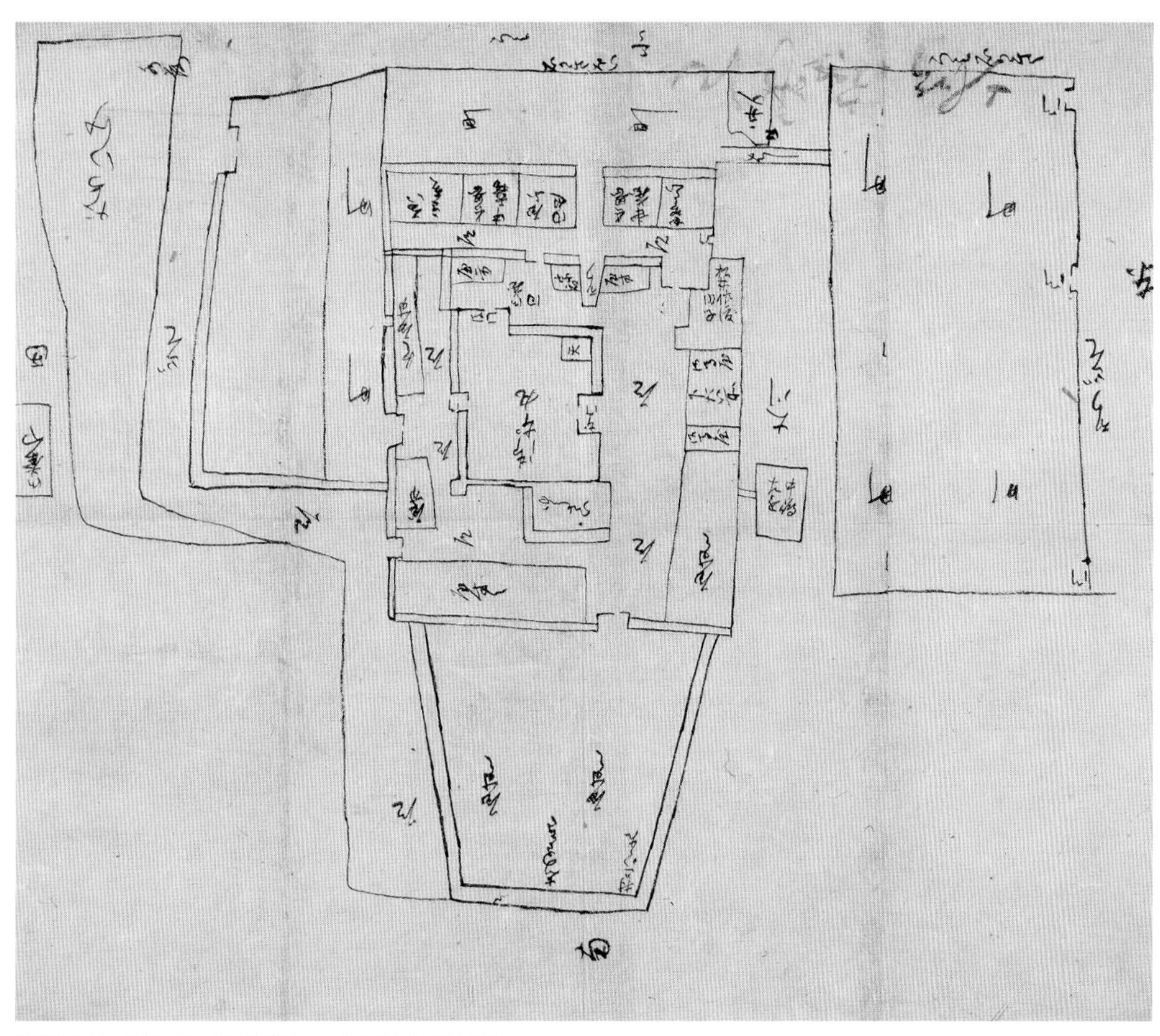

「豊前国小倉城図」（慶長17年、山口県文書館蔵）

香春町、中務少輔孝之〔忠興弟〕預り）・岩石（田川郡添田町、長岡肥後忠直預り）・龍王（大分県中津市、幸隆〔妙庵、忠興弟〕預り）・高田（大分県豊後高田市、長岡〔有吉〕武蔵守立行預り）・木付（大分県杵築市、松井佐渡守康之預り）・一戸（大分県中津市、荒川勝兵衛輝宗〔忠興従兄弟〕預り）の七端城を抱え、小倉城周辺にも重臣の屋敷を配置した。二ノ丸には「ないき殿」（細川忠利）、「長岡中務」（細川立孝）、「やふ内匠」（藪内匠）、「長岡武蔵」（有吉立行）、「加賀山」（加賀山隼人）とあり、端城持重臣の城下屋敷もある。ちなみに木付城預りの松井佐渡守康之の子息（長岡式部少輔興長）は、現在の小倉城庭園の位置に屋敷を構えた（「豊前国小倉城図」慶長十七年、山口県文書館蔵）。

小倉城の構え

城の中核となる本丸の北に一段低く「北ノ丸」、南側にも一段低く「松ノ丸」が造られている。また本丸の東側、紫川沿いの一画に米蔵とともに「舟入」（船溜）が建設されており、紫川から舟で年貢米を搬入出した

（『筑前筑後肥前肥後探索書写』）。

小倉城の石垣は、足立山や近海の自然石（小倉南区間島の花崗岩など）を組み合わせた野面積みで、近畿地方で活躍していた石工集団穴太衆の工法である。石の加工時間を短縮して、短期間の普請を実現できた所以であろう。

小倉城（城下町とも）について、細川家には次のような伝承がある（要約）。

自分の格式からすると、城の惣構を広くしているのは在国の備え、本丸および二ノ丸・三ノ丸を狭くしているのは、留守中の備えのためである。仮に八万の軍勢の攻撃を防ぐには二万の味方が必要であるが、手持ちは一万が限度である。攻め手が城下出入口の八カ所に各一万の勢を配置するにおいては、「勝手よき所」から一万の勢で打ち出せば、「対々の人数」で交戦するうちに、運が開けるであろう。八カ所とは、東曲輪の門司口、富野口、仲津口、香春口、西曲輪では紺屋町口、到津口（筑前口）、清水口、篠崎口であろう。

また福岡藩祖の黒田如水から、細川家が小倉城の堅固を自負していると聞いた徳川家康は、自分ならば落すことができると言った。これを幕閣の本多佐渡守正信から知らされた細川忠興は、城は自分のためのものではなく、将軍の九州出馬の折は、この小倉城を提供するつもりであると表明したところ、家康は「御尤」と納得したという（『綿考輯録』第二巻）。

城郭の建設とともに町も拡張された。毛利勝信時代の城下町は、紫川から西の板櫃川との間と推測されるが、細川氏時代には、この西曲輪の整備に加えて、東部の足立山から流れる寒竹川（神嶽川）の流水を利用して、人工の砂津川を開削し、紫川右岸の漁民を東方（長浜）に移して、新しい町（東曲輪）を造った。そして紫川には、上流に豊後橋、河口に常盤橋（大橋）を架けて両曲輪を結んだ。この頃の紫川の河口は大きな入江になっていたようである。海辺の平城を中心にして、浅瀬や紫川の中州を整地しながら、城下町の拡充を行ったのである。

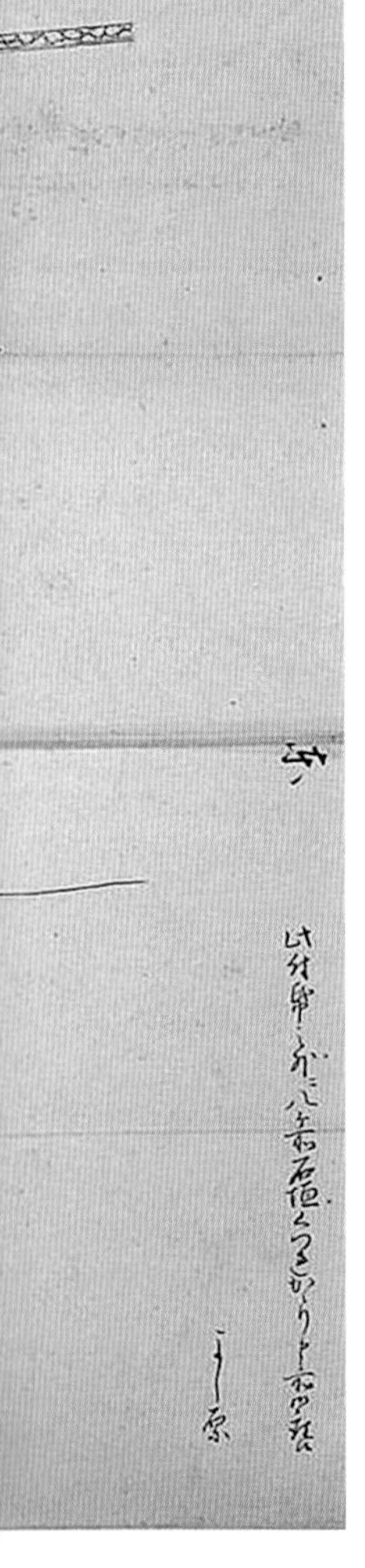

西曲輪のうち大門の西側、のちに大門町と称される一帯は浜辺の野原であったが、商人の菊原又兵衛が家宅を建造して酒造業を営むと諸人が集まり、町屋も建ち並んで、一時は「菊原町」と呼ばれた。

城下町の整備

元和六（一六二〇）年十二月に忠興（三斎）は隠居して中津城に移り、家督は三男忠利（内記、越中守）が継いだ。細川氏時代の寛永年間（一六二四〜四四）の町名として、西曲輪には諸町（のち室町）・西魚町・職人町・手拭町・不断町・田町・紺屋町・蟹喰町・侍町・二階町、東曲輪には魚町・堺町・大坂町・米町・鳥町・船場町・猟師（漁師）町・円応町・弓町・中島が知られる。そして郭外との通路門としては、西曲輪側に若松口・到津口・高月口・黒崎口、東曲輪側に門司口・中津口・香春口の各門が造られている。城下町東西は約二km、南北約一・二km幅で、周

細川忠利肖像（部分、公益財団法人永青文庫蔵）

囲は約六kmに及び、町屋数は二五〇〇戸余りである（「筑前筑後肥前肥後探索書写」）。

細川氏時代の東西曲輪の様子について、次代の小笠原氏の記録「清流話」（北九州市立自然史・歴史博物館蔵）は次のように記している。

大橋より東の侍小路は、長岡佐渡（興長（おきなが））

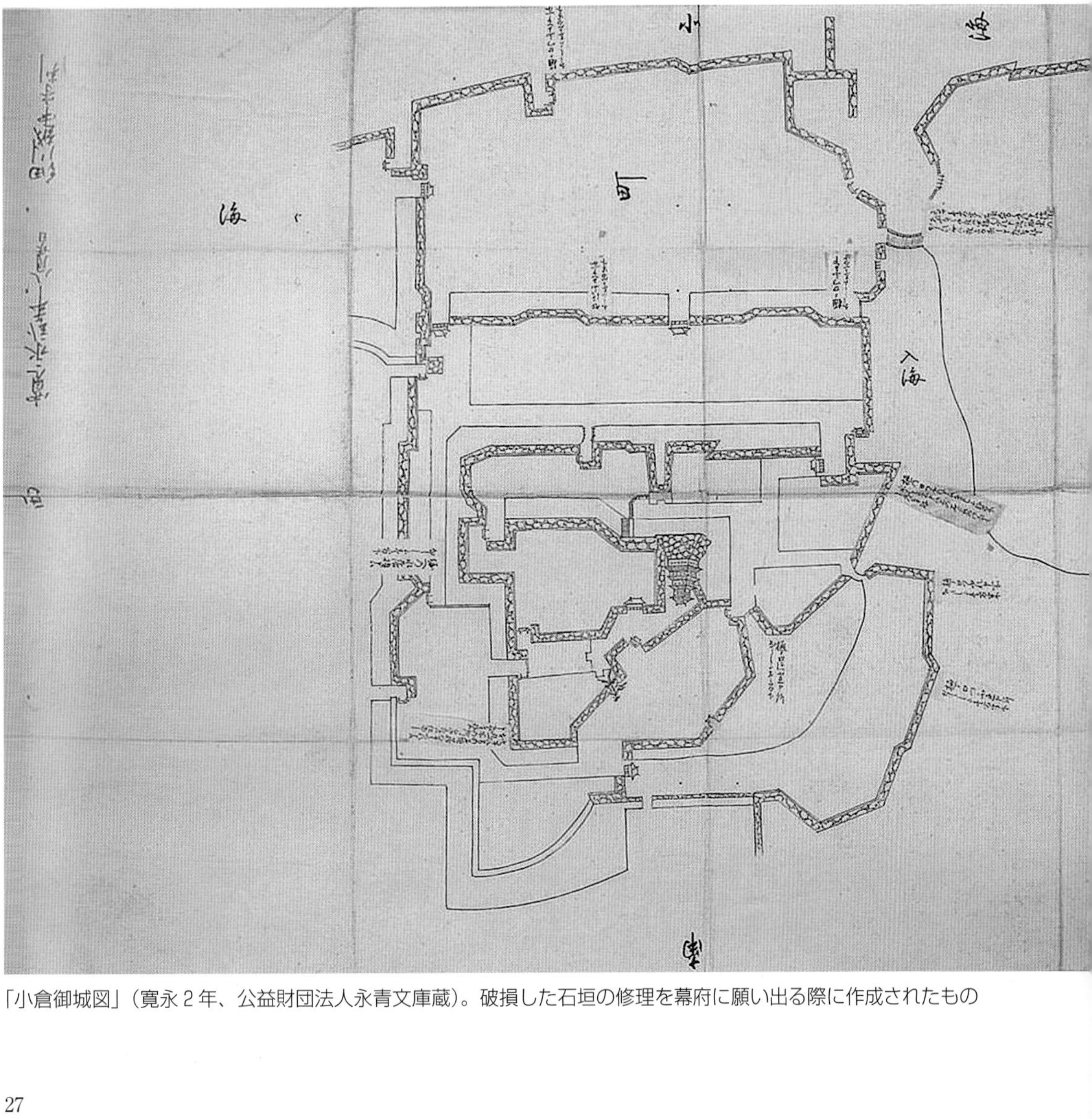

「小倉御城図」（寛永２年、公益財団法人永青文庫蔵）。破損した石垣の修理を幕府に願い出る際に作成されたもの

や有吉頼母（英貴）などの、重臣に抱えられている武家の住居となっていた。重臣たちは「能き身体」（高知行取り）であるため、彼らの家臣（細川氏からは陪臣）も知行地を持ち、住まいは立派である。この東曲輪には細川氏の直臣は一人もいない。直臣はいずれも紫川の西側（西曲輪）に住居を構えていた。また、豊後橋から中島までの「土居際」には、隙間なく家が建ち並んでいたが、小笠原氏入城から三年目（寛永十二年）の大風で吹き潰され、その後は「だんちく原」（葦原）となった。

東曲輪の旦過橋辺りには、細川幽斎の菩提所として泰勝院、玉子（ガラシャ）の菩提所秀林院、さらには織田信長の菩提所泰巌寺が建立された。小笠原氏の時代には、宗玄寺・開善寺となった寺域である。

幽斎は慶長十五（一六一〇）年八月二十日に京都三条車屋町の屋敷で逝去（七十七歳）した。忠興・忠利ともに上洛して遺言通りに南禅寺北門前で荼毘に付し、遺骨を同寺塔頭の天授庵に納めた。さらに忠興領内に分骨するため、幽斎室光寿院も遺骨とともに九月十三日に小倉に下着した。京都から大徳寺の玉甫和尚、南禅寺の慶安（霊圭とも）和尚のほか、天竜寺・相国寺・建仁寺の僧侶も随行している。門司口の野辺（野上の原）方八町に垣結して、北に龕堂、南に火屋を設け、荘厳な葬礼が執り行われたという。葬礼の惣奉行は長岡（松井）興長と沢村大学吉重・益田蔵人正重が務め、彦山座主は諸山の山伏五百人余を引率して法螺貝を吹き、領内各地からも多くの参列者があったという（『綿考輯録』第一巻）。

祇園社と鋳物師町

西曲輪の北西部、大門を出た海岸沿いの「帯曲輪」には、仲津郡今井津の金屋で活動していた鋳物師が移住し、城内の時鐘や鍋釜・犂先などを鋳造するようになり、この辺りが鋳物師町と呼ばれるようになった。同地には祇園社が建立され、同社所縁の祇園祭は、今日には太鼓祇園として賑わいを見せている。

小倉祇園社（現八坂神社）の建立について、細川忠興が祇園小祠へ「非礼」を行ったために、「霊鷹」から両眼を潰され、その平癒のために愛宕山と片野村の分霊小祠を鋳物師町に合祠（南殿・北殿）したという伝承がある（「八坂社伝記」、『小倉市誌』上編）。忠興は早くから目を患っているが、病名は「そこひ」（白内障・緑内障）で、文書に花押を書くのも辛い時期もあった。これが後世に、宗教的色彩を加えられて、小倉祇園社建立伝説となったものと思われる。

祇園社（『豊国名所』より）

忠興の眼病平癒に関して、家臣の入江平内入道が元和四（一六一八）年三月七日に一対の石造灯籠（福岡県指定有形文化財）を寄進した。それには「為豊之前後両国之大主相公御眼病平癒」の銘文が刻まれている。また同年に家臣福山二介が、「小倉津片野村医王瑠璃光如来」に、忠興の「双眼」平癒を祈願して奉納した銅製鰐口（北九州市指定文化財）が慈済寺（小倉北区馬借町）に伝わっている。

この鰐口の作者は「大道九兵衛」であるが、「大道」については細川家「御侍帳」に「刀鍛冶 大道左兵衛」、「刀鍛冶 大道左太郎」の名前が見える。刀工の「大道」は美濃国関の大道一派で、細川家に招かれて丹後国から小倉に移住したものである。細川氏の時代に大道氏とは別に、「大和守藤原宣貞」の銘を刻む刀工がおり、「御侍帳」では「鑓鍛冶 宣貞」と記され、後には細川家とともに熊本に移った（北九州市立歴史博物館編『北九州の金工品』）。ちなみに「大道」は、のちに「火打金」の製造で知られ、小倉の名産として領外でも使われている。

慈済寺に伝わる銅製鰐口

城主の交代　忠興から忠利へ

慶長九（一六〇四）年の夏、細川忠興は大病を患ったことで、人質として江戸滞在中の忠利の帰国と、家督継承者の認定を幕府に願い出た。大御所徳川家康と将軍秀忠の両名は、忠興の願いを受け入れ、同年八月二十六日に「忠興任内存」との証書が渡された。

豊前宰相家督之儀、忠興任内存、其方諸職可被申付者也
慶長九年
八月廿六日　　家康公ノ御判
忠興三男
内記とのへ
（『綿考輯録』第四巻）

忠利には忠隆と興秋という二人の兄がいるが、長兄忠隆は関ヶ原合戦時の母玉子（ガラシャ）自刃に際して、室千世（春香院、前田利家の娘）の振る舞いと処遇について忠興の勘気に触れ廃嫡された。次兄の興秋は忠興の弟興元の養子となり、興元の出奔後は京都で出家したことから、細川家相続の資格を失っていたのである。「以之外之御容体」であった忠興は、その後回復したようで、実際に忠利に家督を譲るのは、二十五年も後の元和六（一六二〇）年暮れのことであった。徳川家康が秀忠に将軍職を譲って「大御所」として後見したように、忠興は家督相続を巡る騒動を未然に防ぐとともに、中津城隠居後も幕府や諸大名との交渉を絶やさず、二代藩主忠利を後見した。ちなみに忠利の正室千代姫（保寿院）は、次代の小倉城主となる小笠原忠真の妹で、慶長十四年三月に将軍秀忠の養女として細川忠利に嫁いだのである。忠真・千代姫の母福姫は、徳川家康の長子松平信康の娘で、両名は家康の曾孫にあたる存在であった。この婚姻によって細川家は、徳川家の「御譜代家共御一門の格」といわれるようになった（『綿考輯録』第四巻）。

細川家の転封

寛永九（一六三二）年五月、肥後国熊本藩主の加藤忠広が改易となる。理由は悪政・不行跡・狂気など様々であるが、豊臣系大名の粛清との見方もできる。加藤家後任人事に関連して、細川忠利にも転封の噂が立った。忠興は「長門・周防」、あるいは「筑前」への転封は「極上々」との思いを忠利に伝えている（月日未詳、「細川忠利宛忠興書状」、『細川家史料』四）。前者はこれも豊臣系大名毛利輝元の領地、後者は豊臣家軍師と目された黒田家の領地で、重臣栗山大膳（利章）の諫言による「黒田騒動」で当主忠之が謹慎という事情があり、忠興は両家の改易あるいは転封の可能性を考えたのであろう。同年六月には、細川家の肥後国熊本への転封が濃厚となるが、忠興の心情は次のようであった。

其方大大名ニなられ候ハん事ハ珍重候、但肥後ハ舟付悪キ国にて候、我等ハ望無之身上にて候間、心何とそ安弥逼塞之躰望にて候、内々可被得其意候、国替雑説ニ候へハ無申所候事

（六月二十三日「細川忠利宛忠興書状」、『細川家史料』四）

表高三十万石から五十四万石の大大名になることは喜ばしいが、肥後国は船の便が悪い。すなわち、上方志向の強い忠興には、豊前国よりさらに遠国への移住は、好ましくない事態であった。隠居の身としては「心安く」、静かな暮らしが望みというのである。

しかし同年十二月には肥後国転封となり、当主細川忠利は熊本、隠居の忠興（三斎）は八代に入城する。そして細川家の跡には、徳川譜代の小笠原一族が入国して分知した。小倉城には、細川忠利とは義兄弟で、播磨国明石（十万石）の城主であった小笠原忠政（のち忠真）が入った。忠政は小笠原宗家の地位を得、十五万石への加増である。小笠原一族が後任として入国することについて、細川忠興は「さてハ心安存候」と述べている（同年十月二日「細川忠利宛細川忠興書状」、『細川家史料』四）。領地引き継ぎの事務や、九州における両家の結束に、安堵の意を表したものであろう。

［永尾］

熊本城（手前から宇土櫓、天守、小天守）。細川忠利は寛永９（1632）年12月６日に小倉を発駕し、福岡・久留米・柳河藩領を経由して肥後国に入り、８日は南関で昼休み、９日夜に山鹿を出立して熊本城に入った

小笠原忠真肖像（部分、広寿山福聚寺蔵）

第四章 江戸時代の小倉城Ⅱ ——小笠原氏の時代

小笠原忠真の入部

寛永九（一六三二）年、肥後国熊本藩主加藤忠広が改易されると、小倉藩主細川忠利（ただとし）は肥後国熊本に国替えとなった。旧細川領の大部分は小笠原一族に与えられた。すなわち、播磨国明石藩主小笠原忠真（ただざね）（忠政）は豊前国小倉十五万石、忠真の甥で播磨国龍野藩主小笠原長次は豊前国中津八万石、忠真の弟で五千石の旗本小笠原忠知（ただとも）は豊後国木付（きつき）（のち杵築）四万石、忠真の実弟で摂津国三田藩主松平重直は豊前国龍王三万七千石をそれぞれ与えられた。こうして、小笠原一族合わせて三十万七千石の譜代大名領が九州の北東部に誕生した。

三代将軍徳川家光は、小笠原忠真に小倉への国替えを申し渡した際、小倉は「九州咽喉の地」であるので、しっかりと治め、何か異変があったならばすぐに江戸に知らせるようにと命じた。そのことから、忠真を初代とする小倉藩小笠原家は「九州御目付」・「九州探題」と自他ともに認識された。幕末の小倉藩主小笠原忠幹（ただよし）はその書に「九州探題」の印を用いるほどであった。

小笠原忠真の母福姫（峯高院（ほうこういん））は徳川家康の長男信康の長女で、忠真は家康の曾孫にあたる。大坂夏の陣での勇猛果敢な働きから、忠真は「鬼孫」と家康から称賛されたと伝わる（「源忠真公年譜」一、「御当家正伝記」北九州市立自然史・歴史博物館蔵）。もっとも、

源（小笠原）忠幹書「蟠龍」。左は印の拡大で、下に「九州探題」とある

「鬼孫」の記述は管見の限り小笠原家の史料からしか見出せないが、大坂夏の陣直後の五月十四日付けで、細川忠興が世子の忠利に宛てた書状に「大学殿大てからにて、やりきす数ケ所おハれ候へとも、少も無別儀候」とある。忠真（大学）が奮戦し、その働きを、親戚とはいえ歴戦の猛者である細川忠興も認めていたことは確かである（『細川家史料』一）。実戦経験もあり、徳川将軍家の準一門でもある忠真が小倉を任せられたのは自然な成り行きであった。また、前領主細川忠利と新領主の忠真が義兄弟であったことから、豊前国の領地と小倉城の引き渡しは円滑に行われた。

寛永十年、幕府の「小倉御城米」五千石が小倉城に備えられることになった（「源忠真公年譜」二）。

■小笠原・細川家関係略系図

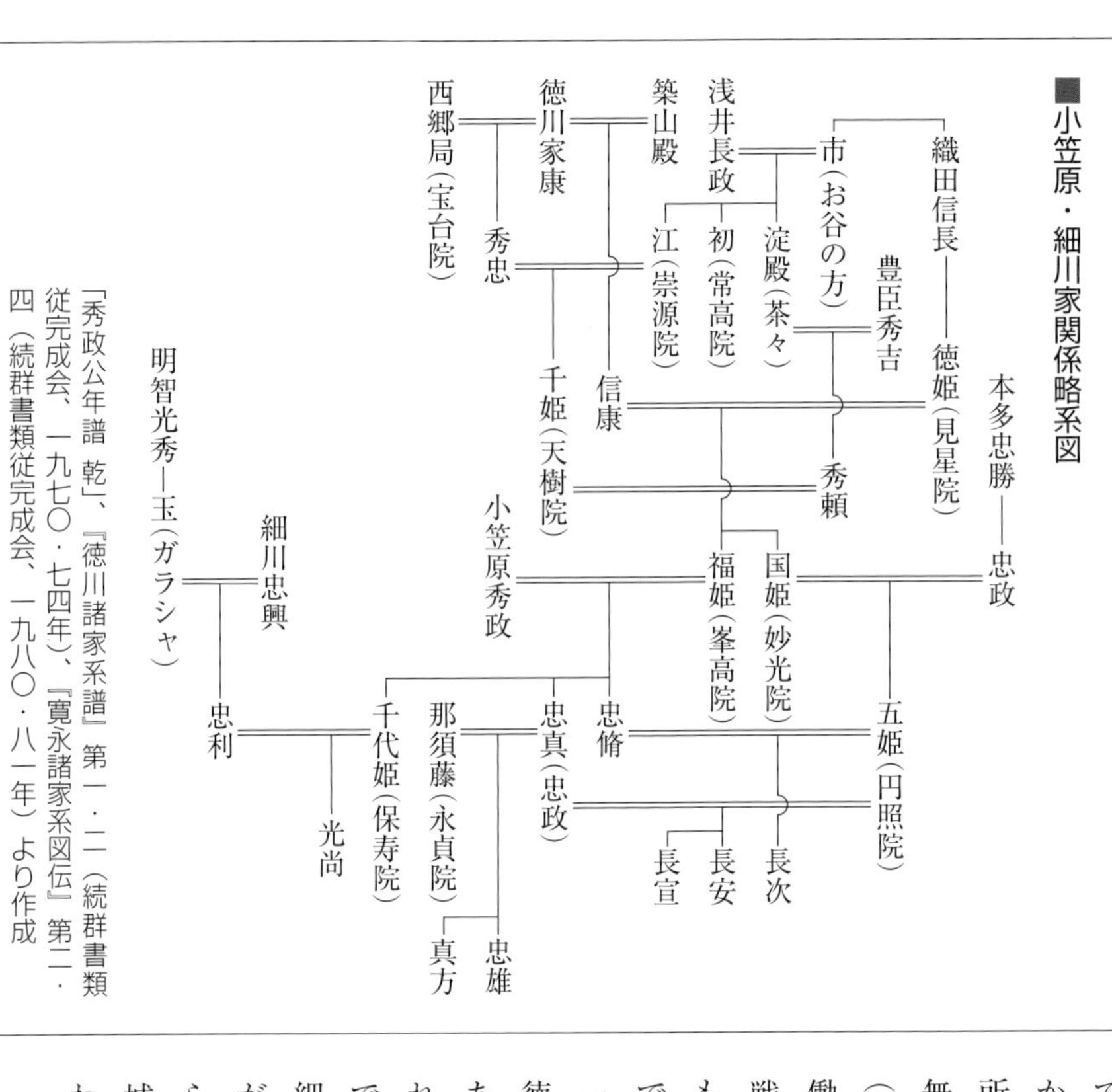

「秀政公年譜 乾」、『徳川諸家系譜』第一・二（続群書類従完成会、一九七〇・七四年）、『寛永諸家系図伝』第二・四（続群書類従完成会、一九八〇・八一年）より作成

島原・天草一揆

寛永十四（一六三七）年十月、島原・天草で一揆が起こった。この時、小笠原忠真は江戸にいたが、九州での騒動のため帰国を命じられた。十一月十四日、忠真は江戸を発ち小倉に向かった。同晦日、一揆鎮圧のための幕府上使板倉重昌が小倉に到着した。重昌の宿所は、忠真の母福姫の菩提寺である小倉の峯高寺であった。峯高寺は細川氏時代の秀林院跡にあった。秀林院は細川忠興の正室玉（ガラシャ）の菩提寺で、東曲輪の旦過橋西側にあった。

翌十二月一日の朝、重昌が小倉を発った直後、峯高寺は台所からの出火で全焼した。なお、同寺は同地に再建された後、寛文元（一六六一）年九月、京町筋東詰の浄喜寺跡に移された。十二月四日、忠真は小倉に帰着した。

翌寛永十五年二月二日、忠真は一揆勢の籠る有馬の原城に向け出陣した。これは「跡備」（後備）であり、戦闘に加わるためというよりも、城を包囲する外様の九州諸大名の軍勢を督戦するためであったと考えられる。

一揆鎮圧後の四月五日、九州の諸大名は小倉の開善寺に参集した。開善寺は小笠原家の中興の祖と称される小笠原貞宗（一二九二～一三四七）の菩提寺である。ここで、江戸から派遣された上使太田資宗が将軍家光の上意を申し渡した（「源忠真公年譜」二）。島原・天草一揆の戦後処理に関する発表が小倉でなされたことからもわかる通り、小倉は幕府の九州支配における重要拠点であった。

忠真の正室円照院

忠真の正室円照院は本多忠政の次女で、名を五姫（森姫・亀姫とも）といった。初め忠真の兄小笠原忠脩に嫁ぎ、一男一女（長次・繁姫〔齢昭院〕）を産んだ。長次を身籠っていた慶長二十（一六一五）年五月七日、夫の忠脩は大坂天王寺口の合戦（大坂夏の陣）で討死した。同二十五日、五姫は幸松丸（のちの長次）を出産した。

元和二（一六一六）年十二月一日、五姫は小笠原忠真に再嫁した。二人の間には長安、長宣、市松姫（宝光院）、兼（嘉禰）姫（松林院）、鍋姫（春光院）の二男三女が生まれた。

寛永九（一六三二）年、忠真が明石から小倉に国替えになった時、五姫は次男の又次郎（長宣）、長女の市松姫とともに小倉に移った。この時期はまだ譜代大名の妻子が江戸に居住することが義務づけられていなかったからである。ただ、寛永五年八月、長男の平十郎（長安）は明石から江戸に移り、そのまま江戸に居住していたようである。

寛永十三年四月、五姫と市松姫は小倉から江戸に移住した。前年に大名妻子の江戸居住が義務づけられたためである。寛永二十年十月二日、五姫は江戸で亡くなり、下谷（現台東区）の広徳寺に葬られた。承応年間（一六五二～五五）、忠脩と五姫の長男で中津藩主の小笠原長次、忠真と五姫の長男小笠原長安、次男小笠原長宣が相談して広徳寺内に塔頭円照院を建立した（「源忠真公年譜」一、『御当家末書』上）。

忠真側室・忠雄母の永貞院

永貞院は名を藤といい、那須十兵衛（重治）の次女である。十兵衛は池田家の元家臣とも、福島正則の元家臣とも伝わり、のちに小笠原忠真の甥長次の家臣となった。忠真が明石藩主であった時期、藤は忠真の正室五姫に仕えるようになり、終始五姫に付き随った。五姫没後であろうか、小倉に移り、小倉城北ノ丸で忠真に仕えた。正保四（一六四七）年五月二十日、藤は男子を産んだ。幼名万助、のちの二代藩主小笠原忠雄である。藤は忠真の「家女房」（側室）であったが、藩主生母ということで、二代藩主忠雄の時代になるとその存在感を高めた。寛文七（一六六七）年

永貞院肖像（部分、広寿山福聚寺蔵）

小笠原忠雄肖像（部分、広寿山福聚寺蔵）

十月十八日に死去した忠真の菩提寺である広寿山福聚寺（北九州市小倉北区）をはじめとする寺社の外護に熱心であった。元禄十二（一六九九）年十二月十八日に没した。広寿山福聚寺の忠真の墓の北側に葬られた（『御当家末書』下）。

伊達宗興・小笠原長胤の配流

寛文十一（一六七一）年四月十四日、仙台藩伊達家の御家騒動「伊達騒動」で幕府から処罰を受けた一関藩主伊達宗勝（兵部大輔、伊達政宗の十男）の嫡男伊達宗興（市正）は、小倉藩主小笠原忠雄にお預け処分となった。江戸で宗興の身柄を受け取った小倉藩は、多数の警固の者を付けて宗興を小倉まで移送した。五月二十二日、宗興は小倉に着き、城内二ノ丸の旧二木政勝（勘右衛門）屋敷が居所とされた。元禄十五（一七〇二）年六月十日、宗興は小倉で死去し、小倉城下竪町の安国寺に葬られた。墓は現存している。

　元禄十一年七月二十七日、中津藩主小笠原長胤（修理大夫）は「不行状」、家中の乱れを理由に改易となり、八万石の領地を没収された。長胤は、当時の小倉藩主小笠原忠雄の従兄弟である中津藩初代藩主小笠原長次の孫である。ただ、長胤の「先祖の勲功」、すなわち小笠原秀政・忠脩父子の大坂夏の陣での戦功が考慮され、「新知四万石」と中津城が長胤の弟である小笠原長圓に与えられた。長

「小倉藩士屋敷絵図」の御用屋鋪（敷）

胤の身柄は小倉藩に預けられることになり、江戸から小倉藩士に護送された長胤は、十月十四日小倉に到着した。宝永六（一七〇九）年三月二十七日、長胤は死去した。約十一年間小倉で過ごしたが、その居所は城内御用屋敷であった（「源忠雄公年譜」三）。

「豊前小倉之図」（国立国会図書館蔵）の「小笠原備中守殿御屋敷」

小倉新田藩の創設と篠崎御屋敷

小倉藩二代藩主小笠原忠雄の同母弟に小笠原真方（さねかた）がいる。寛文八（一六六八）年六月十四日、真方は四代将軍徳川家綱に拝謁していることから、忠雄の弟としてしかるべき処遇がなされることが確定していたとわかる。同十一年九月二十三日、忠雄は、豊前国築城郡のうちで一万石を真方に分知した。ただし、小倉藩の表高十五万石に変更はなく、新たに表高一万石の小倉新田（しんでん）藩が成立した。江戸城での殿席は帝鑑間（ていかんのま）とされた。これは小倉藩と同様で、古くから徳川家に仕え活躍した大名の殿席であった。

小倉新田藩の領地は、表向き新田開発による一万石、実際は小倉藩領築城郡内二十二カ村を内分分知されたものであった。なお、貞享二（一六八五）年、小倉新田藩領の築城郡内二十二カ村は、小倉藩領の上毛（こうげ）郡内の黒土手永（てなが）・岸井手永の二十六カ村と交換された。以後幕末まで変更はなかった。

寛文十一年十二月十八日、真方は従五位下に叙せられ、備後守を名乗った。同十三年三月二十八日、初めて領地への帰国を許されている。したがって、真方は大名に取り立てられてから、この時まで江戸にいたと考えられる。延宝四（一六七六）年六月十三日、真方は江戸に参勤し、将軍家綱に御礼を申し上げた。以後一年おきに参勤・下国を行った。

天和四（一六八四）年二月十日、真方は名乗りを備中守に改めた。よって、これ以後に作成されたものと考えられるが、「豊前小倉之図」（国立国会図書館蔵）の小倉城北ノ丸東隣に「小笠原備中守殿御屋敷」が描かれている。この「小笠原備中守」とは真方のことである。つまり、真方は新田藩主となってからも自領に陣屋（藩庁）を設けず、小倉城の内堀内に屋敷を構えていた。ただ後年、西曲輪南端に移った。

貞享元年九月二十一日、真方は五代将軍徳川綱吉から領知朱印状を与えられた。将軍の代替わりごとに領知朱印状は発給されたので、四代家綱の領知朱印状は与えられなかったが、

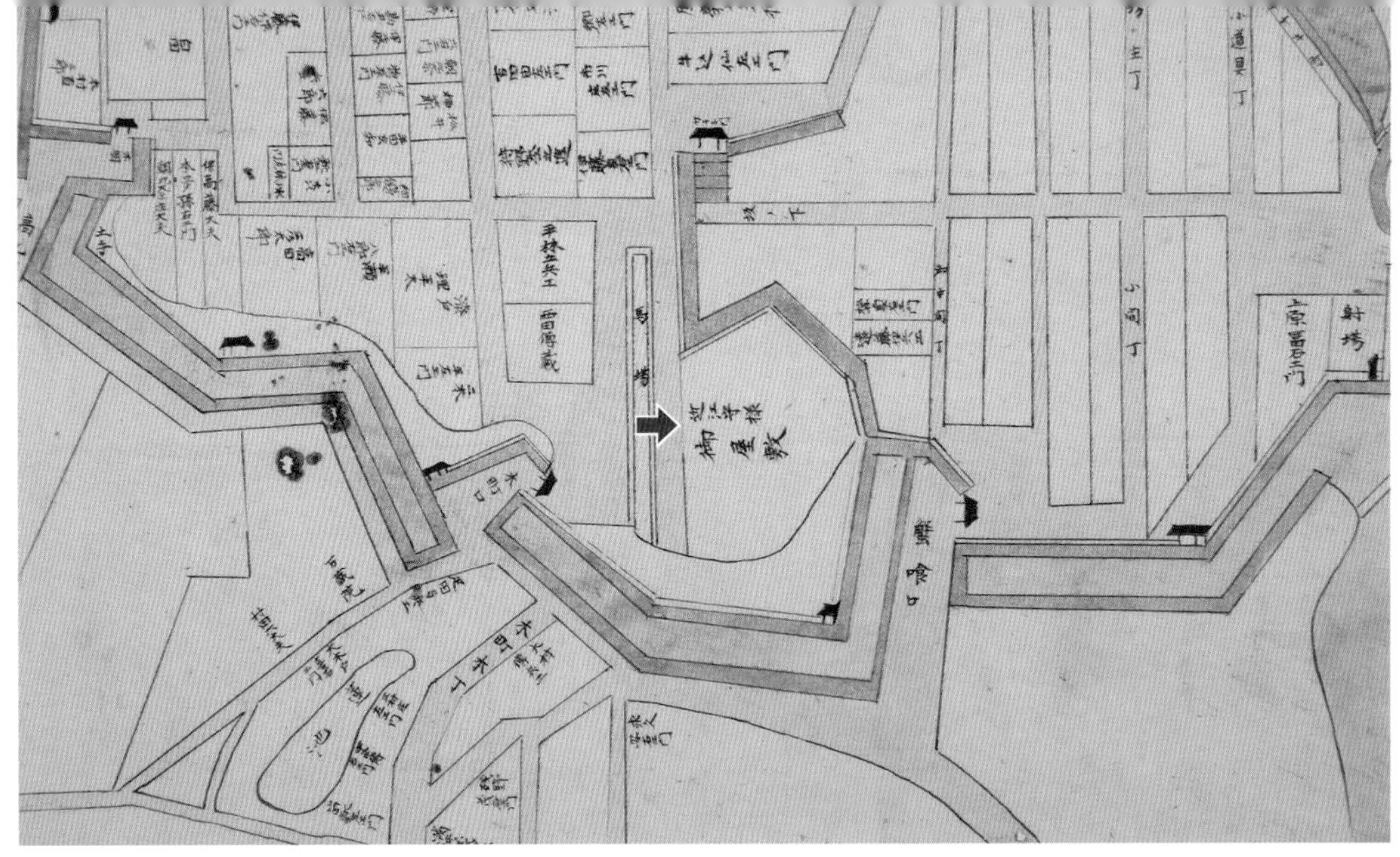
「豊前小倉図」の「近江守様御屋敷」

真方より後の小倉新田藩主は、十四代将軍徳川家茂までの歴代将軍から領知朱印状を与えられた。いわゆる別朱印分家と呼ばれる分家で、内分分家の大名（藩）より本家（本藩）からの独立性が強く、また将軍との主従関係も強かった。

貞享五年七月、真方はのちの「篠崎御屋鋪」の敷地、北・中・南三軒のうち中の一軒を忠雄から譲られた。以前のこの屋敷主は、小倉藩士の山田勝茂（忠左衛門）、丹羽正之（六右衛門）、沼田守次（藤助）、遠山久親（奥左衛門）であった。この屋敷を譲られた理由は、真方が幕府から旗本の岩佐吉純（弥五右衛門）の身柄を預かることになったためである。つまり、この屋敷は岩佐の「配所」とするためのものであった（『御当家末書』下）。

戦国時代、岩佐吉純の先祖は、今川家・武田家に仕えた後、慶長三（一五九八）年、徳川家の家臣となった。吉純は、岩佐吉勝の次男で、寛文二年十月九日、小十人となった人物である。貞享五年七月二十一日、市谷本村（現新宿区）の光徳院と同地農民の「争論」を取り扱った際に不始末があったため、将軍綱吉の勘気を蒙り、真方に預けられることになった。宝永三（一七〇六）年八月十二日、吉純は赦免され、江戸に戻った（『新訂寛政重修諸家譜』第十五）。

小笠原真方墓碑
（小倉南区湯川・開善寺）

元禄年間（一六八八～一七〇四）、真方はもともと住んでいた本丸北隣の屋敷から「篠崎御屋鋪」に移った。岩佐吉純の「配所」とされた中の一軒に加え、北と南の二軒も譲られ、その三軒を合わせた敷地に「御屋形」を構えた。この屋敷は篠崎口（木町口）のそばにあったため、「篠崎の館」とも呼ばれた。

慶応二（一八六六）年八月一日、幕長（長州）戦争で、当時の小倉新田藩主小笠原貞正が自邸を焼き、家臣を連れて田川郡に移るまで小倉新田藩主の居館として機能した。

宝永六（一七〇九）年七月五日、真方は江戸から小倉に帰国する途中、讃岐国小豆島坂手浦（現香川県）の「魚迫蛭兒岩」（「大迫蛭兒岩」とも）の近辺で御座船が暴風に遭い、船が転覆して死去した。数え年で五十八であった。同二十八日、遺骸は長浜浦（現小倉北区）に到着、富野口門から小倉城下に入った。馬借町の開善寺で葬儀が行われ、同寺に葬られた。現在、開善寺は小倉南区湯川に移転し、真方の墓碑も同寺にある。

真方の跡は、兄忠雄の三男で真方の養子となっていた貞通が継いだ。以後、貞通・貞顕・貞温・貞哲・貞謙・貞嘉・貞寧・貞正と続いた。貞正の時代の明治二（一八六九）年、藩名を千束藩としたが、同四年七月十四日、廃藩置県を迎えた。

「唐船」打ち払い

二代藩主小笠原忠雄の治世、正徳五（一七一五）年頃から響灘に「唐船」が漂流するようになった。同年、幕府は長崎貿易における輸出品である金銀の流出を抑えるために、唐船に対する一年の取引高を銀六千貫目と定める定高制を布き、唐船の来航数を限定した。そのため取引が行えず帰帆する積戻船（貿易手続き未済の品物を本国に持ち帰る船）が増え始めた。積戻船はそのまま帰帆することをよしとせず、北部九州の響灘などを「漂流」して、沿岸の日本人と密貿易を行うようになった。ここでの「漂流」とは、密貿易を目的として、その機会をうかがって航行することを意味する。響灘は、小倉・福岡・長州（萩）・長府四藩の領域が接し、四藩の割拠性から取り締まりが難しい場所であった。

享保三（一七一八）年、幕府は、「唐船漂流」の状況と打ち払いを監察させるため、上使として目付の渡辺永倫（外記）を肥前長崎・長門・豊前・筑前に派遣した（『新訂寛政重修諸家譜』第八）。同二月十日、上使の渡辺は小倉に到着、東橋本町の大坂屋に宿泊した。大坂屋は長崎奉行をはじめ幕府役人の定宿であった。

同四年三月三日、渡辺は筑前若松に赴き、翌日小倉に戻ったが、その時城内を通っている。木町口（篠崎口）から西曲輪に入り、「篠崎・木町筋」を通って城内三ノ丸に入った。松ノ門（西ノ出口門）から二ノ丸に入り、御用屋敷・大手前を通り、再び二ノ丸の北側に出て、五軒の家老屋敷前を通って大坂門をくぐり、職人町の

東勢溜（『豊国名所』より）。向かいは公儀役人宿泊の大坂屋

堀端を通って大橋を渡り、宿所の大坂屋に入った。渡辺は、小倉藩家老で士大将の渋田見盛明（舎人）の案内で、木町口から宿所まで徒歩であった（「源忠雄公年譜」四）。

　享保八年八月十二日、小倉藩は、清（中国）の密貿易商から「先生」と尊称されていた金右衛門の願いを聞き入れて、小倉城天守に上り遠見をすることを許した。先生金右衛門とは、享保五年五月に大坂町奉行鈴木重倫（利雄・飛騨守）が小倉に遣わした「沖買の目明し」である（『大日本近世史料』柳営補任五、東京大学出版会、一九六五年）。もとは「沖買」（抜荷）の棟梁であったが、捕らえられた後、その才能を買われ、おとり捜査に従事していた（「源忠雄公年譜」五、守友隆「『異船追却志草稿』諸本の紹介」）。小倉沖に「唐船」が現れた際、例えば享保三年四月十六日、小倉藩世子の小笠原忠晴（のち忠基）は「西魚町隅ノ櫓」から見分している（「源忠雄公年譜」四）。

白黒騒動

文化十一（一八一四）年十一月十六日、家老の小宮四郎左衛門（親賢）・伊藤六郎兵衛（景行）・小笠原蔵人（長明）・二木勘右衛門（政敷）が罷免され、番頭・用人を含む十八人が登城を差し止められた。そして、小倉城内にいる家老小笠原出雲（長睦）は、本丸の槻門・鉄門などの諸門を閉じた。そのため同日夕方、小宮をはじめとする約百名の藩士、その家族や家来を含めると総勢およそ三六〇人が大挙して小倉藩領から福岡藩領筑前国黒崎（現八幡西区）に立ち退いた。これは、肥後国熊本藩細川家に取り成しを歎願するためであったと、のちに小宮らは証言している。当時から、城に籠った小笠原出雲らの一派を「白」（＝城）の方、黒崎に立ち退いた一派を「黒」の方と呼び、後世「白黒騒動」と呼ばれた。幕末には「小倉しろくろの混雑」と記されている（「小倉合戦風説書」巻一、九州大学蔵）。

　この騒動の発端は、六代藩主小笠原忠固の家格昇進運動であった。文化八年来日の朝鮮通信使は対馬で国書の交換が行われ（易地聘礼）、幕府が対馬に派遣する上使に小笠原忠固が任命された。その際、忠固は侍従に昇任

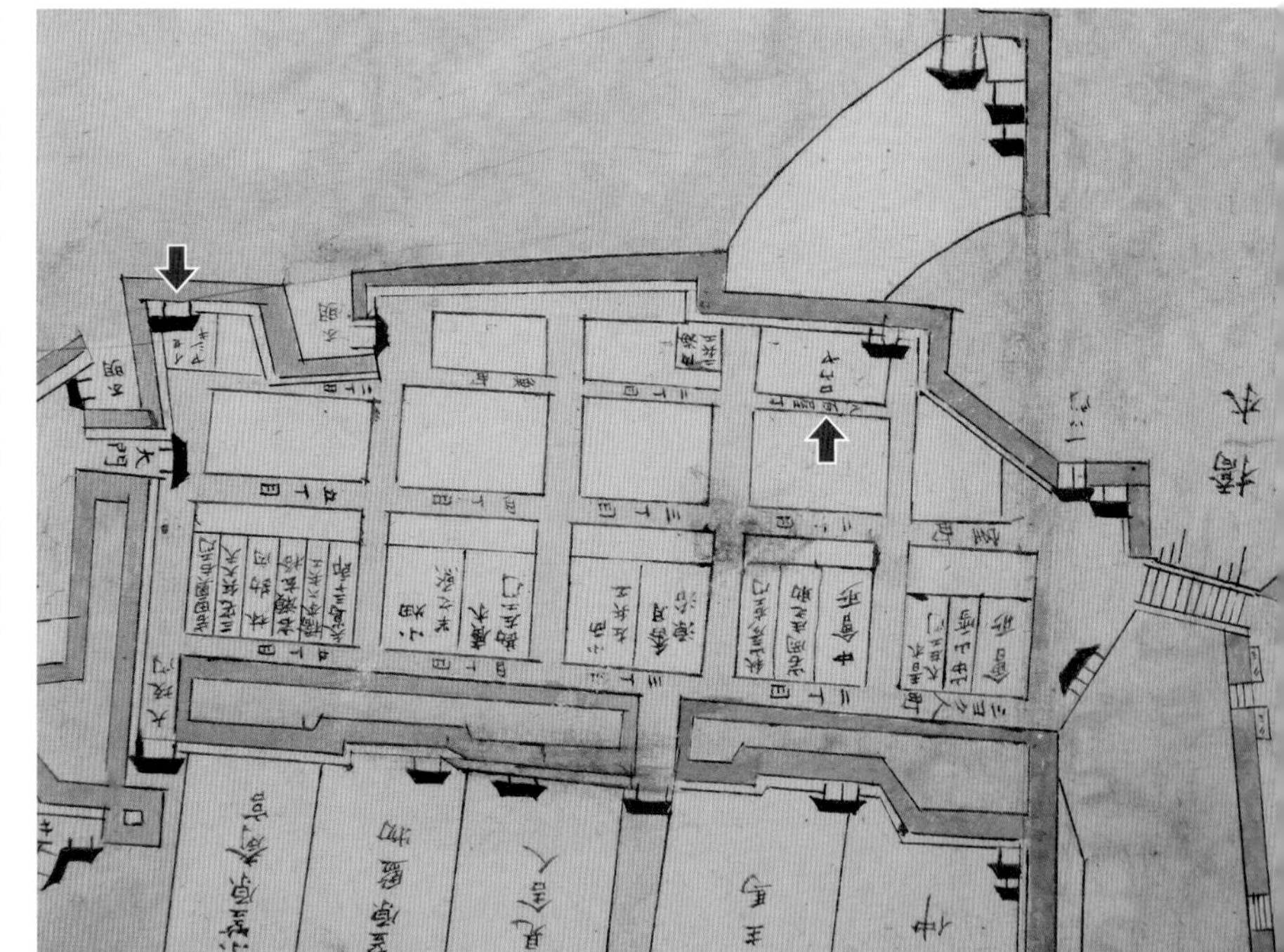

「豊前小倉図」の西魚町隅ノ櫓や「八百屋丁」の「ロウヤ」（獄舎）

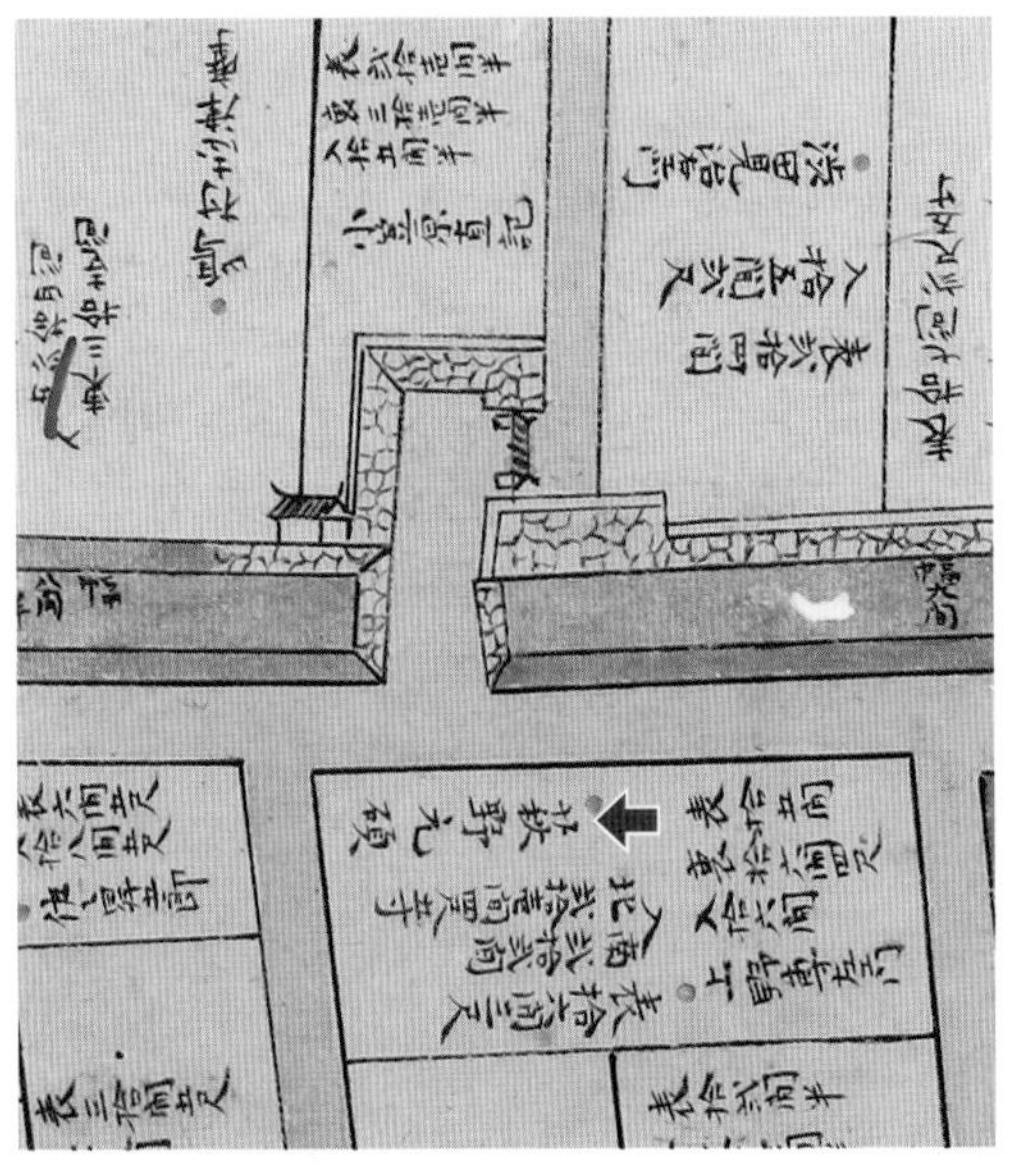

「小倉藩士屋敷絵図」の三ノ丸出口、萩（荻）野元碩屋敷前

している。この上使は幕府老中相当、官位でいえば従四位下侍従であることが条件であったため、従四位下に叙されて間も無い忠固にとっては異例の昇進であった。忠固は通信使との国書交換という大役を無事果たし、将軍徳川家斉に復命した。そして、忠固はその功を誇り、さらなる昇進の願望を抱いたといわれる。具体的には、少将任官、溜間詰となることであった。そこで、忠固は家老の小笠原出雲（長稙）を江戸に派遣し、昇進運動をさせた。そのため莫大な費用がかかり、小倉藩の藩士・領民ともに困窮したという（守友隆「文化度朝鮮通信使と小倉藩主小笠原忠固」）。けれども、江戸での出雲の運動は成果が上がらず、国元の負担が大きくなると、不満を募らせた藩士らによって、小宮らは反出雲派の領袖に祭り上げられた。こうして、出雲を領袖とする用人の鹿島叶（要人）・絹川平馬・渋田見彦左衛門らの一派（「白」方）と小宮・伊藤・小笠原蔵人・二木らを領袖とする一派（「黒」方）が対立するようになった。

そうした中、小倉城三ノ丸東側の堀に「こりや殿よ　をのが昇進に　まなこくらみ　国の困窮　白河夜舟」、「大勢の　人の恨が　数積で　との、あたまに　いんま喰つく」などという落書があったという。

文化十一年九月二十五日夜、出雲派と目されていた渋田見彦左衛門が下城の途中、三ノ丸南の出口（薬研堀の上）、荻野白眠の屋敷前で何者かに槍で襲われ、同二十八日晩に死去した。藩庁に対して、彦左衛門は「病死」と届けられた。のち文政三（一八二〇）年、彦左衛門を襲ったのは早見新助と小笠原藤助と判明し、二人は処刑された。

国元小倉では反出雲派が勢いを増したため、小倉にいる藩主忠固は、江戸の出雲を小倉に呼び戻した。文化十一年十一月十五日の夜、密かに小倉藩領に上陸した出雲は、翌十六日未明に登城し、槻門・鉄門などの城門を閉じた。そして、小宮ら四名を家老職から罷免し、反出雲派の藩士の登城を差し止めた。これを受けて、反出雲派は大挙して、小倉城からわずか三里ではあるが、隣国の福岡藩領黒崎宿まで出国したのだった。

これに慌てた藩主忠固は、黒崎に使者を遣わして帰国を促した。その使者に選ばれたのが、中老の小笠原監物・島村十左衛門（貫寵）、小姓の西田庄三郎（直養）らであった。出雲が下城し、「慎」の処分を受けるなどしたこともあって、十八日、小宮らは黒崎から小倉に戻った。それ以前に出雲は出奔したが、下関で捕らえられ、小倉に連れ戻された（『中村平左衛門日記』第一巻、「黒崎駅江罷越者口書」福岡県立育徳館高等学校錦陵同窓会蔵）。

その結果、翌文化十二年八月十三日、幕府

「日明濱處刑諸霊塔」（小倉北区日明５丁目）。上原らはここにあった御仕置場で処刑された

は、江戸に参勤した藩主忠固に逼塞（ひっそく）を命じた。本来であれば重い処分を下すべきところ、同年が東照宮（徳川家康）二百回忌にあたり、また「先祖の忠勤」を考慮して、逼塞処分で済んだという。その後、白方は出雲の嫡男小笠原帯刀（たてわき）を大将とし、杉生貞則（十右衛門）らがこれに与した。黒方は二木左次馬を大将とし、小笠原隼人・小笠原藤助らがこれに与して、両者の争いは続いた。

　五年後の文政三（一八二〇）年一月、小倉の評定所において、黒方の上原与市・鶴田弥兵衛の取り調べが始まった。弥兵衛は拷問を受けて、長崎奉行遠山景晋（かげみち）への落文（おとしぶみ）、烽火台（のろしだい）への放火、渋田見彦左衛門暗殺のことなどを自白したという。九月三日、騒動の張本人として火罪に処せられた上原与市をはじめ黒方の数十人が処罰され、白方の藩士には恩賞が与えられた。

　この騒動の発端は、藩主忠固の家格昇進運動であるが、最終的には重臣の派閥闘争となった。晩年、忠固は少将に昇任、溜間詰となり、悲願の昇進を達成したが、藩の財政は逼迫し、藩士間の対立は幕末まで続くことになった。

天保八年の火災と天守

天保八（一八三七）年一月四日夜五ツ半時（午後九時頃）、小倉城本丸御殿の台所付近（「御居間ノ裏塩切場」）（「塩切」は米麹に塩を混ぜる作業のことで、発酵が進むと味噌ができる））から出火し、本丸御殿・天守が焼失する大火となった。その後、本丸御殿・天守ともに再建準備が行われたが、結局、本丸御殿だけが再建され、天守が再建されることはなかった。

　ところで、元禄八（一六九五）年、二代藩主忠雄の時代に、小倉城の「土蔵番」の名称を「御天守番」に改めた（『御当家末書』下）。「鵜之真似（うのまね）」によると、時期は記されていないが、小倉城天守に雷が落ちたことがあった。即刻、江戸に「西伝四郎」が派遣され、小倉藩の江戸家老（「御用番様」）に報告したところ、「御土蔵とは何か天守の事か」と尋ねられ、西は「御天守にて御座候」と答えた。そこで、江戸家老が「殿様」にそのまま報告したところ、以後「御天守」と呼ぶようになったという。つまり、忠真・忠雄の時代、天守のことを「御土蔵」と呼んでいたようである。明和三（一七六六）年頃までは、天守の内部はすべて畳敷きで、すべての窓に障子が入れてあったという。その後の文化十三（一八一六）年頃、半分は畳敷きであるものの、残りは板敷きとなり、窓はすべて閉め切りとなっていたという（「鵜之真似」）。

　ちなみに、元禄十三年七月四日未ノ刻（午後二時頃）、小倉城天守の「黒段」に雷が落ち、天守が破損した。火災にはならなかったが、江戸に知らせるため、中西伝四郎（季春）が使者として遣わされた（「源忠雄公年譜」二）。すなわち、「鵜之真似」に記された逸話は元禄十三年のことであろう。

　天守は「御土蔵」で、薪・塩・武器の貯蔵庫として実用的に用いられていた。

英彦山事件

幕末の文久三（一八六三）年、外国船への対応を巡って小倉藩と長州藩は対立した。幕府の指示に従い、航行する外国船を打ち払うことはせず、攻撃してきた場合のみ打ち払う方針の小倉藩と、朝廷、とりわけ尊王攘夷派公卿の指示に従い、いわゆる「鎖国」と呼ばれる時期にも貿易を行っていたオランダを含むすべての西洋諸国の船を打ち払う長州藩との間に妥協の余地はなかった。

ところで、豊前国小倉藩領内にあって勤王（尊王攘夷）派の総本山と目された山があった。英彦山（彦山）である。豊前国と豊後国にまたがる修験者（山伏）の大道場であった。同年七月十六日、長州藩の二人が「石州者」（石見国の者）と偽って英彦山に登り、英彦山座主らと面会した。二人は兵器・兵糧・金子三千両の提供を条件に、英彦山において練兵を行った上で攘夷を実行するように求めた。具体的には、天領である豊後国日田を攻め取り、さらには小倉を攻める計画であったという（鹿児島県維新史料編さん所編『鹿児島県史料』忠義公史料第三巻、鹿児島県、一九七六年）。

小倉藩庁は、英彦山と長州藩の接触を把握していた。同年十一月上旬、英彦山に「浪人六十人」が集まっているという知らせが小倉藩庁に入った。そのため同十日、二木求馬を士大将とする一隊が英彦山に派遣された。だが翌十一日、「六十才計りの老人」が英彦山に登ったことが「六十浪人」と記され、さらに「人」の字が書き加えられて六十人の浪人が英彦山に入ったという誤報となったことが明らかになった（『小森承之助日記』第三巻）。ただ当時、英彦山はそのような噂が流れても不思議でない情勢であった。実際、英彦山が長州藩に「合体」する動きがあった。そのため、二木求馬率いる一隊は英彦山に留まった。

当時の英彦山座主教有（のち高千穂教有）の母は関白一条忠良の息女で、三条公修（三条実美の祖父）の養女であり、教有は尊王攘夷派公卿の代表ともいうべき三条実美と親戚であった。加えて、八月十八日の政変で、三条実美をはじめとする七卿が京都から長州藩領へ落ち延びると、三条実美のもとに英彦山の山伏七人が派遣された。その結果、十一月二十二日、英彦山座主教有は小倉藩庁に呼び出された。教有の家族も小倉に連行され、軟禁された。教有が英彦山に帰山を許されたのは翌元治元（一八六四）年十月であった。また、山伏たちの中でも長州藩に賛同する政所坊をはじめとする山伏十名が小倉に連行され、小倉城下八百屋町の獄舎に投獄された。俗に「英彦山事件」と呼ばれる。

慶応二（一八六六）年八月一日、小倉城自焼の日、六名の山伏が八百屋町の獄舎で処刑された。だが、良什坊と橋本坊の兄弟と彦助の三名は処刑される寸前、獄舎に火の手が回り、獄卒が逃げ去ったため九死に一生を得ることができた（高千穂有英『幕末秘史英彦山殉難録』英彦山殉難大祭委員会、一九六五年）。英彦山山中では現在もこの事件に関わった山伏たちを「義僧」として祀っている。

長州戦争

元治元（一八六四）年の禁門（蛤御門）の変の後、長州征討の勅命が出された。八月十三日、小倉藩九代藩主小笠原忠幹は、海路下関口の先鋒を幕府老中から命じられた。同二十八日、忠幹は、士大将の島村志津摩（貫倫）・渋田見新（盛篤）・二木求馬の三備に小倉藩軍の先陣を命じた。同日、三備の士大将をはじめ頭士・平士、足軽・郷筒・農兵に至るまで城内に呼ばれ、忠幹からの訓示があった。十月二十六日、士大将の渋田見舎人（盛芳）・中野一学（幸聖）・鹿島刑部（安誠）の三備が城内に呼ばれ、八月と同様に忠幹が訓示した。

十月二十九日、幕府軍副将の福井藩主松平茂昭は大坂から乗船し、海路小倉に向かった。十一月九日、小倉藩領宇島（現豊前市）に到着し、同十一日小倉城下室町の「客館」に本営を置いた。なお、総督の前尾張藩主徳川慶勝は広島に本営を置いた。

長州藩は、分家で岩国領主の吉川経幹を介して幕府への恭順の意を示した。家老益田右衛門介・福原越後・国司信濃の首級を差し出し、藩主毛利敬親・広封（のち元徳）父子は蟄居し、謝罪の証書を総督徳川慶勝に差し出した。その結果、十二月二十七日、慶勝は出陣した各藩の藩主に、軍勢引き揚げを命じた。翌年一月三日、中津藩奥平家・唐津藩小笠原家・熊本藩細川家の軍勢が、同十二日には副将松平茂昭が小倉から引き揚げた。こうして、戦闘には至らず長州征討は終結した。

しかし、撤兵後の元治二年二月、高杉晋作ら主戦派が長州藩の実権を握ったため、慶応元（一八六五）年五月、十四代将軍徳川家茂は大坂に向け進発した。同二十一日、小倉藩主忠幹の長男で安志藩主の小笠原幸松丸（のち貞孚）は播磨国安志を発ち、同二十二日室（現兵庫県たつの市御津町室津）から乗船、六月十八日豊前国宇島に到着した。大橋を経て、二十一日小倉に到着し、城内御下屋敷に本陣を構えた。

十一月七日、大坂で長州領への攻め口が発表された。幕府は、芸州口・石州口・上関口（大島口）・下関口・萩口からの攻撃を計画し、第一次征討と同じく、下関口は小倉藩主小笠原忠幹を先鋒とし、ほかに小倉新田藩主小笠原貞正、安志藩主小笠原幸松丸、それから熊本藩主細川慶順（韶邦）・柳河藩主立花鑑寛の軍勢が加えられた（「豊倉記事」一）。

実は、二カ月前の九月六日、藩主忠幹は小倉城で亡くなっていた。だが、長州再征討の最中であり、藩士や軍勢の士気阻喪を恐れてか、その事実は公表されなかった。嘉永三（一八五〇）年生まれの忠幹の長男幸松丸は、忠幹が安志藩主から小倉藩主に転じた時、安志藩を継いでいた。文久二（一八六二）年二月八日、小倉城北ノ丸で生まれた次男の豊千代丸（のち忠忱）はこの時数え年で三歳であった。ちなみに、豊千代丸の母は上田氏の息女で、名は秀岡といった（「小笠原当主縁者書上」北九州市立自然史・歴史博物館蔵）。その名から小倉城の奥女中であったのではないかと推測される。

忠幹が亡くなったことは秘せられたが、慶応元年十一月二十六日、小倉に一泊した松江藩士桃節山（文之助）は「一、此節小倉侯御卒去之趣なれとも、極秘ニ而居るよし聞えたり。如何様之意ニて秘せしもの哉、多分長州之御征伐中故之事なるへき歟」と記している（「西遊日記」、『日本庶民生活史料集成』第二十巻、三一書房、一九七二年）。極秘としていた藩主死去の情報がどういう訳か他藩士にまで知られていた。

慶応二年五月二十六日、小倉藩では城内・城外の警備の配置を定めた。六月三日、幕府軍九州総督の小笠原長行（壱岐守）が小倉に到着し、開善寺に本営を置いた。長行は、唐津藩小笠原家の世子である。その実力を評価されて、世子の身分で老中となっていた。唐津小笠原家は小倉小笠原家の初代忠真の弟忠知（ただとも）を初代とする家であり、親戚であった。そうした事情もあってか、長行は自ら九州総督を買って出たのであった（『小笠原壱岐守長行』）。ちなみに、幕府軍全体の総督である紀州藩主徳川茂承（もちつぐ）は広島に本営を置いていた。

六月四日、小倉藩勢は長州藩領に攻め込むため、自領の門司・田野浦まで出陣することになった。藩主小笠原忠幹は「不快」のため、名代として世子の小笠原豊千代丸が出陣の諸士を引見した。それから諸士は各隊を大手勢溜（せいだまり）に集めた。それから、二ノ丸を通り、大坂門から出て、京町通り（長崎街道）を行軍し、同日夕刻着陣した。翌五日、小倉新田藩主小笠原貞正の軍勢が、六日には安志藩主小笠原幸松丸の軍勢がそれぞれ楠原（くすばる）村（現門司区）に布陣した（「豊倉記事」一）。

「小倉藩士屋敷絵図」の小倉城大手勢溜
（現在の大手門前広場付近）

小倉口（下関口）の戦いは、六月十七日未明、長州藩勢の田野浦・門司奇襲で始まった。幕府勢が長州藩領の下関に攻め入るはずが、あべこべに長州勢が小倉藩領の企救（きく）半島に攻め込んで来たため、小倉勢は健闘したものの、田野浦・門司を放棄して大里（だいり）に撤退するほかなかった。

七月三日、再度長州勢が小倉藩領の大里に奇襲をかけた。小倉藩・小倉新田藩・安志藩の軍勢は奮闘したが、熊本藩・久留米藩の軍勢、幕府直轄軍の千人隊は後方を守備し、前線に出なかったため、小倉藩側は鳥越・赤坂（現小倉北区）に撤退を余儀なくされた。長州勢も大里に放火し、その日のうちに下関に引き揚げた。

七月二十七日未明、長州勢が攻撃を開始した。小倉勢は赤坂・鳥越の難所で長州勢の進撃を阻むことにした。この日の戦いは、熊本藩勢が参戦したことにより、幕府方が長州勢を撃退することに成功した。長州勢は多くの戦死者を出し、下関に引き揚げた。

だが、七月三十日、将軍徳川家茂病没の知らせを受けた老中・九州総督の小笠原長行は、本家の小笠原家関係者にも告げることなく小倉から「脱走」した。それを知った熊本勢をはじめ諸藩の軍勢は国元に引き揚げ始めた。小倉藩小笠原勢だけで長州勢の侵攻を防ぐのは難しいと小倉藩重役は判断した。

そのため同日深夜、幕府の目付松平左金吾（さきんご）・平山謙二郎が小倉城中に招かれ、やがて小倉新田藩主の小笠原貞正、安志藩主の小笠原幸松丸、小倉藩家老の小宮民部（親懐（ちかかね））・原主殿（とのも）（昌運（まさゆき））・小笠原甲斐（長祚）、士大将の島村志津摩・小笠原織衛（おりえ）（長民）らが集まり、軍議が行われた。小倉藩重役らは幕府目付に対し、総督の小笠原長行が脱走してしまった上は、小倉藩とその一族の小倉新田・安志両藩小笠原勢だけでの防戦は難しく、小倉城を「開城」する（放棄する）以外の手段はなく、幕府目付の二人に城を受け取ってほしいと歎願した。困惑した二人は、小倉城を「自焼」し、要地に退いても構わないという趣旨の書付を手渡して小倉城を去った。

幕府目付の「御墨付」を得たことにより、小倉藩世子小笠原豊千代丸をはじめ、豊千代丸の亡父小笠原忠幹の正室貞順院（百代、

「小倉落城遠望之図」（山口県文書館蔵）

茂代子）や、忠幹の息女らを肥後国熊本藩領に避難させる準備がなされた。

翌日八月一日五ツ時過ぎ（午前八時頃）、豊千代丸ら一行は城内を退去し、篠崎口を出て木町を経て、田川通り（秋月街道）を南下して、同日夕刻採銅所（現田川郡香春町）に到着、同地に宿泊した。やがて豊千代丸らは肥後国熊本藩領に身を寄せ、約二年後の慶応四年三月、小倉（香春）藩領に戻ることになる。

八月一日四ツ半時（午前十一時頃、ただし時刻は諸説あり）、小倉藩家老小宮民部の屋敷から火の手が上がった。これを「自焼」の合図と判断した同藩大目付の大堀一は小倉城内に火をかけるよう命じた。火は一挙に燃え広がり、城内にいた者は田川方面に立ち退いた。

だが、これは手違いによる自焼であった。本来、小倉勢が蒲生（現小倉南区）近辺まで立ち退いた頃に小宮邸に火をかけ、それを合図として城内に火をかける手筈であった。けれども、小宮の家来が誤って小倉勢が退く前に急いで火をかけたのだった。そのため、宝物の多くが焼失したといわれる。

ただ、小笠原家の重要な書物・系図・道具・刀類などのいくらかは事前に城内から運び出されたが、藩士（家臣）の家々のそれらはほとんど運び出せなかったようである。

さて、急な自焼は、熊本藩士竹崎律次郎の提案を受けた小宮民部が独断に近い形で実行に移したもので、島村志津摩などは自焼後に知らされた。竹崎は、長州勢と戦った後に小倉城から撤退したならば敗軍（敗北）と見なされるので、一戦に及ばず、長州勢が押し寄せる前に自焼し、速やかに要地に撤退するのがよいと提案した。それを小宮はもっともな意見として受け入れたのである（「慶応仮日記」）。

初代藩主小笠原忠真によって事実上始まった徳川幕府の九州支配は、小倉城自焼によって崩壊したといえる。小倉城の崩壊は、すなわち徳川幕府の九州支配の崩壊であった。

小倉藩の孤軍奮闘と長州藩との講和

慶応二（一八六六）年八月一日、小倉城を自焼した小倉藩は戦闘を放棄したわけではなかった。企救・田川両郡の境である金辺峠（現田川郡香春町）には一番備島村志津摩隊が台場を築くなどして抗戦の構えを示した。

広寿山福聚寺本堂

八月二日、長州勢は馬関海峡を渡って小倉に入った。八日には小笠原家の菩提寺である広寿山福聚寺（現小倉北区寿山町）に本営を構えた。長州勢は対岸の豊前の一部、具体的には企救郡の占拠を目指していたと考えられる。

同九日、長州勢は下曽根・葛原・湯川・城野（現小倉南区）に侵出、その知らせを受けた小倉勢が同地に出撃、戦闘となった。これ以後、断続的に戦闘が続いた。

同十日未明、小倉勢は家老の小宮民部率いる部隊などが狸山峠（現京都郡苅田町）に出陣し、長州勢の斥候と遭遇、これを追い払った。その後昼八ツ時（午後二時頃）、曽根の長州勢と暮六ツ時（午後六時頃）まで戦闘に及び、双方とも引き揚げた。十二日、金辺峠の島村志津摩率いる小倉勢は、北へ二里（約八km）、長州勢の動きが一望できる企救郡高津尾（現小倉南区）に進出し、同地に本営を構えた。十五日、小倉勢は小宮民部を大将として狸山峠に本営を置き、関門を設け、防備を固めた。

二十四日、小倉藩の間諜が十四、五人小倉城下に潜入したということで、長州勢は城下の侍屋敷をすべて焼き払った。

二十八日未明、小倉勢は全軍で湯川・葛原の長州勢を駆逐する作戦に出た。小倉勢は「散兵」で長州の台場に迫った。長州勢は大砲・小銃を発射したが、小倉勢は木々に隠れ退かなかった。長州勢は二十拇臼砲で砲撃し、さらに銃隊を前進させたため、小倉勢は後退したが、山間に潜み、散開して応戦し続けた。日暮れに及んで、小倉勢は高津尾の本営に引き揚げた。

三十日朝六ツ時、島村志津摩は諸部隊を率い、小倉近辺に「大巡邏」と称して出撃した。蒲生・今村を経て、篠崎八幡宮に参拝した。それから、木町・小倉豊後橋で戦闘に及んだ。小倉勢は田畑に散開、潜伏して長州勢を銃撃した。長州勢に援兵が駆け付けると、小倉勢は退却すると見せかけて、田圃の中に潜み、追撃してくる長州勢に突然斬り込むなどした。夕刻、小倉勢は高津尾に帰陣した。

さらに、九月八日夜半、島村率いる小倉勢は密かに小倉城下に迫った。城下にある兵器類を奪い、かつ城内の長州勢に夜襲をかけるためであった。島村は清水山（現小倉北区）

を本陣とし、各隊は到津・菜園場を経て小倉城諸門に向かった。卯の上刻（午前五～六時頃）、小倉勢は紺屋町口門・到津口門・篠崎口門から攻め込んだ。不意を打たれた長州勢は後退した。小倉勢はさらに室町・三ノ丸・二ノ丸まで進み、交戦した。翌九日夕刻頃まで戦い、小倉勢は高津尾に引き揚げた（「豊倉記事」四）。

孤軍奮闘する小倉勢であったが、十月に入ると、長州勢は芸州口・石州口にいた軍勢を小倉口に投入し、大挙攻勢に出た。この長州勢の勢いに抗し切れず、十月七日、島村志津摩は高津尾の本営を引き払って呼野（現小倉南区）方面に退却し、険難の金辺峠の守備を固めた（「豊倉記事」五）。

長州征討の戦いという「公戦」から、小倉藩と長州藩の「私戦」となった八月一日以降の戦いは、十月二十一日、ようやく止戦となった。だが、両藩の最終的な講和交渉は難航した。それは、長州藩が、小倉藩の幼君小笠原豊千代丸（のち忠忱）や小倉新田藩主小笠原貞正を人質として要求したからである。

それら長州藩の難題に対して、小倉藩側が出した結論は「開国」策であった。開国とは、小倉藩が自領をすべて放棄して、藩士とその家族全員が他国に移住することである。一説に、これを提唱したのは小倉藩中老の島村志津摩で、「最後べ（屁）」（せっぱ詰まった、苦し紛れに考えた策）だと言って、長州藩との交渉にあたっていた生駒主税（正熙）に提案したという（「豊倉記事」六）。

この小倉藩からの「開国」の申し出に驚愕した長州藩は、当初の厳しい要求を取り下げた。その結果、小倉・長州両藩の談判は講和成立に向かって急展開した。

慶応三年一月十六日、馬関（下関）新地の庄屋林算九郎邸で、小倉・長州両藩の代表者が会談した。会談の場で長州藩側は、人質要求を取り下げ、藩主毛利敬親・広封父子から寛大な取り計らいをするよう命じられたと述べた。同二十二日、周防国小郡（現山口市）の御茶屋で、小倉藩側は生駒主税ら四名、長州藩側は重役の小田村素太郎（のち楫取素彦）、広沢兵助（真臣）が会談した。翌二十三日、小郡御茶屋で、生駒ら小倉藩側四名と、長州藩側の小田村、広沢がそれぞれ連名で作成した覚書を取り交わした（「豊倉記事」七）。ここに、前年六月から始まった第二次長州戦争小倉口の戦いが終結した。

長州藩士で奇兵隊を率いて小倉藩と戦い、のちに内閣総理大臣となった山県有朋は、その回顧録『懐旧記事』（丸善株式会社書店、一八九八年）で次のように記している（筆者が現代語に訳した）。

> 小倉藩は居城の小倉城を自焼し、領地を侵害されても、なお死力を尽くして代々の幕府の恩に報いた。力尽き、万策尽きるまで長州藩と戦った小倉藩の働きは「実に義を重んずるの挙動なり」と言える。他日、徳川幕府の歴史を編纂する者は、この小倉藩の事績を大書、特書するべきである。

長州奇兵隊を率いて小倉勢と激しく戦った山県の評価は説得力がある。小倉城自焼のインパクトが強く、自焼で小倉口の戦いは終わったように思われがちだが、幕府が一方的に停戦を決め込んだのに対して、小倉藩は単独で戦争を継続し、自力で講和を結んだ。このことはもっと注目されてよいのではないかと、山県は述べているのである。

〔守友〕

第五章 近代の小倉城

「戦災」と長州藩による占領支配

慶応二（一八六六）年八月一日に小倉藩は小倉城を自焼し、田川郡香春まで撤退した。

小倉藩が退去した後の小倉城には長州藩が入った。ただし本丸ほかの主要施設の大半が焼失していたため、長州藩は二ノ丸の北側室町に本陣を置いて、小倉城下町と企救郡を占領した。長州藩と小倉藩の戦闘は八月以降も続いたが、翌慶応三年一月に停戦が実現し、長州藩は企救郡代官を置いて、小倉城下町と企救郡を支配した。翌四年四月十三日に佐藤寛作が企救郡代官を命ぜられている（佐藤家文書、山口県文書館蔵）。

しかし明治二（一八六九）年八月、版籍奉還に伴い、長州藩は小倉城下町と企救郡を朝廷に返上し、日田県が所管することになった。小倉藩御用商人の中原嘉左右は長崎にいた弟の嘉兵衛の書簡でそのことを知り、小倉藩に返還されると聞いていたため、「何等之義ニ候哉」、「此末如何相成候事ニ御座候哉」との感想を記している（『中原嘉左右日記』二、明治二年九月四日条）。それ以後も長州藩が実質的に支配を続けた。十一月には企救郡で百姓一揆が起こっている。翌三年二月になって長州藩は小倉城下町と企救郡を新政府に引き渡した。

引き渡しに際して長州藩が日田県に渡した「申送書」の控えが残されている（「企救郡朝廷え御返上ニ付日田県え申送書控」毛利家文庫、山口県文書館蔵）。小倉藩の小倉城自焼は整然と行われたわけではない。夜を徹した軍議で決定した、一戦した後に城を焼いて退去するという方針は突然覆された。敗軍の姿になってしまうということが変更の理由で、最初から作戦として城を焼いて退去することになった。しかし、その方針変更は最前線に周知されず実行されたため、大混乱を招いてしまった。隣の福岡藩では「小倉は悉皆滅亡」との風聞が少なくとも一カ月間は完全に否定されなかったほどである（「芸州小倉底井野」下、黒田家文書、福岡県立図書館蔵）。小倉城自焼と田川郡への退去は、小倉藩では「御変動」として記憶された。

したがって当然、特段の引き継ぎなどあるはずもなかった。長州藩は手探りで小倉城下町と企救郡の支配を行わなければならず、日田県への引き継ぎに際して長州藩はそのことを強調するよりなかった。この「申送書」の中で、小倉藩が撤退した後も空いていた家中屋敷で畠作を行うことを出願する者があったこと、城下町の通行者が減少し、商業も不振に陥り、一般の町民の生活も立ちゆかなくなっていることが報告されている。小倉の「戦災」はやはり甚大だったのである。

廃藩置県と小倉県の成立

慶応三（一八六七）年一月に小倉藩は長州

香春御茶屋跡の門。香春小学校敷地内に移設保存されている

藩と停戦したが、その後も小倉に戻ることができず、そのまま香春に留まることになり、三月には正式に香春に拠点を移した。これを「香春藩」と呼ぶこともある。香春には藩主の御茶屋があったが、正式に拠点を移し藩庁としての機能を満たすことはできなかった。藩士も商家や農家を借り上げ、あるいは分宿している状況であり、新たな拠点の建設は不可欠だった。また熊本藩に避難していた藩主の小笠原忠忱やその母で前藩主未亡人の貞順院の帰藩に際して、その居住施設を確保できず、忠忱は田川郡上赤村の正福寺仮御殿、貞順院は田川郡金田村の大庄屋金田源吉郎宅の仮御殿にそれぞれ滞在した。このような状況の中で、小倉藩は明治二（一八六九）年十二月、仲津郡錦原（現京都郡みやこ町）を開発して拠点を移した。これを「豊津藩」と呼ぶ。

豊津藩庁跡（京都郡みやこ町）

　ところが明治四年七月に廃藩置県が断行されて、豊津藩は短い歴史を閉じ、豊津県が置かれた。十一月に豊津県は日田県（小倉城下町と企救郡）、千束県（旧小倉新田藩）、中津県（旧中津藩）と統合されて、豊前一国を県域とする小倉県が成立した。県庁舎は小倉城下の室町に置かれた。

　小倉県も明治九年四月に筑前一国の福岡県に統合された。同時に旧中津県は大分県に統合された。福岡県は同年八月に筑後一国の三潴県を統合し、現在の福岡県が成立するに至る。なお三潴県は同年四月に佐賀県を編入したが、福岡県に統合される際に旧佐賀県は長崎県に編入された。

　小倉県参事には旧佐賀藩士の伊藤武重、次に旧長州藩士の小幡高政（後に権令となる）が就任した。県庁吏員も他藩出身者が多く、小倉県庁が小倉に置かれたといっても豊津に留まった小倉藩士も少なくなかった。

小倉の「戦後復興」と近代化の模索

　小倉は城下町であるとともに、長崎街道、秋月街道、中津街道の起点であり、宿場町としての性格を有していた。城下町には九州の諸大名の参勤交代に際しての定宿や飛脚問屋となった商家が少なからずあった。船頭町の鍋屋・大坂屋・素麵屋・塩飽屋・皿屋、京町の桝屋・広島屋、宝町の銭屋、室町の中原屋・村屋などがそうである。慶応二（一八六六）年八月一日の小倉城自焼「御変動」により城下町の商家も大きな影響を受けたが、小倉に残り、戻って商業活動を継続・再開し、小倉の「戦後復興」に尽力した。中原屋の中原嘉左右、広島屋の守永久吉（本家）と守永勝助・平助（分家）、神田屋の神崎徳蔵（本家）と神崎岩蔵および神崎慶次郎（分家）などがその中心であった。

明治八（一八七五）年に歩兵第十四連隊が小倉城三ノ丸跡に駐屯すると、小倉は「軍都」として都市形成が進展する。それに伴って小倉の商業活動も活発化した。室町に郵便役所（明治四年）、京町に電信局（明治六年）が設立され、活動の拡充を促進した。商家を統合・組織化する機運が高まり、明治十四年二月十九日に豊前国商法会議所が設立された。中原嘉左右が会頭兼副会頭に選出された。しかし同所の活動は振るわず、同十九年五月に改めて小倉商法会議所が設置された。

中原嘉左右肖像

日清戦争後の「企業勃興期」に小倉商人は様々な企業や工場、銀行などの開業や経営に関わった。守永家と神崎家はその双璧だった。しかし日清戦争後の恐慌によって、銀行業を皮切りに両家が関わった多くの企業の経営が破綻し、起業計画も頓挫した。

さらに企救郡役所（津田維寧郡長）と小倉商人たちは「戦後復興」に留まらず、小倉の地域振興や都市基盤整備に努めた。特に重視されたのが小倉港の整備であった。具体的には長浜沖の波止築造や紫川河口の浚渫が計画され、県との折衝が繰り返された結果、明治十七年に波止築造工事が起工、翌十八年に竣工した。しかし浚渫工事は実施されずに持ち越された。

明治二十一年になり常盤橋の架け替え（木造から鉄造に変わった）とともに河口の浚渫と海岸（旧台場付近）の埋め立てが行われ、翌二十二年に竣工した。しかし同年に門司港が特別輸出港に指定されると、以後は門司港の築港が優先されることになり、小倉港の整備は後退した。

小倉の海面埋め立てと交通・工業の発展

明治二十九（一八九六）年に第十二師団が小倉に開設されることが決定すると、翌三十年八月三十日に鞍手郡下境村（現在の直方市）の炭鉱家許斐鷹助など六名が小倉町旧西台場下平松海面五万三九七四坪の埋め立てを出願して許可されている（アジア歴史資料センター C10126309500）。筑豊の石炭を小倉から積み出す築港を前提に宅地と物揚場の設置を主眼とした埋め立て計画で、明治三十一年一月に許可され、翌三十二年に着工、三十五年五月に第一工区一万坪の埋め立てが完成した。この間許斐以外の五名が脱落して許斐の単独事業となり、さらに工事請負人の小林徳一郎が継承した。明治三十九年二月に許斐が亡くなると、小林は一万坪の造成地を「許斐町」と名づけた。未竣工地は大正五（一九一六）年二月に東京製綱株式会社、同十年に株式会社浅野製鋼所（浅野総一郎社長）に譲渡され、十一年二月埋め立て工事を完了した。その後幾度か変遷を経て埋立地の造成も進行し、現在の日本製鉄株式会社八幡製鐵所小倉地区となる。

大正時代には埋め立てによる工業用地の開発と港湾の整備が計画・実施されていく。紫川の西側では大正五年一月七日、松方幸次郎が小倉鋳物師(いもじ)町先および企救郡板櫃(いたびつ)村平松浦地先の海面十九万四七二三坪の埋め立てを福岡県に出願した（「福岡日日新聞」大正六年三月十六日）。昭和に入ると松方が社長を務めた九州電気軌道株式会社が埋め立て事業を引き継ぎ、昭和七（一九三二）年十月に九州電気軌道は九州土地興業株式会社を設立し、埋め立てを継続した。現在の東港町である。また西側の日明(ひあがり)地区の埋め立て計画が昭和三十五年に決定して、三十八年二月より日明臨海工業用地六十四万坪の工事を開始し、昭和四十二年三月に完了した。西港町である。

紫川の東側では明治四十年に小倉鉄道株式会社が高浜地区の埋め立てを出願し、大正四年五月に護岸・埋め立て工事が竣工した。同年四月一日に小倉鉄道東小倉―上添田(かみそえだ)間が開通し、十一月から石炭の積み出しを開始した。

大正十年八月に株式会社浅野小倉製鋼所と小倉鉄道が小倉市・企救郡足立村地先海面（計八六万五一〇四㎡）の埋め立てを出願し、翌十一年十二月に許可され、十四年十一月に着工した。なお昭和五年三月に小倉鉄道は離脱した。砂津川の西部の四八万三〇七㎡の埋め立て工事が昭和六年一月に竣工して「浅野町」と呼ばれた。七月、浅野小倉製鋼所は小倉築港株式会社を設立した。昭和十年十月には砂津川の西部全区域の埋め立てが完了した。

昭和六年八月には東部の埋め立てが着工して、昭和十六年十二月に一部が竣工、十七年八月に「末広町」と命名された。

このように小倉築港事業が進展し、小倉港は昭和十年「開港」指定を受けた。小倉の海面埋め立てと港湾整備および工業用地の造成によって、門司港から黒崎に至る海岸一帯に北九州工業地帯が形成された（小倉海岸埋め立てについては『北九州市土木史』による）。

小倉は海上交通だけでなく陸上交通の拠点

■北九州および下関・博多各港の変遷

<table>
<tr><th>港</th><th>特別輸出港</th><th>特別輸出入港</th><th>開　港</th><th>重要港湾</th><th>関門港</th><th>特定重要港湾*
中枢国際港湾</th><th>北九州港</th></tr>
<tr><td>下関港</td><td>1889年</td><td></td><td>1899年</td><td rowspan="2">1907年（第１種）</td><td rowspan="3">1940年</td><td rowspan="6">1951年*
1995年</td><td></td></tr>
<tr><td>門司港</td><td>1889年</td><td></td><td>1899年</td><td rowspan="5">1963年</td></tr>
<tr><td>小倉港</td><td></td><td></td><td>1935年</td><td>1927年（第１種）</td></tr>
<tr><td>若松港</td><td></td><td>1904年</td><td>1917年</td><td>1921年（第２種）</td><td rowspan="3">1941年</td></tr>
<tr><td>八幡港</td><td></td><td></td><td></td><td></td></tr>
<tr><td>戸畑港</td><td></td><td></td><td></td><td></td></tr>
<tr><td>博多港</td><td>1889年</td><td></td><td>1899年</td><td>1927年（第２種）
1939年（第１種）</td><td></td><td>1990年*
1995年</td><td></td></tr>
</table>

＊2011年からは国際拠点港湾

でもあった。明治九年に全国の道路が国道・県道・里道に区分された際に、長崎街道は国道第一等、中津街道は国道第三等、秋月街道は県道第三等に位置づけられた。明治十八年の内務省告示第六号により、旧長崎街道は国道四号、旧中津街道は国道三十四号となった。福岡県内においては、機能としては、旧長崎街道は現在の国道三号線、旧中津街道は国道十号線、旧秋月街道は国道三二二号線に概ね相当する。

初代小倉駅（明治30年頃）

また明治二十四年に九州鉄道門司―熊本間が全通したが、四月一日に現在の西小倉駅の東側に小倉駅が開業した。九州鉄道の工場も小倉（城外西側）に建設された（現在のＪＲ九州小倉工場）。九州鉄道は現在のＪＲ鹿児島本線に相当するが、当初の黒崎―小倉間は内陸側を通る「大蔵線」であり、明治三十五年十二月に「戸畑線」が開通して、明治四十四年九月に「大蔵線」は廃止された。明治三十七年の日露戦争の際には軍事輸送のため「小倉裏線」が開通している（大正五年六月廃止）。

しかし九州鉄道の起点は門司であり、筑豊興業鉄道（明治二十四年若松―直方間が開通）の起点が若松であったことからわかるように、鉄道敷設の主眼は筑豊の石炭を港（門司港と若松港）に輸送することにあった。ところが同二十九年、金辺鉄道株式会社が設立されて、小倉と田川郡を結ぶ鉄道敷設が計画された。金辺鉄道は着工に至らなかったが、その後明治三十八年に設立された小倉鉄道株式会社が計画を引き継いで、大正四年四月東小倉―上添田間が開通した。こうして紫川河口の東側埋立地に新たに開発された小倉港から石炭の積み出しが開始された。

明治四十四年に九州電気軌道東本町（門司市）から大蔵（八幡町）までの路線が開業し、現在の北九州市域に広がった。同年、九州電気軌道は大門に筑豊の石炭を使用する火力発電所（大門発電所）を建設して、軌道の電源を含む電力供給事業を開始した。大門発電所は拡張を重ねるとともに、昭和六年十一月には埋立地（東港）に新発電所（小倉発電所）が建設された。また小倉馬車鉄道、小倉軌道を継承して大正七年一月に設立された小倉電気軌道が小倉の大坂町（後に魚町）と北方を結んだ。昭和十七年、九州電気軌道と小倉電気軌道は統合して、西日本鉄道北九州線となり、旧小倉電気軌道はその一路線として西鉄北方線となった。

小倉には明治二十四年に千寿製紙株式会社が設立されたが、企業や工場の立地は少なかった。北九州五市のうち小倉市を除く四市が新興工業都市・港湾都市として急速な発展を遂げたのに対し、小倉は停滞感を募らせた。小倉の工業都市としての発展は、東京製綱（明治三十八年）、東洋陶器（大正六年）、浅野小倉製鋼所（同七年）などの工場の開業によってようやく本格化した。なお千寿製紙は小倉製紙所（明治四十二年）、王子製紙（大正十三年）を経て、十条製紙小倉工場となったが、昭和四十一年に同社の八代工場に統合された。

小倉町から小倉市へ

このような港湾の整備や鉄道の敷設、道路の再編成に伴って、小倉城下町の改変が進行した。また小倉は後述するように、「軍都」としての性格を強め、それを基軸として都市発展を遂げていく。

大門（小倉）発電所（大正時代か）

小倉城自焼「御変動」から二年が経過した慶応四（一八六八）年八月、長州藩の企救郡代官佐藤寛作が作成した「企救郡宰判小倉町戸籍帳」（「防長幷豊石諸裁判戸籍」県庁伝来旧藩記録、山口県文書館蔵）によれば当時の小倉町の人口は町人が二二一一軒、七五一七人で、ほかに六十一寺、僧一一一人、比丘尼九人、「俗」七十八人、社家二軒、十一人、山伏盲僧十四軒、二十八人、座頭一軒、三人が居住していた。小倉藩士全員が退去しており、武家は皆無である。

十条製紙小倉工場（昭和戦後）

明治二十二（一八八九）年の市制施行の際、福岡県では福岡と久留米の旧城下町が市制を施行した。それから十年後の明治三十二年に門司町が、翌三十三年に小倉町が市制を施行した。明治二十二年の小倉町の人口は一万五〇七二人だったが、同三十三年の市制施行時には三万七十五人になっていた。小倉は幕末の「戦災」からの「復興」に時間を要し、市制施行が遅れたといえる。そして工業化や港湾整備が停滞した（と考えられた）小倉は次に見るように、何より軍都として都市形成が進行した。

軍都の形成　歩兵第十四連隊など

関門海峡および小倉の地は「九州の咽喉」として古来より政治的・軍事的に重視されてきたが、明治政府下でもそれは同様で、明治四（一八七一）年四月に西海道鎮台が小倉に設置された（東海道鎮台は石巻に設置）。同年七月に東京と大阪を加えて四鎮台となり、西海道鎮台は鎮西鎮台と改称されて、当面は熊本に置かれることになった。しかし明治六年一月には改めて熊本鎮台が設置され、熊本鎮台は明治二十一年五月に第六師団となった。熊本は九州第一の軍都になっていく。

小倉城に限らず全国の旧城・城址と城下町の運命を分けたのが明治六年一月の太政官達「全国城郭存廃ノ処分並兵営地等撰定方」で、全国の旧城が「存城」＝陸軍省用地と「廃城」＝大蔵省用地に振り分けられたことである。豊前国では小倉城が「存城」、中津城や千束城は「廃城」となった。福岡県内では福岡城が「存城」、久留米城と柳川城は「廃城」処分となった。

小倉には歩兵第十四連隊が駐屯することになって、明治八年一月に熊本鎮台の一個大隊が小倉に移駐し、四月に二個大隊の編制を完了した。翌九年四月には各大隊の三分の一をもって第三大隊が編制され、福岡に分屯した。また連隊編制と同時に営所病院が、明治十五年十二月には衛戍監獄が置かれた。歩兵第十四連隊は小倉城内三ノ丸跡に入り、練兵場がその南側に設けられたほか、平尾台が演習地となった。

歩兵第十四連隊は明治九年の秋月の乱や翌十年の西南戦争など士族反乱の鎮圧に出動した。秋月の乱では旧豊津藩士族が十四連隊とともに旧秋月藩軍の鎮圧に従事した。西南戦争では歩兵第十四連隊のうちの一個中隊が福岡駐屯の第三大隊とともに熊本に派遣されたが、三六一名の戦死者を出し、特に天皇から賜った連隊旗を旧薩摩藩軍より奪われた。その時の連隊長は乃木希典少佐で、後に明治天皇が崩御した際の乃木夫妻の自決の伏線となったともいわれている。また歩兵第十四連隊は朝鮮半島で明治十五年に起きた壬午軍乱や十七年の甲申事変にも動員された。

歩兵第十四連隊は明治二十一年、鎮台が師団に改編されたのと同じ年の十二月に、福岡

■師団設置時の全国の師団編制

鎮台➡師団	歩兵旅団	衛戍地	歩兵連隊	衛戍地
東京鎮台➡第1師団（第一師管区）	歩兵第1旅団	東京	歩兵第1連隊	東京
			歩兵第15連隊	高崎
	歩兵第2旅団	佐倉	歩兵第2連隊	佐倉
			歩兵第3連隊	東京
仙台鎮台➡第2師団（第二師管区）	歩兵第3旅団	仙台	歩兵第4連隊	仙台
			歩兵第16連隊	新発田
	歩兵第4旅団	青森	歩兵第5連隊	青森
			歩兵第17連隊	仙台
名古屋鎮台➡第3師団（第三師管区）	歩兵第5旅団	名古屋	歩兵第6連隊	名古屋
			歩兵第18連隊	豊橋
	歩兵第6旅団	金沢	歩兵第7連隊	金沢
			歩兵第19連隊	名古屋
大阪鎮台➡第4師団（第四師管区）	歩兵第7旅団	大阪	歩兵第8連隊	大阪
			歩兵第9連隊	大津
	歩兵第8旅団	姫路	歩兵第10連隊	姫路
			歩兵第20連隊	大阪
広島鎮台➡第5師団（第五師管区）	歩兵第9旅団	広島	歩兵第11連隊	広島
			歩兵第21連隊	広島
	歩兵第10旅団	松山	歩兵第12連隊	丸亀
			歩兵第22連隊	松山
熊本鎮台➡第6師団（第六師管区）	歩兵第11旅団	熊本	歩兵第13連隊	熊本
			歩兵第23連隊	熊本
	歩兵第12旅団	小倉	歩兵第14連隊	小倉
			歩兵第24連隊	福岡

で編制された歩兵第二十四連隊と合わせて小倉の歩兵第十二旅団の隷下に編入された。同年五月には徴兵事務を所管する大隊区司令部が設置されることになり、小倉大隊区司令部が開設され、明治二十九年五月に小倉連隊区司令部と改称されて、昭和十六（一九四一）年十一月福岡連隊区に統合されるまで続いた。

朝鮮半島情勢の不安定化と清国との対立の激化を受けて、陸軍は明治十九年十月に臨時砲台建築部を開設、翌年から関門海峡沿岸各所に砲台や堡塁を建設した。その数は下関側七カ所、門司・小倉側六カ所に及んだが、実戦で使用されることはなかった。明治三十二年九月に「要塞地帯法」が公布・施行されると、下関から門司・小倉・八幡に及ぶ一帯が下関要塞地帯に指定された。

明治二十七年八月に日清戦争が始まると、小倉で歩兵第十二旅団を基幹とする混成第十二旅団が編制、九月に門司港を出港して朝鮮半島の仁川に上陸、清国海軍の拠点だった旅順攻略戦に参加した。翌二十八年一月には台湾の領有を目的として歩兵第十二旅団に動員が命ぜられ、歩兵三個大隊を基幹とする混成支隊が編制、澎湖諸島に派遣された。支隊は三月に同地を占領したが、コレラによって多数の死者を出した。

なお日清戦争の大本営は広島に設置され、宇品港が陸軍の輸送拠点となったが、門司港には兵器関連施設が設置され、軍事輸送上に大きな役割を果たした。

軍都の発展　第十二師団

日清戦争終了後の軍拡政策の中で、六個師団から十二個師団に倍増し、小倉に第十二師団が設置されることになった（明治二十九〔一八九六〕年三月公布）。第十二師団には歩兵第十四連隊（小倉）と歩兵第二十四連隊（福岡）のほかに、新設の歩兵第四十七連隊（小倉）と歩兵第四十八連隊（久留米）が所属した。小倉には歩兵第十二旅団司令部（歩兵第十四連隊と歩兵第四十七連隊を所管）と歩兵第十四連隊に加え、歩兵第四十七連隊、騎兵および野砲兵第十二連隊、工兵および輜重兵第十二大隊が編制、明治三十一年十一月には第十二師団司令部が小倉城内本丸跡に置かれた。

小倉の第十二師団所属部隊や施設のすべてを小倉城内に収容することはできなかったから、新たに小倉南方郊外の企救郡北方村に軍用地（約四十万坪）を確保して新設部隊を配置し、小倉衛戍病院も移転した。一方小倉城内には第十二師団憲兵隊や小倉陸軍兵器支廠が設置された。明治二十九年十二月には西日本の四師団、第五師団（広島）、第六師団（熊本）、第十一師団（善通寺）、第十二師団（小倉）を所管することになる西部都督部が小倉城内の松ノ丸跡に置かれ、動員計画や軍事教育の指導などを行ったが、同三十三年になると三つの都督部が東京に集約され、日露戦争直前の同三十七年一月に廃止された。

明治三十七年二月に日露戦争が始まると、第十二師団隷下の四歩兵連隊のうち各一個大隊で臨時韓国派遣隊が編制され、仁川上陸作戦に参加した。その後第十二師団は第一軍（黒木為楨司令官）に編入されて、遼陽・沙河・本渓湖会戦に参戦した。第十二師団隷下の連隊全体では軍人六万九五三三人、軍属六七二人をはじめ総計十万八〇九〇人が動員、戦死者一一九二人、戦傷者五〇七二人と大きな被害を出しながらも勝利に貢献した。第十二師団は日露戦争最多の動員数を誇り、小倉

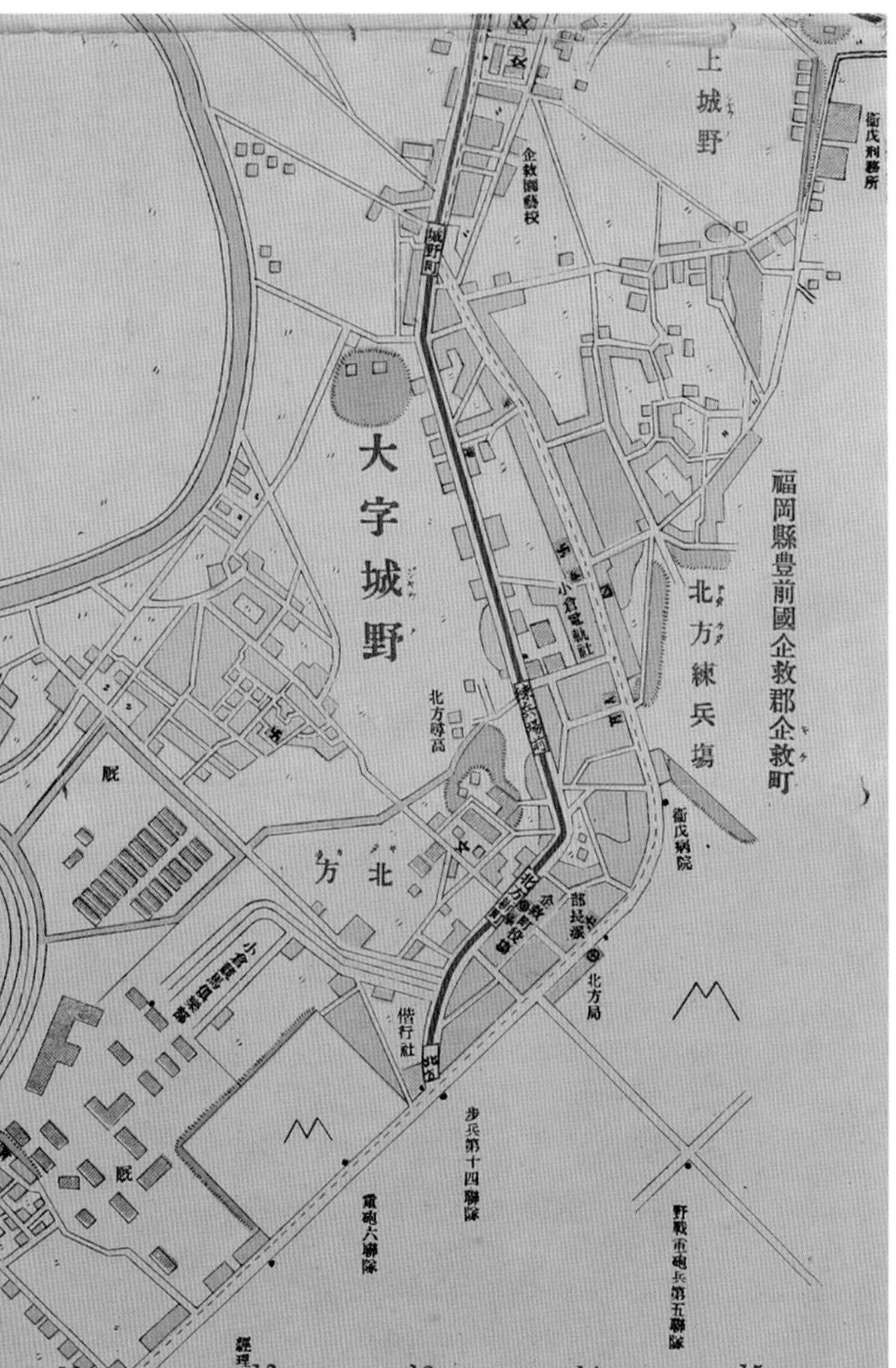

「小倉市地図」（昭和10年）の北方軍用地

は軍隊編制基地、門司港は軍隊出征基地として大きな役割を果たした。なお戦時中にロシア軍の俘虜収容所が門司市大里と小倉市日明に設置されている。

日露戦争終了後の明治四十年十二月には歩兵第四十八連隊が駐屯していた久留米で第十八師団が編制されたが、小倉の第十二師団がその際の母隊となった。第十二師団は第一次世界大戦で大規模な動員はされなかったが、大正七（一九一八）年八月からのシベリア出兵で動員が命ぜられ、臨時編制第十二師団が門司港から出征して、ウラジオストックに上陸し、ハバロフスクを占領するなどの活躍を見せ、翌大正八年七月に交替・撤退した。

歩兵第十四連隊は昭和三（一九二八）年に北方に移駐し、同十一年四月には久留米の第十二師団全部隊が満洲国の警備に従事する。歩兵第十四連隊は牡丹江省東寧付近に駐屯し、匪賊の討伐やソ満国境の警備にあたった。なお歩兵第十四連隊は昭和二十年三月に本土決戦に備えて内地転用が決定し、翌四月に宮崎県小林に移駐し、同地で同年八月の敗戦を迎えた。その際には重要文書を焼却・廃棄することは少なかったようで、貴重な記録史料が北方にある自衛隊小倉駐屯地史料館（旧歩兵第四十七連隊将校集会所）に保管・展示されている。

軍都の拡充　小倉陸軍造兵廠

第一次世界大戦後の大正十四（一九二五）年の軍縮によって第十八師団は廃止されたが、第十二師団司令部や隷下の各部隊が小倉から久留米に移駐することになって、実質的には小倉から久留米へ第十二師団が移転する形となった。歩兵第四十七連隊は小倉の北方から大分に移った。下関から野戦重砲兵第二旅団司令部が小倉城内に、第六連隊が北方に移駐したが、軍都としての小倉の地位低下は否めなかった。

しかし大正十二年九月一日の関東大震災により壊滅的な被害を受けた陸軍造兵廠東京工廠の小倉移転が決まった。昭和三（一九二八）年四月に東京工廠小倉出張所が小倉兵器製造所内に設置され、小倉城内の三ノ丸跡にあった歩兵第十四連隊が北方に移駐して、昭

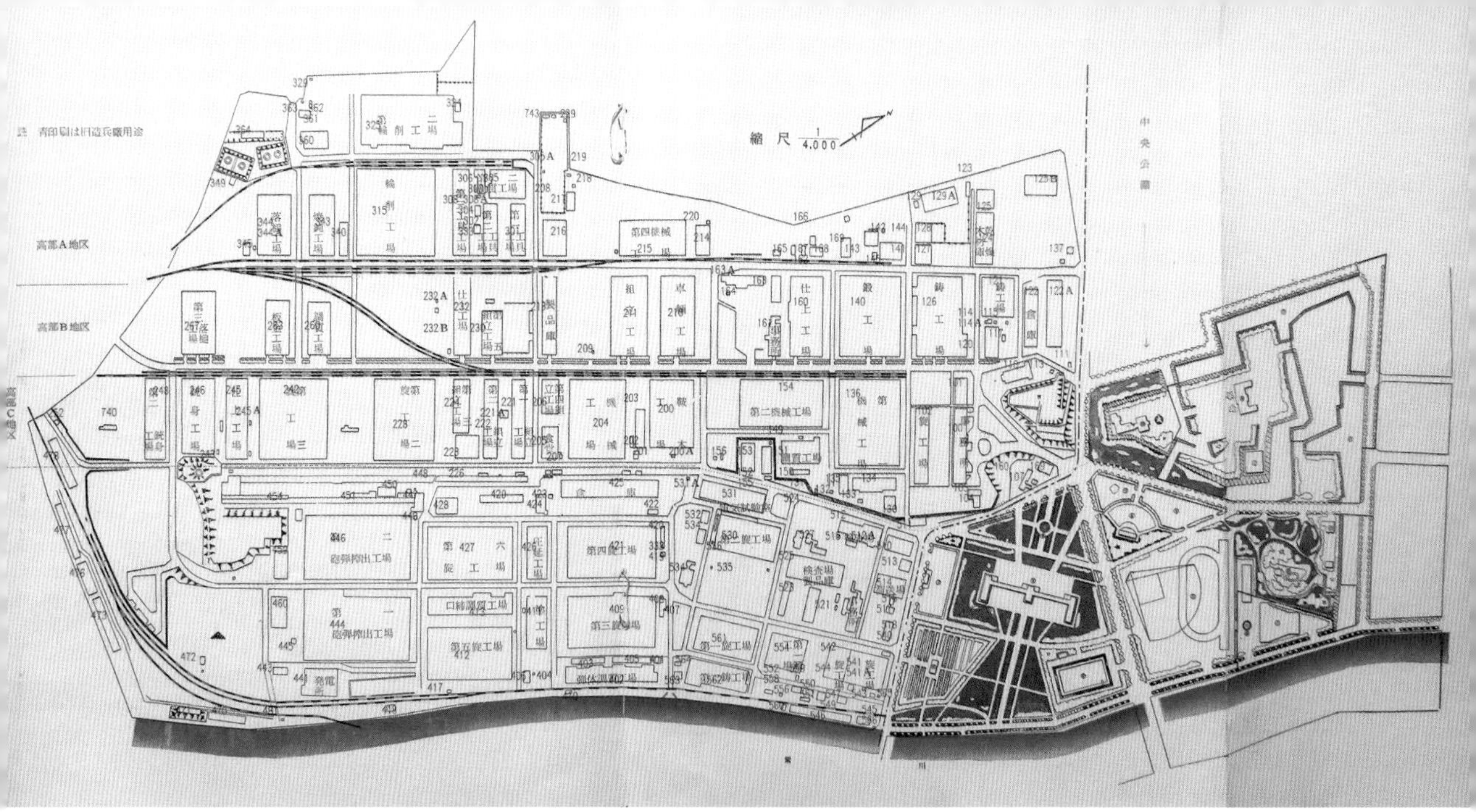

旧小倉陸軍造兵廠平面図（昭和34年）。返還後に「工場適地」としての再利用を呼びかけるもの。青字が造兵廠の施設名

小倉陸軍造兵廠学徒動員（昭和10年代）

和八年十一月に陸軍造兵廠小倉工廠が開設された。こうして第十二師団の事実上の久留米移転に伴い低下した軍都小倉の地位は再び上昇した。

陸軍造兵廠小倉工廠（後の小倉陸軍造兵廠）開設の前提として、兵器の管理や修理・製造の拠点がまず門司に置かれ、小倉へ移転していくという経緯があった。造兵廠の設置以前から小倉は兵器に関する拠点としての性格を有していた。さらに昭和十二年に置かれた東京第二陸軍造兵廠曽根製造所では広島県大久野島（おおくの）で製造された毒ガスを小倉陸軍造兵廠製の砲弾に充塡して、山田弾薬庫に集積した事実も忘れてはならない。

軍都の変容と崩壊

西部軍司令部と原子爆弾

昭和十二（一九三七）年七月に日中戦争が始まると（当時は「戦争」ではなく「事変」と呼ばれた）、翌八月に西部防衛司令部が小倉城本丸跡の第十二師団司令部跡に開設された。西部防衛司令部は九州・四国・中国地方の防空を担当するとともに管区部隊の警備指

後藤禎三画「北九州8.20対空戦の図」（昭和20年）

揮権を与えられた。昭和十五年八月に西部軍司令部に改組され、十二月に小倉城内から福岡城内に移転した。

昭和初期に日本から朝鮮半島を経て中国に至る航空路線が開業して、博多湾東部に名島水上飛行場（昭和五年開業、のちに福岡第二飛行場）や福岡第一飛行場（雁ノ巣飛行場、昭和十一年開業）が置かれた福岡市は航空の拠点即ち「空都」としての存在感を高めた（柴多一雄「戦前期における民間航空の発展と福岡市」、日比野利信「福岡市の都市発展と博多湾・箱崎」）。そうした北九州から福岡への拠点性の移行、「空都」福岡市の浮上に伴って、戦争指導を司る西部軍司令部が福岡市に移転した。その一方で、昭和十八年八月に下関要塞司令部が小倉に移転した。

かつて日清戦争を想定した国防の観点から、関門海峡には砲台や堡塁が数多く設置されていたが、昭和の戦争においても防空の拠点として重要視された。昭和十六年七月に小倉防空隊、十二月に西部防空旅団が編制され、司令部が小倉の西南女学院に設置された。昭和十八年八月に西部防空旅団は西部防空集団、翌昭和十九年六月に西部高射砲集団、昭和二十年三月には高射第四師団に改組・改称されて、アメリカ軍の本土上陸に備えた北九州の防空を担った。

八幡製鐵所や陸軍造兵廠がある北九州地域は昭和十九年六月十六日に本土初の本格的な空襲を受け、翌昭和二十年八月八日の八幡大空襲まで十三回の空襲を受けた。当初は中国四川省の成都基地から戦略爆撃機Ｂ29が飛来したが、同年十一月からマリアナ諸島を基地として日本列島各地に無差別爆撃が行われた。爆撃を受けた造兵廠本部は現在の大分県日田市に移転し、生産の機能も現在の宇佐市の糸口山製作所に移していった。

その中で、小倉市は原子爆弾の投下目標となった。昭和二十年八月九日に長崎市に原子爆弾が投下されたが、その際の第一投下目標は小倉市だった。実際にＢ29は三回にわたり小倉市上空から突入したが、視界が悪く投下に至らなかったという。八月六日に広島市に投下された原子爆弾の第二投下目標も小倉市だった。小倉は軍都で、特に陸軍造兵廠があり、原子爆弾の投下目標となったのである。

※以上の「軍都」に関する記述は、坂本悠一「北九州における軍隊と戦争」に多くを拠っている。

［日比野］

第六章　現代の小倉城

連合国軍の占領と進駐

昭和二十（一九四五）年八月十四日に日本はポツダム宣言を受諾、九月二日に降伏文書に調印して、日本は第二次世界大戦に敗れた。八月三十日には連合国軍総司令部（ＧＨＱ）が設置された。九月三十日にアメリカ軍の第五海兵師団が福岡市に進駐し、十月十八日から第三十二歩兵師団の一部が小倉市に進駐した。進駐軍は小倉城内の陸軍造兵廠跡地のほか、城野や北方の軍用地を接収した。二ノ丸跡にある玉屋百貨店も軍事用売店（ＰＸ）や病院に当てられた。翌二十一年二月二日に第三十二歩兵師団は帰還し、五月に第二十四歩兵師団が交代した。同師団は旧小倉陸軍造兵廠本館に司令部を開設し、戸畑市の松本健次郎邸を接収して師団長の宿舎とした。

昭和二十七年四月二十八日にサンフランシスコ講和条約が発効し、日本は独立を回復した（占領軍の一部は「駐留軍」となって残った）。同年六月二十四日に戸畑の松本邸が、七月三十一日に玉屋が返還された。その後旧軍用地が返還されていくが、城野や北方は陸上自衛隊に継承された。昭和三十四年一月二十一日に小倉城内の旧陸軍造兵廠全域が返還されて、アメリカ軍の駐留は終了した。

勝山公園の開園と天守再建（復興天守）

返還された小倉陸軍造兵廠跡地は勝山公園として整備されていく。江戸時代から軍用地を経てアメリカ軍の接収が解除されるまで、小倉城内は一般の立ち入りが許されなかった。ここに小倉城は自由に出入りができる場所、市民の空間になったのである。

アメリカ軍の駐留が終了した昭和三十四（一九五九）年に小倉城の天守が再建された。天保八（一八三七）年に焼失して以来、実に一二二年ぶりということになる。当時は天守再建ブームを迎えていて、小倉城天守も鉄筋コンクリートで建てられた。設計を担当したのは東京工業大学名誉教授の藤岡通夫だが、地元関係者の要望により、大きな破風が付けられて、本来の姿とは異なるものになった。このような天守を「現存天守」（十二城、すべて国宝または国指定重要文化財）や「復元天守」（十四城）と区別して「復興天守」と呼ぶ。

また小倉城は国・県・市のいずれからも史跡指定を受けていない。小倉城の「要城」や「名城」としての重要性、外様大名細川三十万石や譜代大名小笠原十五万石といった藩の地位を考えても特異ではある。それに加えて復興天守として歴史的忠実性が問題視されたことによって、小倉城の価値を問題視する向きもある。幕末の小倉城自焼について「敗けて焼いて逃げた」というイメージも付きまとわされる。

しかし福岡県の四藩（福岡藩、久留米藩、小倉藩、柳河藩）の城で現在天守を有するのは小倉城だけである。もちろん天守があれば良いというわけではない。しかし令和元（二〇一九）年に「還暦」を迎えた復興天守は確かに小倉・北九州市の一つの象徴として、さらに有数の観光地として定着し、独自な存在意義を確立している。その上に、小倉城の歴史を紐解き、「要城」や「名城」としての意義を明示して、現在残っているものやその痕跡を大切に保存し、正しく紹介することが肝要である。それによって小倉城の「歴史資源」としての独自な価値を再構築できるのではないだろうか。

伸びゆく北九州　小倉大博覧会

昭和三十五（一九六〇）年は小倉市制施行六十年に相当し、それを記念して三月二十日から六月二十二日まで「伸びゆく北九州　小倉大博覧会」が開催された。会場は小倉陸軍造兵廠跡地約二〇万㎡で、建物の面積は約五万㎡、二億五千万円の予算を投じて行われたビッグイベントで、六十四日間の総入場者数

小倉大博覧会（昭和35年）。小倉陸軍造兵廠の跡地が会場となった

小倉城内のジェットコースター（昭和35年５月、藤田宏冨氏撮影・提供）

は一一五万人を超えて大盛況だった。

会場には次のような施設が開設された。

北九州総合開発館　資源と重工業館
電信電話館　近代生活文化館　計量館
交通科学館　サイクル館　東京館
大阪館　九州物産館　自動車館
国鉄館　文化観光館　全国物産館
近代科学工業館　カラーテレビ館
宇宙館　中国物産産業館
農林水産館　防衛館　児童科学館
珍奇館　スポーツ館　甘辛館
タコマ館

（『伸びゆく北九州　小倉大博覧会会誌』）

小倉大博覧会は小倉陸軍造兵廠跡地で開催されることにより、軍用地の記憶を消去して新しい時代の到来を示すという意味を持った。また「伸びゆく北九州」という言葉の通り、小倉市だけでなく門司・若松・八幡・戸畑を含めて、三年後の五市合併を見据えた北九州五市全体の博覧会であった。

小倉大博覧会の開催に合わせて天守は再建され（復興天守）、小倉市（五市合併後は北九州市）の象徴に位置づけられた。城内にはジェットコースターが設置され、新たな北九州市庁舎の建設が開始される昭和四十五年まで営業を行った。

公的施設の建設

再建された小倉城天守は郷土資料館として利用されたが、昭和五十（一九七五）年八月一日に北九州市立歴史博物館が開館すると、郷土資料館から民芸資料館に移行した。平成二（一九九〇）年に天守内部が体験型施設と

平成11年６月撮影の北九州市立中央図書館（正面）と北九州市立歴史博物館（左側、現在は北九州市立文学館）

して全面改装され、民芸資料館は廃止された。歴史博物館に隣接して、昭和五十年四月十六日に北九州市立中央図書館が開館している。中央図書館と歴史博物館、さらに昭和四十九年十一月三日に戸畑区に開館した北九州市立

小倉市民会館（昭和35年頃）

美術館はいずれも磯崎新の設計による。

平成十年、御花畑跡に北九州市立松本清張記念館（八月四日）、細川氏時代の家老松井家屋敷跡、小笠原氏時代の御下屋敷跡に小倉城庭園（九月二十九日）が開館した。同十四年に歴史博物館は八幡東区東田に移転して、自然史博物館と考古博物館（昭和五十八年八月一日に歴史博物館から独立して開館）と統合され、北九州市立自然史・歴史博物館（いのちのたび博物館）が開館した。旧歴史博物館の跡には同十八年十一月一日に北九州市立文学館が開館した。

小倉城の天守が再建された昭和三十四年には小倉市民会館も建設されている。同会館は八幡市民会館や八幡図書館と同じく村野藤吾の設計によるが、平成十五年に閉館し、取り壊された。跡地は芝生公園として再整備された。

北九州市は昭和三十八年二月十日に門司・小倉・若松・八幡・戸畑の五市が合併して誕生した。当初の北九州市庁舎は戸畑市役所（後に戸畑区役所、現在の北九州市立戸畑図書館）に置かれたが、古くて手狭であったため新築移転が不可欠とされ、小倉城内の現在地に建設されることになり、昭和四十七年に竣工した。平成十一年には小倉北区役所庁舎が小倉陸軍造兵廠跡地の一角の現在地（大手町）に新築移転した。それまでの小倉北区役所庁舎は二ノ丸跡にあった小倉市役所庁舎を前身としていた。

二ノ丸跡は大正十一（一九二二）年に陸軍から小倉市に払い下げられ、翌十二年に小倉市役所が建設されるとともに、旧偕行社（陸軍将校の共済的組織）本館を利用した小倉市公会堂や小倉市記念図書館、小倉警察署庁舎などが立地していた。従前の室町から二ノ丸跡に官庁街が移ったわけだが、北九州市庁舎の建設によって、さらに本丸の南側に移行したといえよう。逆に二ノ丸跡は再開発され、大型商業施設「リバーウォーク北九州」が立地した。

また五市合併によって北九州市が誕生した昭和三十八年頃から三ノ丸跡に学校や公的施設が次々と立地した。それらは移転や改称を繰り返しつつ現在に至っている。西小倉市民センター、西日本工業大学大学院・地域連携センター、北九州市立思永中学校、小倉北警察署、北九州市立生涯学習センター、小倉合

同庁舎、北九州市立西小倉小学校などが立地している。

小倉城内は本丸南側周辺と三ノ丸跡を中心に市庁舎や区役所庁舎などの行政施設、学校や図書館・博物館・公民館などの教育施設など公的施設が集中し、復興天守が象徴となって北九州市の中心地となっている。

小倉郷土会による小倉城大太鼓の「返還」

小倉郷土会は昭和五（一九三〇）年頃に結成された地域史研究団体で、第一期（昭和五～十二年、機関誌『豊前』）、第二期（昭和二十七～三十八年、機関誌『記録』）、第三期（昭和三十九～平成元年、機関誌『記録』）、第四期（平成元年～現在）と活動を継続してきた。小倉郷土会は小倉藩や小倉城、城下町の研究の基礎を築いたが、天守が再建された小倉城と深い関わりがあった。

注目されるのは、昭和四十三年の小倉城大太鼓の「返還」である。前年六月十五日に大隈岩雄が「旧小倉城大太鼓の件で曾根町旧家池尻頼三氏宅訪問。資料、古文書等を発見」した（「小倉郷土会日誌抄」、『記録』十三、一九六八年）。それに基づき、十二月二十四日には黒崎の「岡田神社調査、直ちに福岡市の梅津太鼓師宅訪問、現品確認」を行った（大太鼓は梅津太鼓師宅で保管されていたのであろう）。太鼓内側に「寛永参捻丙寅初春、依藩命謹製、太鼓師明石住直吉」とあったという（「小倉郷土会日誌抄」、『記録』十四、一九六九年）。寛永三（一六二六）年の小倉藩主は細川忠利であり、同九年に小倉藩主となる小笠原忠真は当時播磨国明石藩主だった。「明石住」の太鼓師が「藩命」により「謹製」したとすれば、この「大太鼓」は小笠原忠真時代の明石藩で製作され、忠真が小倉に転封した際に明石から小倉に運ばれたと考えるのが自然である。

小倉城大太鼓

年が改まった昭和四十三年一月八日に大隈と劉寒吉が池尻氏宅を訪問、「小倉郷土会を経て小倉城保管方を依頼」された。こうして六月二十二日に小倉城大太鼓返還式、七月六日に入城式が行われるに至った（同前）。現在小倉城天守内に陳列されている大太鼓がそうである。小倉城の大太鼓は幕末の長州戦争の際に、長州藩奇兵隊・報国隊の「戦利品」として持ち運ばれて、下関市厳島神社に奉納されたが、それとは別物である。

記念碑の建立

北ノ丸跡は八坂神社が入って現在に至る。二ノ丸跡は軍用地から官庁街を経て大型商業施設が立地した。三ノ丸跡と周辺は軍用施設から行政施設や教育施設など公的施設が集中した。それに対して、狭い本丸跡と松ノ丸跡は軍用地でなくなった後は空いており、陸軍第十二師団司令部や西部都督部（と思われる）の正門の一部が残存するだけでなく、様々な記念碑が建てられた。

昭和二十（一九四五）年八月の敗戦以前の小倉城は概ね軍用地であって、城内には明治三十二（一八九九）年三月二十一日付けで建てられた「明治二十七・二十八年戦役之記念碑」をはじめ、第十二師団「忠魂碑」（大正十一（一九二二）年）、「歩兵第十四連隊之跡」碑（昭和八年）、「奥元帥生誕之地」碑（昭和九年）が建てられた。うち「明治二十七八年戦役之記念碑」と第十二師団「忠魂碑」は、現在御下台所跡（八坂神社東側）にある（一三五頁の写真）が、前者はかつて虎ノ門の東北部にあり（アジア歴史資料センターC04013885600）、昭和十一（一九三六）年に現在地に移転したようである。後者は小倉市田町三四〇ー一にあった（アジア歴史資料センターC03011647900）が、同様に現在地に移転したようである。昭和八年の陸軍造兵廠小倉工廠の開設と翌九年の八坂神社の北ノ丸跡遷座に伴う記念碑移転と考えられるが確言できない。同十七年に建立された「軍馬忠霊塔」や「生馬神碑」については、同年「東久邇宮稔彦王殿下台臨記念」碑が「歩兵第十四連隊之跡」碑と「奥元帥生誕之地」碑に並んで建てられていて、東久邇宮の小倉訪問に合わせて建立されたのかもしれない。

昭和二十年八月以降は連合国軍が接収したために記念碑が建てられることはなかった。同三十四年に返還された後、「茶筅塚」（昭和三十五年）、「花塚」（同三十六年）、「筆塚」（同四十年）のように、文化団体による記念碑の建立がなされた。昭和四十八年から五十一年まで、「原爆犠牲者慰霊平和祈念碑」と「長崎の鐘」と「第十二師団司令部跡」や「歩兵第十二旅団司令部跡・小倉連隊区司令部跡」「復元記念碑（野戦重砲）」という「軍事」関連の記念碑が同時期に建立されていて興味深い。

昭和三十八年には松ノ丸跡に北九州市教育委員会が白洲灯台の再現模型を設置し、さらに平成十二（二〇〇〇）年四月二十三日には隣に「岩松助左衛門長浜郷土会」が「岩松助左衛門翁顕彰碑」を建立している。

白洲灯台縮小再現模型

古来関門海峡は日本列島の大動脈として、多くの船が通行したが、激しく変わる潮流に加えて難所も多く、難破船も少なくなかった。そこで明治時代に入ると西洋式灯台が海峡の各所に建設されたが、江戸時代末から灯台の建設に取り組んだのが岩松助左衛門である。岩松は豊前国企救郡長浜浦（現在の北九州市小倉北区長浜）の浦庄屋を四十年間の長きにわたって務め、退職後は小倉藩の命を受けて、海上御用掛難破船支配役に就任すると、藍島からおよそ一・五km離れた白砂の州に常夜灯の灯籠台を建設することを発案した。岩松は早速藩に出願して許可され、資金募集を開始したが、幕末の動乱の中で活動を断念するよりなかった。その後も繰り返し出願して事業に着手したが、実現には至らなかった。

明治四（一八七一）年になり、明治政府は灯台建設を国の事業とすることを決め、翌年から白洲灯台の建設を開始、翌五年十一月に仮灯台が点火し、明治六年九月に正式の灯台として発足した。しかし岩松助左衛門は病に倒れ、白洲灯台の完成を見ずに明治五年四月二十五日に亡くなった。昭和六年、文部省の国定教科書に「白洲の灯台」が掲載されて岩松の事績は広く知られるようになり、松ノ丸跡の白洲灯台の縮小再現模型や「岩松助左衛門翁顕彰碑」の建立に繋がっていく。岩松の命日に因み、毎年四月には岩松助左衛門翁顕彰会により「岩松助左衛門翁顕彰祭」が執り行われている。

小倉城周辺魅力向上事業

小倉城復興天守が建てられた昭和三十四（一九五九）年度から平成三十（二〇一八）年度に至る小倉城の入場者数の推移を見てみよう。小倉大博覧会が開催された昭和三十五年度の三十七万一七八一人が最多で、翌三十六年度が二十一万七四三二人となった。昭和四十年代に十万人台になって、昭和五十四年度は十万人を下回り、その後は十万人強で推移した。平成元年三月一日から七月十九日までリニューアル工事が行われ、平成二年度は三カ月半の間休館していたにもかかわらず十五万人を超えた。平成十七年度から三年間は十万人を割ったが、同二十年度から持ち直した。平成二十六年度は耐震補強工事のため八カ月半休館したが、同年四月の熊本地震で九州一の人気を誇る熊本城が被災して入城できなくなったこともあり、平成二十七年度以降入場者数が急増して、同二十九年度には十九万人を超えた（北九州市観光課提供）。

このような中で北九州市は平成二十八年度から三十年度まで全庁的に「小倉城周辺魅力向上事業」を実施した。「北九州　小倉ならではの歴史的・文化的な資源を活用した集客力や回遊性のある観光・文化の名所づくり」をテーマに様々な取り組みが行われた中で、平成三十年八月六日〜三十一年三月二十九日に約三十年ぶりの大規模な展示リニューアルが行われた。そのほかにも本丸や松ノ丸の整備が行われ、茶筅塚・花塚・筆塚が現在地（小倉城庭園の前）にまとめられた。大手門前には売店・喫茶・休憩所として「しろテラス」が開設された。さらに広域を対象に「歴史ゾーン」「文学ゾーン」「市民の憩いと交流ゾーン」が設定され、集客力と回遊性の向上が追求された。この事業が終了した平成三十一年に小倉城復興天守六十周年を迎えたのである。

小倉城は「要城」「名城」としての歴史を有するとともに、小倉城自焼や復興天守のあり方など否定的なイメージも少なくない。史跡指定を受けずに開発の波にさらされたことも事実である。しかし小倉城と城下町が小倉および北九州市の歴史にとって重要な意味を持ってきたことは述べた通りである。そのような歴史を掘り起こし、実際に残っている往時の痕跡を尊重して、歴史・文化資源としての価値と魅力を向上させるとともに、市民の憩いの場として、また魅力的な観光地として再構築していくことこそ肝要である。［日比野］

[コラム] 細川小倉藩とキリシタン

初代藩主細川忠興(ただおき)は、ローマ字印を使用し、対外貿易にも積極的で、正室玉子は「ガラシャ」を洗礼名にするなど、異国文化に関心が高かったようである。城下小倉にも異国船が入港し、城下町商人の中には交趾(コーチ)(現ベトナム)に渡航する者もいた。

忠興は当初、宣教師の布教活動に協力的で、慶長八(一六〇三)年には小倉城下に「司祭一人と修士二人」が常駐し、四百人の受洗者があったという(レオン・パジェス『日本切支丹宗門史』岩波書店、一九三八年)。しかし幕府から慶長十八年十二月にキリシタン禁教令が発布されるやこれを遵守し、領内のキリシタン信仰者は国外に追放され、「城郭外の神父達の墓地にある礼拝堂」は破却された。

慶長十九年、細川小倉藩領における転宗者は、一九四二人に上った。その内訳は、小倉城下町五三四人、規矩(きく)郡二十七人、田川郡一二〇人、京都(みやこ)郡八人、仲津郡二十四人、築城(ついき)郡九十四人、上毛(こうげ)郡五十六人、国東(くにさき)郡八人、速見郡木付廻六人、そして天領の同郡由布院・横灘九三四人である(柳田東耕「細川領内における転びキリシタンについて」、『記録』九、一九六三年)。

他方転宗を拒んで殉教する者も少なくなかった。元和元(一六一五)年に小倉居住のロマン・ジャソエモン(八十右衛門)が八カ月の拘留ののち斬首され、同五年にはキリシタンの支柱的存在であった加賀山隼人も転宗を拒み、グレゴリオ・デ・セスペデス神父から贈られた洋服と修道服(マント)に身を包んで、小倉城下から一里ほどの刑場に向かったのである。こうして、寛永四(一六二七)年の幕府隠密の探索書「筑前筑後肥前肥後探索書写」には、「きりしたんしうていの事、是もせんさくきつく壱人も無御座候由」と報告された。

北九州市域に細川氏時代のキリシタンの面影を偲ぶことはできないが、細川家の資料を保存する公益財団法人永青文庫(東京都文京区目白台)に、当時のものと伝える「南蛮鐘」(チャペル)がある。また備前国津山城完成を祝って細川氏から森忠政に贈られた同類の南蛮鐘が、現在は大阪市北区中津の南蛮文化館に保管されている。

また忠興は、書状の署名に、花押(かおう)(書判)とは別に、「tadauoqui」というローマ字の印章を押すことがあった。忠利も「tadatoxi」の印を使っている。キリシタン大名ではないが、西欧文化への関心が深かったことがうかがえる。

[永尾]

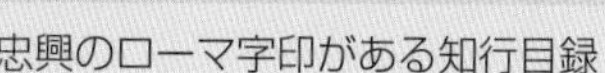

忠興のローマ字印がある知行目録

忠興のローマ字印

［コラム］細川小倉藩の葡萄酒製造

二代藩主細川忠利の時代に、「葡萄酒」を造ったという文献がある。それは今日の葡萄酒（ワイン）と同一視はできないが、純粋国産ということで紹介してみたい。

当時長崎や平戸から葡萄酒を入手しており、これに近いものを造ろうとしたのであろうが、原料となる葡萄は「ガラミ」（地方名）と呼ばれ、和名では「エビヅル」というブドウ科の植物で、日本各地の丘陵地に生育する。野ブドウと混同されるが、「ガラミ」は甘酸っぱく、色はブルーベリーに似ている。

中津に隠居していた細川忠興（三斎）は、「正真」の葡萄酒（輸入品）を忠利に送るとともに、葡萄酒の製造を促した。これを受けて忠利は、御小姓組の上田太郎右衛門を葡萄酒製造の責任者に命じ、寛永五（一六二八）年八月に、仲津郡大村（現京都郡みやこ町）で葡萄酒造りが始まった。大村の一部は上田太郎右衛門の知行地で、同村は十数カ村を統轄する惣庄屋二郎左衛門の居住地でもある。自然に成育するガラミの実を採集するために「郡夫」（農民を夫役として徴発）を使い、作業場の便などから、大村が葡萄酒製造地に選ばれたのではなかろうか。翌六年には、九月十五日に製造を命じられてから十五日後の十月一日夜に製品「葡萄酒」が小倉に届けられた。製造量は二樽ほどである（永尾正剛「細川小倉藩の『葡萄酒』製造」）。

江戸時代中期に、葡萄を酒に漬けたり、果汁を焼酎に混ぜるなどの例はあるが、細川氏時代のものは、「ガラミ」を発酵させる製法である。

「ガラミ」は糖度（Brix）が一五度ほどで十分発酵能力はあり、一般社団法人豊前国小笠原協会（みやこ町）は自生の「ガラミ」を採取し、平成三十（二〇一八）年十二月に、宮崎県の五ヶ瀬ワイナリーの協力を得て試作に成功した。新酒は酸味があり濃厚であるが、時間をおけば円やかになるとのことである

葡萄酒製造に関する文献はわずか二年間しか確認できておらず、また嗜好品としてよりも薬酒の可能性が高いのではないかと思われる。いずれにしても、純地産のブドウ科「ガラミ」を原料としての「葡萄酒」造りが、江戸時代の初期小倉藩領内で行われていたとは、何ともロマンを感じる出来事である。豊前国小笠原協会は「ガラミ」の栽培にも着手しており、数年後の製品化が期待される。多くの方に味わってもらえる日が来ることを楽しみにしたい。

［永尾］

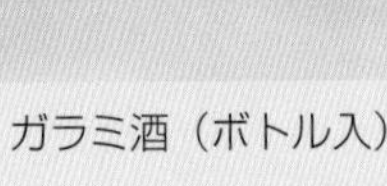

ガラミ酒（ボトル入）

ガラミ（和名「エビヅル」）

第二部

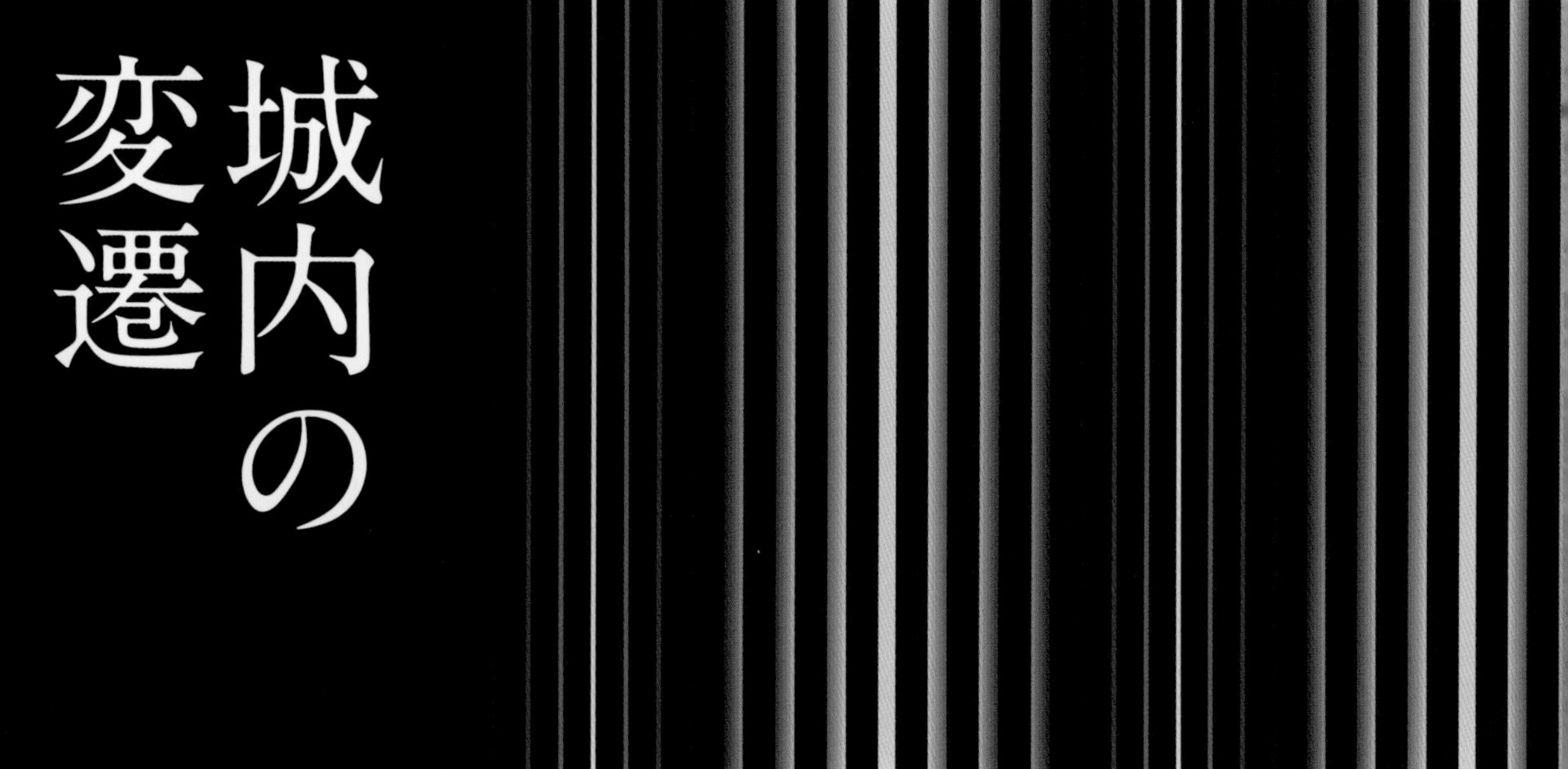

城内の変遷

第一章 天守

天守の構造と技術

小倉城天守は江戸時代初期、ときの城主細川忠興（ただおき）によって、紫（むらさき）川左岸で最も標高の高い台地上に築かれた城郭最大の建築物だが、ほとんどの城がそうであるように、小倉城も城主、藩主の権力と富の象徴として、また籠城の際の最後の砦とするために築かれたものである。

しかし、幕藩体制が整い太平の世になるにつれ、その存在価値も薄れていき、中には武器などを保管する倉庫や物置としてしか使われなかった城もある。

また天守は火災や落雷による焼失例が多く、徳川幕府の江戸城天守すら明暦の大火（一六五七年）で焼け落ちた後は再建されていない。

小倉城天守は天保八（一八三七）年、本丸の台所付近（塩切場裏）から出火した火事で、折からの西風にあおられて延焼し倒壊したという。

平成三十（二〇一八）年の天守台石垣と内堀の発掘調査では、焼け焦げた建築部材が、粉々に割れた瓦や漆喰（しっくい）、打ち込まれた鉄釘とともに大量に出土した。この火事で焼失した本丸御殿は二年後に再建されたが、天守は再建されずに明治維新を迎えている。幕末の「小倉藩士屋敷絵図」では、すでに存在しないはずの天守が描かれている。やはり天守のない城絵図では様にならなかったからであろうか。

小倉城天守は東側に内堀があるため、堀底から水面までの深さ、水面から天守台石垣上面（天端）までの高さ、天守自身の高さの合計が総高になる。多くの文献では、天守の高さは十二間三尺五寸、石垣の高さは水面から

上：「小倉藩士屋敷絵図」に描かれた天守と本丸
下：焼け焦げた天守の建築部材

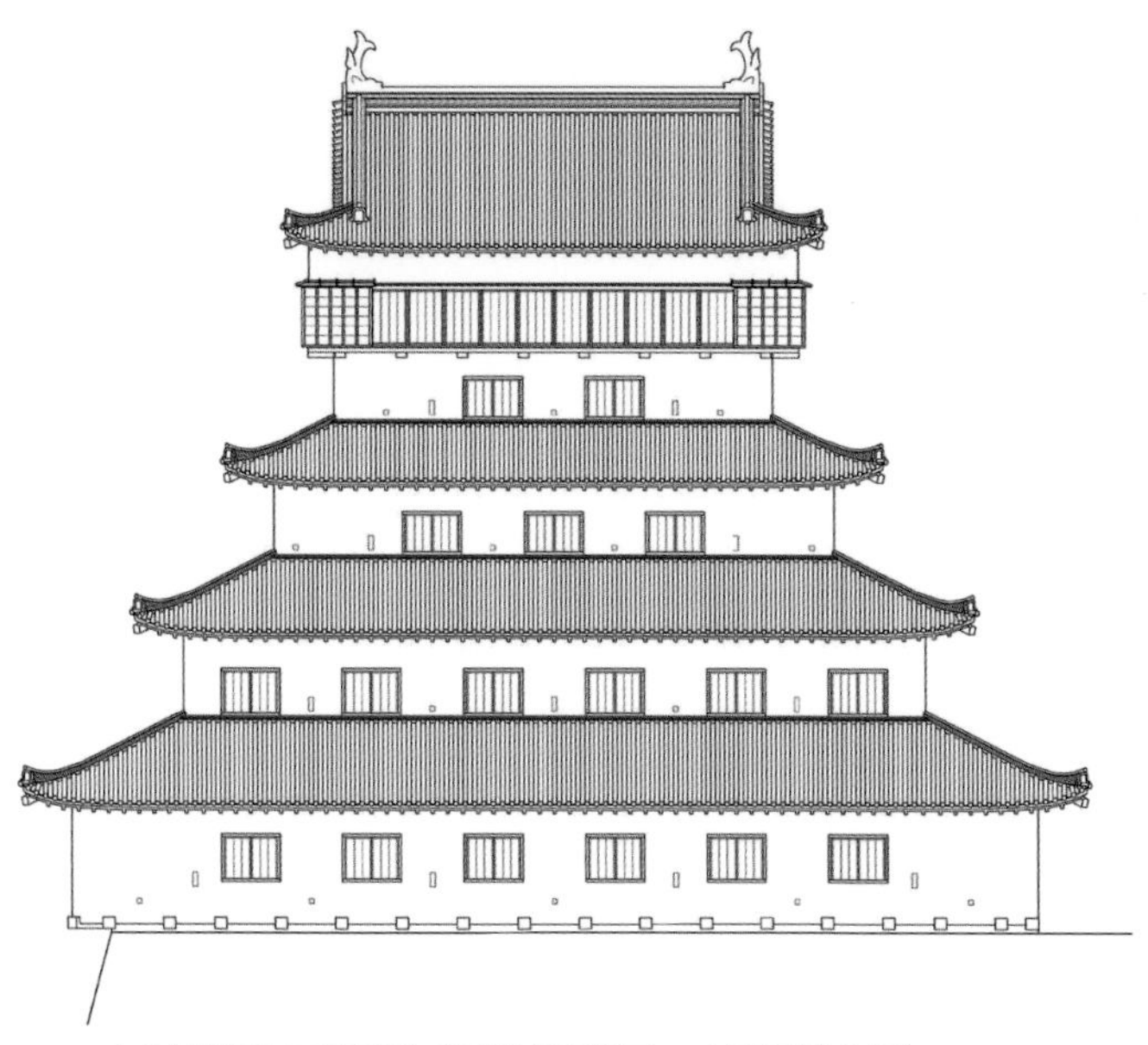
小倉城天守北立面図（三浦正幸復元、山田岳晴作図）

ヤセ角の石垣（天守台南東隅角部）

上で九間半、堀の深さは水面から下で一間半とあるので、合計二十三間三尺五寸となる。一間＝一・八ｍとすると、四二・四五ｍとなり、見上げる高層建築だったわけである。

なお、天守の本当の姿は今のものとは違い、上図のように「層塔型」と呼ばれるもので、四角い箱を五つ積み重ねたようなシンプルな形をしていた。そして、四階と五階の間には屋根がなく、しかも五階が四階より半間ずつ張り出す特異なものであったという。こうした天守を「唐造り」と呼んでおり、細川忠興自慢の天守だったようである。

また、五階は回りを黒戸板で囲って、当時「黒段」と呼ばれており、白と黒のツートンカラーがさぞ青空に映えたことであろう。

一方、天守台石垣にも特徴が見られる。「倉府見聞集」には石垣が自然石を利用した「野面積み」で築かれていることや、石材を広寿山福聚寺の裏山辺りから切り出して築いた天守台石垣は藩主の自慢であったことが記されている。

平成三十年の発掘調査と３Ｄレーザー測量では石垣や内堀の様子が初めて明らかにされ、石垣最下部の基底石（根石）を据えるのに「根切り」といって岩盤を掘り凹め、その上に直接石を積み上げていること、土圧や湧き出る水の水圧が外側にかからないようにするため、石垣をわざと内側に湾曲させる「輪取り」工法を採用していること、「顎止め」といって下部の石垣をやや張り出させ、二段目以降を少し引っ込め安定させて築いていること、隅石は鋭角をなすように「ヤセ角」で作られていることなど、石垣構築には高度で多様な技術が駆使されていることも判明した。

また、普段は水面下で見られない天守台下

美しい算木積み（天守台北東隅角部）

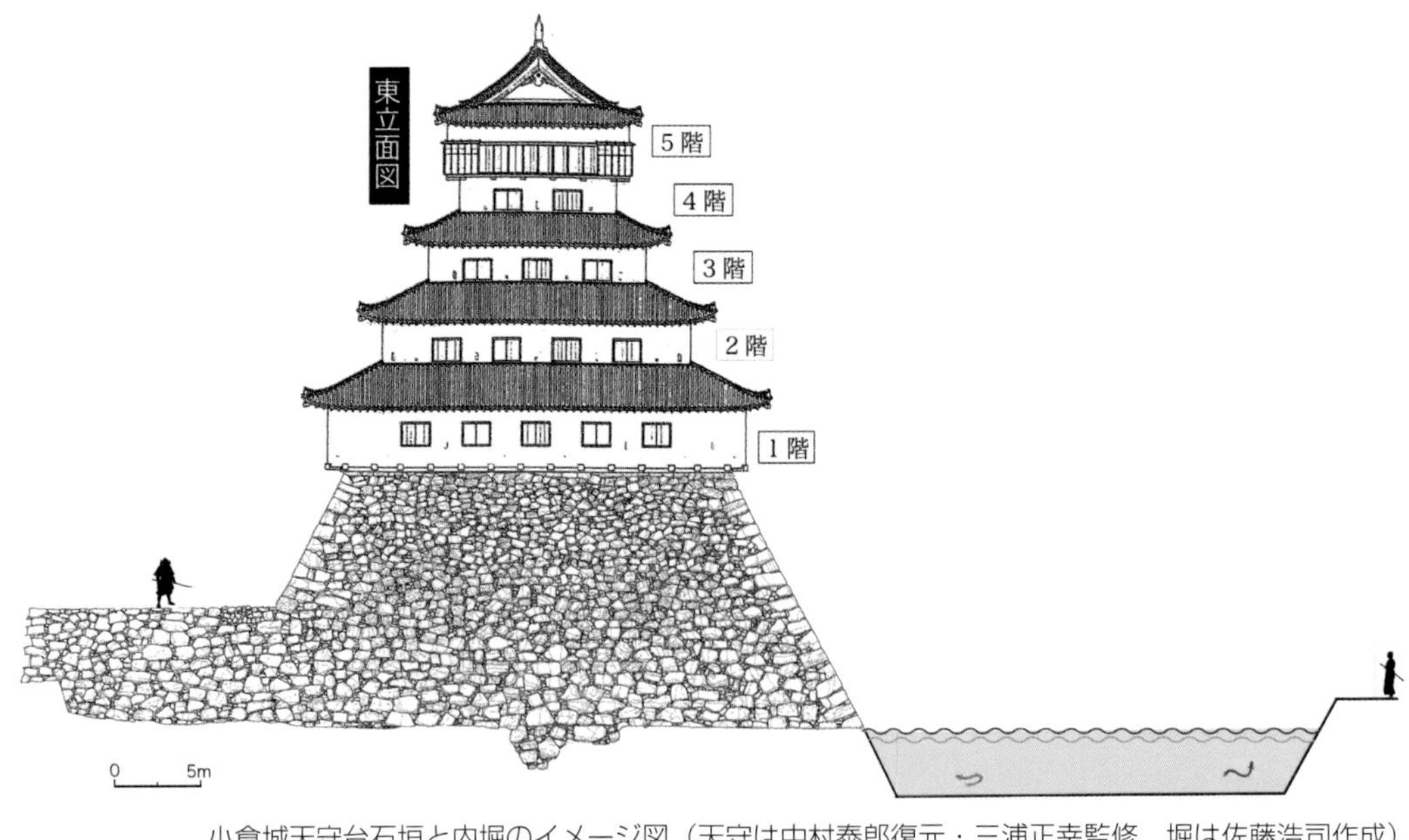

小倉城天守台石垣と内堀のイメージ図（天守は中村泰郎復元・三浦正幸監修、堀は佐藤浩司作成）

部の石垣は二mを超える巨大な石を使用しており、石と石の隙間には間詰石を入れて補強していること、隅角部には角石の長辺と短辺を交互に積み上げる「算木積み」で直線的な傾斜面を作っていることも確認できた。ここにも城づくりの名手で、反り返った「武者返し」の石垣を採用した加藤清正の熊本城とは違う天守台石垣を築いた細川忠興の築城への思いを感じ取ることができる。

　現在の天守は、昭和三十四（一九五九）年に復興天守として一二〇年ぶりに再建され、当時にはない「破風」と呼ばれる大きな三角屋根が目を引くが、時代が移り変わっても天守の勇姿は格別である。［佐藤］

天守の機能と評価

■天守の位置と役割

　細川忠興が築いた天守は如何なる形だったのか。残念ながら、天守は幕末以前に焼失したため外観や構造がわかる古写真は存在しない。それどころか幕末の混乱も手伝い、建造物に関しては藩政時代の絵図・指図などの資料は皆無に近い。まずは、現存遺構である天守台から概観してみよう。

　小倉城の中枢部（主郭）は本丸・松ノ丸・北ノ丸から構成されている。天守台は本丸の北東隅から張り出す形で築かれた。細川氏時代の様相を描いた寛永二（一六二五）年の「小倉御城図」（公益財団法人永青文庫蔵）や、細川氏転封後の正保四（一六四七）年に制作された「豊前国小倉城絵図」（国立公文書館蔵）などの絵図を見ると、天守台の位置は細川忠興による整備の段階から変わっていなかったことがわかる。

　近世城郭では、天守は最も高層の塗籠式建物であり、城域の内・外を俯瞰するとともに眼下に押し寄せる攻め手を制する役割が期待された。それゆえ、城内を見通すとともに、本丸に向かう主要な城道に面した位置に築かれた。

　具体的には、天守台は、北東側に位置する御下屋敷（当初は家老松井家屋敷）・御厩の並ぶ天守下の曲輪（以下、天守下曲輪）に対して本丸から大手前門・北口門に石塁を伸ばすことで、前方の水堀を閉塞し堅固に囲い込む役割を果たした。仮に虎ノ門を突破して攻

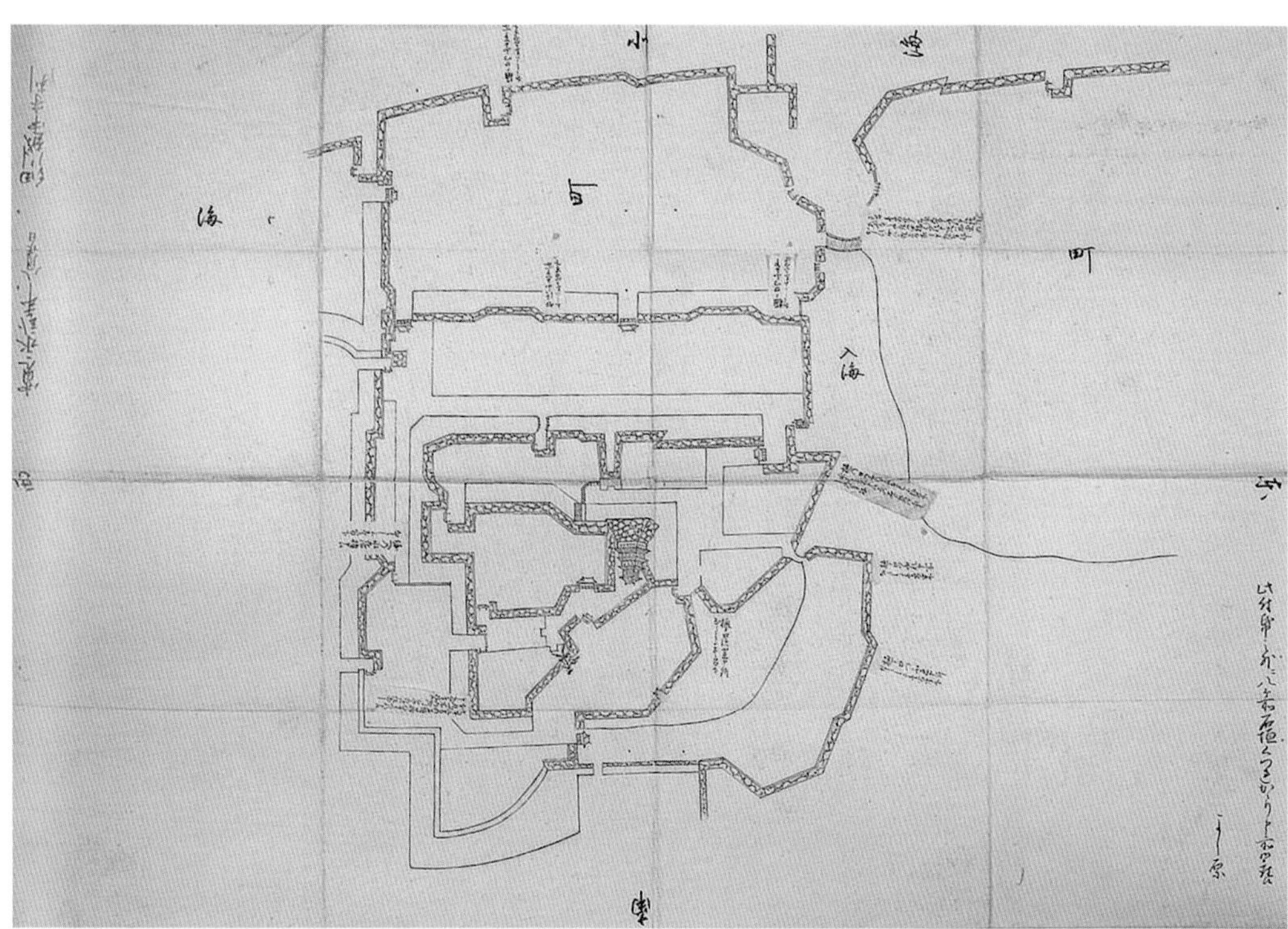

「小倉御城図」（公益財団法人永青文庫蔵）

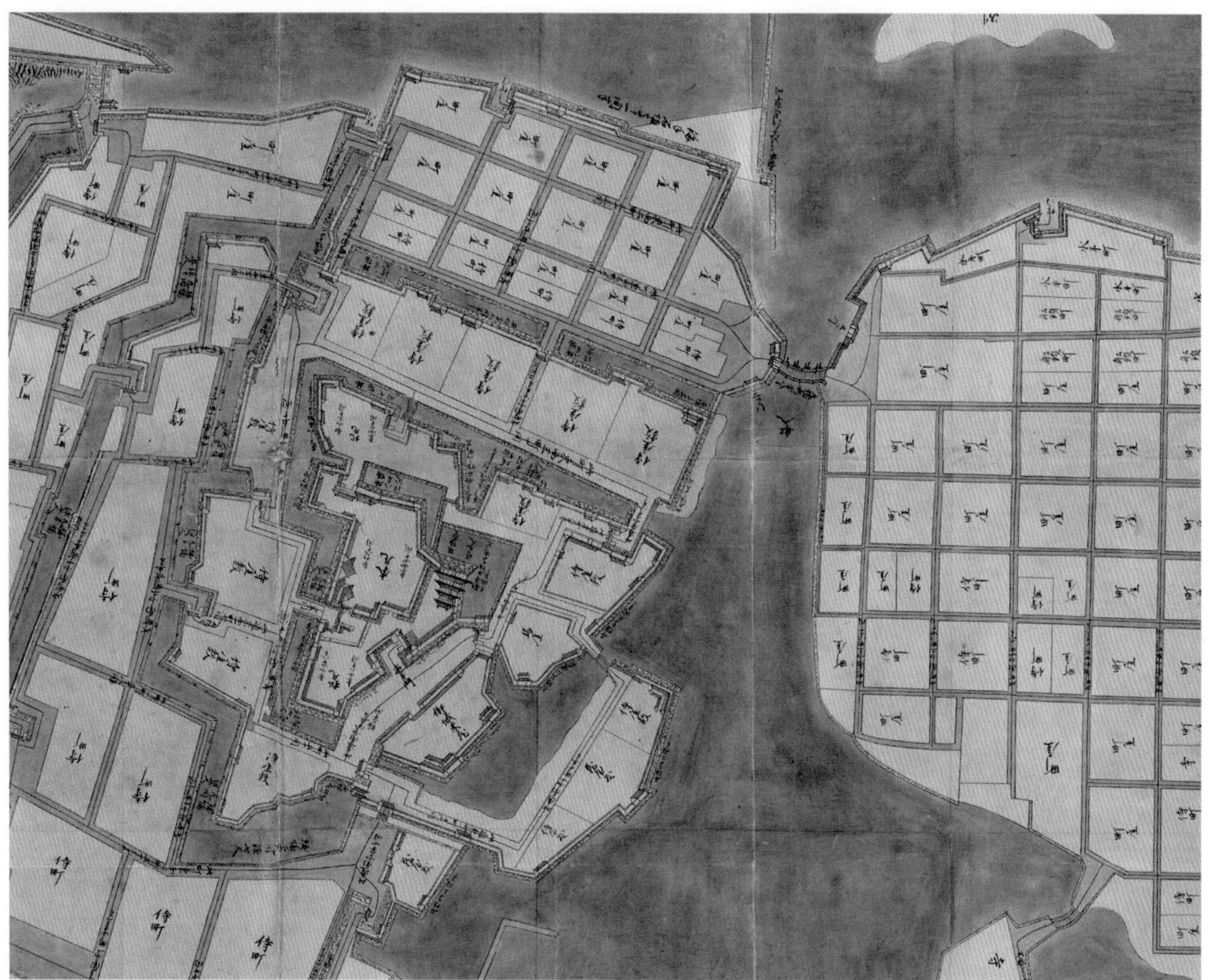
「豊前国小倉城絵図」（部分、国立公文書館蔵）

め手が侵入し、本丸を目指して大手前門や北口門に迫ったとしても、この袋小路になった天守下曲輪で上方の天守から攻め手を制することができる。さらに、大手門が突破された場合でも、槻門から本丸へ押し寄せる攻め手に対して、側面からの攻撃を仕掛ける配置となっている。天守が極めて実戦的な狙いを持って要所に配置されたことがわかる。

■古記録に記された天守の概要

次に古記録から当時の天守がどのように考証されたのか概観してみよう。

小倉城天守の間取りや寸法の記録は、「豊前小倉御天守記」や延享三（一七四六）年の「巡見上使御尋之節、中上様の次第」（『福岡県史資料』第二輯、一九三三年）などの文献史料に記されている。これらの史料を採録した『小倉城　小倉城調査報告書』は天守の高さを二二・六mと推定し、穴蔵のない天守台の上に外観四重（屋根四層）・内部五階建て、各重の屋根は四方葺下しの装飾的破風を伴わない層塔型の天守だったと論じている。

各重を見ると、一重目は輪取り技法で湾曲する石垣に出桁を組み、東西十五間半×南北十三間半と広く床面を取っている。内部の間取りは床や違棚を備えた座敷（「豊前小倉御天守記」では「今ハなし」とあり、宗門方帳櫃などが置かれたとする）や中ノ間のほか、小納戸役所・塩蔵・物置から構成された。続く二重目・三重目は屋根を架けなが

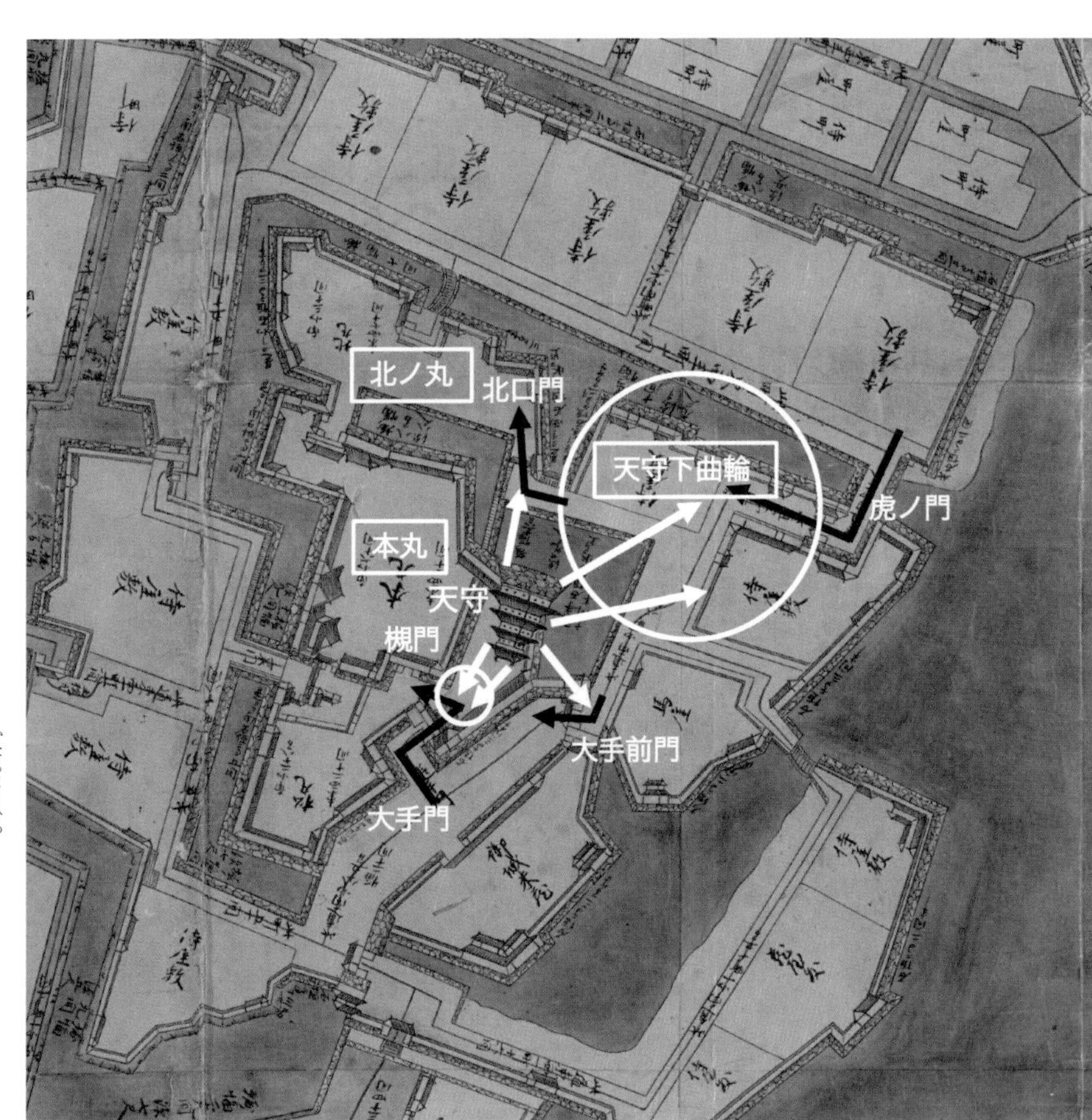

小倉城天守の役割（「豊前国小倉城絵図」〔国立公文書館蔵〕に加筆）

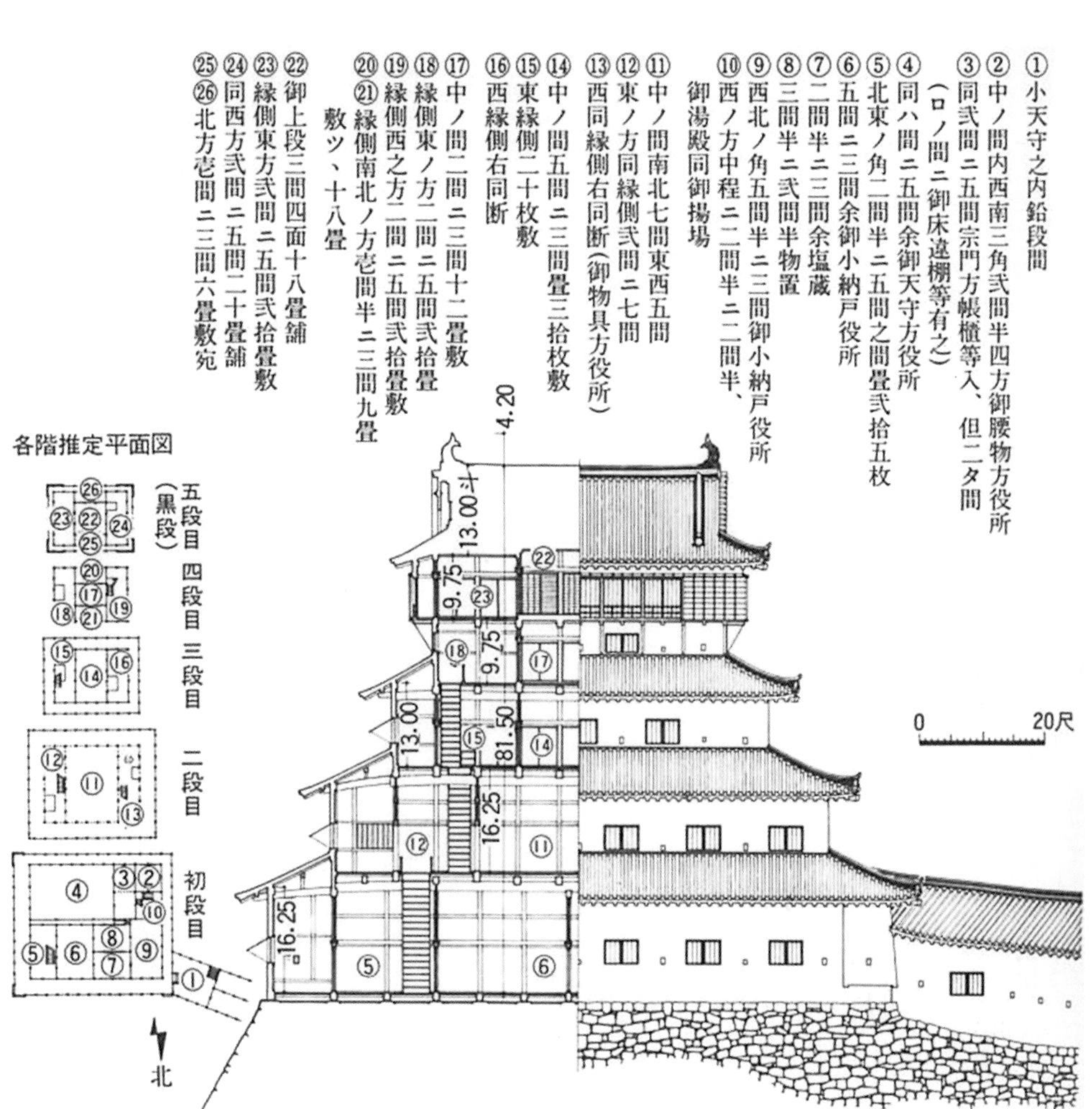

小倉城天守北面推定復原図（松岡利郎考証・作図)。「豊前小倉御天守記」（公益財団法人永青文庫蔵）や「巡見上使御尋之節、申上様の次第」、「小倉城絵巻」（小笠原家旧蔵）などの資料をもとに推定復元。これによって小倉城天守は外観四重（屋根四層）・内部五階建てになることがわかる

三間ずつ規則正しく逓減（ていげん）する。それぞれ中ノ間と東西の縁側を配し、さらにその周囲を一間四方の庇（ひさし）で囲む間取りとなっている。各重の屋根は四方葺下しで装飾的破風はなかったとする。四重目では逓減率がやや小さくなり二間ずつ逓減する。間取りは中ノ間と四周の縁側（下屋）で構成された。そして、最上階（五重目）は出桁を用いて半間ずつ四方に張り出す「唐造り」と呼ばれる形式が採用された。中央に御上段を置き東西に縁側を配置した間取りで、黒板張りの壁面から「黒段」と呼ばれた。

■小倉城天守の評価

東京工業大学名誉教授の藤岡通夫（みちお）氏は小倉城天守について「慶長年間天守の築造の最も盛んな時代に、奇観ともいえる程珍らしい形をもって現われたのは小倉城天守であり、津山城・高松城の天守は共に小倉の影響を多分に受けて築かれたものである」と記している。天守の外観は各重の屋根に入母屋（いりもや）大屋根による装飾的な破風が一つもない層塔型天守の形式である。その中で藤岡氏は、唐造りと称された最上段（五重目）の張り出しは最上階を

「望楼」として住宅風に扱う望楼的構造の体裁が色濃く残ったものと捉えた。もともと層塔型の建物は仏塔などの寺院建築で広く見られた様式である。一方、望楼型の建物は鹿苑寺金閣や慈照寺銀閣など禅宗様建築の伝来に伴い中世以降、上流階層の建築に広がった様式である。小倉城天守はこの二つの様式、すなわち望楼型天守と層塔型天守の特徴を併せ持った折衷型ともいえる形式であると位置づけた。その上で、このような過渡期的様相を示す小倉城天守の様式は天守の発達史上極めて特殊な地位を占める資料的価値の高い事例であると評価したのである（藤岡通夫『城と城下町』）。

従来、天守建築の変遷については、望楼型天守が先行し、層塔型天守は、慶長十四（一六〇九）年頃と想定される岡部長盛が整備した丹波亀山城天守や加藤嘉明が寛永期（一六二四～四四）に修築した会津若松城天守などのように、十七世紀以降になって多くの事例が創出されたと考えられてきた。これに対して、ほぼ同時期の慶長十五年頃に完成した小倉城天守が望楼型・層塔型天守の折衷型の特徴を示していたとすると、近世城郭の天守建築は、すでに慶長年間には望楼型・層塔型・折衷型の三つのモデルが出揃っており、同時多発的に各地に築かれた可能性を示唆する事例と評価できる。

慶長年間は関ヶ原合戦以降の新たな国持大名の成立や不安定な政治情勢を反映して、全国各地で居城や支城などの大規模な築城ラッシュが起きた時期である。この「大築城時代」ともいえる社会の中で、小倉城天守の独特な様式は様々な形式が同時並行で急速に発達する混沌とした築城技術の有り様を如実に示した貴重な事例といえるだろう。［中西］

天守の復元と復興天守

■天守の復元考証について

失われた天守について最初に復元考証を行ったのは藤岡通夫氏である。藤岡氏は昭和二十二（一九四七）年に発表した「豊前小倉城天守考」の中で、「小倉城絵巻」（小笠原家旧蔵）をもとに、天守の形式について次のように推察した。①全体的には四方葺下ろしで華やかな破風や入母屋屋根を持たない簡素な層塔型天守である。②最上階部分は上半・下半の二段に分かれており、その間に屋根がなく上半が下半よりも半間ずつ四方に張り出した黒板張りの望楼型天守の形式を残す。当時から「唐造り」と呼ばれた珍奇な形式は最上階の廻縁が屋内に取り込まれたものである。③小倉城天守は望楼型天守と層塔型天守の特徴を併せ持った折衷型ともいえる形式である。

さらに、美作津山城の築城に際して森忠政が忠興のもとに派遣した大工保田惣右衛門が小倉城天守を板に記録して天守造営の参考としたとする「森家先代実録」の記述や、寛永十二（一六三五）年に高松城に入部した松平頼重が小倉城天守を模して天守を築造したとする「讃州高松叢誌」の記述に着目し、津山城天守や高松城天守の古写真・指図などを補足資料として外観を検証し、「小倉城絵巻」の描写を重視した外観五重・六階建ての復元案を提示した。

藤岡案に対して、前掲の史料通りに外観四重・五階建てとする説として、松岡利郎氏（七三頁の図）・三浦正幸氏・中村泰朗氏のものがある。彼らは藤岡氏とは異なり、「豊前小倉御天守記」など文献史料で記載のある一重目から五重目までの寸法をもとに外観四重

・五階建ての復元案を提示している。

以上のように、天守の復元考証に関しては、「小倉城絵巻」に描かれた外観五重・六階建てとする藤岡説と前掲の史料通り外観四重・五階建てとする説に意見が分かれた。のちに藤岡氏自身も、天守の実施設計にあたっては「小倉城絵巻」から導いた五重・六階建ての見解を改め、外観四重・五階建ての復元案を採用しており、今日では、小倉城天守は文献史料の記述通りに外観四重・五階建ての層塔型天守であったというように見解の一致を見ている。

「小倉城絵巻」（藤岡通夫『城と城下町』より転載）

■天守の復興再建

明治時代以後、軍用地として使用されてきた小倉城跡であるが、戦後の昭和三十四（一九五九）年に当時の小倉市に返還され、公園敷地として整備されることとなった。これを機に小倉市制六十周年を記念した「小倉大博覧会」が計画され、その一環として天守台に天守の建設が企画された。

新たな天守の設計は藤岡通夫氏に依頼された。藤岡氏は前述の通り、外観四重で内部構造は天守台に穴蔵を伴わない五階建ての復元案に基づき、鉄筋コンクリート造りによる天守の設計を行った。

ところが、実際の復興天守は層塔型天守に入母屋の屋根や破風などが付随する姿に設計変更されて竣工した。その顛末に関しては劉寒吉氏が興味深いエピソードを語っている。劉氏は天守が完成した時に開かれた座談会で藤岡氏にその理由を尋ねたそうである。これに対して、藤岡氏は依頼者である会社の人から各重に破風がないのは天守らしくない、破風がなく観光客に訴える力がないと強硬に責められるので、仕方なくくっつけたが、やはり本当はない方がよかったのだ、という意味の説明をされたという（『小倉城　小倉城調査報告書』）。

藤岡氏が評価したように、藩政時代の小倉城天守は層塔型天守に望楼を乗せた独特な折衷様式であった。今日再建された小倉城復興天守は異なる姿を見せる。ぜひ、現地を訪れた際には、細川忠興が手がけた層塔型天守の最上階に望楼型天守を組み合わせた折衷様式の天守にも思いを馳せていただきたい。

［中西］

第二章　本丸・北ノ丸・松ノ丸

城内中心施設の遺構

■本丸

天守西側の平地は現在、桜がきれいな「天守閣前広場」として市民に親しまれているが、ここには当時本丸が置かれ、藩主の居住する本丸御殿が築かれていた。本丸の範囲は諸説あるが、「龍吟成夢」によると、大手門から中に入って藩主や寺の住職、家老クラスだけが通ることのできる槻門と、内部の本丸御殿が存在する範囲に加え、西側は西ノ口門から鉄門までのエリアを指すようである。確かに正保年間（一六四四～四八）の「豊前国小倉城絵図」でも、松ノ丸と西ノ口門との間には土塀がL字形に築かれているため、これが本丸と松ノ丸の境と考えることができる。すると、天守南の出入りの多い曲輪も松ノ丸に含めた方がいいようだ。

残念ながら本丸エリアでの発掘調査は部分的な門跡の確認調査しか行われておらず、本丸御殿の地下にどのような遺構が残されているのか不明だが、明治八（一八七五）年には歩兵第十四連隊が三ノ丸に設置され、その後も陸軍第十二師団司令部庁舎が本丸に建てられるなど、幾度となく周辺地形は改変されているので、かなりの削平を受けていると思われる。

また、本丸御殿は天保八（一八三七）年の火災で天守もろとも焼失した。「忠固公年譜」（北九州市立自然史・歴史博物館蔵）によると、火元は御殿内の「塩切場」と呼ばれる居間の裏に設けられた台所付近と想定され、それが「看経所」という経典を黙読する所に燃え移り、天守にまで広がったと考えられる。その後天守は再建されなかったが、本丸御殿は二年も経たないうちに甦っている。

藩主が本丸から天守に登るためのルートについては、現在残されている「小倉城内之図」には、今ある小倉城天守の入口にあたる部分に階段が表現されている（左頁の図の⬆部分）ので、ここから入って階段を上り、天守内の一階部分に出ると考えられる。これは小倉城の天守台に安土城、姫路城、大坂城の

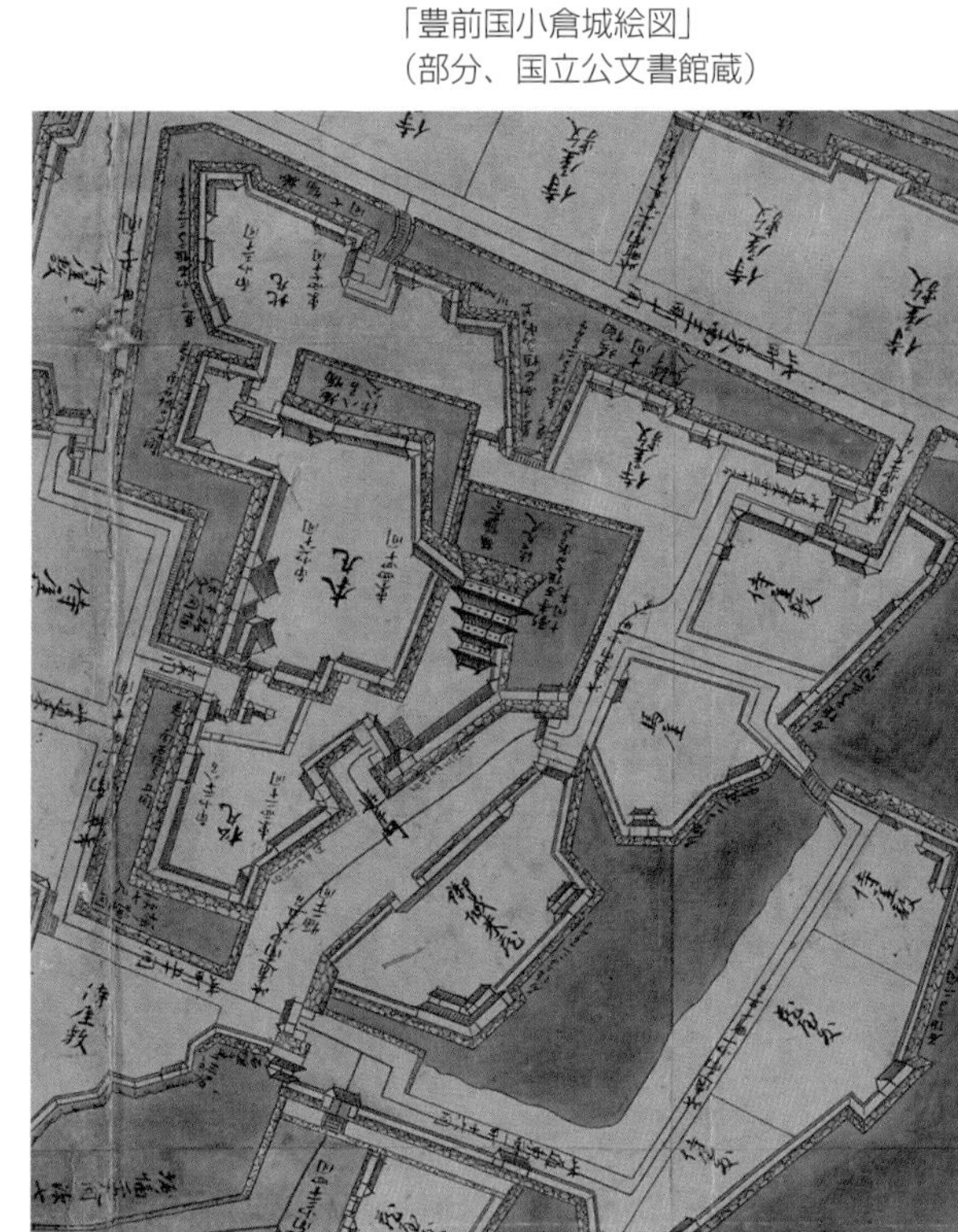

「豊前国小倉城絵図」（部分、国立公文書館蔵）

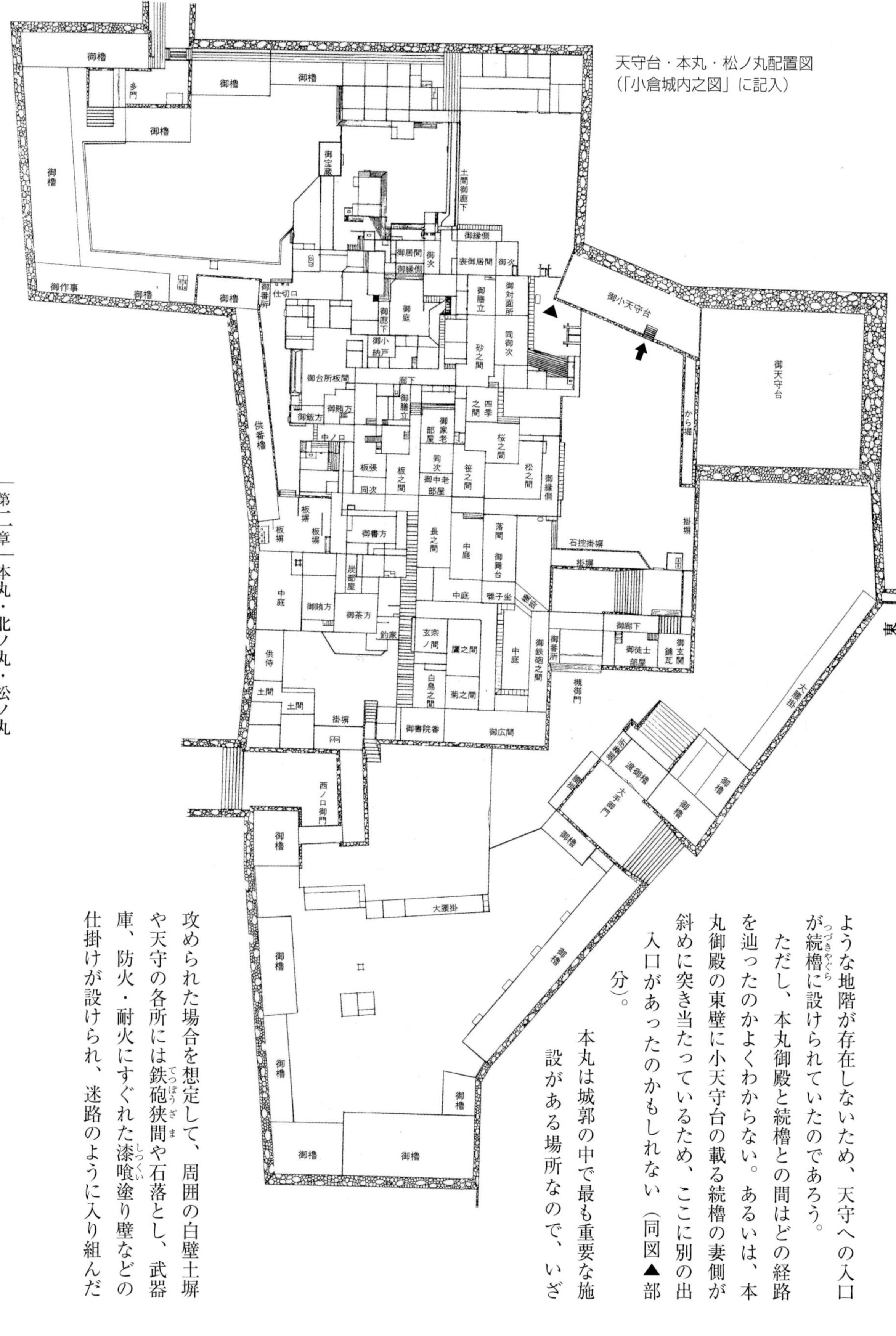

天守台・本丸・松ノ丸配置図
（「小倉城内之図」に記入）

ような地階が存在しないため、天守への入口が続櫓に設けられていたのであろう。

ただし、本丸御殿と続櫓との間はどの経路を辿ったのかよくわからない。あるいは、本丸御殿の東壁に小天守台の載る続櫓の妻側が斜めに突き当たっているため、ここに別の出入口があったのかもしれない（同図▲部分）。

本丸は城郭の中で最も重要な施設がある場所なので、いざ攻められた場合を想定して、周囲の白壁土塀や天守の各所には鉄砲狭間や石落とし、武器庫、防火・耐火にすぐれた漆喰塗り壁などの仕掛けが設けられ、迷路のように入り組んだ構造になっていたものと思われる。小倉城天守台跡石垣下の内堀の発掘調査では、粉々に割れた漆喰片やスサ入り粘土塊が大量に出土しており、まさにそうした状況を物語っているのである。

■北ノ丸

北ノ丸は城主の正妻の屋敷が置かれた場所であるが、本丸御殿から見ると北西部に設けられた内枡形虎口の先に配置されている。現在八坂神社がある一角になるが、その間には多聞口門が設けられていた。公園整備に伴う発掘調査では枡形部分に内外二つの門跡や番所、階段、便所が検出されている。門の一つは櫓門で、東を向いており、礎石の一部が今も残っている。

先の「豊前国小倉城絵図」を見ると、北ノ丸の北側に並ぶ二ノ丸家老屋敷との間の内堀には朱塗りの太鼓橋が架けられていた。現在の八坂神社への橋桁には残念ながら当時の面影を偲ぶ石垣などは確認できない。北ノ丸から南を眺めると、内堀を挟んだ天守台続櫓の石垣には新古の石垣が認められるが、これは天正十五（一五八七）年に小倉に入城した毛利勝信時代の石垣に継ぎ足す形で、細川忠興が現在の天守台石垣を構築したためと考えられる。八坂神社がもとあった鋳物師町からこの地に遷座されたのは昭和九（一九三四）年のことであった。

北ノ丸の発掘調査は八坂神社の儀式殿を建設する際に行われ、明治期の溝に切られる形で弧状に巡る溝や石列が検出されており、幕末期には庭園が築かれていたと考えられる。

■松ノ丸

松ノ丸は本丸御殿の南に配された曲輪で、地形的には一段低く、本丸から見ると、西ノ口門のある外枡形虎口部分の先に位置している。松ノ丸の南にはL字形の内堀が巡り、その先は武家屋敷、後の御用屋敷地に対峙する。この内堀は天守台石垣裾の内堀とは丁度対角に配置されており、慶長十七（一六一二）年

（上から）粉々に割れた漆喰片／多聞口門／北ノ丸石垣／北ノ丸で見つかった溝や石列

の「豊前国小倉城図」（山口県文書館蔵）にも描かれているため、本丸、松ノ丸を一体的に最終防御する役割を担っていたようだ。

松ノ丸には同絵図に「ゆうさい」とひらがなで記載されており（二五頁の図参照）、細川忠興の父細川幽斎（藤孝）の屋敷地をここに設けていたものと思われる。細川護貞氏によると、幽斎がこの地で暮らした期間は二度にわたり数年間であるが、息子忠興の親に対する配慮であろうか（『細川幽斎』）。

松ノ丸の発掘調査は東側の高石垣に沿って築かれていた続櫓の一部で行われ、南北に真っ直ぐ延びる石組み溝や礎石建物の一部が見つかっている。

ところが、この写真をよく見ると、奥側の石垣が敷地内まで延び、櫓建物に斜めに突き当たっていることがわかる。しかし、この石垣の積み方は非常に雑で古いものとは思えない。また、その部分の拡大写真（左中段）を見ると、続き櫓の礎石を切っていることから、この石垣は明治初期に築かれた歩兵第十四連隊に関わるものと考えられる。すると、それを埋めて築かれている東側の高石垣は、少なくとも天端近くではそれ以降に積み替えが行われていることになる。このように、今ある石垣が築造当時のものか、後世に積み替えがなされたものか、どの時代に積み替えられたのかなどを、石垣構造や構築技術、また周辺の施設配置などとともに総合的に判断して考えることが大切になってくる。

もう一つ紹介しておきたいのは、大手門石垣の下から、巨大な土堀が見つかったことである。平成二十九（二〇一七）年の大手門前の休憩施設「しろテラス」を建築する際の発掘調査で、地表下一mの深さから急激に深くなる地層が現れた。それを追いかけていくと、現在ある高石垣に向かって延び、大手門の下辺りで斜めに交差する。深さは約三mあり、長さ三〇mを確認できたが、堀の底は部分的にさらに深く掘られた区画が存在して堀障子状をなしており、敵の動きを遮るための工夫ではないかと考えられる。

堀の底からは金箔の鬼瓦片が見つかっており、豊臣政権下の毛利勝信時代（一五八七～一六〇〇年）のものと想定されることから、この堀も本丸を守るために築かれたものと考えてよいだろう。堀の周囲にはさらに古

（上から）松ノ丸櫓の石列／松ノ丸櫓の石垣／大手ノ勢溜（せいだまり）跡の土堀

い時期の建物も建っていたようで、この場所には未だ近世小倉城郭形成の謎を解く遺構が多数埋まっている。［佐藤］

文献に見る江戸時代の状況

■本　丸

本丸は、城主の居所のほかに、家臣の詰所ともなり、城の中心的施設であった。本丸の区画は、東西幅が北の方で百間（約一八一m）、南の方が八十間（約一四五m）で、南北幅は一五〇間（約二七二m）である。当代随一の茶人千利休の高弟でもあった細川忠興（三斎）は、本丸御殿の大書院の縁の一角を囲って茶室を造り、来客の接待にも使用した。炉のある間には曲柱をあつらえ、天井は「こも天井」で、侘び・寂びの雰囲気を醸していたものと思われる（「細川三斎茶書」）。連歌の興行もあった。

寛永六（一六二九）年の奉行衆の記録（「日帳」）に、初めて年始に登城した大橋村庄屋の子息が、本丸内を見物したいと申し入れたが、「無用」と断られたとある。必要以外の場所への立ち入りはできなかった。

本丸内には幾多の部屋が用意されており、家臣はその格式によって詰める場所が決められている。小笠原氏時代の家臣以下御礼登城時の席は次のようであった。

［松ノ間］中老・月次出仕の嫡子
［笹ノ間］外様番頭・御近習番頭・篠崎御家老・松ノ御役人・大目付
［役所］証文役
［鷹ノ間］旗奉行・槍奉行・外様物頭・御近習物頭・御使番・寄合
［御広ノ間］御馬廻り・同番外・同格・筋奉行・大里在番・門司在番、小姓組・同格・大船頭・同格・書院番・送り状持・書院番格
［板ノ間］組外役人・同勤番
［白鳥ノ間］大庄屋・町年寄
［下御対面所］御用人・御側役・三役所格・百東太郎右衛門
［砂ノ間］御供詰・同格・御鷹方頭取・鳥身頭取・御鉄砲方・番外医・番医師
（『中村平左衛門日記』第六巻、天保七年二月十五日）

なお大庄屋の席は、のちに白鳥ノ間から鉄砲ノ間に替わり、白鳥ノ間は小倉城下の町年寄の席になったようである。また年貢完納後、郡代の先導で大庄屋一同が登城した時には、松ノ間で藩主にお目見えしたとの記録もある。

本丸は天保八（一八三七）年正月四日、「御居間ノ裏塩切場」を火元とする火災で焼失し、城主小笠原忠固は松ノ門近くの小笠原斎宮の屋敷に避難した。二月十五日には再建に取り掛かり、幕府からは七千両の「恩貸」（『続徳川実紀』第二篇）もあって、同十年九月には上棟した。新築「御間」の襖は、円山・四条派の系譜を引く榎倉靫負武賛（杉斎、伊勢内宮の神主）と高木豊水（日田出身で、岡本豊彦の弟子）の絵で飾られた（「龍吟成夢」）。本丸焼失以前は、細川時代に描かれた雲谷派の絵師の絵だったそうである。

■北ノ丸

北ノ丸は本丸に対して「御奥ノ向」ともいわれ、細川氏の時代には「くちなしの木」・「うす色の椿」・「黄梅」などが植えられ、城主と家族の私的性格の施設であった。しかし元和八（一六二二）年、幕府から「諸大名不残妻子を江戸え引越申候様」（『綿考輯録』第四巻）との命により、細川忠利室の千代姫

（保寿院、小笠原忠真妹）も同九年九月には江戸に居を移した。

忠利は度々客人を招いて数寄を楽しみ、母（玉子、ガラシャ）の月命日には終日精進している。北ノ丸内には風呂もあり、私的に寛いだ時間を過ごせる場所であった。

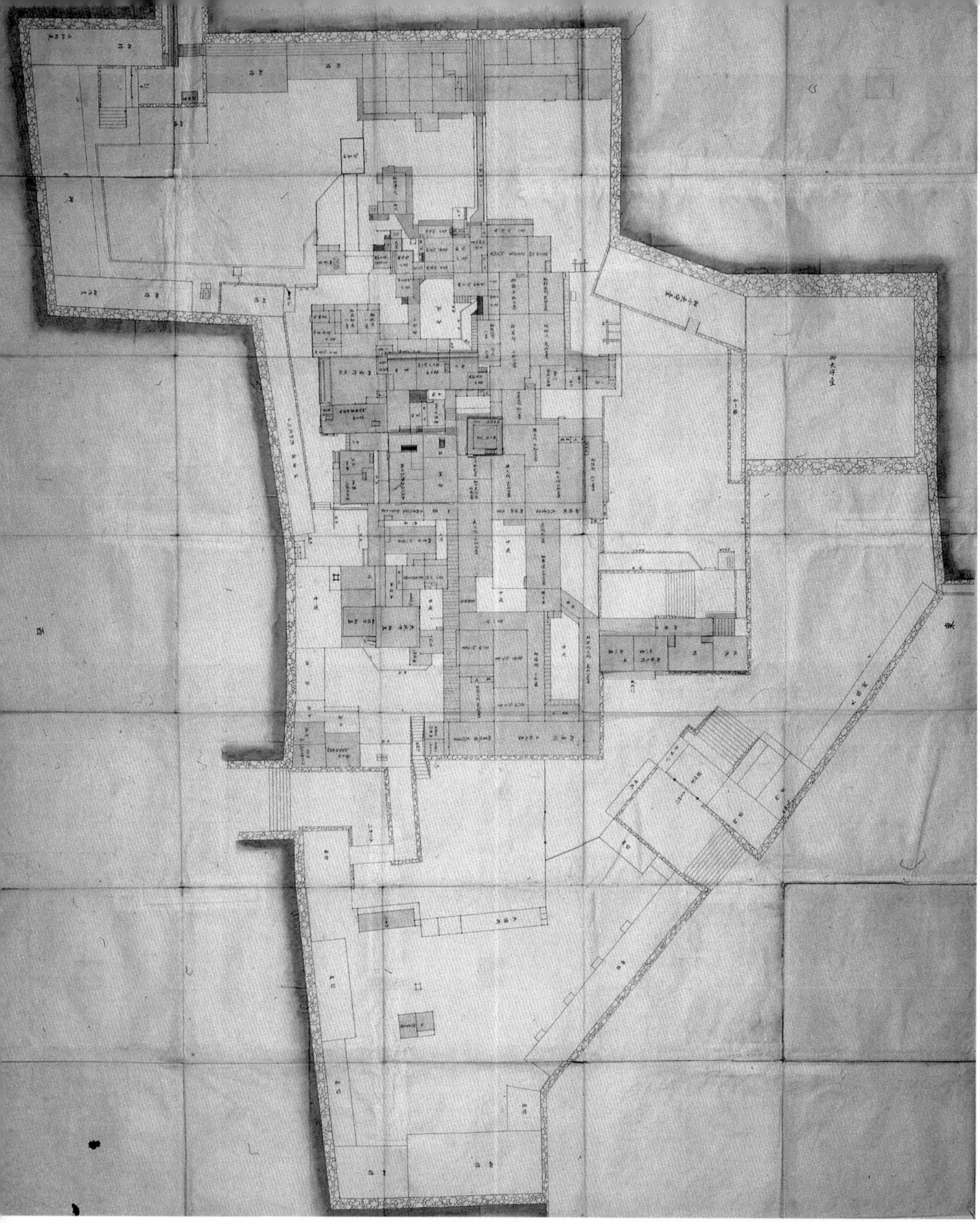

「小倉城内之図」。天保8年以降の本丸御殿の改築時のものと思われる。2階には大小納戸、射具方、銭払当務などの役所が置かれ、3階は8畳間で回廊が付けられていた

小笠原氏時代の文化元（一八〇四）年、五代城主の小笠原忠苗は忠固に家督を譲って隠居すると、北ノ丸を居所にした。弘化元（一八四四）年には、北ノ丸の庭に「樫・おとと・藪こうじ・葉茶等」が植えられたとの記録もある（『中村平左衛門日記』第七巻、弘化元年十月二十日）。

北ノ丸と二ノ丸の間の堀には欄干付の板橋（用心口橋）が架かっていたが、内側の門は閉じられており、平常は通行できなかった。現在の八坂神社出入口である。当時の橋は木造の太鼓橋で、長さは七丈六尺五寸四歩であった（「龍吟成夢」）。

■松ノ丸

本丸の南側、西ノ口門を入って右手の一画を松ノ丸という。細川氏による小倉城築造以前には、曹洞宗の法輪山安全寺の境内であったが、忠興は同寺を紫川の東の埋立地、「古せんば町一丁目南側の西角」に移して、城郭に取り込んだものである

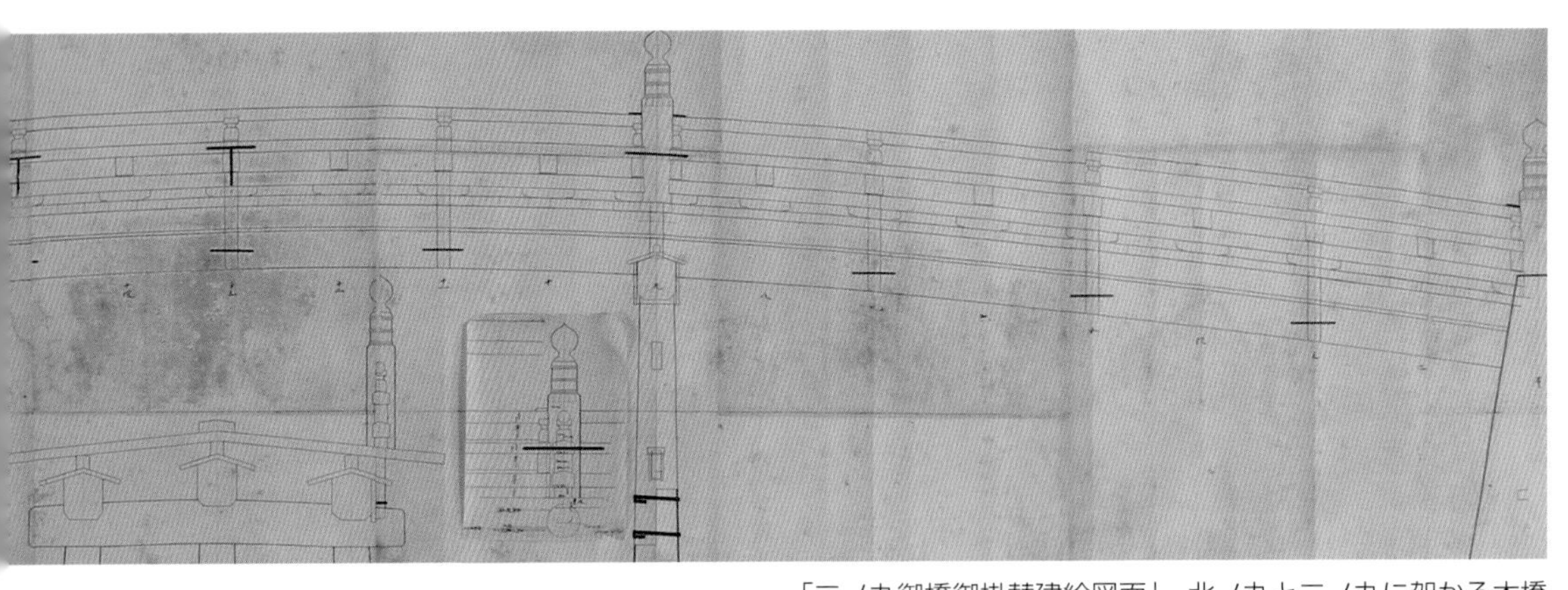
「二ノ丸御橋御掛替建絵図面」。北ノ丸と二ノ丸に架かる木橋

（「倉府俗話伝」）。

慶長年間（一五九六～一六一五）の「豊前小倉城図」（山口県文書館蔵）を見ると、その場所には「ゆうさい」と書かれていることから、城主細川忠興の父幽斎（藤孝）の居所として用意されていたものと思われる。幽斎は何度か小倉を訪れたが、京都の三条車屋町に本屋敷を構えた。

松ノ丸内には「大松」があったそうで、藩政実務を担当する「奉行衆」や、城主の指示を実行する「諸奉行」の役所として利用されている。また一時は「松ノ丸様」と呼ばれる人の居所もあった。その人は細川忠興の側室で、筆頭家老長岡式部少輔興長（松井佐渡守康之子息）の妻古保の母親である。俗名は「藤」で、父は豊臣秀吉の家臣郡主馬宗保。寛永六（一六二九）年五月、「松ノ丸様」が重篤の折、娘婿の長岡興長（居所は現在の小倉城庭園の位置）は、天守下の梨の木に熟した果実「四つ五つほと」を取寄せ、見舞いとして「松ノ丸様」に届けた。養生の甲斐なく、「松ノ丸様」は六月十九日未明に亡くなった（「日帳」）。

小笠原氏時代の松ノ丸の様子は判然としないが、「弓、韘、靫、矢筈」や「具足」など、武具類の保管場所として利用されていたようである（『中村平左衛門日記』第六巻、天保五年二月七日）。

［永尾］

軍都小倉の中枢

■本丸跡

小倉城の本丸は慶応二（一八六六）年八月一日の小倉城自焼＝「御変動」の際に焼失し、長州藩が小倉城下町および企救郡を占領した際にも本丸には拠点を置かず空き地となっていた。明治四（一八七一）年七月の廃藩置県、さらに十一月に成立した小倉県庁舎は室町に置かれた。明治六年に小倉城は「存城」に指定されて軍用地となったが、特段の施設は立地せず空いたままだった。

明治二十九年六月、第十二師団の小倉開設が決定し、同三十一年十月、第十二師団司令部が小倉城内に開設した。当初は二ノ丸の偕行社に司令部が置かれたが、翌十一月に本丸跡に新築された司令部庁舎に移っている。第十二師団は小倉城内の南側にすでに置かれていた歩兵第十二旅団司令部と歩兵第十四連隊

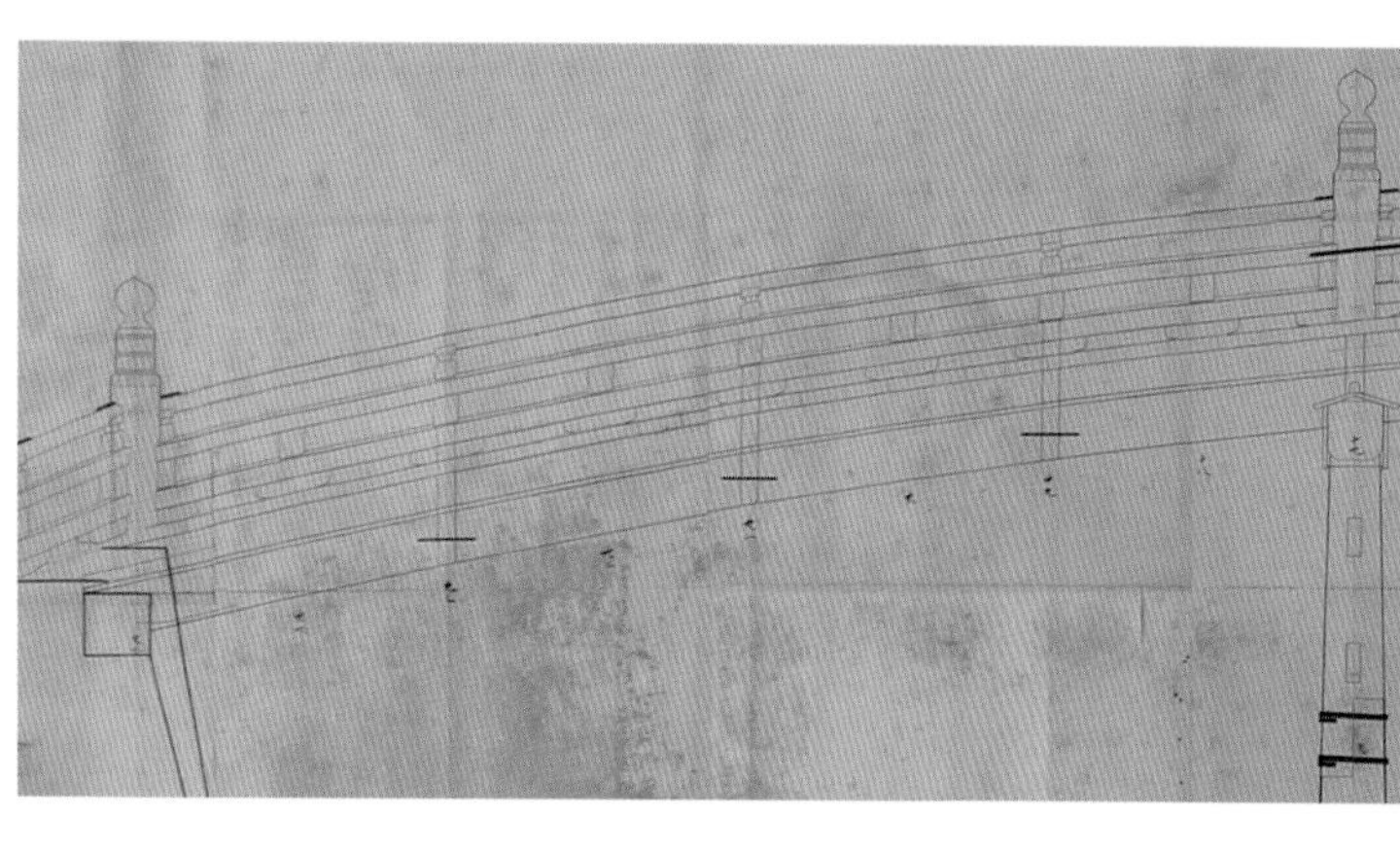

に加えて、北方に新設された歩兵第四十七連隊、騎兵・砲兵の第十二連隊と工兵・輜重兵の第十二大隊から構成された。衛戍病院は北方に移転し、第十二師団憲兵隊が二ノ丸跡に設置された。第十二師団の開設により小倉（明治三十三年市制施行）が軍都として形成される中で、江戸時代に小倉城の中心であった本丸跡は再び軍都小倉の中心となった。それは軍都北九州の中心でもあった。

しかし大正十四（一九二五）年五月、軍縮に伴う師団以下の再編成の中で、第十二師団は久留米市に移転して、北方の歩兵第四十七連隊は大分市に、ほかの特科部隊は久留米市に移転した。再び本丸跡は空いてしまったが、同時に下関市から野戦重砲兵第二旅団司令部が移転して松ノ丸に入り（隷下の第六連隊は北方に入った）、昭和三（一九二八）年に小倉連隊区司令部とともに旧第十二師団司令部庁舎に入った。

大正十二年九月の関東大震災によって壊滅的被害を受けた陸軍造兵廠東京工廠の小倉移転が前年の昭和二年に決まり、昭和三年には東京工廠小倉出張所が大手町の小倉兵器製造所に設置された。同年十一月に歩兵第十四連隊が北方の歩兵第四十七連隊跡に移転した。第十二師団の移転と陸軍造兵廠の設置を機として、本丸跡を中心とする城内の軍事施設の配置が再編された。なお造兵廠の本部は歩兵第十四連隊跡地の北端、現在の北九州市立中央図書館の場所に建てられた。

昭和十二年七月に日中戦争が始まると、翌八月に西部防衛司令部が本丸跡の第十二師団司令部跡に開設された。西部防衛司令部は中国・四国・九州地方の防空を担ったが、十二月には第十二師団管区部隊の警備指揮権が与えられた。昭和十五年八月に西部防衛司令部は西部軍司令部に改組され、管区の部隊に対する動員・教育・防衛などの指揮権が与えられた。また新たに西部軍直轄の第六十六独立歩兵団が設置された。しかし十二月に西部軍司令部は福岡市（福岡城内）に移転した。昭和十八年六月に第六十六独立歩兵団は廃止されたが、八月に下関要塞司令部が移転してその跡に入った。西部防衛司令部（のちに西部

第12師団司令部（昭和11年）

現在の本丸跡

軍司令部）の設置は小倉が軍都小倉・軍都北九州の中心であるだけでなく、西日本・東アジアの戦争指導・防衛の拠点となったことを意味したが、それゆえに西部軍司令部の福岡市移転は小倉・北九州の拠点性の喪失と福岡市への移行の萌芽を示す出来事であった。

昭和二十年八月の敗戦に伴う連合国軍による接収と昭和三十四年の接収解除＝返還を経て、天守台に天守が再建されると、本丸跡は広場となった。近年の「小倉城周辺魅力向上事業」の一環として、本丸跡の整備が行われた。そして様々なイベントの中心的用地として利用されている。

■北ノ丸跡

江戸時代には本丸が「表」の空間であったのに対し、北の丸は「奥」の空間であった。明治時代以降は本丸跡と同様に空いていたが、明治三十一（一八九八）年、第十二師団司令部が小倉城の本丸跡に設置された際に、北ノ丸跡には第十二師団の経理部が置かれた。師団経理部は「師団にかかる会計経理一切の事を管掌し師団内密部隊の会計事務を監督する」（「師団経理部条例」明治三十五年一月二十九日、勅令第十八号）組織である。

現在の北ノ丸跡

大正十四（一九二五）年五月に第十二師団が久留米市に移転して、再び北ノ丸跡は空地となったが、昭和九（一九三四）年七月には鋳物師町の八坂神社が遷座した。遷座の理由について、『郷土小倉』（小倉市郷土観察資料調査委員編、一九四一年）では「小倉市の急激の発展のため、清浮な此の神域も煤煙の巷に化せられようとした。そこで、昭和九年閑静で然も由緒ある旧城二の丸の地を撰んで、荘厳な社殿を改築してここに遷し申した」と説明している。ここでの「二の丸」は北ノ丸の誤りであるが、旧小倉城下町北側の海岸は埋め立てられ、工場などが立地したから、空いていた城内北ノ丸跡に遷座されたことも十分考えられる。

■松ノ丸跡

明治以降松ノ丸跡も空いていたが、明治十八（一八八五）年六月、歩兵第十四連隊と翌年創設される予定の歩兵第二十四連隊（福岡）の両連隊を隷下に置く歩兵第十二旅団本部が開設された。同二十一年五月に鎮台が廃止され新たに師団が編制されると、歩兵第十二旅団司令部に改称された。翌六月に全国の徴兵事務を所管する大隊区司令部が設置されると、小倉大隊区司令部が小倉城の松ノ丸跡に開設され、同二十九年五月に小倉連隊区司令部と改称された。

松ノ丸跡の歩兵第十二旅団司令部（昭和初年、北九州市立中央図書館蔵）

　同年八月に都督部条例が制定され、十二月に西部都督部が設置されて、第五・六・十一・十二師団を所管して、動員計画や共同作戦、軍事教育などについて指導を行った。当初は仮設であったが、明治三十一年六月、松ノ丸跡に新築された庁舎に移転した。二十九年の西部都督部開設に伴い、第十二旅団司令部は御花畑、小倉連隊区司令部は二ノ丸跡の偕行社に移転した。同三十三年五月に東部・中部・西部の三都督部は東京に移転し、三十七年に廃止された。松ノ丸跡には第十二旅団司令部と小倉連隊区司令部が戻り、前者は大正十四（一九二五）年の第十二師団の久留米市移転に伴って廃止、後者は昭和三（一九二八）年本丸跡の旧第十二師団司令部跡に移り、昭和十六年十一月に一県一連隊区制度が施行され福岡連隊区に統合されるまで続いた。大正十四年五月、第十二旅団司令部に代わって野戦重砲兵第二旅団司令部が置かれたが、昭和三年一月に小倉連隊区司令部とともに本丸に移った。

現在の松ノ丸跡

　昭和十二年八月、本丸跡に西部防衛司令部が設置されると、同十四年に野戦重砲兵第二旅団司令部が改編され、松ノ丸跡に西部軍砲兵隊司令部が置かれた。

　また昭和十一年には小倉市立記念図書館が二ノ丸跡の偕行社から松ノ丸跡の旧第十二旅団司令部跡に移転している。

　昭和戦後になると、連合国軍による接収と返還を経て、昭和三十八年には白洲灯台の再現模型が松ノ丸跡に設置されている。［日比野］

第三章　二ノ丸

弥生時代の墳墓群から江戸時代の石垣まで

■二ノ丸家老屋敷跡の発掘

小倉城二ノ丸は西曲輪にあり、「龍吟成夢」によれば御花畑、新馬場、家老屋敷、御下屋敷、御下台所、御厩、御勘定所など、本丸をぐるりと一周、取り囲む一帯を指すようである。

そのうち二ノ丸家老屋敷跡は現在、リバーウォーク北九州がある一角で、南・北・西側を堀で囲われ、東側は紫川に接する。中央には屋敷地を隔てて南北方向の道が貫き、それは北に位置する職人口門を通って室町に繋がっていた。幕末の「小倉藩士屋敷絵図」によると、道の西側には「原熊之助」「小笠原内膳」「小笠原楔」、東側には「大羽衛士」「福原七郎左エ門」の屋敷が並ぶ。また、二ノ丸に面した門は西側に位置する桜口門、紫川の川岸に出る四丁浜門、本丸へと繋がる虎ノ門などが見える。南側の堀には橋が架かっており、これは北ノ丸（現八坂神社）に繋がっている。二ノ丸家老屋敷跡では、部分的だが二回の発掘調査が行われ、その結果、江戸時代の遺構のみならず、古くは弥生時代から中世までの様々な遺構と遺物が確認された。

■石垣と職人口門

石垣は二カ所で見つかり、一つ目は二ノ丸家老屋敷群の東端、紫川に面している。この石垣（石垣Ⅰ－1－A）は、長さが六〇mにわたって残っており、高さは約四mで、基本的には自然石を用いた野面積みである。「小倉藩士屋敷絵図」にも紫川に面して石垣の表現があり、そこには「石垣高二間」と記されている。当時の小倉城で使用されていた一間は京間系であったとされ、一間が約一九七cmとなる。これで計算すると、二間＝約三・九四mとなり、実際に確認された石垣の高さとほぼ合致する。石垣は明治以降も利用されていたため、一部に排水溝や階段が取り付け

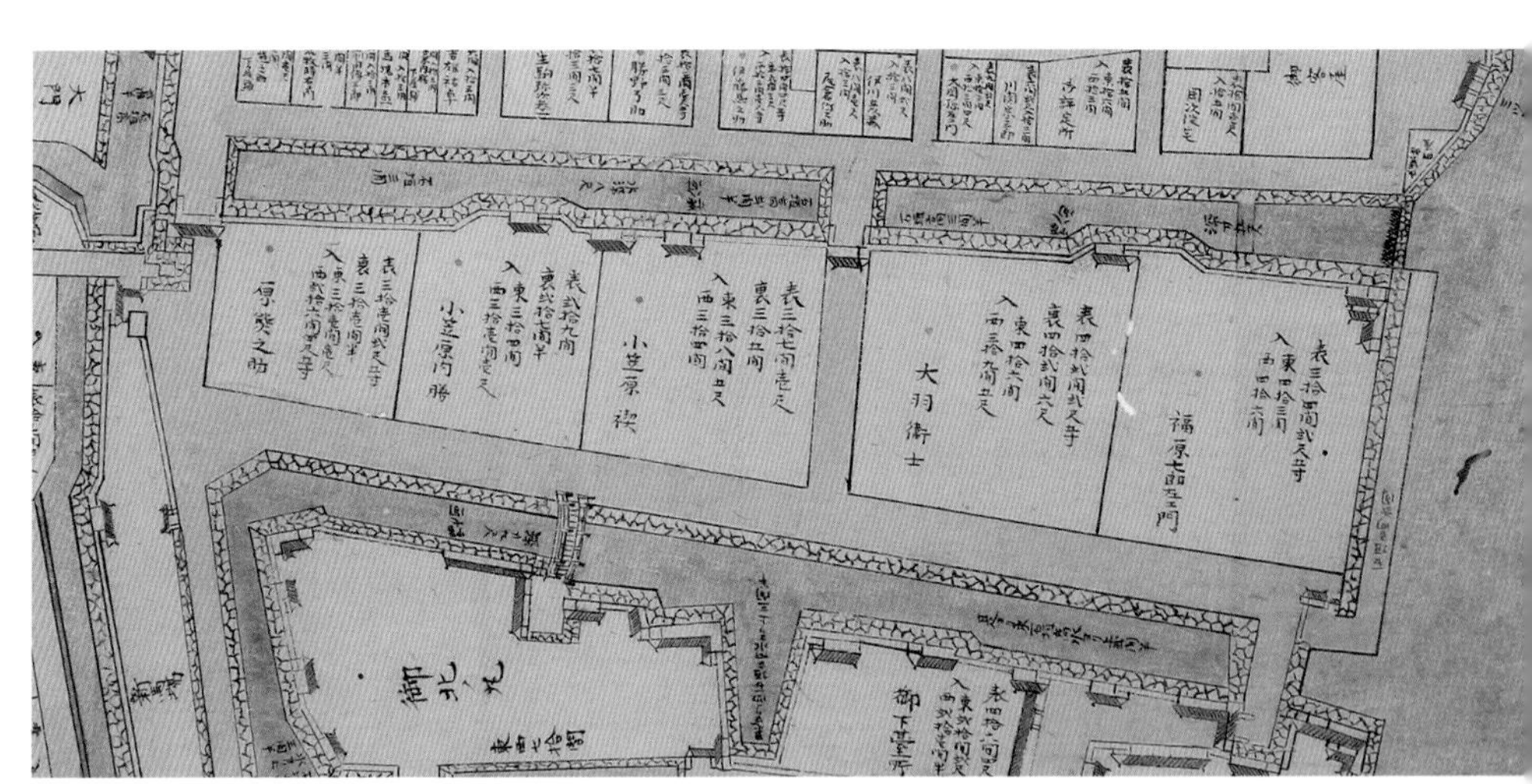
「小倉藩士屋敷絵図」の二ノ丸家老屋敷周辺

られるなどの改変は受けているものの、ほとんど往事の姿を残していたことになる。また、この北西側にも部分的に石垣（石垣Ⅰ－１－B）が残っており、これは紫川を背にして西に面している。石垣と石垣の間は約六・五mの幅があり、紫川に面する石垣と対になり、堤状を呈していたと考えられる。絵図では石垣の北東端部はL字に折れて隅角となり、そこには東面に平屋、北面には二層の瓦葺き建物が描かれている。確認された石垣には隅角部分は残っていないが、角に近い場所であるため、この上部に建物があった可能性がある。また西面する石垣の南側には石組みの遺構があり、これは櫓に登るための階段（雁木）だと考えられる。

もう一つの石垣（石垣Ⅰ－２）は二ノ丸の中央東寄りに位置しており、この石垣は北と西に面があり、隅角になっている。高さは北面部分で約六m、西面部分は約四mを測る。これも自然石を用いた野面積みで、角の部分のみ割石を利用した算木積みである。また、西面石垣の南端部分も算木積みであることが確認できるため、この部分から先はもともと東に折れ、全体として西側に付き出した突堤状の石垣であったことがわかる。「小倉藩士屋敷絵図」によれば、この場所に職人口門と呼ばれる門が存在しており、門の上部に瓦屋根の建物が描かれていることから、櫓門であったと考えられる。この石垣は櫓門の基礎になる石垣だったのであろう。

また、この石垣の北面には東西方向に延びる堀が描かれており、そこには「石垣高 三間半」（約六・九m）、「幅八間」（約一五・七六m）、「深サ五尺」（約一・五二m）とある。職人口門を挟んで、西側に位置する堀には「水深八尺」とあり、そこが水堀であったことがわかる。調査で確認された石垣の北にあった堀も水堀だと考えられるため、「深サ」とは水深のことであろう。三間半の石垣の下に、水に隠れた五尺の石垣があったとすれば、本来の石垣の高さは四間二尺（約八・四九m）となる。この堀は現在の道路（リバーウォーク前の旧電車通り）下にあり、発掘調査は行われていないが、調査で確認された高さ約六mの石垣の下部には堀があり、さらに石垣が続いていると考えられる。

上：職人口門の石垣（石垣Ⅰ－２、西から）。この上に櫓門の建物が築かれていたと考えられる
下：屋敷境の石組み溝

■屋敷境と石組みの溝

二ノ丸家老屋敷跡で見つかった石組みの溝は、南北方向に延びている。後世に破壊を受

けている部分が多く、未調査の部分もあるが、約七・二mを確認した。幅五五cm、深さ二〇cmの素掘りの溝の両側に二〇～三〇cmの自然石が一段並べられている。この石列の裏には裏込めと考えられる栗石も残っており、本来は自然石を何段かに積んでいたと考えられる。

「小倉藩士屋敷絵図」を見てみると、紫川に面した石垣に接して「福原七郎左衛門」、その西隣に「大羽衛士」の二つの屋敷地が描かれている。ここには福原屋敷が「表　三十四間二尺五寸」（約六七・七四m）、大羽屋敷は「表　四十二間二尺五寸」（約八三・五m）、「裏　四十二間六尺」（約八四・五六m）と屋敷の規模が記されている。実際に調査で確認された石組み溝は紫川沿いの石垣から西側に約六六・五m、また、職人口門の石垣から約八五・五m東に位置しており、絵図とも符号する。このことから屋敷境に築かれたものと考えられる。

■砂丘上の墳墓群――弥生時代と中世の墳墓

二ノ丸跡は、現在ではやや内陸に位置しているが、発掘調査によって江戸時代の地面の下に砂層が広がっていたことが確認されている。つまり、本来は海に近い砂丘に位置していた。

砂丘は下層の「灰褐色砂層」と上層の「黄褐色砂層」の二つの層からなる。「灰褐色砂層」には遺物が含まれておらず、遺跡の基盤層、つまり、この「灰褐色砂層」の上面がこの遺跡での人間の生活の痕跡を見ることができる一番古い段階の地面である。そこには弥生時代～古墳時代の墳墓群が作られている。そして、この上に堆積する「黄褐色砂層」は、主に十三～十四世紀頃の遺物が含まれている遺物包含層で、この上面には中世（十三～十五世紀前半頃）の遺構群が確認できる。これらの多くは墳墓に関連するものと思われる。

弥生時代の墳墓群は石棺墓八基、土器棺墓九基、土坑墓二十九基、集石墓一基が検出された。これらの墳墓群からは銅剣や銅鏡、ヒスイや碧玉で作られた勾玉や管玉など豪華な副葬品が出土している。

石棺墓Ⅳ－1号は箱式石棺墓で厚さ一五～三〇cm前後の板状の石材を箱形に組んでいる。蓋には七枚の板石が並べられ、南側に向かって大きな石材を使っており、南側が頭位と考えられる。石棺の内法は長さ二五六cm、高さ三三cmを測る。幅は南側が五三cm、北側は三六cmで、蓋石と同様に南側が広くなっている。副葬品は南東端、埋葬者の右肩の横にあたる場所に細形銅剣一本が置かれていた。銅剣は真二つに折られており、副葬する際に意図的に破砕したと考えられる。二つの破片はそれぞれの切っ先側を足元に向けており、鋒部の破片を下に、その上に茎部（柄に接続するための差し込み部分）の破片が重ねて置かれていた。また、この細形銅剣の茎部には太さ

弥生時代の石棺墓（Ⅳ－１号）と出土した細形銅剣。左横に並べられている石材によって石棺に蓋がされていた（下が南）

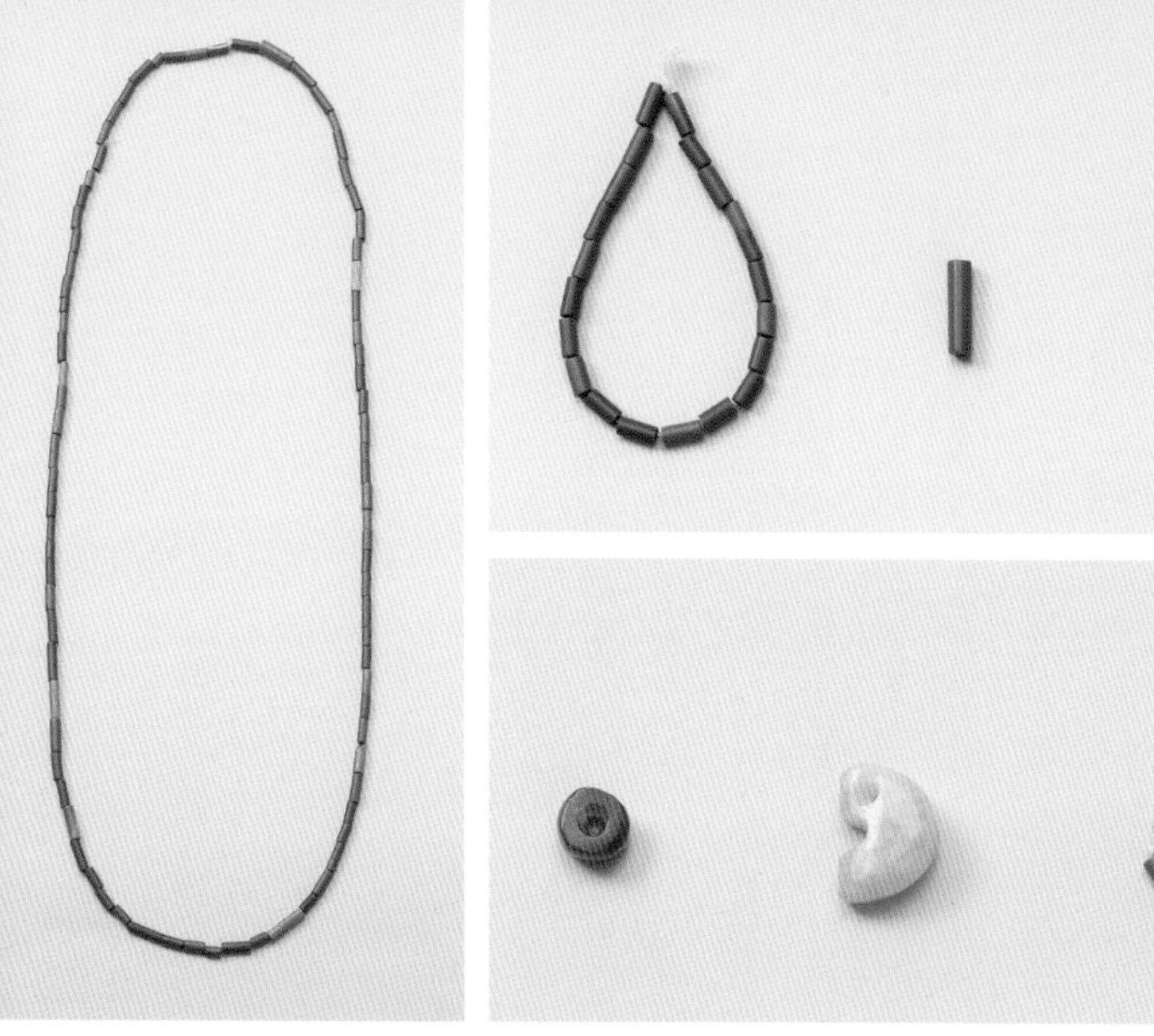

弥生時代の墳墓から出土した装飾品

約一・四㎜の紐が巻かれており、柄を装着するための補助の役割をするものだと考えられる。さらに、銅剣が出土した周辺からは八十三個もの碧玉製および凝灰岩製の管玉が散乱したような状態で見つかっている。これらは遺体が埋葬された際に身につけていた装飾品だと考えられる。石棺墓Ⅳ－3号や集石墓Ⅳ－1号からは翡翠製の勾玉とともに碧玉、凝灰岩の管玉などが副葬され、土坑墓Ⅳ－11号からは小型仿製鏡、石棺墓Ⅳ－8号からは捩文鏡（古墳時代）が出土している。

　当時、貴重品である金属製品や装飾品を持っていることから、ここに埋葬された人々は一般の人々とは違い、周辺集落をまとめる首長層やそれに連なる人々であったと考えられる。また、海を眺める砂丘上に墓を築いていることから、海との関わりが深い集団であったことが想定できる。

人骨が良好に残っていた中世の土坑墓（Ⅲ－1号）

　一方、中世の墳墓群はすべて土坑墓で、そのうち五基には人骨が残っていた。特に土坑墓Ⅲ－1号は全身の骨が良好に残っており、足を折り曲げ、横を向いた状態で埋葬されていた。鑑定の結果、熟年の男性であることも判明している。また、土坑墓Ⅲ－6号は平面が一〇〇㎝×七七㎝の隅丸方形で、深さが三〇～四〇㎝を測る。この土坑墓からは、北西端部から十二世紀後半～十三世紀前半の土師器皿が四枚と和鏡が出土している。

　中世の墳墓で鏡が副葬されているのは、性別がわかる事例において、そのほとんどが女性で、逆に男性は短刀を副葬した例が多い。弥生時代や古墳時代において鏡は権力の象徴という意味合いが強いが、中世においては貴族層の女性が持つ化粧道具へと変化し、持ち主の女性が亡くなった際には墓の中に一緒に入れられることが多くあったのだろう。

　また、二ノ丸では中世の井戸も確認されていることから、この場所は当時、集落における水場であったと想定される。しかし、この付近は砂丘という立地上、建物を作るのに不向きで、集落の一部ではあるものの「村の外れ」というべき場所であったと考えられる。

「倉府俗話伝」には、

大羽衛士の屋敷にては、先衛士の代に石地蔵尊を掘出せしたるゆゑ、是を紺屋町の文殊堂に納めし也。其後も石灯籠の笠石を掘だしたる由。小笠原帯刀屋鋪に下條三郎兵衛住居の時、石塔其外墓所用の石材数多く掘出したるよし。其後渋田見舎人住居の時、家来岡崎門右衛門か屋敷、大竈の下なる地中より石塔の台石を掘出したる事あり。小笠原監物屋鋪に丸田権右衛門住居の時分、石塔五輪共を掘出したるとの事なり。

とある。発掘調査でも井戸の埋土の中から石製の五輪塔が出土しており、これらは、二ノ丸にあった中世墓群に使用されていた石塔類だと考えられる。二ノ丸家老屋敷跡の南に位置する御下屋敷跡（現小倉城庭園）の調査でも五輪塔が数点確認されており、また御厩跡（現市役所地下駐車場）や室町遺跡からもわずかながら出土していることを考えると、紫川河口の西岸に広がる砂丘一帯は中世墓が点在する墓域としても利用されていたようである。

■小倉津から小倉城へ――二ノ丸跡の変遷

砂丘の上層である「黄褐色砂層」から出土した遺物には十三～十四世紀頃の中国製輸入陶磁器（龍泉窯系青磁など）が多く含まれている。また、砂丘の上には「淡茶色砂質粘土」が堆積しており、この中からは十五～十六世紀頃の遺物が出土した。そしてここにも中国製の陶磁器（景徳鎮青花、龍泉窯系青磁など）が確認されている。これらは当時の高級食器であり、その所有者は一般農民ではなく、ある程度の地位や権力を持った人々であることが想定される。

紫川の西岸地域には中世以前から宇佐宮の荘園である「到津荘」が存在していた。「宇佐大鏡」によれば、寛弘四（一〇〇七）年に成立し、その範囲は「東限古駅岳　并大路　南限高坏山　西限筑前遠賀堺　北限海」とされる。「大路」とは京から大宰府までを繋ぐ古代官道の一つ、「西海道」のことで、北九州市内でのルートは正確にはわかっていないが、現在の門司港付近から大里（門司区）を抜けて富野（小倉北区）付近で南下し、さらに片野・三郎丸付近から到津方面へと延びていたと考えられる。また、「古駅」とは官道に設置されていた駅家の一つ「到津駅」を指すとされる。なお、この到津駅については、

砂丘の上層（黄褐色砂層）から出土した輸入磁器と土師器（13～14世紀）

小倉城から南西約三kmの位置にある屏賀坂遺跡（小倉北区金鶏町）の調査において道に伴う側溝と思われる遺構や古代の土器、瓦などが出土しており、周辺に駅家があったことが想定されている。南限の「高坏山」は現在の高槻小学校（八幡東区）周辺の山々、西限の筑前国境は高見地区（八幡東区）の北側から鞘ヶ谷（戸畑区）に連なる丘陵や境川を境界とする。そして、北限の「海」は響灘のことで、これらを繋ぐと、海岸部分が広く、紫川、板櫃川という大きな河口を持つ二つの河川を有し、内陸部分は北東から南西方向に五kmほど入った範囲が到津荘であったことになる。

到津荘の「北限海」である響灘は古くから東西を繋ぐ重要な海路であったと考えられ、ここに面した小倉という地域は中世後期以降の史料の中で「小倉津」と記される港町であった。つまり、到津荘は官道や駅のほかに港も抱えた交通の要衝であったということになる。建治元（一二七五）年には蒙古襲来に際して幕府から到津荘の地頭職が宇佐宮へと寄進されたとの記録があるが、これにより鎌倉時代の初期には、すでに到津荘の地頭職を幕府が押さえていたと推測される。このことは、到津荘が幕府にとっても重要な地域と認識されていた可能性があることを示唆する。二ノ丸はこの到津荘の範囲に含まれると考えられ、小倉津と呼ばれる港の近隣に位置していたのだろう。

また、小倉津は十四世紀後半以降、周防・長門を中心として勢力を誇っていた大内氏の影響下となる。康暦二（一三八〇）年、大内義弘が豊前守護となるが、これ以降、大内氏の当主は代々、豊前守護を任ぜられている。大内氏の法令集である「大内家壁書（大内氏掟書）」には、文明十九（一四八七）年に大内政弘が赤間関・小倉・門司・赤坂の渡り賃について定め、法に背く舟方は関・小倉の代官に引き渡すべきことを命じており、小倉津を含む関門地区が大内氏の管理下にあったことを示している。

また、大内氏は中国（明）との貿易に熱心で十九回の勘合貿易のうち、享徳三（一四五四）年に帰国した十一回目より参入し、十二回目以降、細川氏と争い、最後にはその権利を独占している。こういった状況の中で、多くの文物が輸入され、それらが小倉津においても取引された可能性は高い。

これらのことから、小倉津は宇佐宮や大内氏の影響によって発展し、二ノ丸跡出土の輸入陶磁器はそういった人々の活動によってもたらされたものだと考えられる。

また、砂丘を埋めた淡茶色砂質粘土の上面には十五世紀前半〜十六世紀中頃の遺構が作られており、その中には金属を溶かすための溶解炉や井戸に再利用された炉、鍋や農具の鋳型など鋳造関係の遺構や遺物が多く確認された。これらは中世の史料に見られる「小倉鋳物師」に関するものだと考えられる。彼らは寺の梵鐘も製作しており、西日本を中心として全国にその名が残ることから、各地に出向き、現地にて梵鐘づくりを行っていたとされる。また、鋳造関連の遺物は二ノ丸跡以外にも室町遺跡や御下屋敷跡、御厩跡などからも出土しており、紫川西岸の砂丘一帯で生産を行っていたと考えられる。この付近に鋳物師集団がいた理由については、火を扱うため集落域から離れていること、砂丘という立地から鋳型や甑炉を作るのに必要な砂を入手できること、そして、小倉津に近接する立地であるため原料の地金や木炭などの入手がしやすかったことなどが考えられる。

その後、大内氏が滅亡すると、戦国時代の永禄十二（一五六九）年に九州へ侵攻してきた毛利元就が小倉の地に城を造り、配下の南条勘兵衛を置く。それに伴って、「小倉津」といわれる港町は戦の前線基地である「小倉城」へと変化していく。

天正十五（一五八七）年には豊臣秀吉の家臣である毛利勝信が小倉に入城するが、当時の状況について、「倉府俗話伝」では、

毛利壱岐守殿時代までは、侍屋敷は今の三の丸の所斗にてありし、一説には今の二の丸の所にも侍屋敷少々在りしといふ。又二の丸所には町家も少しありしとの事なり。（中略）二ノ丸原東馬の屋敷に心光寺在り、福原の屋鋪に、本就寺ありしか、其外の屋敷も寺地にてはなきか（後略）

とある。侍屋敷は主に三ノ丸にあり、二ノ丸家老屋敷跡一帯に寺院が建ち並んでいたことが記されている。これらの寺院は関ヶ原合戦以後、細川氏が近世小倉城を築城する際に城郭内外の各所に移動させられ、そして、この場所は城の中枢に近い「二ノ丸」となり、侍屋敷が並ぶ一角となる。

［山口］

二ノ丸の重臣屋敷

■毛利勝信の時代

細川氏・小笠原氏の時代に二ノ丸と呼ばれた空間は、毛利勝信（吉成）が城主であった時期、本就寺・心光寺・長圓寺の三カ寺があったといわれている。細川忠興による大規模改築が始まった慶長七（一六〇二）年頃、三カ寺は城下に移された。

本就寺は日蓮宗で、毛利（勝信）家の菩提寺であった。細川氏の時代に城下米屋町四丁目南側の一区画東に移された。

大坂門番所の後ろの石垣の上に、大正十（一九二一）年より少し前まで曲がった古木の松があった。その松は旧心光寺境内の松で「心光寺松」と呼ばれていたという。心光寺は浄土宗で、小倉城主高橋鑑種によって建立され、高橋家の菩提寺であった。細川忠興によって現在の所在地田町に移された。

長圓寺は浄土宗の寺院で、嘉吉元（一四四一）年十月の創建と伝わる。慶長七年に竪町、さらに現在地である鋳物師町に移された。

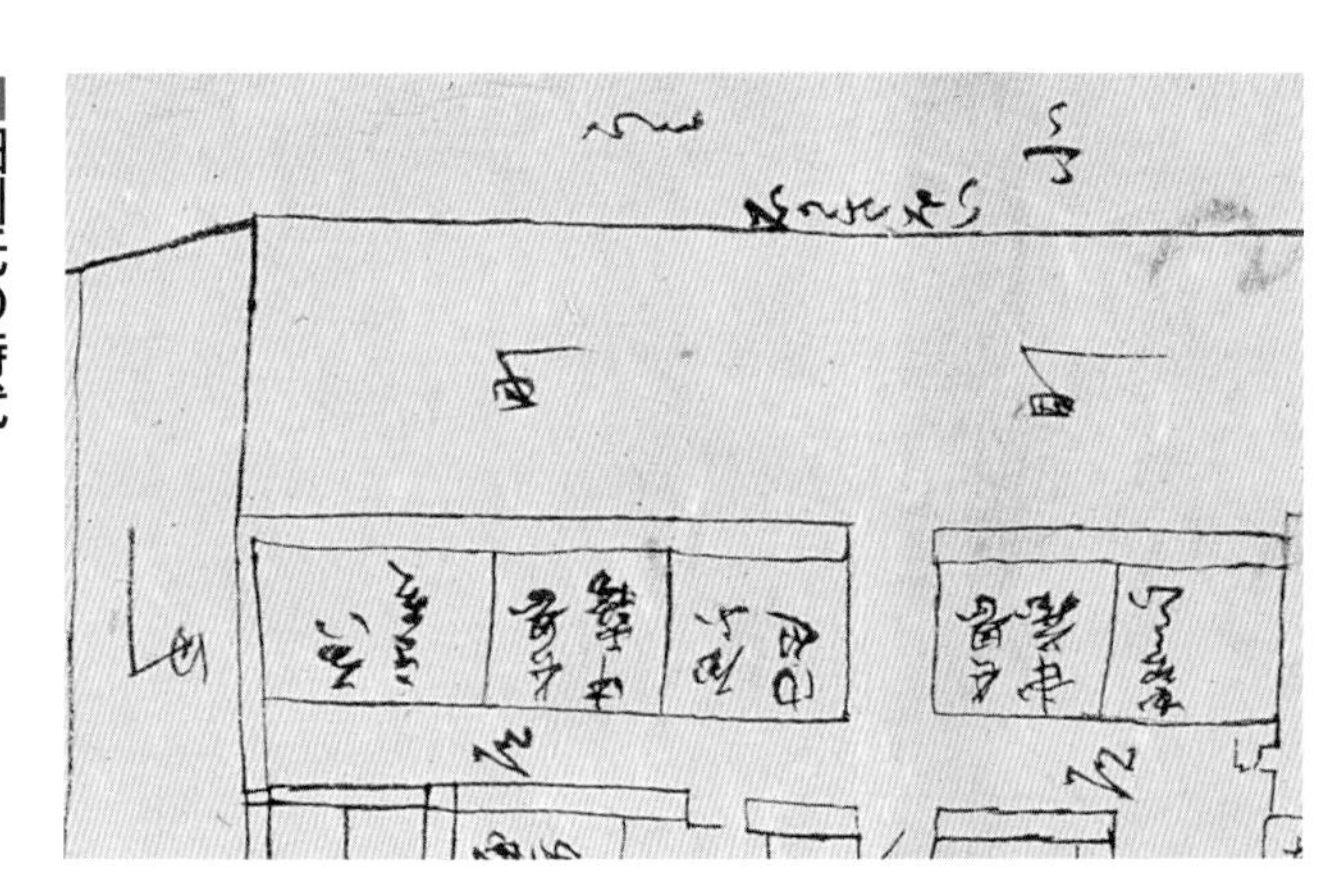

「豊前国小倉城図」の二ノ丸北側の重臣屋敷（山口県文書館蔵）

■細川氏の時代

江戸時代、二ノ丸の北側には五軒の重臣屋敷が軒を連ねていた。細川氏の時代、慶長十七（一六一二）年の「豊前国小倉城図」（山口県文書館蔵）では五軒の屋敷があったことがわかる。西から、当時世子の細川忠利（「ないき殿」）、長岡中務（孝之）、藪内匠（政一）、長岡武蔵（有吉立行）、加賀山隼人（興良）の屋敷があった。

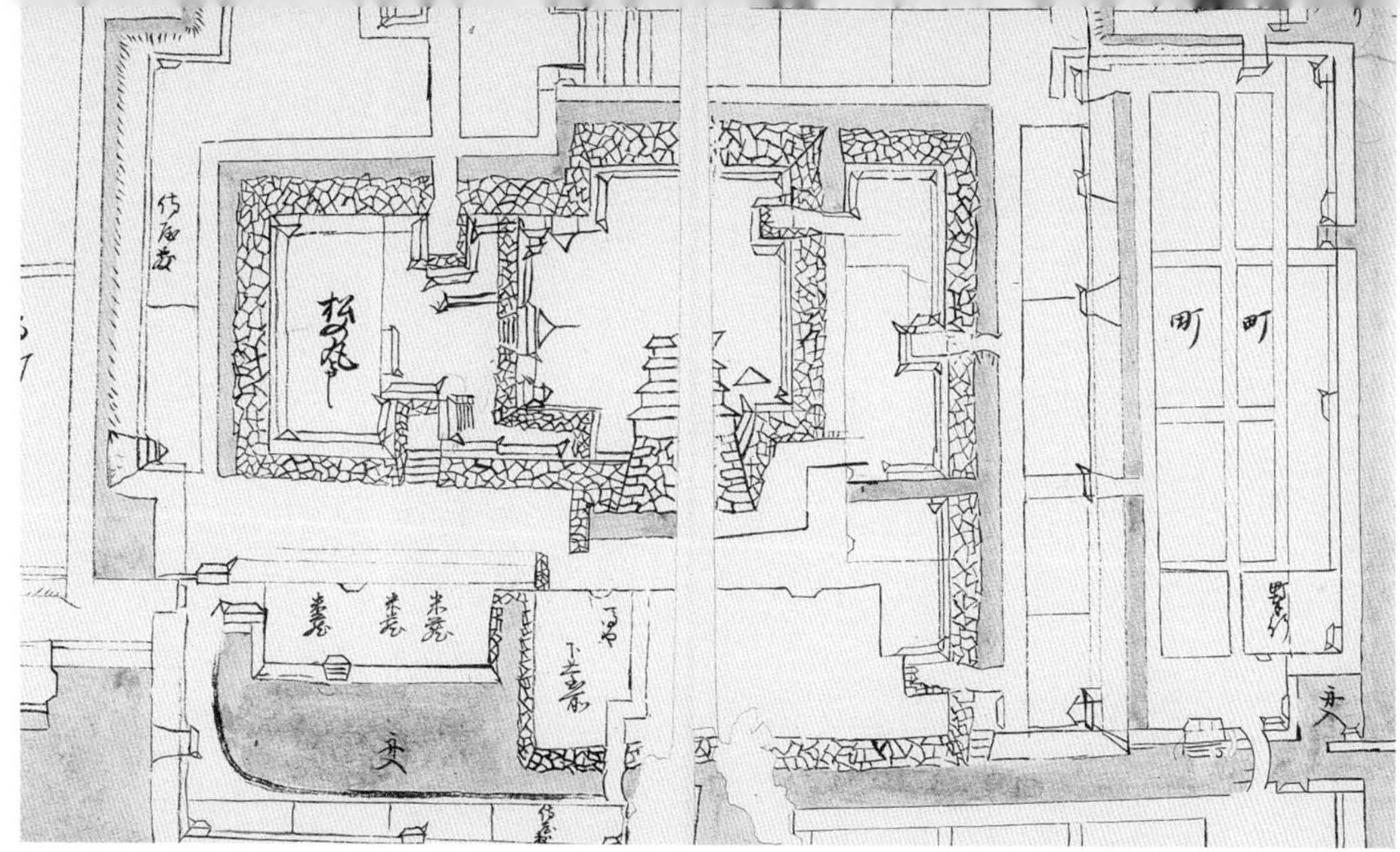
「筑前筑後肥前肥後探索書写」（右が北、複製、部分）

寛永四（一六二七）年、「筑前筑後肥前肥後探索書写」の記述に、二ノ丸は南北に「三町」（約三二七ｍ）、東西に「三町」、周囲は「十二町」（約一・三㎞）とある。重臣屋敷は四軒が描かれているが、描き間違いであろうか。

■小笠原氏の時代

小笠原氏の時代、重臣屋敷五軒は主に家老の屋敷であった。家老は中老十四家（安永四〔一七七五〕年頃は十三家とも）から選ばれた（『御当家末書』下）。幕末の十四家当主は、小笠原織衛・小笠原若狭・小笠原甲斐・小笠原内匠・原主殿・渋田見舎人・中野一学・島村志津摩・宮本伊織・鹿島刑部・小宮民部・二木求馬・福原多門・大羽内蔵助である。家老に就任すると二ノ丸の重臣屋敷に入り、退任すると屋敷を明け渡し、三ノ丸の屋敷に移ったようである。元文五（一七四〇）年頃には、西から小笠原斎宮・小笠原監物・渋田見舎人・宮本主馬・大羽左仲の屋敷があった（「豊前小倉図」）。嘉永年間（一八四八～五四）には、東から福原七郎左エ門・大羽衛士・小笠原禊・小笠原内膳・原熊之助の屋敷があった（八六頁の図）。

本丸と二ノ丸はいくつかの橋で繋がっていた。まず北東側、虎ノ門前の土橋がある。次に西側、西ノ口門前の土橋である。この橋の向かいに御花畑があり、その北側には新馬場があった。

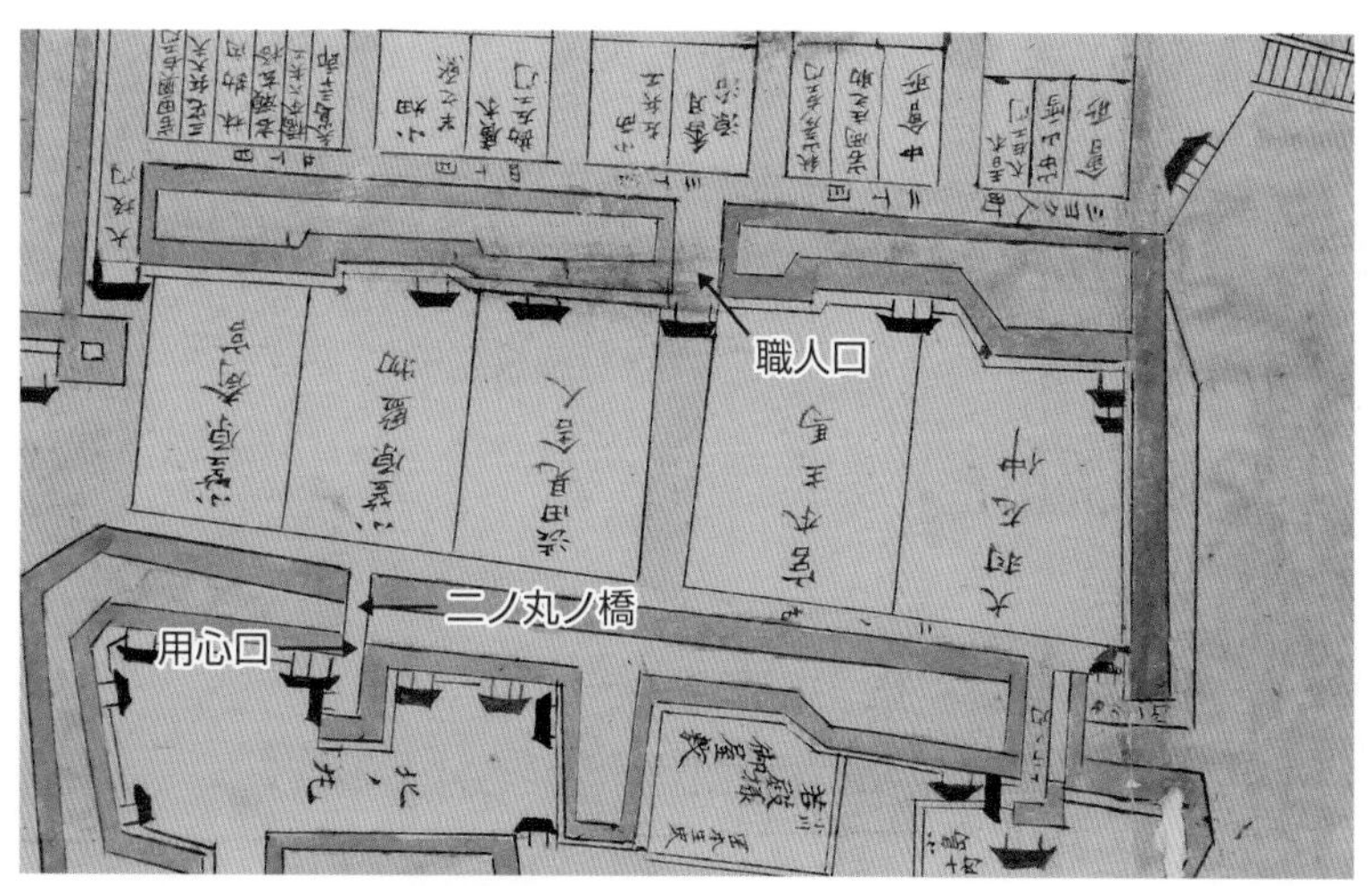

「豊前小倉図」の二ノ丸重臣屋敷

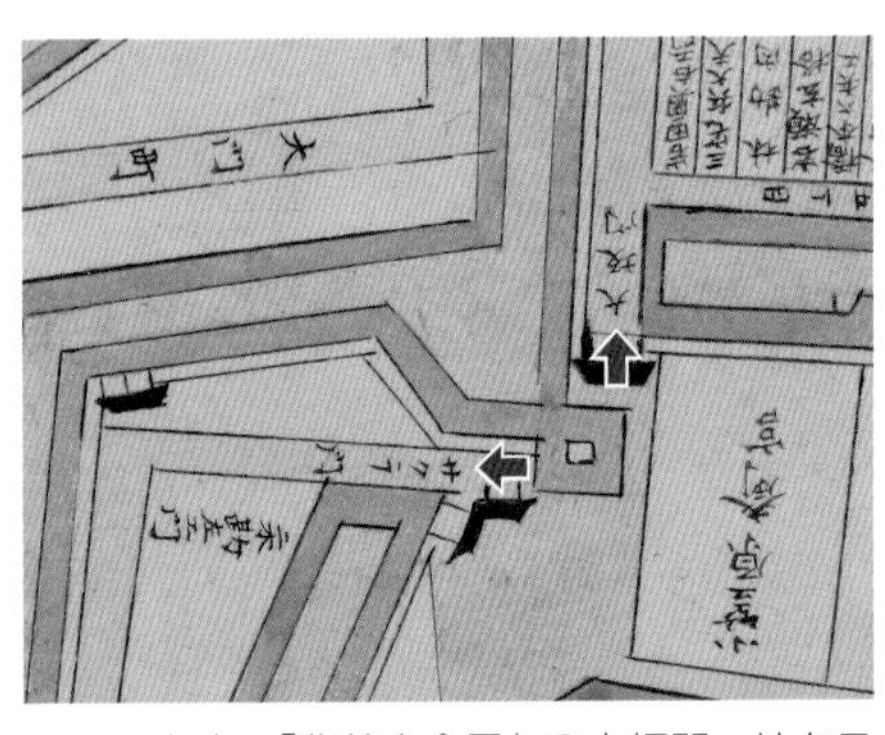

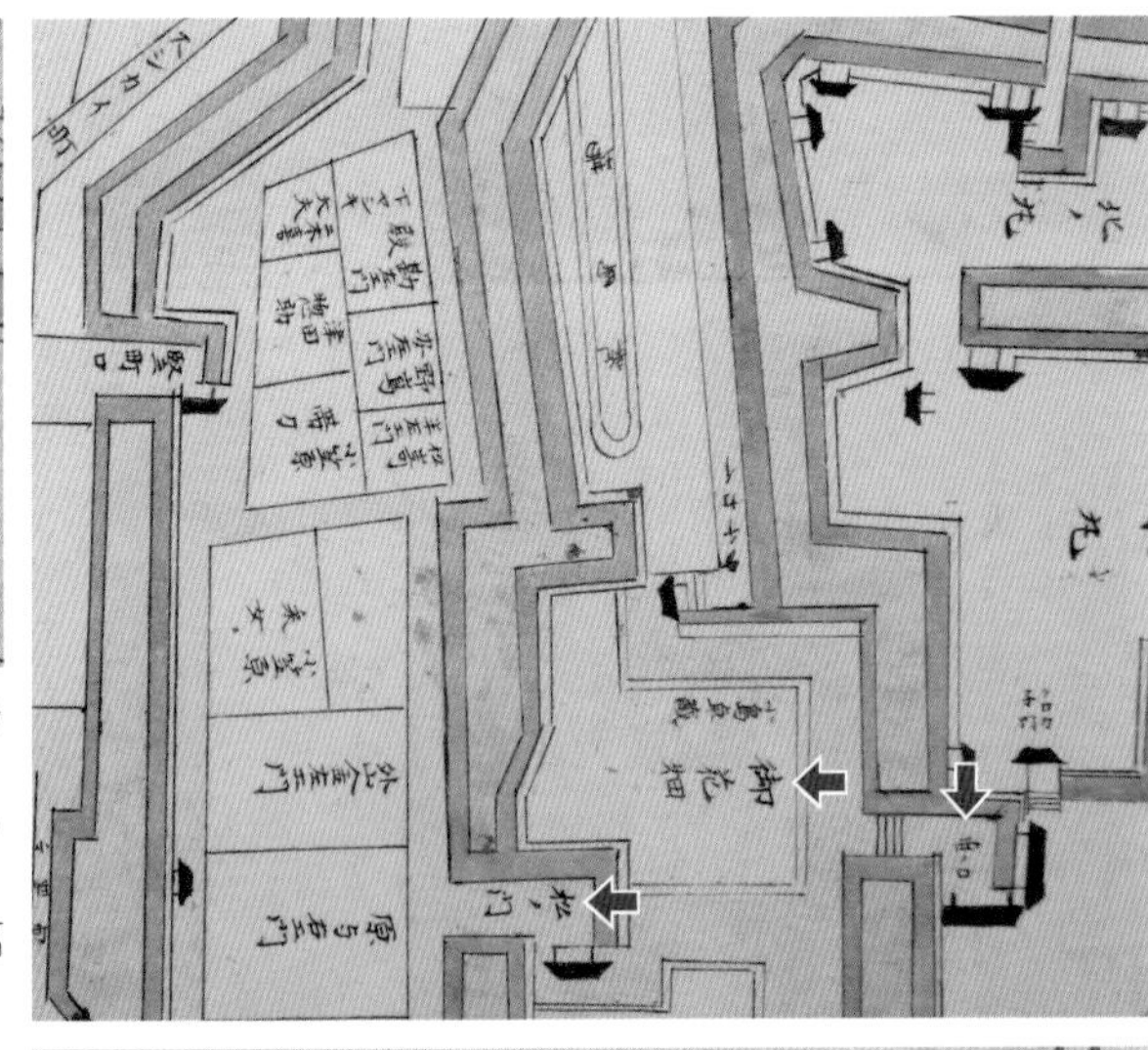

左上：「豊前小倉図」の大坂門・サクラ門（桜門）付近
右上：「豊前小倉図」の西ノ口・御花畑・松ノ門
右下：沢村大学（吉重）肖像（部分、萬歳山成道寺蔵、熊本県立美術館寄託）

ちなみに、小笠原氏時代に新馬場だった場所は、細川氏時代は沢村大学（吉重）の屋敷があったという。新馬場の北東、五軒の重臣屋敷の西端に大坂門と呼ばれる門があり、職人町との境であった。名称の由来は、細川氏が大坂城の門を拝領したことによると伝わる（『龍吟成夢』）。

二ノ丸の北側の東西に広がる空間と、西側の南北に広がる空間は、桜門（桜口門）で繋がっていた。

北ノ丸（現八坂神社境内）と二ノ丸は「二ノ丸ノ橋」と呼ばれる板橋で繋がっていた。ただ、この橋は非常時のための用心橋であり、その北ノ丸側にある門は用心口と呼ばれ、通常は開かずの門であった。安政五（一八五八）年六月二日に渡り初めが行われたこの橋の絵図、「二ノ丸御橋御掛替建絵図面」（八二頁）が現存している。この橋は中央部を高くしたアーチ型の架け橋で、欄干・擬宝珠（ぎぼし）が付いていた。

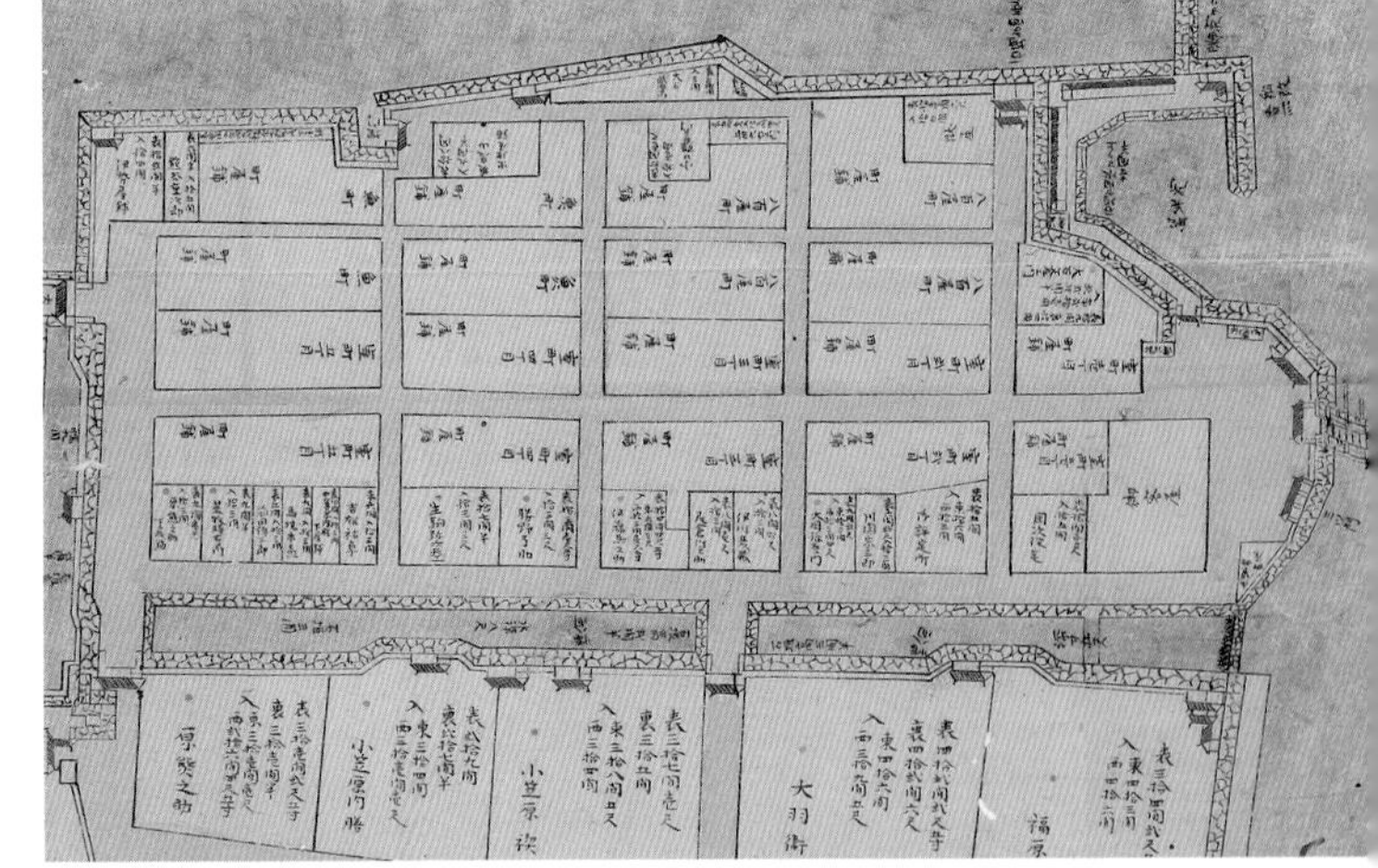

「小倉藩士屋敷絵図」の二ノ丸北側の水堀・職人町・室町

二ノ丸の北側には水堀があった。埋め立てられて、現在は国道一九九号線（旧電車通り）となっている。その水堀の北側は職人町であった。職人町という名称でありながら、実際は評定所、寺社奉行・町奉行の役宅、寺社方・町方役所といった藩の役所、武家屋敷が東西に多く並び、職人の家は数軒であった。さらに北は室町の町人地であった。

「小倉城二ノ丸職人口門跡」碑

二ノ丸の五軒の重臣屋敷は、東側二軒と西側三軒が分かれており、その間に小路が通り、北側の職人町とは職人口門で隔てられていた。現在はリバーウォーク北九州の北側出入口に「職人口門跡」の石碑が立つのみである。

二ノ丸の東には「大川」（紫川）が流れており、それが堀の役割を果たしていた。二ノ丸から紫川沿いに出るには四丁浜門を通らなければならなかった。

重臣屋敷が置かれた二ノ丸は有事・平時いずれにおいても重要な空間であった。［守友］

軍用地から官公庁舎・商業施設の集積地へ

■小倉城自焼後の二ノ丸跡

江戸時代の小倉藩では、家老に就任すると、二ノ丸に屋敷が与えられた。江戸時代を通じて二ノ丸には五軒の家老屋敷があった。

小倉城自焼後の二ノ丸家老屋敷については判然としないが、火災もあり、空地となったと思われる。小倉城下町と企救郡を占領した長州藩本陣や廃藩置県後の小倉県庁舎は室町に置かれた。権勢を誇った家老屋敷の空地化は無血開城後の江戸の大名屋敷や廃藩置県後の各藩の重臣屋敷と同様に、明治維新による時代の大きな変化を象徴する空間であった。

■軍用地としての二ノ丸跡

明治六（一八七三）年のいわゆる「存城廃城令」により、小倉城は「存城」となり、軍用地となった。二ノ丸跡も同様であった。

二ノ丸跡のうち道を挟んで東側の家老屋敷二軒分の敷地は偕行社の敷地となった。偕行社がいつ小倉に開設されたか判然としない。敷地内の北東端に建物があって「勝山閣」と呼ばれたようである。明治二十九年に松ノ丸跡にあった小倉連隊区司令部が第十二師団司令部の開設決定により勝山閣に移転・同居したが、三十一年の第十二師団司令部開設に伴って、御花畑跡に再移転した。師団司令部の仮庁舎も勝山閣に置かれ、間もなく本丸の新庁舎に入った。明治三十五年に偕行社は敷地内に新築された建物に移った。「勝山閣」と呼ばれた初代偕行社は和風建築だが、二代偕行社は二階建ての洋風建築であった。二代偕行社の建設後も初代偕行社は残された。

二ノ丸跡のうち道を挟んで西側の家老屋敷

三軒分の敷地には明治十五年に衛戍（えいじゅ）監獄が置かれた。明治三十一年の第十二師団司令部開設に伴って、衛戍監獄の敷地の西端に第十二憲兵隊が置かれ、明治四十年に小倉憲兵隊本部に改称された。憲兵隊本部は一時的に北方に移転するが、二ノ丸跡の西端に戻り、二ノ丸跡の大部分が払い下げられた後も引き続き同地にあった。

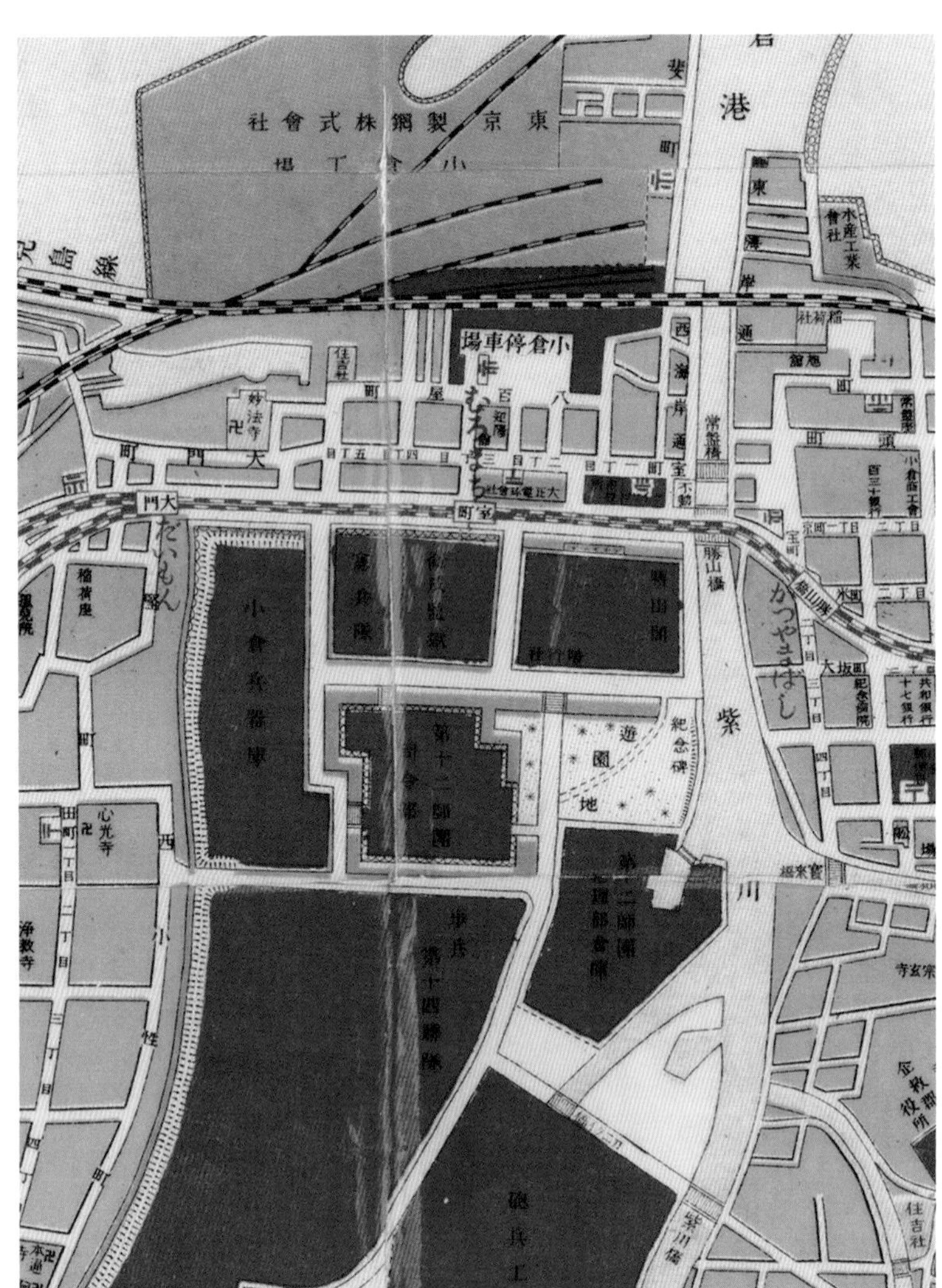

「小倉市街地図」（部分、大正８年、福岡県立図書館蔵）

■小倉市への払い下げ
――二ノ丸跡から田町へ

大正十一（一九二二）年になって二ノ丸跡

左：初代偕行社／右：２代目偕行社（写真は昭和初年、小倉市記念図書館の時代、北九州市立中央図書館蔵）

の大部分が小倉市に払い下げられた。第十二師団司令部の久留米市への移転は大正十四年のことだから、それとは関係なく二ノ丸跡の大部分（衛戍監獄と偕行社の敷地）は軍用地から市有地となった。衛戍監獄は城野に移り、偕行社は歩兵第十四連隊の北東端に新築移転した。憲兵隊は二ノ丸跡に残った。その後いつからかは明確でないが、二ノ丸跡は「田町」と呼ばれるようになった。

　大正九年十月十六日に小倉市長小浜松次郎が陸軍大臣田中義一に対し、「陸軍省用地払下願」を提出した。即ち二ノ丸跡の小倉衛戍監獄と小倉偕行社の敷地は「本市の中央に位置し付近繁栄上多年遺憾」に感じてきた。「本市役所庁舎 並（ならびに） 公会堂其ノ他建築敷地としては最も適当」という。払い下げ価格は五十五万円。さらに小倉市は偕行社の移転費として十五万円、偕行社本館の建物の払い下げ費として五千円を負担した（「陸軍省大日記」大正十一年、アジア歴史資料センターC03011642900）。

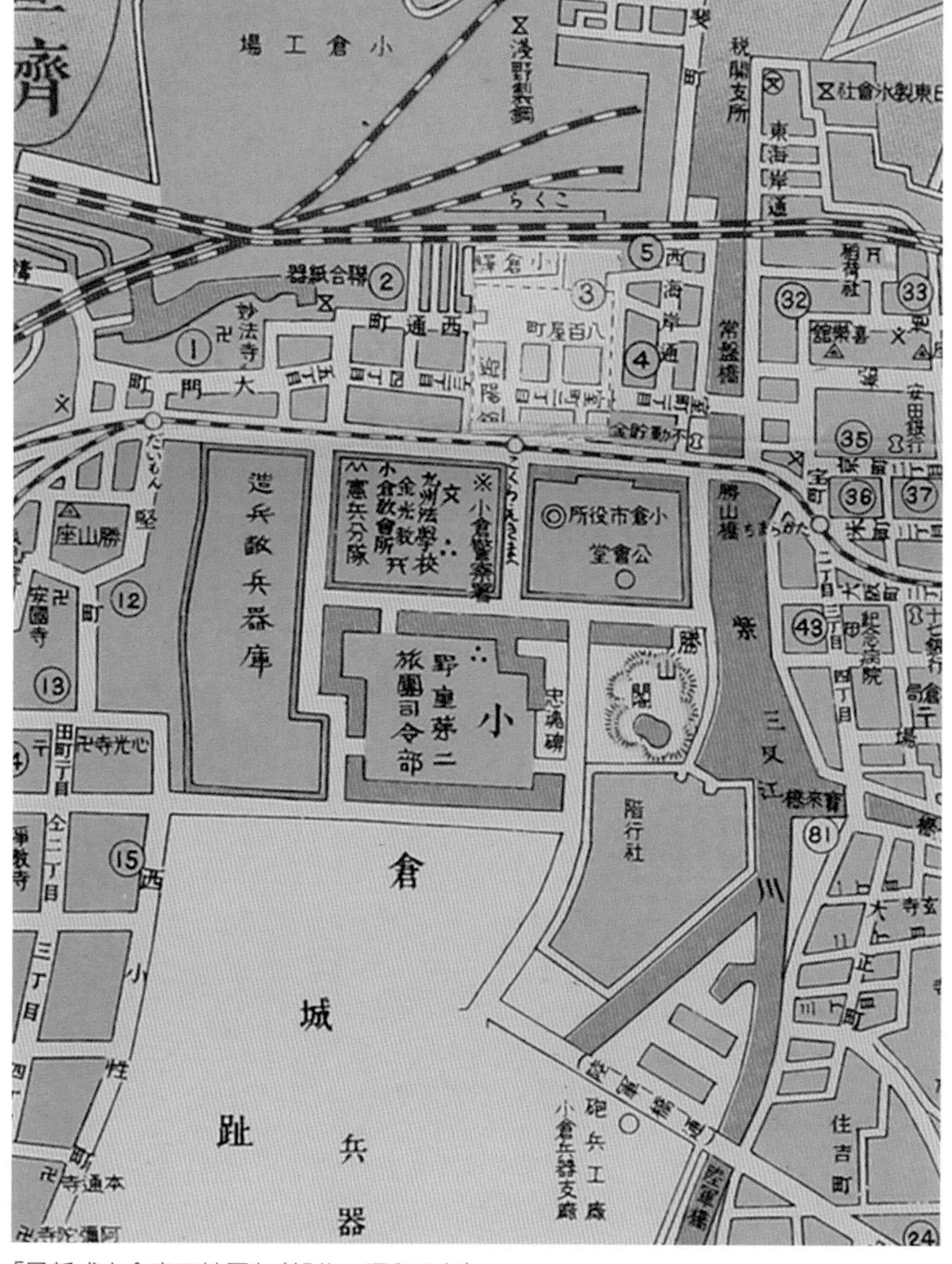

「最新式小倉商工地図」（部分、昭和６年）

　払い下げ後、二ノ丸跡の道を挟んで東側に小倉市役所庁舎（大正十二年）、小倉市公会堂（旧偕行社本館を利用）、小倉市記念図書館（大正十一年）、また西側に小倉警察署庁舎（昭和三年）が立地した。それまで二ノ丸跡の北側に位置する旧室町に小倉県庁、企救郡役所、小倉市役所、小倉警察署庁舎が立地していたことを併せ考えると、小倉市の官庁街が旧室町を越えて二ノ丸跡まで南に拡大した、あるいは南に移転したといえる。

　二ノ丸跡の西側については、ほかにも小倉産婆学校（大正十年）、九州法学校（昭和五年）、金光教小倉教会所（昭和七年～現在）、小倉職業紹介所（昭和十五年）、さらには菊屋百貨店（昭和十三年）が立地した。こうして小倉駅にも近い二ノ丸跡は小倉市の中心地として改めて定置されることになった。

■商業施設の立地――田町から室町一丁目へ

昭和二十（一九四五）年、日本の敗戦に伴い、二ノ丸跡＝田町にある施設の中には連合国軍に接収されたものがあった。一時期図書館を併設した小倉市公会堂は連合国軍総司令部の民間情報教育局（CIE）の図書館となり、昭和二十七年に接収が解除されると、改めてアメリカ文化センター（翌年に北九州日米文化センター、昭和三十二～三十六年に小倉日米文化センター）が開設された。菊屋百貨店は連合国軍のPXストアとなり、返還後は玉屋百貨店（平成十四年閉店）となった。

昭和四十六年には住居表示の変更が行われ、田町は室町一丁目となった。その前提には二ノ丸跡の小倉市への払い下げと、それに伴う室町の官庁街の二ノ丸跡への移動があったと思われる。他方で鉄道敷設と小倉駅（現在の西小倉駅の北側にあった）開業に伴って旧室町の北側が開発されていく中で、旧室町が南北に拡大し、旧室町が室町二丁目、北側が室町三丁目、西側（二ノ丸跡）が室町一丁目となった。

その後二ノ丸跡＝室町一丁目は「北九州市ルネッサンス構想」の一環である「紫川マイタウンマイリバー整備事業」と連動し、「室町一丁目地区第一種市街地再開発事業」が実施されて、大規模複合施設の「リバーウォーク北九州」が開業した。それによって二ノ丸跡の景観は一変し、現在に至っている。

［日比野］

上：2代目小倉市役所（松林の奥に見える）
下：3代目小倉市役所
（いずれも昭和初年、北九州市立中央図書館蔵）

菊屋百貨店（絵葉書、昭和14年）

第四章 新馬場・御花畑

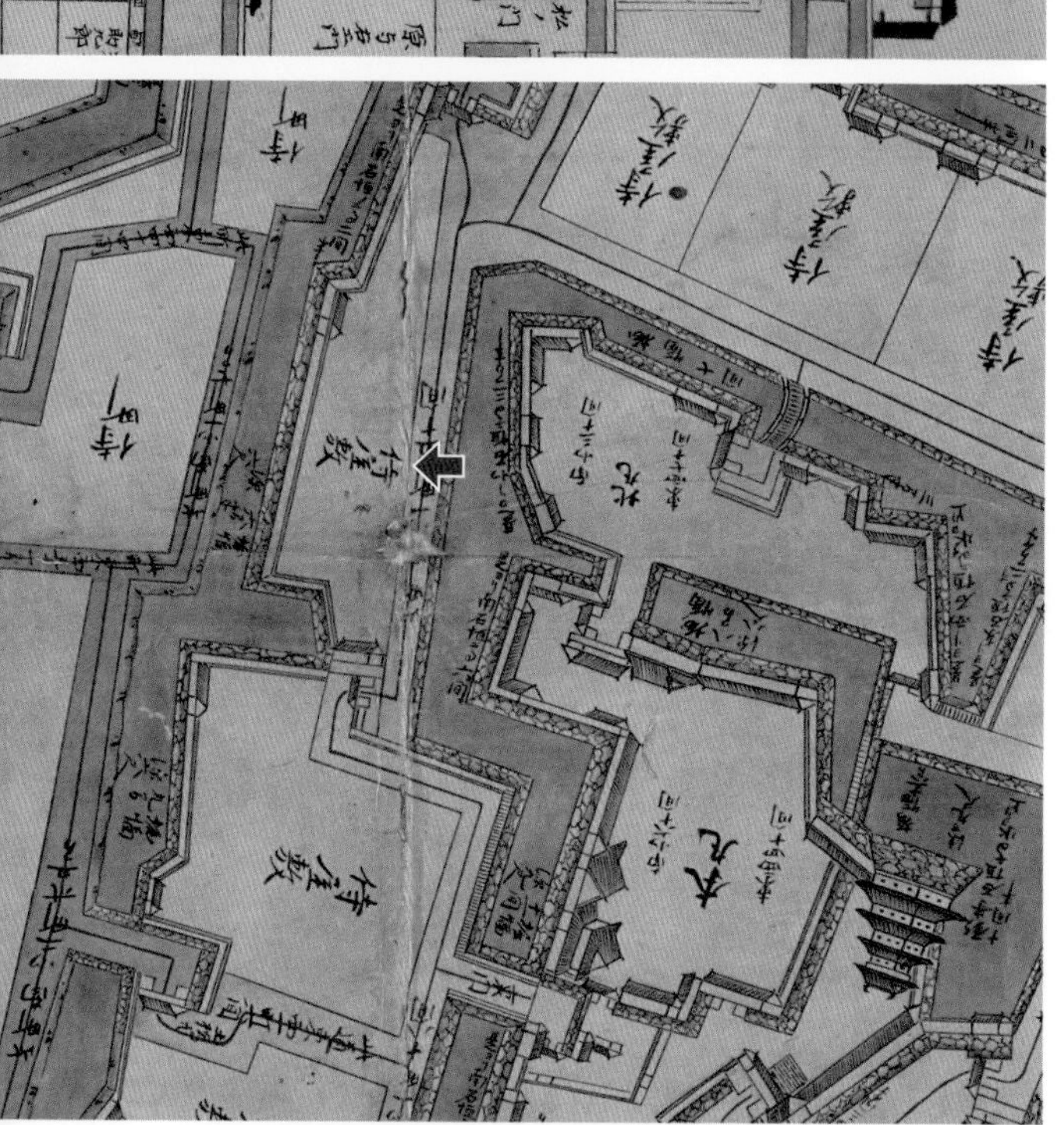

上：「豊前小倉図」（部分、宝暦年間頃）
下：「豊前国小倉城絵図」（部分、正保４年、国立公文書館蔵）
上図で「新馬場」とある場所に、下図では「侍屋敷」がある

発見された堀と曲輪

■新馬場

「新馬場」という名称が小倉城の絵図にみられるようになるのは、宝暦年間（一七五一〜六四）頃の「豊前小倉図」が初見である。北ノ丸の堀を挟んだ西側の細長い敷地に、二重線で細長い方形区画を作り南端では円弧が描かれ、その内側に「新馬場」の文字が見える。宝暦以前の絵図では、敷地の形状は同様に細長く描かれているが、慶長十七（一六一二）年「豊前小倉城畧図」では、「各々屋方」、正保四（一六四七）年「豊前国小倉城絵図」では「侍屋敷」と記されている。このことから、当該地は十八世紀前半に新しく「馬場」として整備されたことがわかる。では、それ以前の馬場はどこにあったのか。正保四年「豊前国小倉城絵図」には、西曲輪の南端、篠崎口門から城内に入ってすぐの辺りに、「馬場」と記された細長い敷地がある。「豊前小倉図」で「新馬場」に見られたのと同様に二重線で細長く方形が描かれている。宝暦の絵図でもこの場所は「馬場」として描かれており、新馬場が整備された後も併用されたものと考えられる。

「新馬場跡」は現在の北九州市立思永中学校東側にあたる。平成十四（二〇〇二）年に発掘調査が実施された。残念ながら、新馬場に伴う遺構は発見できなかったが、近世小倉城築城以前の中世小倉城

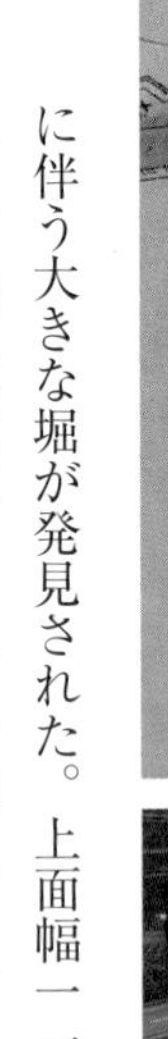

に伴う大きな堀が発見された。上面幅一一・二m、底面幅推定三・三m、深さ四・四m、堀の西側には土塁が築かれ、土塁の基底部の幅は一一・五m以上、堀底からの比高は四・八mを測る。西側を円弧を描くように膨らませていた。中世小倉城の範囲を示す大発見である。

■御花畑

小倉城本丸から西ノ口門を出て、内堀を渡ると、昭和の文豪である松本清張の記念館が建っている。この記念館建物北側部分と駐車場が、幕末に描かれた「小倉藩士屋敷絵図」に見る御花畑にあたる場所である。

当初は侍屋敷であった所を十八世紀前半に御花畑として整備したことが正保四（一六四七）年と宝暦（一七五一～六四）頃の絵図の違いから見て取れる（九九頁）。

平成七（一九九五）年、記念館建設に先立って発掘調査が実施されている。

小倉城は、大掛かりな造成を行い、堀と石垣によって高低差のある曲輪（くるわ）をいくつも造っている。当該地についても、旧

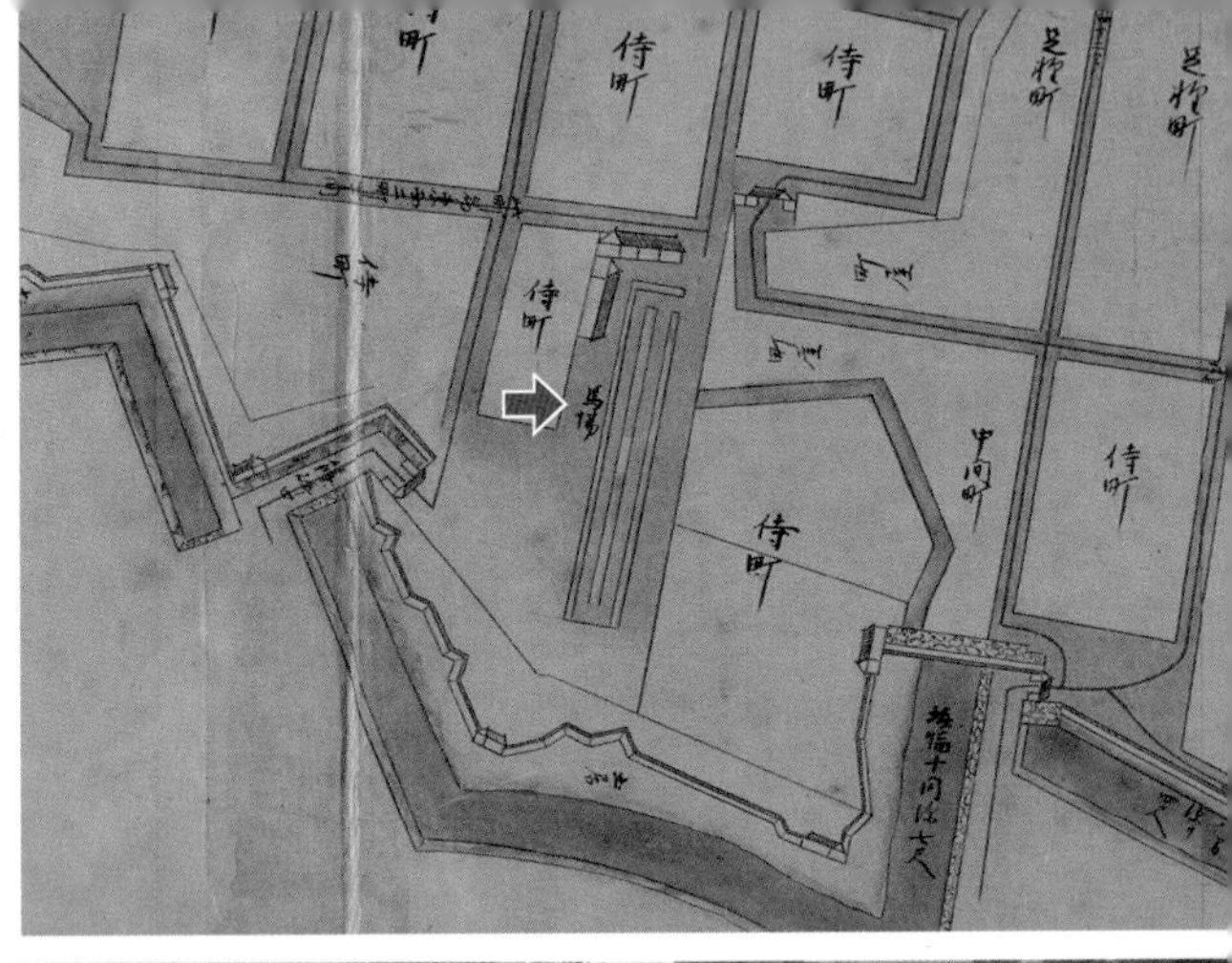

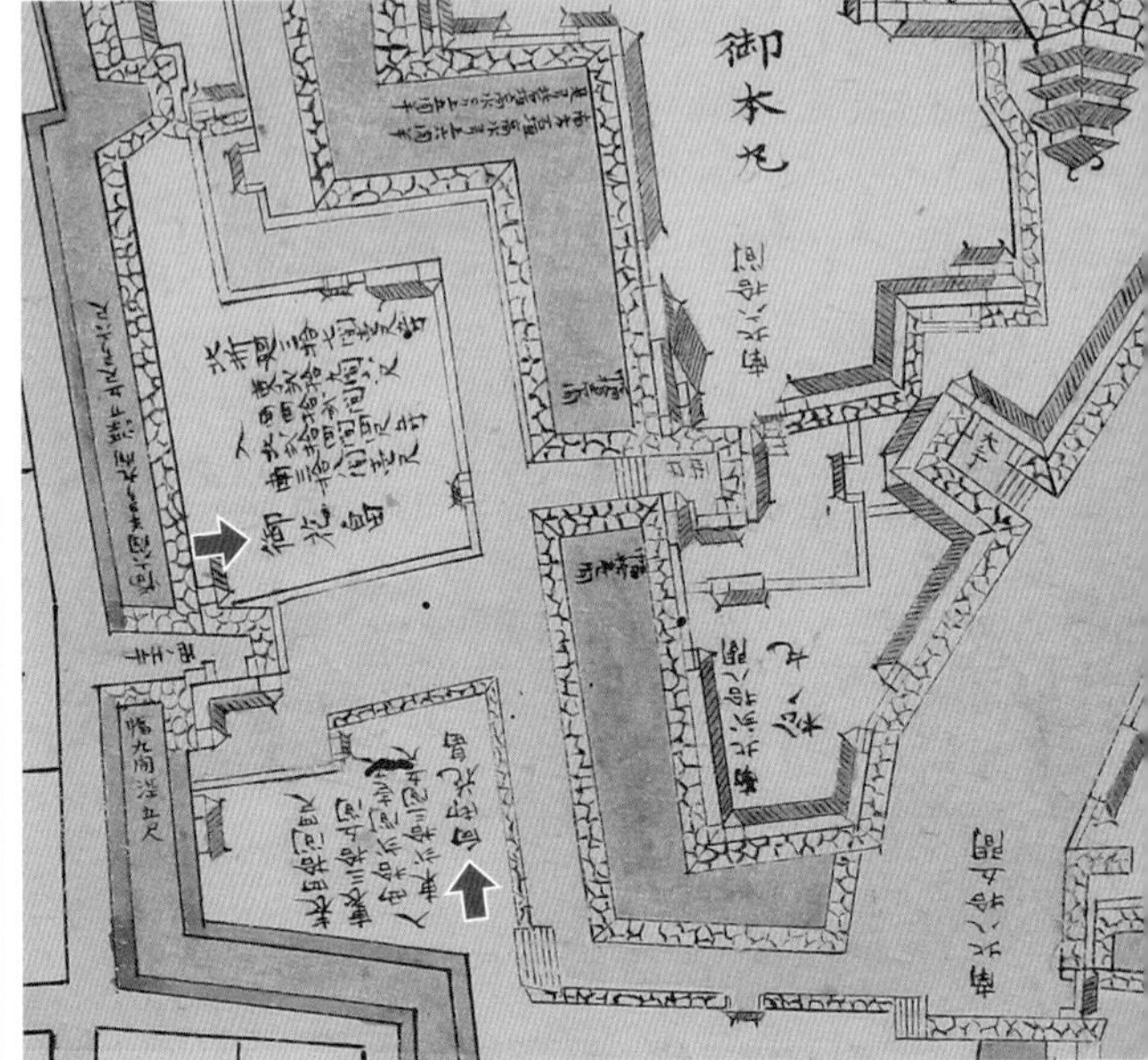

上：「豊前国小倉城絵図」に描かれた馬場（国立公文書館蔵）
中：中世小倉城の大堀跡。堀の右、城外側に土塁が築かれている
下：「小倉藩士屋敷絵図」の御花畑と向御花畑

左上：御花畑の南端を示す石組み側溝
左下：向御花畑の北東隅角を示す石組み側溝

地表に一・五～二mの盛り土を行い、東端に本丸を囲む内堀のための石垣を築き、その西側に標高七・五mほどの平坦な曲輪を造成している。調査では、御花畑とその南側に位置する向御花畑の間の通路遺構と、通路の脇に設けられた石組み側溝が発見された。通路は玉砂利が固く敷き詰められ、御花畑側の側溝は、幅四〇cm、深さ二五cmを測り、両側に石を立て側石としている。また、通路の南側には向御花畑の敷地境を示す側溝を検出している。幅三〇cmを測る石組み側溝であるが、御花畑の側溝と異なり、底に石敷きが見られる。通路側から南に折れる隅角部を検出したことにより、絵図と照合できたことは大きな成果であった。［関川］

文献に見る江戸時代の風景

■新馬場

細川氏時代の馬場は、大手門前の広場だったが、小笠原氏の時代になって、御花畑の向かい、蹴違御門外の堀沿いに新たに馬場が造られた。ここは城の西側、二ノ丸の内。新馬場は「柳ノ馬場」ともいわれ、城主小笠原家に受け継がれた馬術「笠掛」や、「御馬見場」として利用された。

新馬場の建設年は定かではないが、延宝五（一六七七）年正月には、時の城主小笠原忠雄による「笠掛御興行」が催されている（「御当家続史」）。

また享保二（一七一七）年の唐船漂流警備に際しては、出役家臣は新馬場（柳ノ馬場）に勢揃いし、それぞれの持ち場に向かったとの記録がある。

村田応成の『豊国名所』の中に、この馬場で調練する家臣の姿がある。家臣が穿いている袴は、小倉藩名産の小倉織（縞木綿）馬乗り袴であろう。この絵には、堀沿いに満開の桜樹が描かれているが、桜樹は生木で薪となり、「軍中ノ用木」であるために、一般には城内に桜樹を沢山に植えることは禁止されていたという。小倉城内に「夥敷桜ヲ植込有之」なのは、小笠原家が「九州探題」（九州御目付）同様の役割を帯びていたためで、初代忠真以来特別に許されていたと、小笠原家は自負している（「鵜之真似」、「龍吟成夢」）。

江戸時代後期には、新馬場周辺の二ノ丸に、「植継」として貫村など、企救郡内から多く

「新馬場図」。乗馬と騎乗での弓射を練習する様子が描かれている

二ノ丸（『豊国名所』より）

の桜樹が移植され、文久元（一八六一）年には一度に八十本もの桜樹が植えられた。

■御花畑

上級家臣の屋敷が並ぶ三ノ丸から城内に通じる西ノ口門の手前に、御花畑があった。現在は、小倉城の駐車場になっている一帯。

細川氏時代には、種々の花や果物も栽培されていた。例えば元和九（一六二三）年六月、桃の実が時の城主細川忠利と一族の娘「なへ」（忠利の兄興秋の娘）、「かめ」（忠興の弟幸隆の娘）に献上された。寛永六（一六二九）年には、採取した「大梅三百ほと」を漬け、熟した「ぶどう」一籠を北ノ丸に届けている（「日帳」）。

小笠原氏時代には、領内各地からも草木を移植した。「花一もと竹ノ筒ニ入、中津より持来」、宇佐郡からは「桂」や「草花」、「ぼたん（牡丹）」については、わざわざ江戸在府中の忠利が、時期を違えず植えつけるように指示した。家臣も牡丹を植えていたようである。特に「だうはる（道原）のおくにて見付」た「白蘭」は「日本ニめつらしき物」だったという。田川郡から「菊」を取り寄せる時には、「御小人弐拾人」を派遣した。草木のほかにも、「京なノたね」や「さんしち（三七）と申血留草」など、野菜・薬草も栽培されている。また長崎から「ミつはち（蜜蜂）」を取り寄せて、御花畑に置いた。「はちハ花をすひ申もの」で、「一日ニ一度宛掃除」とあるので、蜂蜜を採ろうとしていたことが想像できる。

さらに「御遊所」として、七間半四方（約一三・六m四方）の「四本懸リノ鞠ノ庭」が造られ、二丈三尺（約七m）間隔で桜・柳・楓・松を四隅に植えて蹴鞠を楽しんでいる。この庭は「四季ノ庭」ともいわれ、古木の枝垂桜は見事だったそうである（「龍吟成夢」）。

○西ノ口御門ノ向ハ御花畑、御遊所ナリ
四本懸リノ鞠ノ庭アリ、四季ノ庭トモ云
フ、枝垂桜ノ古木繁茂シ花時ハ見事ナリ
四季ノ庭ハ七間半四方、木ト木ノ間二丈
三尺

春ハ桜、夏ハ柳

柳	桜
松	楓

秋ハ楓、冬ハ松

［永尾］

軍事施設、そして松本清張記念館

■軍用地としての新馬場跡・御花畑跡

新馬場・御花畑は小倉城の構造上でいえば二ノ丸の一角に位置づけられるが、明治以降二ノ丸と同様に軍用地となる。特段の施設は立地しなかったが、明治二十九（一八九六）年十一月に西部都督部が松ノ丸跡に開設されるに伴い、第十二旅団司令部が松ノ丸跡から御花畑跡に移った。明治三十一年七月には二ノ丸跡偕行社に同居していた小倉連隊区司令部が御花畑跡に移転した。しかし同三十三年四月に西部都督部の現地組織が廃止されると、第十二旅団司令部は松ノ丸跡に戻った。小倉連隊区司令部も明治四十一年十月に再び松ノ丸跡に移転した。

また明治三十一年十月に小倉陸軍兵器支廠（ししょう）が熊本陸軍兵器支廠内に設置され、小倉には陸軍兵器支廠小倉派出所が開設した。翌明治三十二年十一月には小倉陸軍兵器支廠が小倉派出所に移転したが、大正七（一九一八）年八月に城野に移転し、旧支廠は小倉兵器庫と改称して継続した。

この間に新馬場・御花畑と三ノ丸の間の堀が埋め立てられて、新馬場跡および御花畑跡は三ノ丸跡と直接接続することになり、小倉兵器支廠は三ノ丸跡の北側に及ぶ広大な敷地を有することになった。

■その後の新馬場跡・御花畑跡

新たに敷設された道路の東側に御花畑跡地が一部残ったが、昭和戦後は空地となって、後に駐車場となった。一九八〇年代は樹木園となったが、北側は再び駐車場となり、南側には平成十（一九九八）年八月四日に北九州市立松本清張記念館が開設された。その日は松本清張の命日であった。

同記念館では、清張の業績や作品を映像や関連資料により紹介している。特に東京都杉並区高井戸の清張自宅の外観や内観（書斎・書庫・応接間など）を清張が亡くなった当時のまま忠実に再現している。

［日比野］

御花畑跡の歩兵第12旅団司令部
（昭和初年、北九州市立中央図書館蔵）

現在の新馬場跡

現在の御花畑跡

第五章 三ノ丸

上級武士の生活を物語る遺構・遺物

■絵図に見る三ノ丸

小倉の中心を流れる紫川の西側部分にあるのが西曲輪（にしくるわ）である。ここには本丸をはじめとする城郭の主要施設があり、三ノ丸もここに位置する。

図に示したように三ノ丸は二ノ丸の西側から南側を囲うように配置されていて、南北方向に長く、南側へ向かって幅が広くなっていた。その外周には堀が巡り、八カ所ある出入り口には門が設けられていた。（桜口門、松ノ門、思案橋門、古木小屋口門、南ノ口門、西ノ出口門、小姓町口門、田町口門）また、これらの出入口のうち六カ所は堀に土橋が架けられている。戦闘時の防御を意識して門や堀、土橋によって人や物の動きを制限しようとしたのであろう。

堀の斜面には一部を除いて石垣の表現がないことから、ほとんどの場所では石垣が築かれなかったものと思われる。

内部には道によって隔てられたいくつかの長方形の区画があり、これらの区画内には重臣を含む上級武士の屋敷が建ち並んでいた。

また、屋敷以外の建物としては、小姓町口門の脇に藩校の思永館（しえいかん）があった。これは北九州市立思永中学校の名前の由来となった施設であるが、実際の思永館は現在の思永中学校の約七五m南側、北九州市立西小倉小学校の場所にあったものと考えられる。

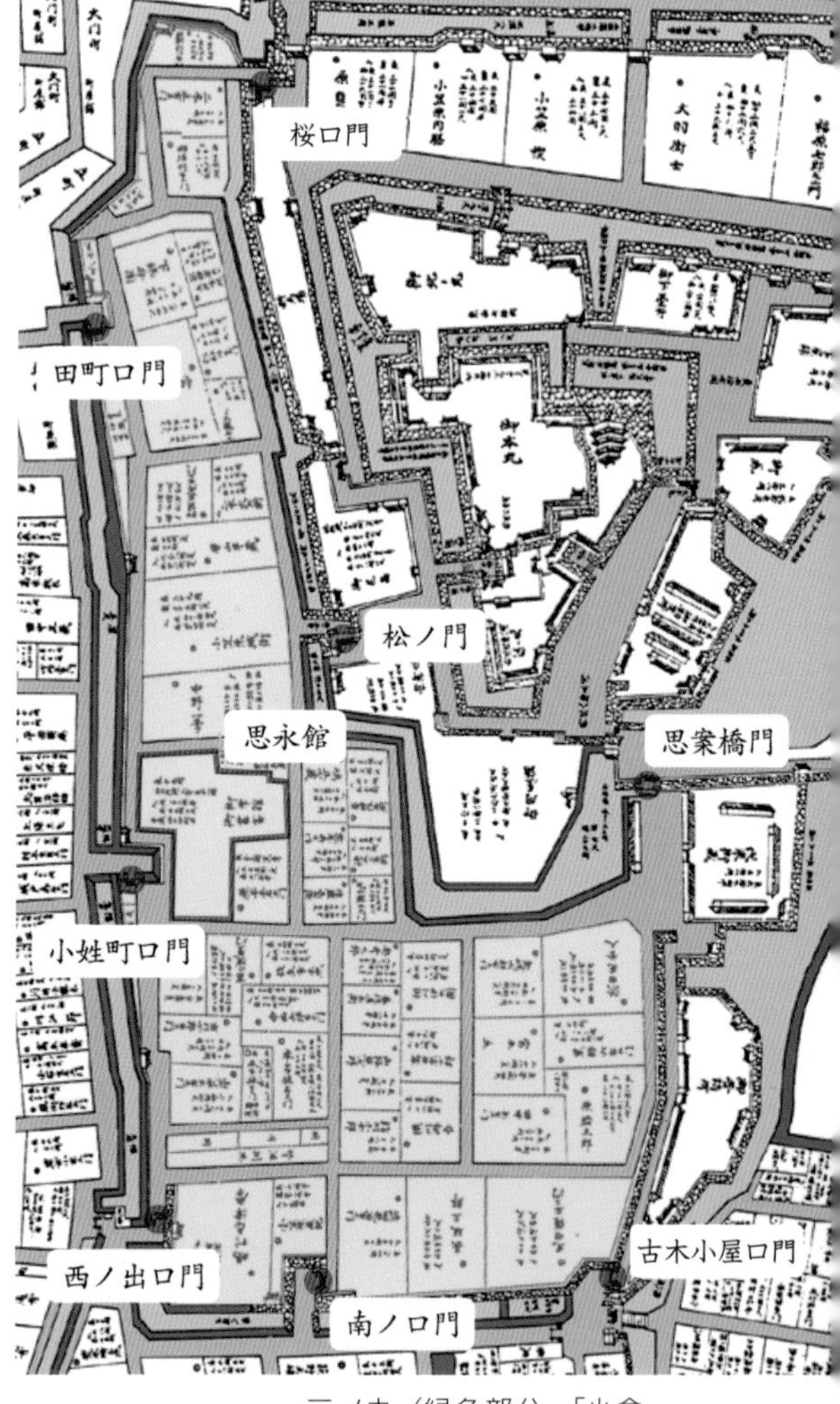

三ノ丸（緑色部分、「小倉藩士屋敷絵図」に着色）

■現在の三ノ丸跡

明治時代以降開発が進み、現在では三ノ丸の姿は大きく変わっている。しかし、わずかに残っている外周の痕跡や発掘調査の成果を手掛かりとして、そのおおよその場所を知ることができる。それを現在の地図に当てはめると、大門一丁目から城内の勝山公園までの

①左側の土手が堀の際に造られていた土塁の痕跡。手前の歩道部分はかつては堀であった。現地には案内板が設置されている

②左側の高くなった部分が三ノ丸跡。三ノ丸は低丘陵上に造られていて、ここよりも西側の屋敷地とは高低差があった

③三ノ丸西端の崖面の現況。裾部分には堀が巡っていたが、小さな排水溝に姿を変えている。石垣は近代以降に新しく築かれたもの

④三ノ丸東端の崖面。裾部分には道路が走っているが、この部分は江戸時代も道であった。石垣は部分的に積み替えられている

三ノ丸の推定範囲（赤線部分、北九州市基本図1/2500を一部改変、縮尺不同）。①〜④は左の写真（外周の痕跡）の撮影地を示す

南北約七五〇ｍ、東西約三五〇ｍの範囲に相当するものと考えられる。

　思永中学校西側の道は三ノ丸の北西側を巡る堀を埋め立てて敷設されたもので、ここには堀の縁に設けられていた土塁の一部が残っている。また、西小倉小学校西側の崖面も三ノ丸南西端部の痕跡である。かつては崖面の裾部に堀が巡っていたものが、現在では小さな排水溝に姿を変えている。ちなみに、この崖面に築かれている石垣は近代以降に西側に拡張され、新しく積まれたものと考えられる。絵図によると、江戸時代にはこの部分に石垣はなく、土が剥き出しの斜面（土羽）となっていたようである。北九州市立中央図書館の南側にある石垣は絵図にも描かれているが、現在見ることのできるものの一部には近代以降に積み替えられたものもあるようである。

なお、現在の三ノ丸には公園や学校、官公庁など公的な施設が多く建ち並んでいて、当時の道や屋敷地の痕跡は地表には全く残っていない。

■発掘調査に見る三ノ丸の姿

発掘調査は、令和元（二〇一九）年十二月現在、十一地点で行われている。また、このうち第一～第十地点までの調査成果が報告書として刊行されている。

大規模な発掘調査は三ノ丸の北半部に集中しているため、南半部の状況はほとんどわかっていない。また、北半部についても、近代以降の開発の影響で遺構の多くは壊されてしまっていた。そのため、当時の道や屋敷地の区画がどうなっていたかについてはある程度わかってきたものの、それぞれの屋敷地内にどのような建物がどのように配置されていたかということはよくわかっていない。

●道・側溝

道は多くの調査地点で確認されている。表面は玉砂利で舗装されていて、雨などでぬかるまないように工夫されていた。三ノ丸は北側へ向かって低くなる丘陵上に造られているが、道もこれに沿って緩やかな坂道となっている。また、道の途中で数段の階段が造られた場所もあった。道の配置はほぼ幕末頃の絵図通りであるが、第五・八・十地点では玉砂利の下から道になる以前の遺構が見つかっており、時期によって道幅や配置などに変更のあったことがわかっている。

道の脇には石組みの側溝が造られていた。雨水などはこの溝を通り、最終的に堀に流れ込むようになっている。また、堀の手前には石組みの沈殿枡が造られており、溝を通ってきた泥水やゴミなどがそのまま堀に流れ込んでしまうのを防ぐ工夫がなされていた。

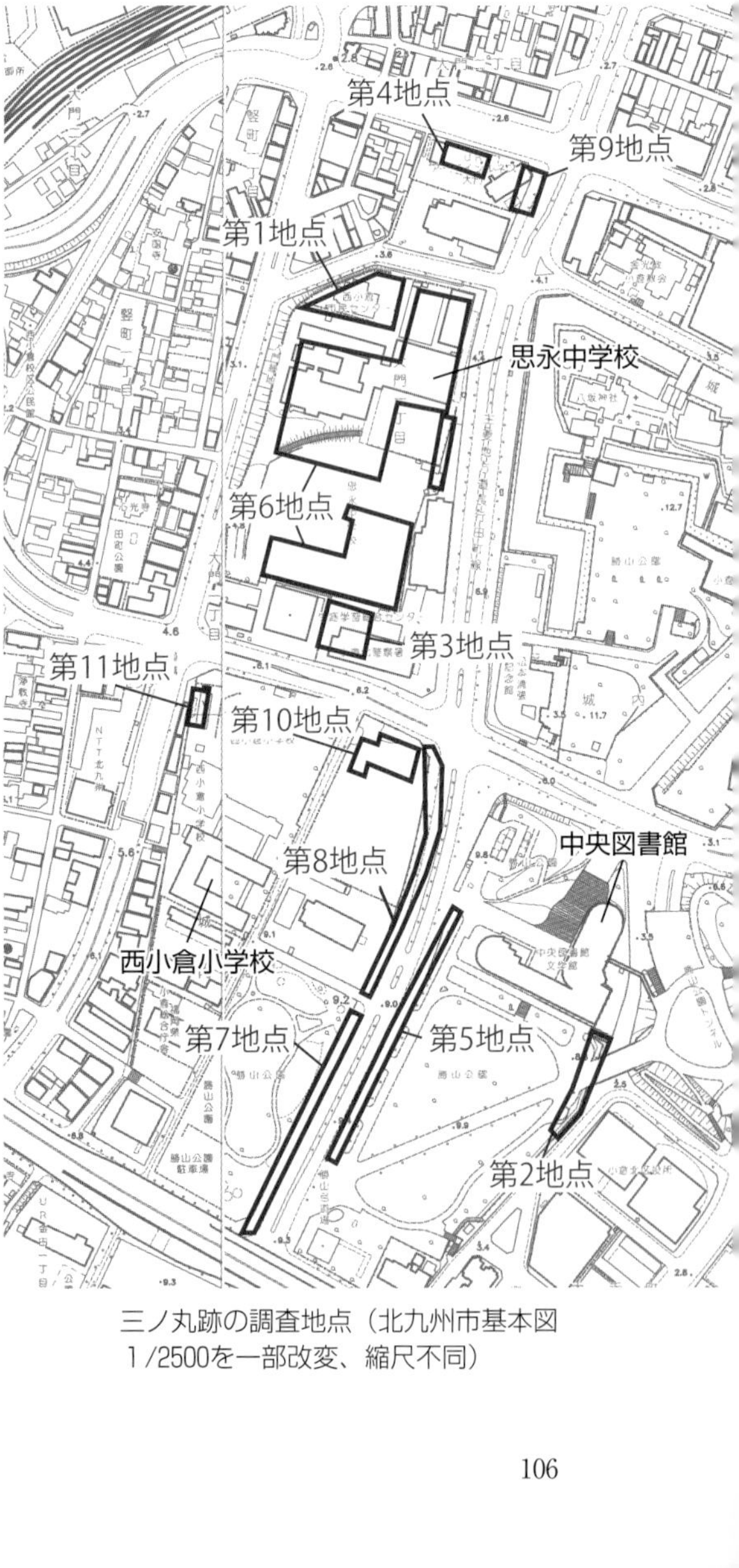

三ノ丸跡の調査地点（北九州市基本図1/2500を一部改変、縮尺不同）

●屋敷地

屋敷地は道よりも一mほど高くなっていた。このため、道との境には段差があり、この部分には石垣が積まれている。

道から屋敷地への出入口は、この石垣を途切れさせて設けられている。また、確認できた事例では、この部分に二～三段の石段が造られている。石段を登った先には門があった

①奥にある堀に上水を流すための沈殿枡（西から）。排水が一旦ここに集まり、右端の細い溝を通って最終的に堀に流れ込む。堀を清浄に保つための工夫の一つと考えられる

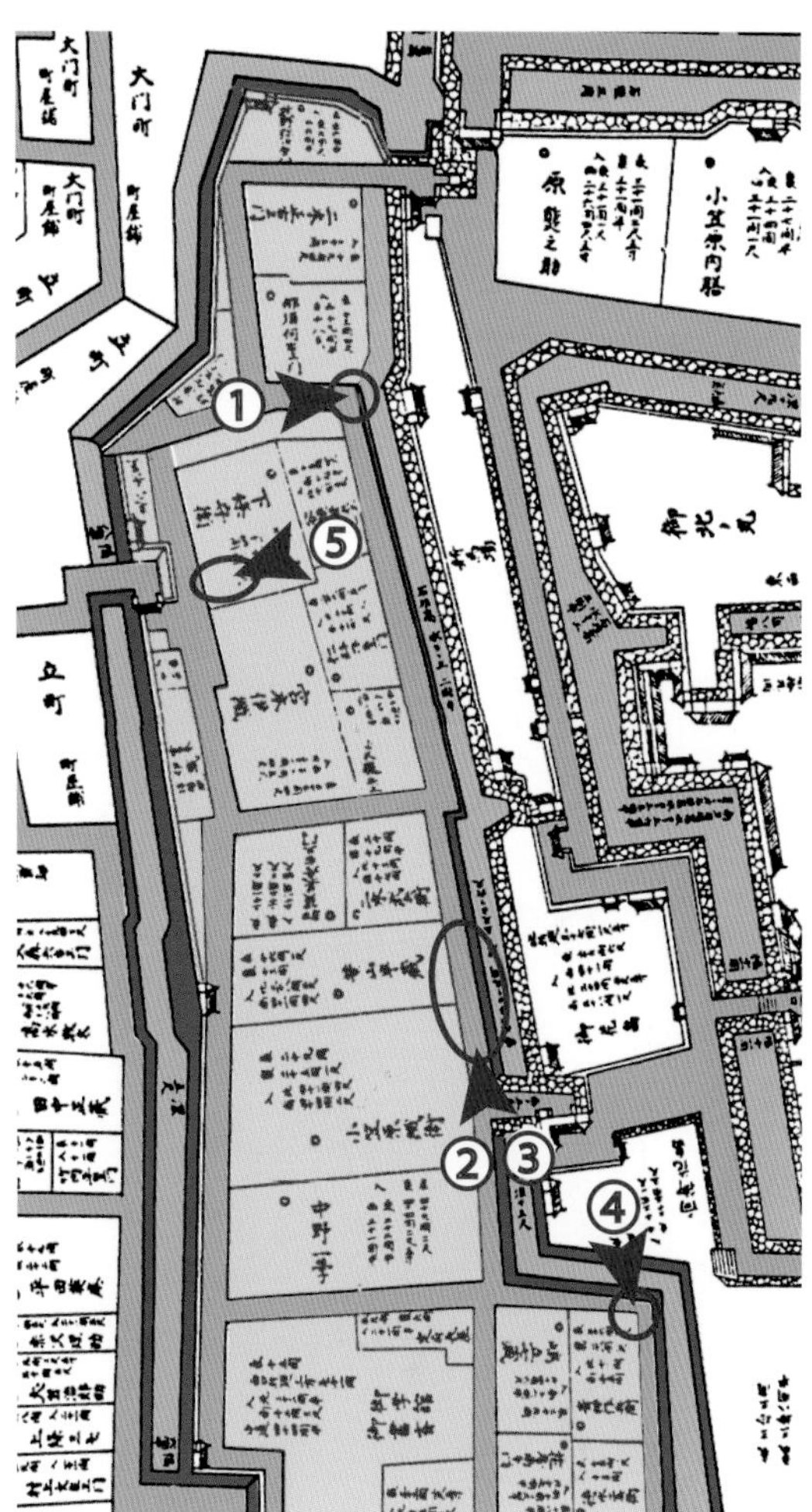

三ノ丸跡で確認された様々な遺構
（「小倉藩士屋敷絵図」に着色）

②屋敷地と側溝、道、堀（南から）。その様子は絵図通りで、堀の斜面に石垣は築かれていない

③屋敷地出入口の石段（南から）。出入口の一例

④道よりも一段高くなった屋敷地（北から）。屋敷地の角部分。絵図とは異なり、隅切りとなっていた屋敷地が道よりも高い位置にある様子がわかる

⑤屋敷地の庭に造られた池（東から）。不正形な楕円形の池。外周を巡る石材が部分的に残る。出土遺物から18世紀後半以降に造られたことがわかった

と考えられるが、門の構造についてはよくわかっていない。出入口の両側に長大な建物の痕跡を残すものがあることから、長屋門を構える屋敷もあったようである。

なお、一つの屋敷地に幅約二・四mと約一・九mの大小二種類の出入口が確認された場所もあった。このような大きさの違いは正門と勝手口のような役割の違いによるものではないかと考えられる。

屋敷地内からは井戸や建物の一部と考えられる痕跡も多く確認されているが、建物の全体像や配置などがわかる遺構は見つかっていないため、屋敷の具体的な構造については不明な点が多く残されている。第六地点では池の跡が見つかっていることから、池のある庭園を配置した立派な屋敷もあったことがわかっているが、屋敷地内の様子がどのようなものであったかは今後の検討課題といえよう。

●出土遺物

発掘調査によって陶磁器や瓦、金属製品、木製品など非常に多くの遺物が出土している。これらの遺物から、三ノ丸に居宅した上級武士たちの暮らしぶりをうかがい知ることができる。

日用品として使用されていた国産陶磁器には他の場所で見られるような安価な製品は少なく、高級品が多く含まれていた。中国や東アジアからの輸入磁器の例として、非常に珍しい大型の方瓶や、本市では出土例の非常に少ない碗などがある。

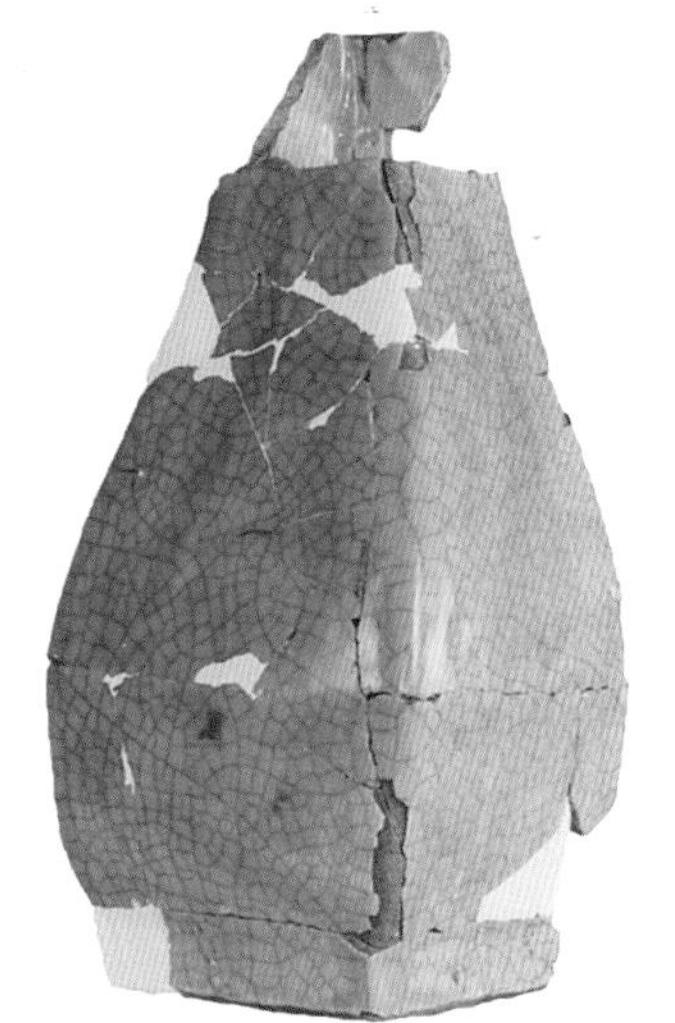

上：中国景徳鎮窯産の粉彩磁器碗。市内の遺跡からは大量の磁器が出土するが、粉彩磁器の出土は非常に珍しい。18世紀後半～19世紀前半頃のもの。第８地点出土
右：中国漳州窯産と見られる大型の方瓶。国内でも類例が知られていない珍品。17世紀前半頃のもの。第６地点出土

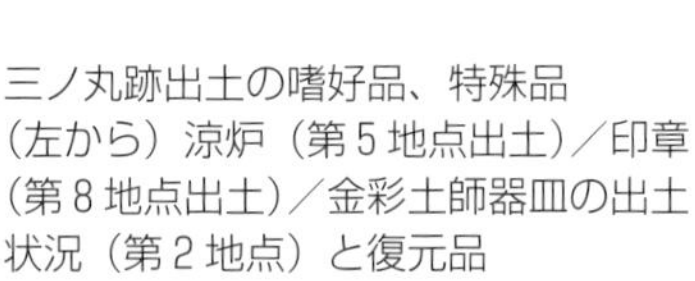

三ノ丸跡出土の嗜好品、特殊品
（左から）涼炉（第５地点出土）／印章（第８地点出土）／金彩土師器皿の出土状況（第２地点）と復元品

また、趣味の品としては煎茶の茶道具である涼炉や書画に押す印章なども出土している。これらのことから、ここに暮らした武士たちは裕福で特別な品物を入手することができ、茶や書画を嗜む人たちであったことがわかる。このほかに特殊なものとしては三つ葉葵紋が金彩された土師器皿が挙げられよう。三つ葉葵紋は、徳川家にのみ許された家紋であった。どのような経緯でどのような人物が入手したのかは判然としない。

近世の遺跡を発掘して最も多く出土するのは瓦である。三ノ丸で出土した瓦の中には家紋が施された鬼瓦がいくつか認められた。これらのうち、「丸に三ツ割唐花紋」と「丸に三階松紋」は、幕末頃の三ノ丸に屋敷があった奥家と高田家のものであることがわかっている。このほかにも家名不明の家紋付き鬼瓦がある。これらは三ノ丸に住んでいた人々やその移り変わりを知るための重要な手掛かりといえるだろう。〔中村〕

第５地点出土の「丸に三階松紋」鬼瓦

藩校思永館と重臣屋敷

■藩校思永館

三ノ丸には、中老などの大身家臣の屋敷、定府屋敷（定府長屋）、藩校である思永館などがあった。

「定府」とは江戸屋敷内居住（江戸詰め）の家臣のことである。江戸詰め家臣は江戸で召し抱えられた者もいた。定府屋敷は、小倉におけるそれら家臣のための屋敷であった（「龍吟成夢」）。

宝暦八（一七五八）年五月、四代藩主小笠原忠総は、石川正恒（麟洲）の屋敷を学館とし、「思永斎」と名づけ、家老以下の藩士をここで学ばせた。正恒は京都出身で、元文四（一七三九）年、三代藩主小笠原忠基に招聘され、小倉藩に仕えた。正恒は学館が設けられた翌年に死去し、正恒の弟子である増井勝之が後任の御書斎頭取となった。安永二（一七七三）年五月十五日、増井勝之は御書院頭取を辞任し、石川正恒の次男剛（彦岳）が後任となった。

天明八（一七八八）年の春、思永斎の敷地は拡張され、乗馬・武術の稽古場が設けられた。稽古場はのちに武芸場に改められた。そして藩の文武師範の者に藩士への指導が命じられ、「学館」すなわち「思永館」と改称された。同年十二月二十八日、石川剛が学館頭取となった。

弘化二（一八四五）年五月、七代藩主小笠原忠徵は聖堂（孔子廟）を設け、聖像（孔子像）を安置した。

三ノ丸土塁跡（小倉北区竪町１丁目、思永中学校の西側）

慶応二（一八六六）年八月一日、幕府の長州征討軍主力であった小倉藩は、居城の小倉城を「自焼」し、領内の田川郡に撤退した。翌二日には早くも長州勢が小倉城下に入り、武器（大砲・小銃・弾薬）や兵糧米などを「分捕」（接収）した（下関市教育委員会編『白石家文書』国書刊行会、一九八一年）。その中には、思永館の蔵書印が押された書物もあった。奇兵隊は接収した思永館の蔵書に奇兵隊印を押して自らのものとした。

北九州市立思永中学校の校名は、この藩校「思永館」に由来する。なお小倉藩庁は香春（現田川郡香春町）を経て豊津（現京都郡みやこ町）に移転し、豊津で藩校「育徳館」が開校した。現在の福岡県立育徳館高等学校の

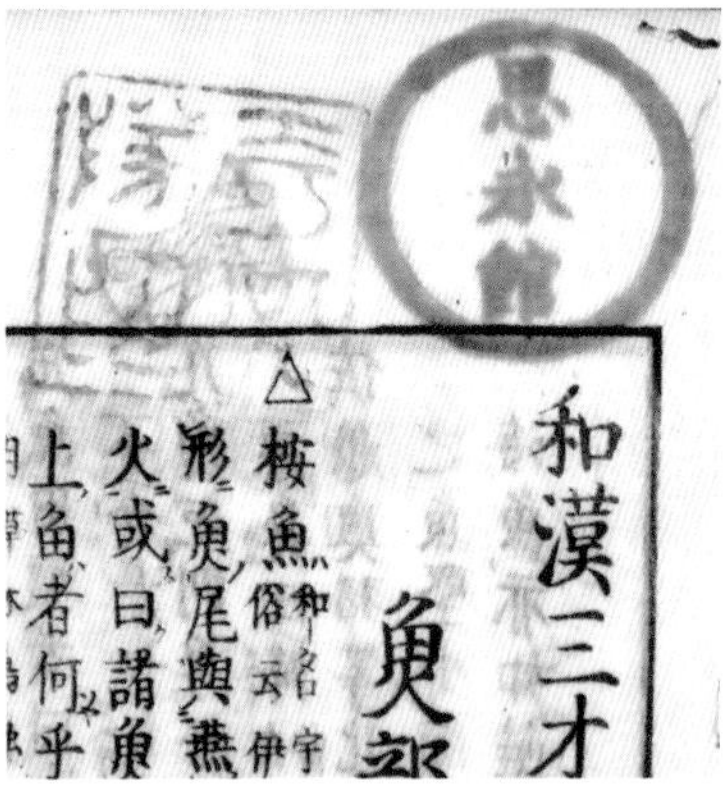

思永館と奇兵隊の蔵書印が押された『和漢三才図絵』

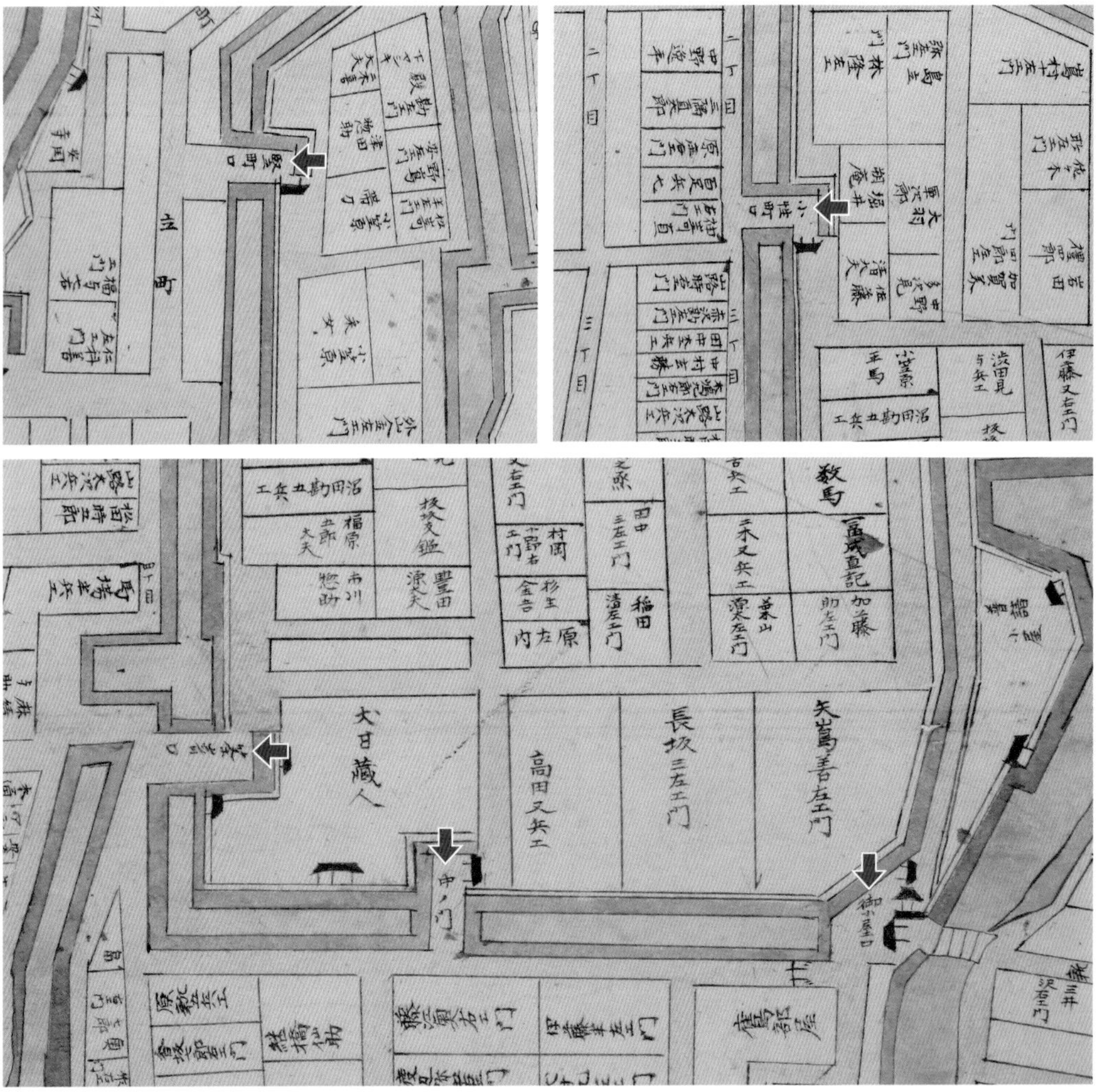

「豊前小倉図」に描かれた三ノ丸の出入口
上左：竪町口／上右：小性（姓）町口／下：篠崎口（西ノ出口御門）・中ノ門（南ノ口御門）・御小屋口

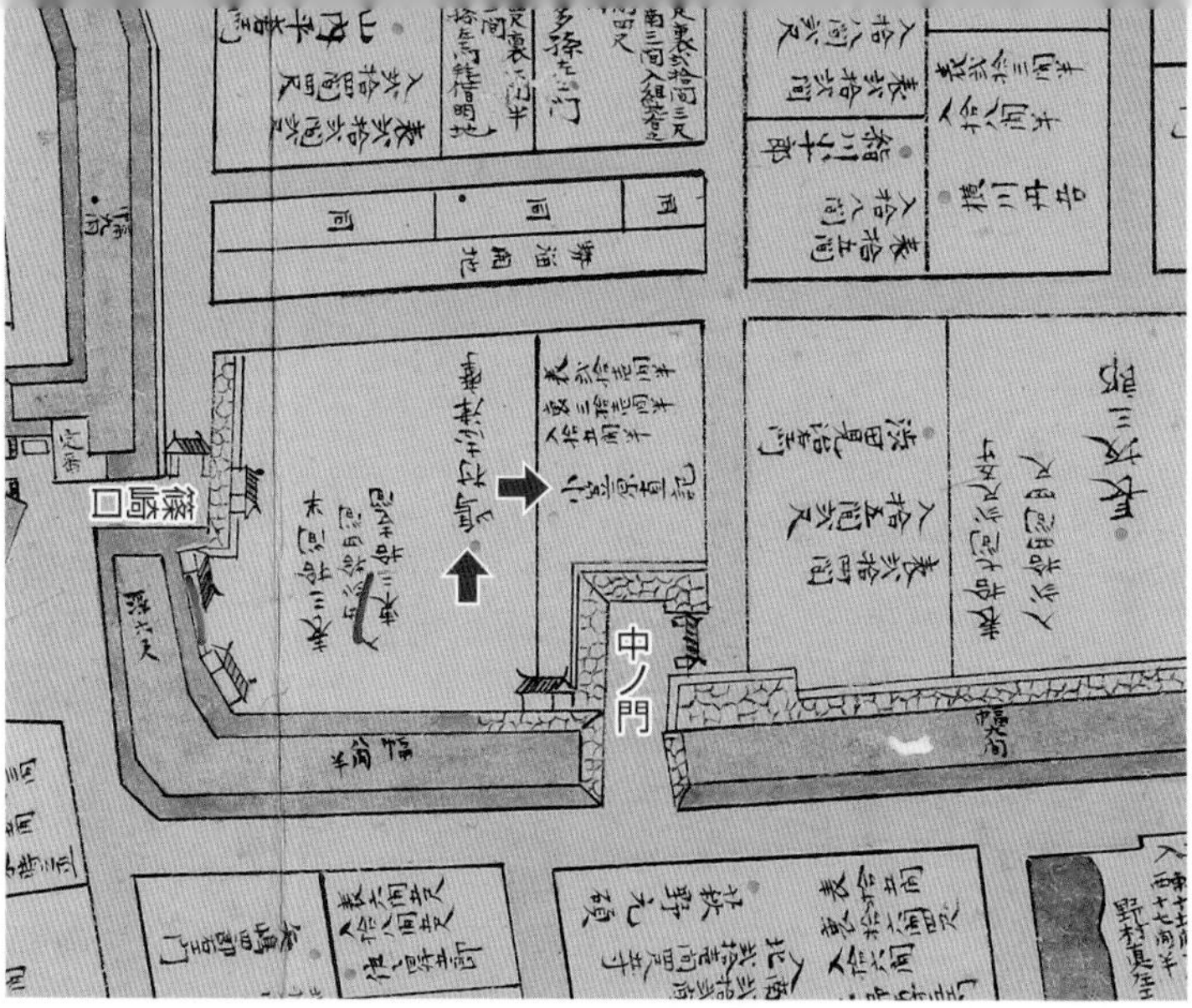

前身である。

■重臣の屋敷

三ノ丸出入口としては、北から順に、竪町（たて）（田町）口・小性（姓）町口・篠崎口・中ノ門・御小屋口があった。

文化元（一八〇四）年の「御制度」のうちの一条に「二・三ノ丸小禄之者住居不相成候［小禄八百五拾石以下也］」とある（「御当家雑書」北九州市立自然史・歴史博物館蔵）。つまり、二ノ丸・三ノ丸には一五〇石以下の「小禄之者」の居住は認められていなかった。城という空間は、藩主とその家族が住まう本丸を中心に、家老の屋敷がある二ノ丸、中老の家格の屋敷がある三ノ丸といった順に、身分序列を可視化したものであったことが端的にわかる規定である。城と城下町にもいえることだが、身分序列に則した配置となっていた。

三ノ丸南側の嶋（島）村志津摩・小笠原直記の屋敷地
（「小倉藩士屋敷絵図」）

■島村志津摩と小宮民部の屋敷

幕末の小倉藩を主導した人物に島村志津摩（しづま）（貫倫（つらとも））と小宮民部（親懐（ちかかね））がいた。二人の屋敷はともに三ノ丸にあった。「小倉藩士屋敷絵図」で島村の屋敷は、篠崎口（「龍吟成夢」では「西ノ出口御門」と表現）・中ノ門（「龍吟成夢」では「南ノ口御門」）に隣接した三ノ丸の南西隅にある。ここは、江戸中期の「豊前小倉図」では「犬甘蔵人（いぬかいくろうど）」の屋敷地の一部であった。

犬甘家は「信濃御代々旧臣」、小笠原家最古参の家柄で、天明七（一七八七）年「豊前小倉分限以旧勲武功定次」（『小倉市誌』上編）によると、当時の当主犬甘兵庫（知寛）は禄高一五〇〇石であり、小倉藩士の中でも十指に入る大身であった。したがって、三ノ丸南西隅という防衛上重要な所に犬甘蔵人や島村志津摩が配されたのであろう。なお「小倉藩士屋敷絵図」では、旧犬甘蔵人屋敷は島村屋敷と小笠原直記屋敷に分割されている。道を隔てて東隣は渋田見（しぶたみ）治右衛門屋敷、その隣は長坂三郎屋敷、その隣は丸田権右衛門屋敷で、小笠原直記が小笠原鬼角（若狭）に変わっている以外は「龍吟成夢」の記述と一致している。

小宮民部は初め四郎左衛門を名乗り、小倉城西曲輪南端、清水口門近くに屋敷があった。惣構（そうがまえ）の重要な地点とはいえ、三ノ丸の外であった。のちに家老となり、「民部」の名乗りを許された後、三ノ丸内、思永館（「御学館」）南隣の旧原源太左衛門（原与五右衛門）屋敷に移ったようである（「龍吟成夢」）。

また、思永館の道を隔てて北側には、幕末維新期、家老を務めた中老の中野一学（いちがく）屋敷、その北隣には同じく家老を務めた中老の小笠

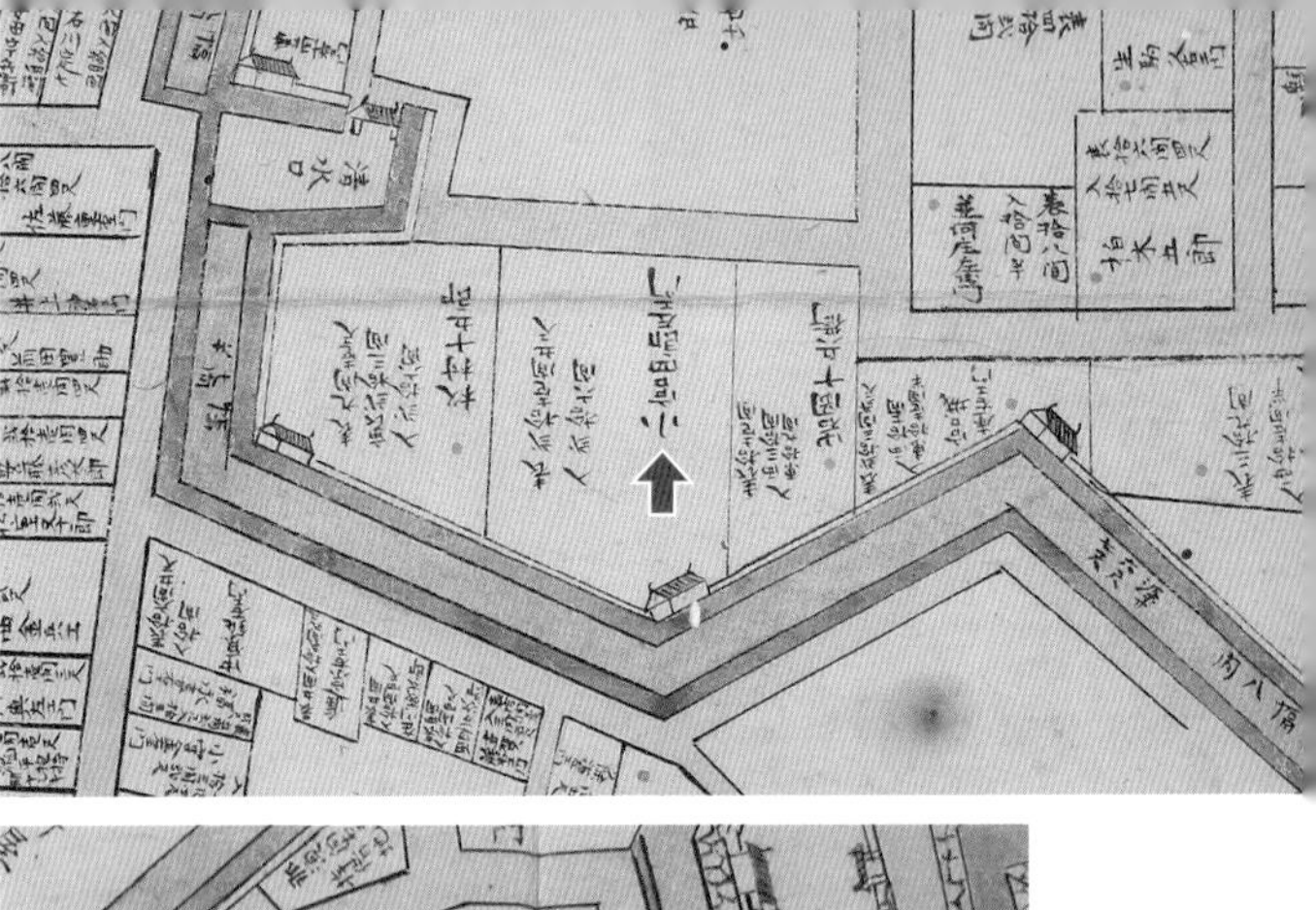

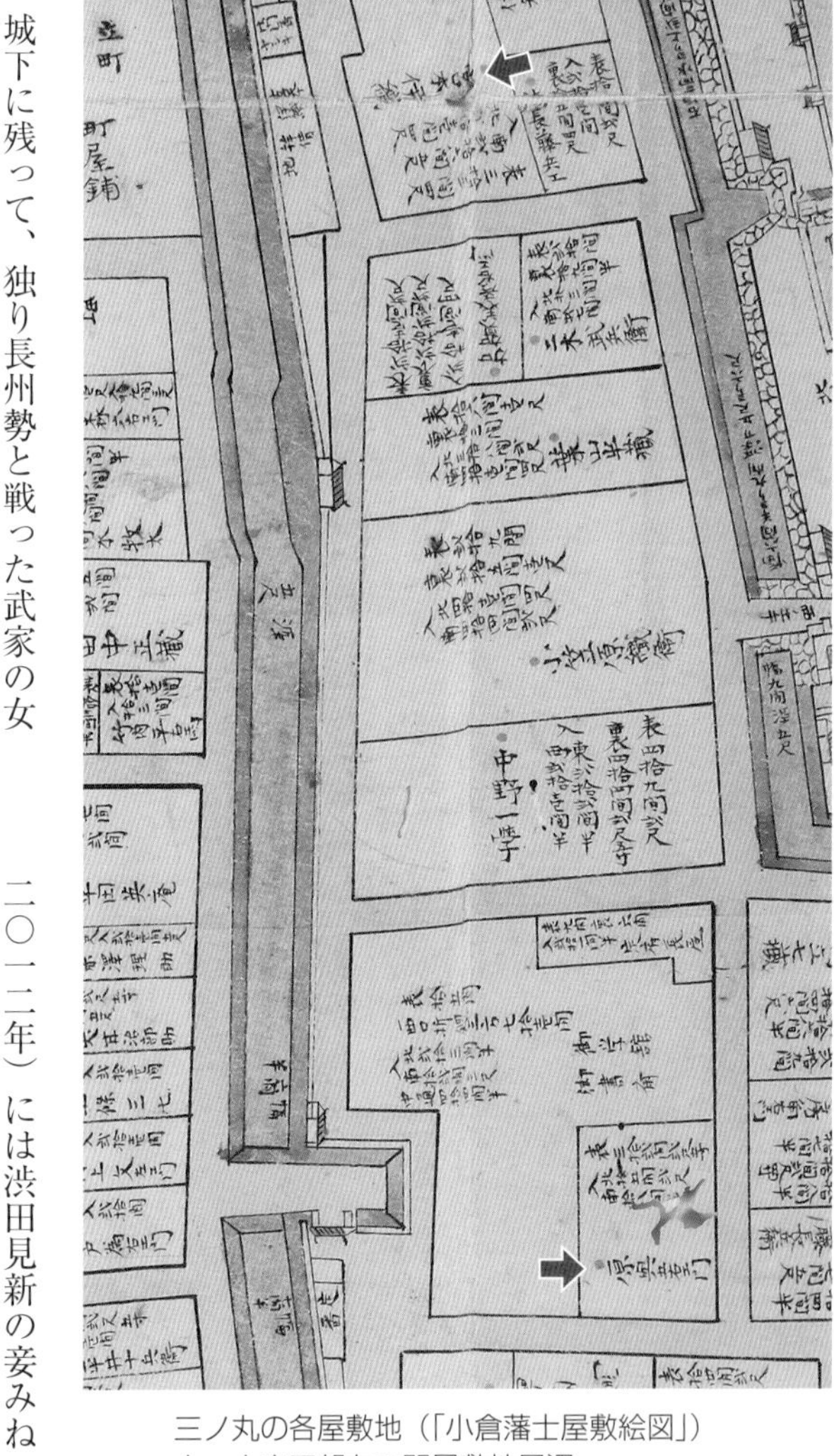

三ノ丸の各屋敷地（「小倉藩士屋敷絵図」）
上：小宮四郎左エ門屋敷地周辺
下：下條守衛・宮本伊織・原與五右エ門屋敷地周辺

原織衛屋敷があった。

なお、「小倉藩士屋敷絵図」に「宮本伊織」と記されているが、これは幕末期の宮本伊織で、宮本武蔵の養子である伊織（貞次）の末裔である。初代伊織（貞次）の屋敷は、内堀内の虎ノ門前、のちに御下屋敷となった所にあった（『御当家末書』下）。

■小倉の意地を見せた女武者

慶応二（一八六六）年八月一日、小倉城自焼後、小倉藩士らは田川郡に退いたが、小倉城下に残って、独り長州勢と戦った武家の女性がいた。その女性は諸史料に記されている。史料の信頼性が高い順に六点示す。

①下関竹崎の商人、白石正一郎の「日記中摘要」（『白石家文書』）には「渋田見新ト云家女壱人」とある。

②長州藩士の井関源吾の「小倉日記」には「渋田見某が妻」（齢はたちばかり）とある。

③福岡の商人、加瀬元将が記した「維新雑誌」（『新修福岡市史』資料編近現代一、二〇一二年）には渋田見新の妾みね（拾八才）とある。

④岡山藩池田家の西山尭民が記した「旧文一紙」（岡山大学蔵）には渋谷新の娘（年廿一才）とある。

⑤慶応二年に作られた軍記「長討却軍記」（長討布軍記とも）には渋田見新の妻（弐十歳計）とある。

⑥幕末の成立と考えられる「小倉合戦風説書」（九州大学蔵）には渋民新の妹（十七、八才）とある。

そのほかに明治以降の編纂史料を年代順に四点挙げる。

⑦長府毛利家の歴史を記した『毛利家乗』（一八八三年）には渋谷荒太の妾（歳二十許）とある。

⑧小倉藩領で生まれ、伊藤博文の女婿となった末松謙澄が編纂した『防長回天史』（一九二〇年）には「其（渋田見）家の女」（年十八、九）とある。

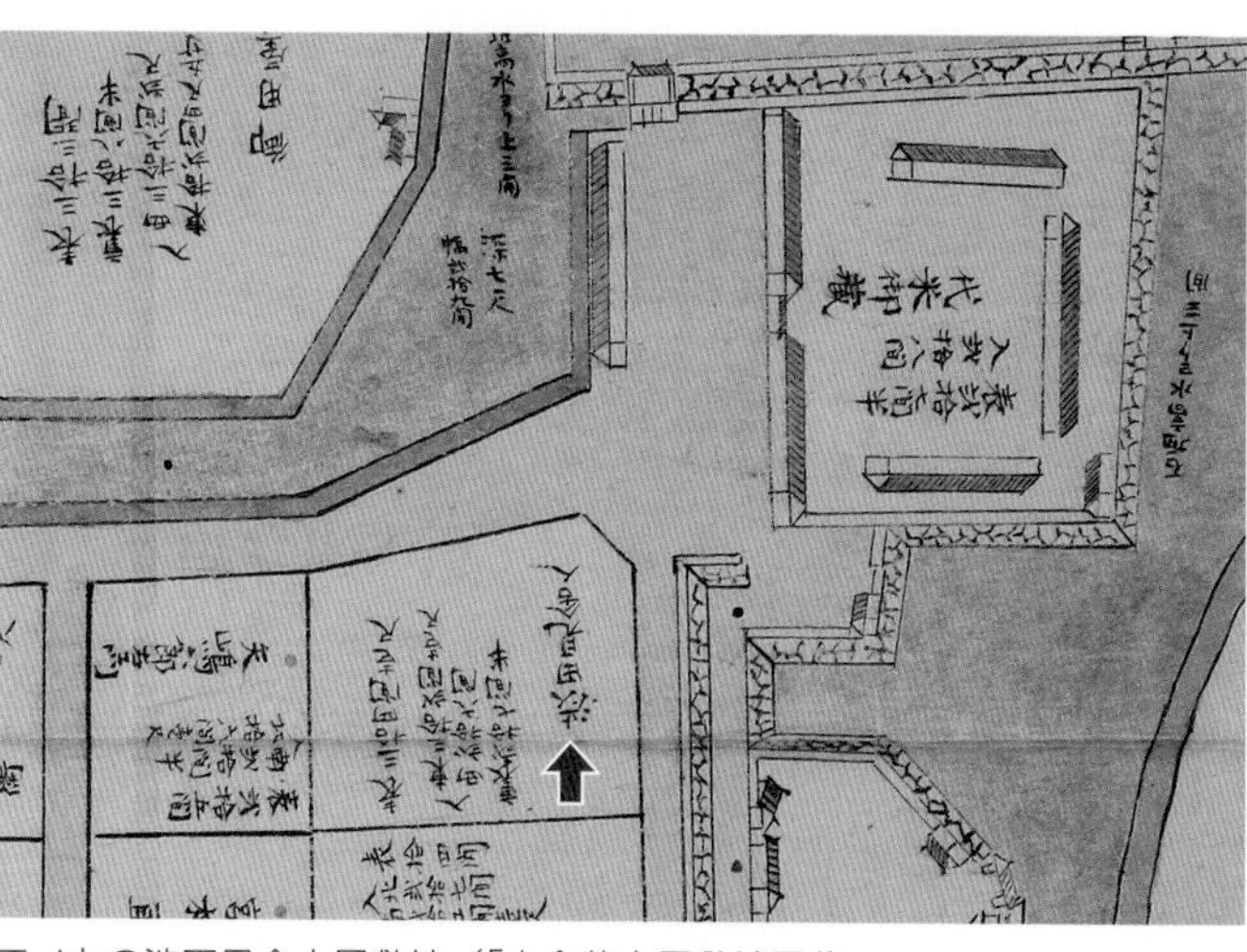
三ノ丸の渋田見舎人屋敷地（「小倉藩士屋敷絵図」）

⑨小倉藩領の庄屋を務めた内山圓治（一八五一～一九三二）は『郷土資料彙集』（一九二六年）で渋田見新の侍女玉枝とする。

⑩下関の郷土史家、吉村藤舟は『郷土物語』第十七輯（一九三五年）で渋田見新の妾（二十を過ぎたばかり）とする。

明治以降の編纂史料は典拠がはっきりとしていない。このように諸説あるが、渋田見新に関係のある二十歳前後の女性というのは間違いない。

渋田見新（のち縫殿助、実名は盛篤）は慶応二年の幕長戦争（長州戦争）における小倉藩軍三番手士大将である。渋田見舎人の跡を継ぎ、明治三（一八七〇）年には禄高一七〇〇石となっている（「豊津藩分限帳」北九州市立自然史・歴史博物館蔵）。慶応二年当時、渋田見新はまだ家督を相続しておらず、渋田見舎人と同じ屋敷に住んでいたと推測される。

渋田見新ゆかりの女性は、八月二日に長州藩勢が小倉城下に乗り込んできた際、渋田見屋敷で長刀を持って立ち向かい、一人（三人とも）を討ち取ったという。手に余った長州藩勢が銃で撃ち殺したと伝えられる。

同日、高杉晋作や奇兵隊とともに小倉に乗り込んだ白石正一郎が、「八月二日小倉城内渋田見某の家で女が亡くなっているのを哀れんで」詠んだ和歌がある（『白石家文書』）。

をみなへし　野への嵐に　ふかれきて
しをれしさまの　あはれなるかな

このように、一人の武家の女性が渋田見新の屋敷に残り、長州藩勢相手に奮戦の末討たれたというのは、慶応二年当時から評判となっていた。戦略的な狙いがあったとはいえ、居城を捨てて退いた藩士の男たちと違い、長州勢に対して一矢報いたことが人々の心を捉えたのであろう。

［守友］

軍事施設から学校・公的施設へ

■小倉城自焼後の三ノ丸跡

江戸時代の小倉藩では、三ノ丸跡には大身家臣の屋敷があり、家老に就任すると二ノ丸の屋敷に移った。江戸時代を通じて三ノ丸には四十八軒の武家屋敷があった。

慶応二（一八六六）年八月一日、小倉城自焼により、三ノ丸の武家屋敷の大半が焼失した。その後は二ノ丸と同様に空地となったようである。

■軍用地としての三ノ丸跡

明治六（一八七三）年の「全国城郭存廃ノ処分並兵営地等撰定方」（存城廃城令）により小倉城は「存城」に処され、軍用地となった。三ノ丸跡も同様であった。明治八年に歩兵第十四連隊が設置されると、三ノ丸跡の南側に兵営が置かれ、その北西側に陸軍営所病院が開設された（明治二十一年五月に「小倉衛戍病院」と改称、同二十七年の日清戦争に際し一時的に「小倉予備病院」と呼ばれたこともある）。兵営より南側は練兵場となった。

歩兵第14連隊の練兵場（上）と司令部入口
（いずれも昭和初年、北九州市立中央図書館蔵）

明治三十一年に第十二師団司令部が開設されると、翌三十二年四月小倉衛戍病院は北方に新築移転したが、三ノ丸跡の旧病院も衛戍病院分院として継続したようである。衛戍病院はのちに小倉陸軍病院と改称、昭和二十（一九四五）年の敗戦により陸軍が廃止されると国立小倉病院となった。現在は国立病院機構小倉医療センターとなっている。

明治三十一年十月に熊本の陸軍兵器支廠内に小倉陸軍兵器支廠が設置され、翌三十二年十一月に小倉（三ノ丸跡の北側）に移転した。小倉陸軍兵器支廠は大正七（一九一八）年に城野に移転したが、旧兵器支廠は小倉兵器庫として継続した。

大正十二年九月の関東大震災により壊滅的な被害を受けた陸軍造兵廠東京工廠の移転先が昭和二年に小倉に決定すると、翌三年に歩兵第十四連隊は北方の歩兵第四十七連隊跡地に移駐した。三ノ丸跡はその南側の練兵場一帯を含めて、陸軍造兵廠小倉工廠（後の小倉陸軍造兵廠）の広大な敷地に組み込まれた。

■昭和戦後の三ノ丸跡――思永中学校の開校

昭和二十（一九四五）年の敗戦により三ノ

丸跡も連合国軍に接収された。昭和二十三年十月、前年四月に西小倉小学校（当時竪町にあった）を借りて開校していた小倉市立第四中学校が三ノ丸跡の旧陸軍兵器支廠の木造の建物（後に陸軍造兵廠被服倉庫として使用）四棟を改造して入った（同年十一月二十七日に竣工式挙行）。第四中学校は昭和二十六年に思永中学校と改称した。校名は藩校「思永館」からとられたが、開校時より校誌名は『思永』を使用していた。

上：昭和29年当時の思永中学校（北九州市立思永中学校蔵）。右下の縦長で横に４棟並ぶのが旧小倉陸軍造兵廠被服倉庫を利用した旧校舎。その上に横長で３棟並ぶのがアメリカ軍の営倉
下：新校舎完成後の思永中学校（昭和42年、北九州市立思永中学校蔵）。アメリカ軍の営倉は姿を消し、跡地に昭和41年に完成した体育館と、同年に開局したNHK北九州放送会館が見える

　第四中学校は専用の校舎の建設地を探していたが確保に至らず、見兼ねたPTA会長の山路増衛（ますえ）がかつての藩校「思永館」の跡地に着目し、それを名分にして校長と会長がアメリカ占領軍第二十四師団と何度も交渉を重ねてようやく実現した。こうして四中は専用校舎を得たが、「校地には、はじめはパスポートをもらってからはいって来ていた」、「長い倉庫を仕切っただけで、天井板も床板もなく、コンクリートの上で勉強をした。一階の者は天井板がないのでごみがあまりにもたくさん落ちてくるので、食事のときは傘をさしたこともあります」、「教室にはむかでがでてくるし、小さいのみもいっぱいいた」、「運動場がないので、運動会もできなかった」、「外側は灰色だったので牢屋みたいな感じがしました」、仕切り壁だけで「天井板がないために隣の教室の声がよく聞こえて授業がしにくかった」と不便極まりなかったという（『思永』十）。

昭和二十四年十月には天井板や床板が設置され、アメリカ占領軍第二十四師団の許可を得て運動場の使用を開始した。全校を挙げて造成作業を行ったという。運動場は協力した憲兵司令官の名前をとって、ピーターソン・グラウンドと名づけられた。同二十七年五月に運動場は解放、専用を許され、同年九月には外柵工事が完成して占領軍用地との境界が明示されて、警備員が不要となった。二十八年六月の大水害では校区内にも被害があり、被災者に学校を開放した。二十九年五月には校舎の全面改築促進の陳情が行われ、小倉市議会が採択し、十二月に起工、翌昭和三十(一九五五)年七月に白壁鉄筋三階建ての新校舎が完成し、竣工式が行われた。こうして思永中学校の施設は一新された(同前)。その後、平成二十一(二〇〇九)年三月には道路拡幅に伴って全面改築工事が行われた。

■その後の三ノ丸跡

昭和三十八(一九六三)年二月に五市合併により北九州市が誕生した頃から、三ノ丸跡には学校や公的施設が次々と立地した。現在の大門金田一号線の北側には北九州市立小倉勤労青少年ホーム(昭和三十八年)、北九州市立小倉労働会館(昭和三十九年)、北九州医師会館、同歯科医師会館、北九州健診センターが立地した(年不詳)。大門金田一号線の南側には北九州市立西小倉小学校(昭和三十八年)、福岡県警察小倉警察署および北九州市警察部(昭和四十年)、小倉合同庁舎(昭和五十年)が立地した。

現在の三ノ丸跡

三ノ丸跡の北側は思永中学校の動向に規定されつつ様々な施設が立地し、NHK北九州放送局(昭和四十一年)、北九州市小倉保健所(昭和四十年)、小倉北中央公民館(年不詳、現在の北九州市生涯学習総合センター)などが立地した。現在は思永中学校の敷地のほかに、西日本工業大学大学院・地域連携センター(平成二十一年)、西小倉市民センター、自立支援センター(平成十六年)、北九州市立生涯学習総合センターと北九州市立婦人会館、NHK北九州放送局跡地に南側から新築移転した小倉北警察署・北九州市警察部(平成二十一年)が立地している。南側では合同庁舎が旧小倉警察署跡地に新築移転している。

このように三ノ丸跡には様々な学校や公的施設が立地して、各施設は移転や改称などを繰り返しながらもその性格を継承して現在に至っている。

[日比野]

第六章 御下屋敷・御下台所ほか

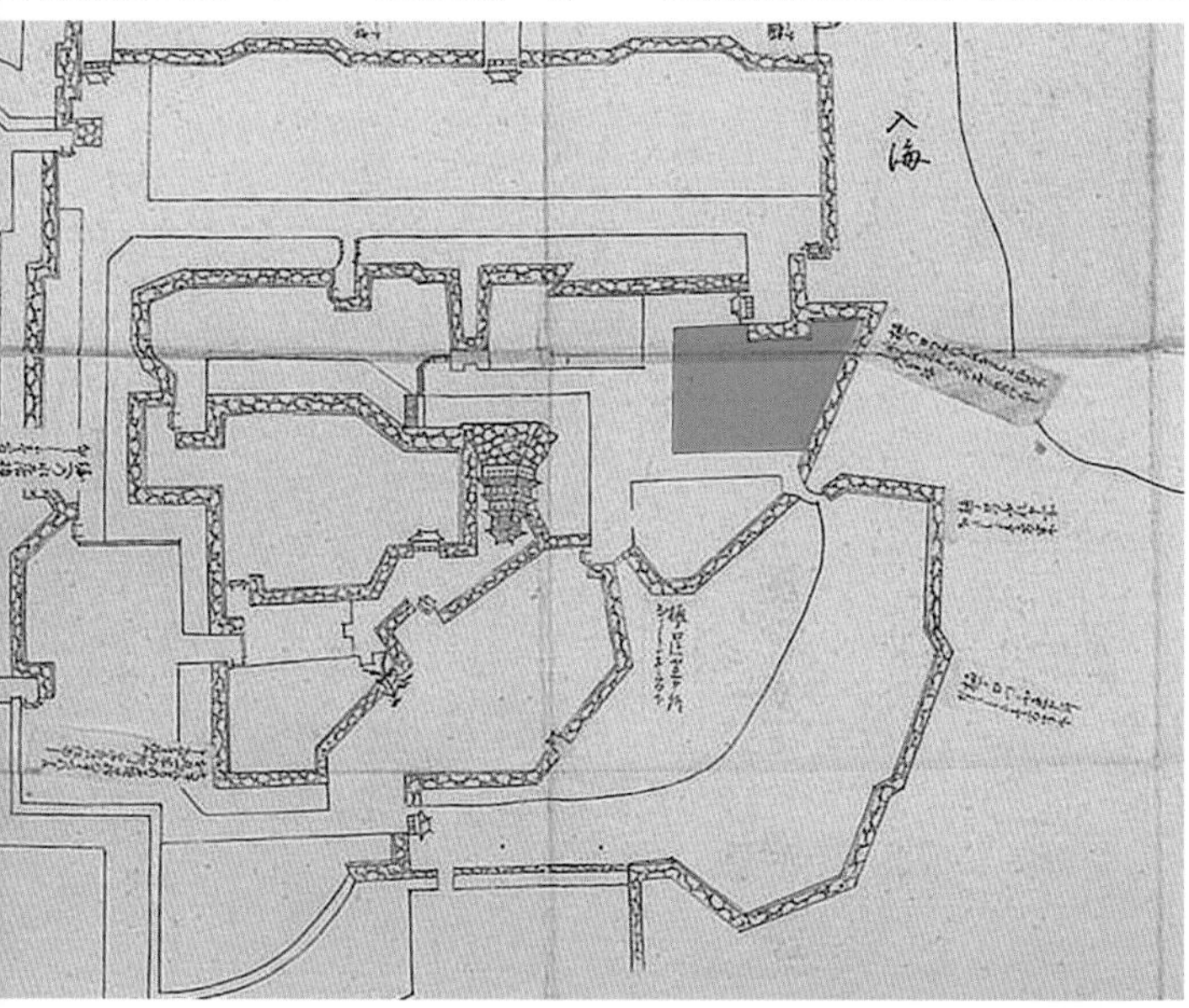

御下屋敷の位置（赤色部分、上は「小倉藩士屋敷絵図」、下は「小倉御城図」〔公益財団法人永青文庫蔵〕に着色）

遺構・遺物に見る藩主別邸と各施設

幕末頃に描かれたとされる「小倉藩士屋敷絵図」を見ると、本丸の東から南側にかけて公的な施設が集中していることがわかる。これらは基本的に紫川や堀に面した独立した区画を有している。

■御下屋敷

御下屋敷は本丸北東側の一画、二ノ丸から本丸へと通じる虎ノ門を抜けた左手側に位置している。敷地は略台形状を呈しており、北東から東側は紫川に面する。北西から西、南側の三辺は道に面していて、敷地の外周に沿って七棟の櫓状建物が描かれている。敷地内は空白になっており、どのような施設がどのように配置されていたかを知ることはできない。

「龍吟成夢」によると、「虎ノ御門ヲ入リ左ニ添ヒタルヲ御下屋敷ト云フ、御遊所ナリ　細川家ノ時弐万五千石長岡佐渡ノ屋敷　松井佐渡ノ事」とあり、小笠原家藩主の別邸であった御下屋敷が「御遊所」という特種な性格を有していたことや、その前身が細川家家臣長岡佐渡の屋敷であったことを伝えている。

なお、この地を描いた古い絵図に寛永二（一六二五）年の「小倉御城図」（公益財団法人永青文庫蔵）がある。そこにはすでに「小倉藩士屋敷絵図」と同じ平面形の屋敷地が描かれていて、江戸期を通じて屋敷地の範囲に大きな変更がなかったことがわかる。また、正保年間（一六四四〜四八）の「豊前国小倉城絵図」では、この地は「侍屋敷」とされており、御下屋敷と呼ばれる藩主の別邸となったのはこれ以降のことである。

この場所を含む本丸周辺は明治から昭和にかけて帝国陸軍の駐屯や太平洋戦争後の米軍による接収を受けたものの、平成に至るまで池を伴う庭園が長く維持されてきた。その後、小倉城庭園として整備されるが、それに先立って平成四（一九九二）年から平成八年にかけて断続的に発掘調査が実施された。現在、この地には調査成果をもとに復元された庭園を有する小倉城庭園がある。

発掘調査の結果、この地の旧状は紫川河口部に形成された砂丘であり、細川忠興（ただおき）による小倉城築城を境として近世と中世以前の大きく二時期の遺構と遺物があることが確認された。近世の遺構群は大きく二つに分けられ、北西側の建物部分と東側の庭園部分から構成されている。

これらの遺構は細川築城期の状態そのままというわけではなく、近世のいずれかの時期に変更が加えられている。また、中世以前の遺構や遺物も多く確認されている。古いものでは縄文時代後期の遺物が認められることから、周辺域は古くから生活の場として利用されていたことがわかる。本稿では、これらのうち近世の調査成果について触れる。

●建物部分

建物に関連するものとして、井戸や建物の外周を巡った石組みの側溝、何かに伴う石敷きの痕跡やかまど、礎石、柱穴など、様々な遺構が検出された。その状況から、ここに建物があったことは確実である。しかしながら、近代以降の利用による改変が大きく、その痕跡はいずれも断片的である。そのため、どのような建物が建ち、それが近世を通じてどのように変化したのか、その具体的な姿を復元することはできなかった。ただ、全体的な配置からは、建物が敷地の北側および西側に沿って、また東側にある池を避けてL字状に配置されていたことがうかがえる。これらの遺構の中には、「小倉藩士屋敷絵図」において敷地外周に沿って描かれた櫓状建物も含まれているだろう。

興味深いのは排水を処理するための吸水枡（ます）や三連かまどなど、水回りの施設が集中する一画が西側部分にあることである。これについて調査者は、湯殿を含む施設があったのではないかと推定している。一方、北側部分は池を見通すことができる場所に位置している。また、敷地の西側には門と思われる痕跡があり、ここから見ると、北側部分は上座に位置する。さらにここでは、饗宴に使用されたと思われる土器が一括廃棄された状態で確認されている。これらのことは、敷地の北側部分が西側部分より重要視されていたことを物語るものといえるだろう。

列石の検出例。建物に沿って石が並べられていたと思われる

●庭園部分

庭園部分は中心に中ノ島を持つ池を配した池泉回遊式の形態をとる。調査時の現状は池の縁や周囲に石列や石垣が設けられ、南側三カ所に築山があった。

この庭園部分については、保存が前提とされていたため、部分的な調査に留まっている。このような制約があったものの、近世から現代に至るまでの様々な作り替えがあったことが明らかとなった。その概略は次のようなものである。

まず庭園の中心施設として池が設けられる。その周囲には護岸石垣や石列が確認されているが、池の東西で様相が異なっている。西側では、新旧二列の石垣が重なって確認された。東側では、しっかりと組まれた石垣はなく、複数の石列が池の汀線や地形に沿って複雑に並ぶ。明確な時期は不明だが、西側よりも一時期新しいものと考えられる。

さらに庭園に伴う石列や築山の新設、池を渡る橋の設置、敷地北東側の埋め立てによる緩斜面の造成などが行われ、次第に複雑な景観を呈していったと考えられる。出土遺物から、これらの改変は特に十八世紀から十九世紀前半にかけて多く行われたと考えられる。

なお、明治時代以降も改変は行われていた。築山の新設や盛り上げ、池汀線の変更、配管に伴う石列の積み替えなどが確認されている。

上：三連かまど。約1.5m ×2.7mの範囲に設けられていた。大量の水を同時に沸かすことができただろう
下：17世紀前半頃の土器の一括廃棄土坑。饗宴に使用されたものであろう

●庭園の設置時期について

それでは、この庭園の設置時期はいつ頃であろうか。これについては検討の余地があるものの、池の西側に残る古い護岸石垣や敷地全体の造成過程の変遷などを検討した結果、慶長七（一六〇二）年の細川忠興による築城時に遡るものと思われる。なお、この古い護岸石垣については中世小倉城に関連した紫川護岸石垣を流用したものとの考えもある。しかしながら、この石垣は地形に沿って曲線的に築かれており、構造的に脆弱である。近接地に残る同時期のものとは様相が大きく異なっていることから、中世期のものである可能性は低いと思われる。

「鵜之真似」には、五代藩主小笠原忠苗（治世一七九一～一八〇四）によって御下屋敷の庭園造成が行われたことが記されている。しかし、前述したように池を持った庭園は十七世紀初頭にはすでに存在したと考えられる

建物群の範囲
水回り関連施設の集中区
N
櫓
汀線の変更
埋め立てによる斜面の造成
石列の積み替え
築山のかさ上げ
橋の架構
橋の架構
築山の新設
築山の新設
0 20cm

庭園の変遷模式図。最初に造園されて以降、変更が加えられたことが判明した箇所を色分けして示している。範囲はあくまでもトレンチ調査の結果による暫定的なものである。無色の部分は判断ができなかった箇所であり、変更がないことを意味するものではない（灰色：建物、桃色：近世の変更箇所、黄色：明治以降の変更箇所）

御下屋敷跡から出土した家紋入り瓦
（左から）細川家九曜紋／長岡家九枚笹紋／小笠原家三階菱紋

ことから、この記述は庭園が新設されたことを示すものではない。おそらくは江戸時代を通じて何回か行われた改築のうち、最も大規模なものが記録されているのであろう。

なお出土遺物の中には、記録上最初にこの地にあった細川家家臣の長岡家の家紋である九枚笹文と、のちにここを御下屋敷とした小笠原家の家紋である三階菱文だけでなく、細川家の家紋である九曜文の表現された瓦も出土している。そのため、最初期には細川家に関わる庭園として築かれた可能性を考慮する必要がある。　［山口］

■御厩

「小倉藩士屋敷絵図」によると、御厩は北側と西側を道に、南側と東側を紫川によって区切られている。紫川に面した部分には石垣が築かれ、この上には三棟の櫓がある。また、西側の道に面して敷地に入るための門があり、北端の敷地境には長大な建物が一棟描かれている。なお、敷地内に建物は描かれず、内部がどのようになっていたのか知ることができない。

北九州市庁舎に隣接する勝山公園地下駐車場を建設するために行われた発掘調査では、御厩全体の約三分の二が調査された。その結果、中世初頭から近世にかけて遺構が重層的に形成されたことが明らかとなった。

ここは本来紫川河口部の砂地であり、中世後半以降から近世にかけて土地のかさ上げや川の埋め立てを繰り返して、敷地が形成されている。中世の埋め立ては、軟弱な地盤に対応するために五〇cm以下の石材を用いて長方形の石積み区画を設け、その中に石材を充当させるという工法が用いられている。川に面

小倉城の公的施設（緑色部分、「小倉藩士屋敷絵図」に着色）

東側から見た御厩全景。手前側に突出する石垣は、御蔵側に接続する橋の橋台部分。御蔵から橋を渡り、クランクする道と門を抜けて本丸側へと進むと、左手は御厩である

した箇所では石垣が築かれるが、この石垣は低く、垂直に積み上げられているだけで、近世の石垣に見られるような特別な技術は用いられていない。とはいえ、これらは膨大な人手を必要とする大事業であり、それが数回繰り返されている背景には、中世小倉城の存在があると考えられる。これらを行い得る人物は、永禄十二（一五六九）年にこの地に平城を築いたとされる毛利元就に始まり、慶長五（一六〇〇）年に至るまでの各城主、南条勘兵衛、高橋鑑種（あきたね）、高橋元種、毛利勝信のいずれかであるが、誰がどの段階の造成を行ったかについては検討が必要である。

敷地造成の工法を示す石積み群。右側から左側の紫川に向かって長方形の石積み区画を繰り返し築いて敷地を拡張している。軟弱な地盤を改良するために多大な労力が払われたことがわかる

一方、近世の細川忠興以降に築かれた最終的な御厩は外郭の石垣が高く、傾斜を持ち、内部には裏込めを充当して築かれている。高さと強度を保つため、当時の最新技術が用いられており、中世の石垣との技術差を明瞭に認めることができる。

敷地内からは建物や井戸、溝状遺構など数多くの遺構が検出され、その状況から江戸期を通じて施設の建て替えや造り替えが行われていたことがわかる。最終的には東側に二棟の厩舎（きゅうしゃ）と広場で構成される馬の飼育施設が造られている。一方、西側にある礎石建物からは「厩方（うまやかた）」と役所名の線刻された硯（すずり）や小笠原家の三階菱文のある鬼瓦が出土していることから、こちら側に公的な性格の建物、即ち厩の役所施設があったものと考えられる。

出土遺物として注目すべきものとしては、朝鮮王朝時代の鉢の内部に明や朝鮮王朝の碗や皿などの輸入陶磁器が納められたものが挙げられる。これは埋め立ての過程で行われた

造成の過程で行われた祭祀行為の痕跡
左：出土した輸入陶磁器
右：検出状況

祭祀行為に伴うもので、すべての個体の一部が意図的に打ち欠かれている。地鎮祭のようなことが行われたのであろうか。なお、これらの遺物は十六世紀後半頃のものである。

■御勘定所

「小倉藩士屋敷絵図」には、御勘定所（おかんじょうしょ）は御厩の南側にあり、東側が紫川に張り出した「D」字形の敷地を有している。西側は大手門前の広場である大手ノ勢溜（せいだまり）に面しており、ここに沿って二棟の建物が描かれているが、そのうちの一棟は長大である。紫川に面した部分には石垣が築かれており、そこに四棟の櫓が設けられている。敷地内では中央付近に、東西方向に棟を向けた四棟の建物が並列している。

調査は勝山公園地下駐車場建設の際に御勘定所の北端部に相当する箇所で行われた。

これは部分的な調査ではあるが、中世後半以降に御厩と同じく紫川を埋め立てて造成されていることが明らかとなった。また、遺構の数は少ないものの、中世後半から近世後半にかけて変遷を重ねている状況も御厩と類似する。近世後半には、調査区北側には建物遺構は認められず、南端部には礎石建物が建つのみである。この建物は、絵図に描かれる建物とは位置や規模が異なっている。「龍吟成夢」によると、この地点は「御土蔵役所・御銀蔵有リ　其次ハ御勘定所ナリ　其次ハ炭役所ナリ」と記されており、幕末頃には敷地内にいくつかの施設が併存していたことがわかる。検出された遺構は、そのいずれかのものであった可能性もある。

■御用屋敷

「小倉藩士屋敷絵図」によると、御用屋敷は松ノ丸の南側に位置し、北側を道に、東・南・西側の三方を堀によって区切られた台形状の敷地を有している。堀に面した部分には石垣の表現がなく、土が剥き出しの斜面（土羽（どは））となっていたようである。道に面した北辺の中央付近に敷地に入るための門があり、東端部に一棟の櫓が描かれている。敷地内は空白となっており、内部の建物配置がどうなっていたかは不明である。

この御用屋敷は、現在の北九州市立中央図書館に北接して周辺よりも一段小高くなっている一帯に相当する。発掘調査はこの地に計画された「(仮称) 北九州市立平和資料館建設事業」に伴って実施された。

調査の結果、調査区の東半部に十七世紀前半から十九世紀中頃にかけてゴミ捨て場として掘られたいくつかの土坑や、性格は不明だが溝状の遺構などが確認された。しかし、調査区全体としては近代以降の再開発によって大きく削平されていたためか、建物配置などを具体的に検討するまでには至らなかった。

一方、近代においては特筆すべき成果を得ることができた。明治期に建造された旧帝国陸軍の火薬庫跡の検出である。これは出入口部分が突出する、平面形が「凸」字状を呈する建物である。長方形に掘り込んだ掘方（ほりかた）の内部に礫（れき）を二段に詰め、三段目となる最上部に板状の切石を乗せて平坦面を作り出した頑健な布（ぬの）基礎で、その内側には礎石の抜き取り痕跡が五基×五基の計二十五基整然と並んでいる。このような状況から、相当に堅牢な建物が上部に構築されたものと考えられる。明治期の地図にはこの地点に火薬庫の記号が記されており、本遺構がこれに相当するものであることは疑いない。これは明治期における建築技術のあり方を考える上でも、近代以降における「軍都小倉」の具体的様相を検討する上でも、非常に重要な資料といえるだろう。

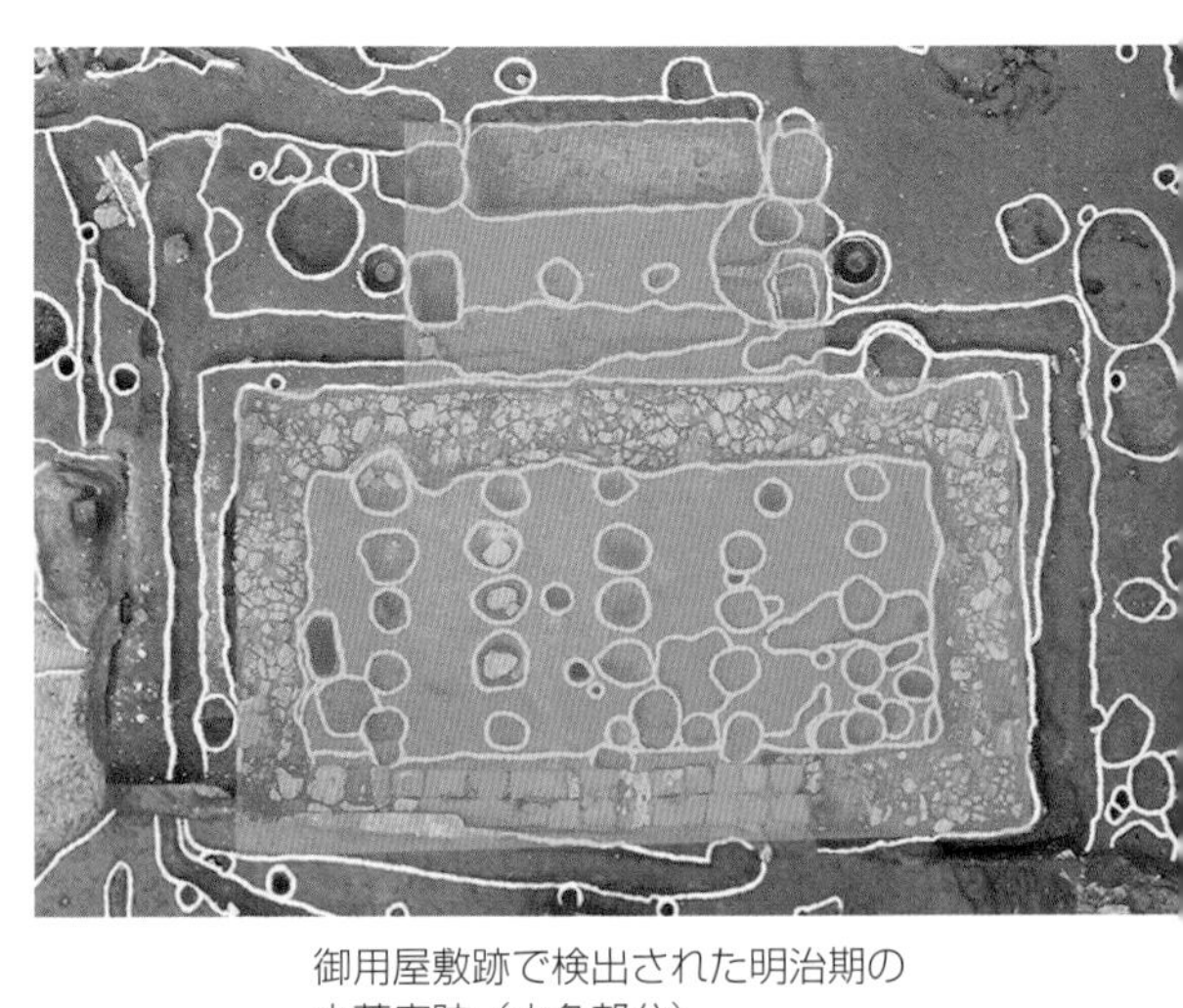
御用屋敷跡で検出された明治期の火薬庫跡（水色部分）

■御　蔵

「小倉藩士屋敷絵図」によると、御蔵は紫川に突き出した出島状の敷地内にある。北、東、南の三方には石垣が築かれ、石垣に沿って計五棟の櫓が建っている。一方、西側には道を挟んで州浜状を呈した明地が描かれている。

この敷地は南北の二カ所で西曲輪に接続しているが、南側が地続きなのに対して、北側では橋を架けている。御蔵の物資を搬出入する船はこの橋の下を通って直接明地へと接岸できるようになっていたものと考えられる。敷地内の北端部、全体の約四分の一の範囲は小倉新田藩の御蔵があることが記されているが、この部分については内部が空白となっており、具体的な建物配置は不明である。それより南側が小倉藩の御蔵であり、ここには長大な建物が「コ」の字状に四棟配置されている。また、その内側では中央に三棟の建物が並列し、御蔵敷地を南北に分割する。

発掘調査は勝山公園地下駐車場建設ならびに河川改修工事に伴って行われ、御蔵の北半部に相当する部分が調査された。その結果、ここは本来紫川に形成された中州であったことや、中世後半以降に数度の造成と敷地拡張が行われたことにより、最終的に絵図に描かれたような出島状の敷地となったことが確認された。

最初期の中世段階には、掘立柱建物、土坑、井戸などの遺構があるが、これらが検出されたのは標高一・五m前後と低く、紫川の増水時には冠水の危険性がある。このような場所に一般的な集落が形成されたとは考えにくいことから、中世小倉城に関連する遺構群と思われる。次の段階には、中州外縁の緩斜面を覆うように帯状に礫が敷き詰められている。護岸的な性格を有する遺構であろうか。また、敷地内には櫓の基礎構造と思われる遺構が築かれている。中世期におけるこのような遺構の変遷は、西側に位置する御厩とはわずかに異なっており、この時期の小倉城の形成過程を考えるための重要な一資料といえる。

近世初頭になると、細川忠興による大規模な造成が行われており、紫川に面した部分では石垣が築かれ、絵図に見られるような外郭が完成している。敷地内では、十七世紀から

御蔵の石垣

十九世紀にかけて、礎石建物や掘立柱建物、門、土坑、溝状遺構などが整地を伴いながら重層的に築かれている。これらの遺構群は、数や規模、配置などが改修の時期ごとに大きく異なっているが、建物の全体的な方向性は共通している。また、敷地内を区画する溝や石列についても、その位置が大きく変わらない例があることから、全体的な敷地の区画はある程度、意識的に踏襲されたものと考えられる。なお、絵図に描かれたような中央に広場を持つ建物群が配置されるのは十九世紀になってからのことである。

■代米御蔵

「小倉藩士屋敷絵図」では、代米（だいまい）御蔵は紫川西岸に張り出した方形の敷地を有していて、川に面した外周部分には石垣が築かれている。また、南東角に櫓があり、敷地内には三棟の長大な建物が北・東・南側に一棟ずつ「コ」の字形に配置されている。西端部の道に面した部分では南北方向に二棟直列した建物が敷地と道を区画し、これらの建物間に敷地に入るための門が描かれている。

代米御蔵があった一帯は、現在の北九州市庁舎と小倉北区役所に挟まれた勝山公園の一部に相当しているが、発掘調査は、この公園の整備と公園を縦断する道の新設に伴って行われた。

上：代米御蔵南端部の石垣。調査時、地上に出ていたのは黒みを帯びて見える上端部のみで、近代以降の埋め立てにより大部分が埋まっていた。高さ約6.4m
下：敷地造成に伴って埋められた初期の石垣

発掘調査の結果、代米御蔵一帯の敷地は、十七世紀前半の短い期間でプランの変更と拡幅が行われていたことが明らかとなった。当初の石垣は旧河岸に沿って南北方向に直線的に築かれたが、その後、時を置かずにさらに埋め立てが行われ、大きく紫川に張り出した方形の敷地が造成されている。その際、初めに築かれた石垣の大部分は敷地内に埋められている。築城には多大な労力を要するが、その計画は比較的柔軟に変更されたことを示す重要な一例である。

建物では、西端部で敷地を区画する二棟と、「コ」の字形に配置された建物群のうち、南側の一棟が絵図に描かれた通りの位置で検出された。これらはいずれも礎石建物で、全体の規模がわかる西端南側のものでは、約二五×七・八mあった。また、門の構造は不明瞭ながら、西端部南北建物の間隔から、幅は約四mであったことがわかる。敷地の外周には石組み排水路が巡っているが、門の部分で途切れている。

絵図には広場として描かれている敷地の中

上：代米御蔵敷地中央に築かれた４号井戸の上半部
下：４号井戸基部。板と杭で泥土が内部へ流入するのを防いでいる。奥側２カ所の土留めは井戸のものに類似しているが、調査時に壁体の崩落を防ぐ目的で設置したもの

央付近では、特種な構造の井戸（四号井戸）が確認された。本来、井戸は地面を掘り込んで作られるが、この井戸は十七世紀前半の敷地拡幅の際に、周辺の造成と並行して川底から石材を積み上げていた。そのため、最下部では内部に泥土が流入するのを防ぐために方形の木枠で外周を取り囲んでいた。また、造成土が井戸内に流入しないように外周に石積みがなされているため、造成土を取り除くと、石積みの塔のような形状を呈している。なぜこのような手間のかかる工法を採用したかは不明である。

　なお特筆すべき出土遺物としては、清朝の官窯で製作された磁器が挙げられる。これは当時の高級食器であるが、外面が火に焙（あぶ）られてただれており、投棄された状態で出土した。恐らくは、第二次長州戦争における小倉城自焼の際、城中のいずれかで被災し、その後ここに遺棄されたものと思われる。

■御普請所

「小倉藩士屋敷絵図」によると御普請所は代米御蔵の南側にあり、紫川西岸に「P」字状に張り出した敷地を有している。川に面した外周部分には石垣が築かれているが、北東側の一部が途切れてそこに門が描かれている。ここから川側に降りられるようになっていたのであろう。また、この石垣に沿って四棟の櫓がある。西側の道に面した部分では、五棟の建物と建物の間に門が一つある。なお、敷地内の建物配置については、空白となっているため絵図からは知ることができない。

　この御普請所は現在の勝山公園の一部と大手町一・二・十番内に位置したものと考えられるが、発掘調査は北端部と南東側の一部で行われているのみである。

　北端部の発掘調査では、御普請所の敷地が十七世紀前半頃に紫川を埋め立てて造成されていたことがわかった。細川忠興による小倉城築城開始は慶長七（一六〇二）年の十七世紀初頭であることから、これよりも若干新しい。恐らく築城作業は本丸周辺を優先して行い、御普請所周辺は少し遅れたのであろう。

　また、絵図には描かれていないが、石垣から北側の堀の中へと延びる突堤状の遺構が検出された。御普請所脇の堀内からは水漬けにされた材木が出土しているが、「龍吟成夢」によると、御普請所内には材木長屋が数棟あったとされている。堀はここで使用される材木の貯木場としても機能していたと思われる

が、突堤状遺構はこの貯木場で作業するために必要な施設であったのだろう。

敷地内では、南北で建物の様相が異なっている。北側には柱穴が集中しており、掘立柱の簡素な作業小屋のようなものが建っていた可能性がある。一方、南側では少しずつ場所を変えながら建て替えられた礎石建物が検出された。比較的良好に遺存した一号礎石建物の床面から、六基の鍛冶炉跡が検出され、羽口や鉄片、滓、釘などが出土した。また、鍛冶炉の下部構造と考えられる遺構はこの礎石建物以外の場所でも確認されており、普請作業に用いられる金属製品はここで製作されていたものと考えられる。

出土遺物には細川家家紋である九曜紋や小笠原家の三階菱紋を表した鬼瓦があり、ここが近世初期から公的な性格を持つ施設であったことがわかる。〔中村〕

文献・絵図に見る藩主別邸と各施設

■御下屋敷

幕末期の「小倉藩士屋敷絵図」に描かれている御下屋敷は、虎ノ門そばに位置し、本丸の東北端にあった。現在は北九州市立小倉城庭園となっている場所である。その名は「小倉御城御天守下之御屋鋪」ともいう（『御当家末書』下）。つまり、天守下にあったため、小笠原氏の時代、御下屋敷と呼ばれた。北は二ノ丸との境の水堀、東側は大川（紫川）であった。川沿いの石垣は水面から二間（約三・六m）の高さがあった。二ノ丸から本丸に至る表口である虎ノ門を入ったすぐの場所にあり、有事の際には防御の要となる場所であった。南側には小路を挟んで「御厩」があった。

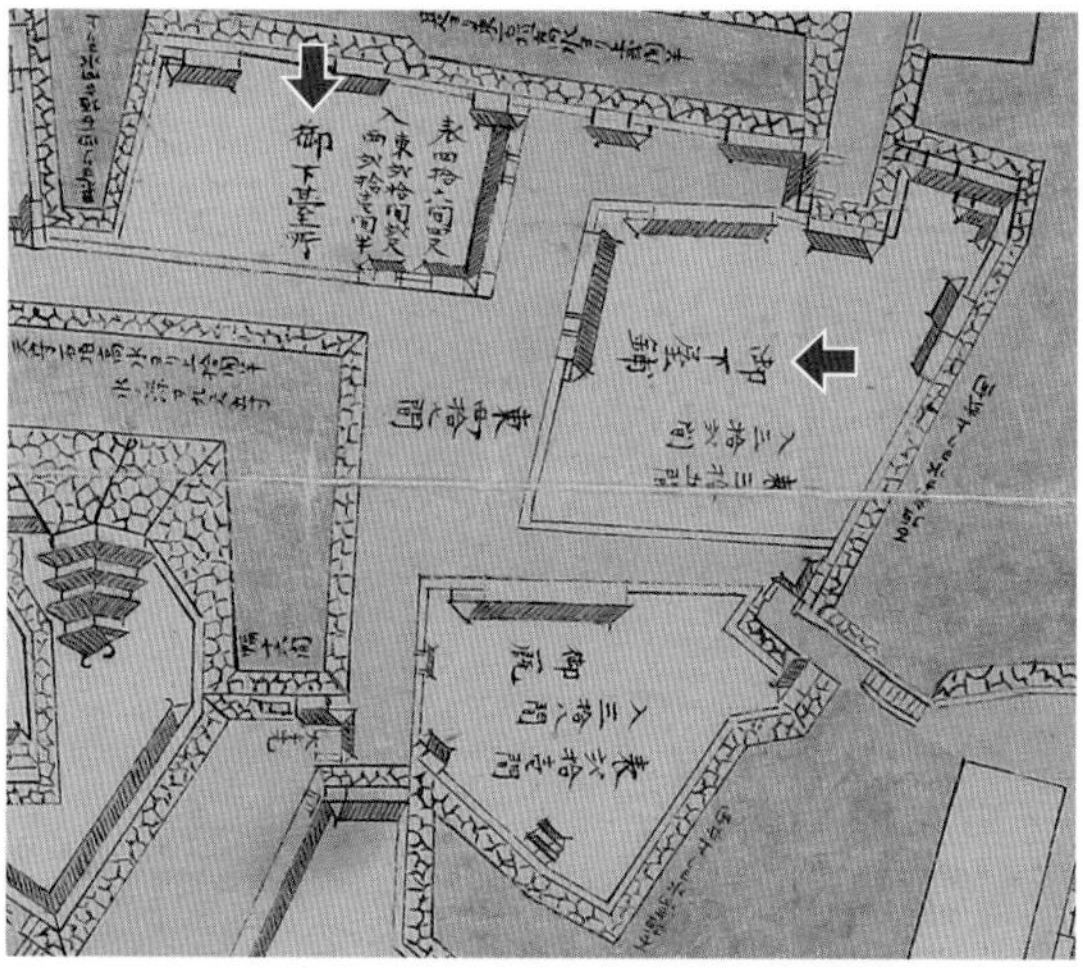

「小倉藩士屋敷絵図」の御下屋鋪（敷）と御下台所

細川氏の時代、小笠原氏の御下屋敷の場所には筆頭家老松井康之・興長父子の屋敷があった。慶長十七（一六一二）年の「豊前国小倉城図」（山口県文書館蔵）には「松井佐渡内子」と記されており、松井佐渡守（康之）の子興長の屋敷であることが明らかである。康之は、慶長十七年一月二十三日にこの屋敷で病のため亡くなった。

松井氏はもともと足利将軍家の直臣であったが、康之の代に細川氏の家臣となった。慶長五年、関ヶ原合戦の際に豊後国木付城（現大分県杵築市）を死守、さらに石垣原（現別府市）での合戦でも活躍した。その結果、細川忠興が豊前一国・豊後二郡の大名となると、二万五千石を与えられた。その厚遇ぶりは小倉での屋敷割りからもわかる。

康之の屋敷は本丸郭内にあり、世子細川忠利の屋敷ですら二ノ丸にあったことを考え合わせると、いかに康之・興長父子が忠興から信頼されていたかがわかる。ちなみに康之は、忠興の父細川藤孝（幽斎）の養女（藤孝正室の姪）を妻とし、その子興長は忠興の三女を妻としていた。

小笠原氏の時代、初期には宮本伊織（貞次）と小笠原主水（政俊）が旧松井氏の屋敷地を二つに分けて住んだ。したがって、宮本武蔵が小倉に滞在した時には、のちに御下屋敷となる同所にいた可能性が高い。その後、伊織の屋敷は葉山玄蕃（真正）、主水の屋敷は小笠原彦三郎（兼直）の屋敷となった。二代藩主小笠原忠雄の時代には、この二軒の屋敷を一軒の部屋住みの「御屋形」とした。寛文年間（一六六一～七三）には忠雄の弟小笠原真方の屋敷であった。元禄年間（一六八八～一七〇四）、忠雄の後継者である忠晴（のち三代藩主忠基）の屋敷に定められ、真方は「篠崎御屋敷」に移った。宝永四（一七〇七）年三月、忠晴は初入国し、この屋敷に入った（『御当家末書』下）。

左：「豊前国小倉城図」の「松井佐渡内子」屋敷（山口県文書館蔵）
右：松井康之肖像（部分、公益財団法人松井文庫蔵）

「浄國寺様」、すなわち五代藩主小笠原忠苗の時代に、「御下屋敷に御築山御泉水御拵らへ遊ばれ美景今に存す」（「鵜之真似」）とあるので、忠苗の治世、寛政三（一七九一）年から享和三（一八〇三）年の間頃に藩主の「御遊所」（別邸）である御下屋敷が完成していたことは確かである。元文五（一七四〇）年以前の屋敷割りを描いたと考えられる「豊前小倉図」には「御下屋敷」とあることから、一七〇〇年代中頃には藩主別邸となっていたと推測される。

■御下台所

幕末期に御下台所であった場所は、本丸郭内、天守の北側、天守を囲む堀を隔てて向かい合う位置にあった。天守側が表で、間口が「四拾六間四尺」（約八五m）、奥行きは、東側は「二十間二尺」（約三七m）、西側は「二十一間半」（約三九m）の台形状の空間であった。北側と西側は二ノ丸、北ノ丸と水堀・石垣を隔てて向かい合っていた。

御下台所前の天守堀端を西に進むと北ノ丸との境である北口門があった。

細川氏時代の慶長十七（一六一二）年の「豊前国小倉城図」では「屋方」と記されており、「下たい（台）所」は松井興長の屋敷の南側に「御馬屋」とともにあった。また、小笠原忠真が作らせ幕府に提出した絵図（「豊前国小倉城絵図」）にも「侍屋敷」とあり、江戸前期には屋敷として使用されていたようである。

具体的な年は特定できないが、「小笠原備中守殿御屋敷」が江戸前期にあったことが、「日本古城絵図」西海道之部の「豊前小倉之図」（国立国会図書館蔵）からわかる（三五頁参照）。

さらに「豊前小倉図」には「若殿様御屋敷」とある。この若殿様とは三代藩主小笠原

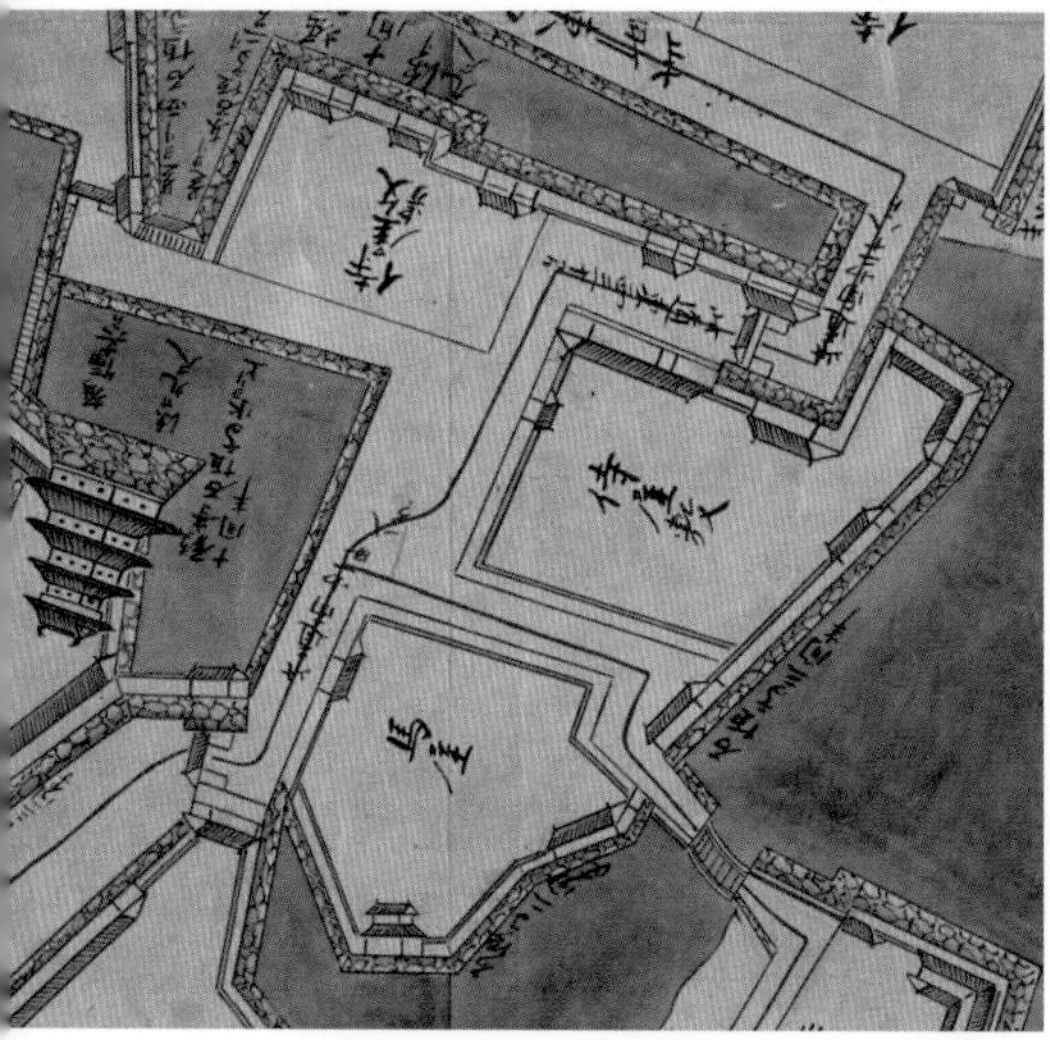

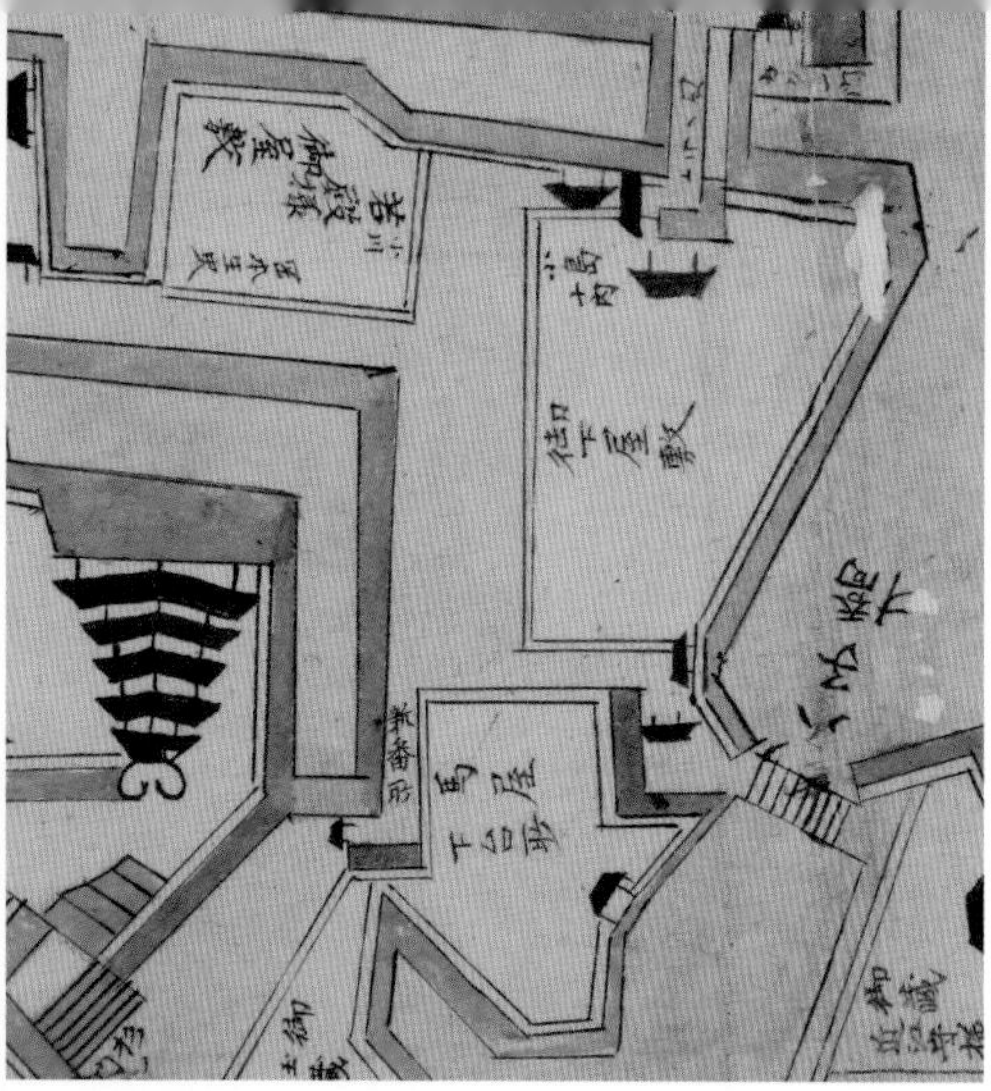

忠基の後継者候補であった小笠原忠貞のことと考えられる。忠貞は忠基の長男で、享保十（一七二五）年十二月十八日、従五位下織部正となったが、元文六（一七四一）年一月十八日、父に先立って死去した。元文五年頃もやはり下台所は馬屋とともに御下屋敷の南側、大手先門そばにあった。それが、幕末の「小倉藩士屋敷絵図」に「御下台所」と記される場所に移ったのがいつかは特定できない。

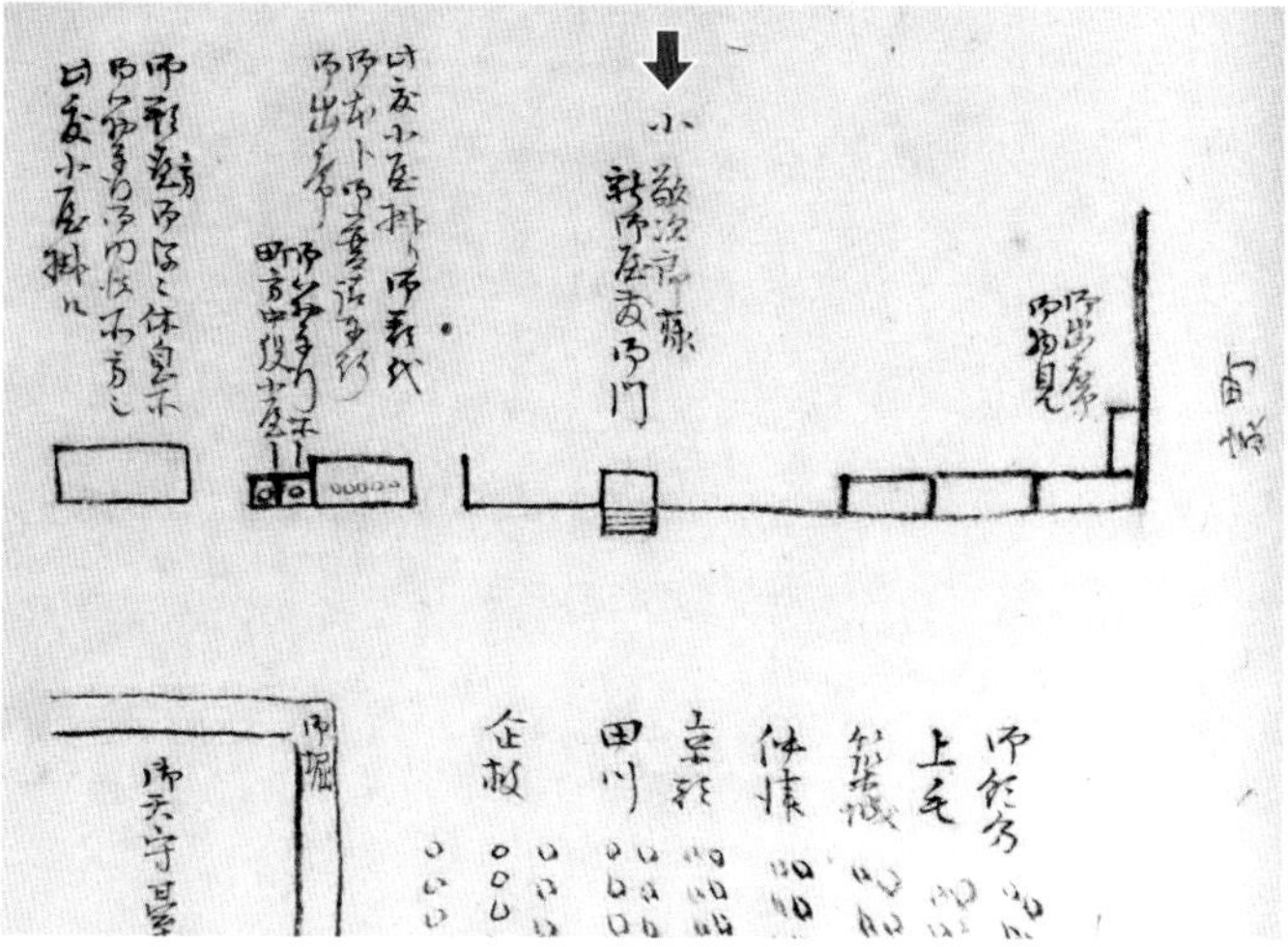

小笠原氏の時代、毎年十二月十三日、藩内郡中から正月飾りの五階の松が御下台所に納められた。同十九日には餅つきが行われ、三階松が納められた（「龍吟成夢」）。天保三（一八三二）年閏十一月には「御下台所御用塩弐石」が「三曽根」（上曽根・中曽根・下曽根）から納められている（『中村平左衛門日記』第五巻）。

ただ、嘉永年間に「御下台所」があった場所は、元治元（一八六四）年四月二十三日の小森承之助「日記」の図には、「小 敬次郎様新御屋敷御門」と記されており（『小森承之助日記』第四巻）、小倉藩主小笠原忠幹の弟で、同藩の政治顧問となった小笠原敬次郎（棟敬・敬斎）の屋敷とされていたようである。ただ、敬次郎は文久三（一八六三）年九月十四日に亡くなっている。

嘉永年間に「御下台所」とされた場所は、時期によって異なる施設、世子や一門の屋敷であった。江戸時代後期まで「下台所」と呼ばれた施設は御下屋敷の南側、大手先門そばにあった。

左：「豊前国小倉城絵図」の天守・侍屋敷・馬屋（国立公文書館蔵）
右：「豊前小倉図」の天守・若殿様御屋敷・御下屋敷・馬屋・下台所・八子橋（跳ね橋）

小森承之助「日記」第13の元治元年４月23日条図の「小 敬次郎様新御屋敷御門」付近

■御厩・御勘定所・御蔵

これらの諸施設は、幕末の「小倉藩士屋敷絵図」に描かれた名称である。細川氏時代と小笠原氏時代では役所の機構や施設に相違もあるだろうし、細川氏時代の小倉城内に関する詳細な絵図がないため断定はできないが、一説によると、細川氏時代の御米蔵・御土蔵は城内東側にあったという（「鶉之真似」）。したがって、細川氏時代も小笠原氏時代とほぼ同じような配置であったと考えられる。

承応二（一六五三）年一月六日（三日の説もあり）、初代藩主小笠原忠真は「騎初」を行った。前年に平塚安左衛門（知之）が献上した馬を忠真は見たいと言って、厩頭の山田加左衛門（近知）にその馬を大手門（杉ノ門）前まで曳き出させた。「駻馬」（荒馬）であったため、忠真が乗ると勢溜（現在のしろテラス・大手門前広場とその周辺）の南側に向かって駆け出した。これを見ていた家臣は肝を冷やしたが、忠真は「四拾間余」（約七三m）走って乗り留め、「是コトキノ馬ヲコト、シテニ云ヒシト」と言って、馬から降りたという（「源忠真公年譜」三）。小笠原流の馬術を会得していた忠真ならではの逸話である。

御下屋敷と御厩の間には通路があり、跳ね橋で中島の御蔵（米穀蔵）・蔵方役所へと繋がっていた。跳ね橋の浜（北）側には板塀が設けられ、外から城内を覗くことができないよう工夫が施されていた。この御蔵には小倉本藩と小倉新田藩のものがあった。それら御蔵の本丸側前には広い米積み場があった。跳ね橋の所を通り、小船で米を直接城内に運び込めるようになっていた。さらに二の丸・三の丸の小的口門・思案橋門の東側から御蔵に通じる道路があった（「龍吟成夢」）。

小笠原氏の時代、大手先門の南側には、北から順に御土蔵役所・御銀蔵・御勘定所・炭役所があった（「龍吟成夢」）。現在の北九州市議会議事堂の辺りである。元文五（一七四〇）年頃の「豊前小倉城図」では「御勘定場」、「小倉藩士屋敷絵図」では「御勘定所」とだけしかないが、その御勘定場・御勘定所とされる区画に右の諸施設があったようである。

小笠原氏時代に御勘定所があった区画は、細川氏時代の「豊前国小倉城図」（山口県文書館蔵）では「屋形〳〵」とあるが、細川氏が小倉に入る以前は「獄屋」（牢屋）であったという。寛政四（一七九二）年頃に勘定所内で井戸を掘ったところ、人骨が掘り出されたという（「倉府俗話伝後集」）。高橋鑑種・元種父子、あるいは毛利勝信（吉成）時代のものかもしれない。

小倉城庭園と北九州市役所の間には当時の区画を示す舗装がある

二代藩主小笠原忠雄の時代、元禄十五（一七〇二）年四月二十三日、小倉城内の勘定所と城米蔵のある場所に稲荷の祠が建立された（「源忠雄公年譜」二）。宝暦年間（一七五一～六四）、到津八幡宮にその「神霊」が遷された。昭和五（一九三〇）年二月二十六日、官許を得て、同社境内に勘定稲荷神社が再興された（大山宏『到津八幡神社小史』到津八幡神社、一九八四年）。

万治三（一六六〇）年、小倉藩主小笠原忠真は「御城米蔵」を建て直し、幕府から銀五十貫九百目を与えられている（「源忠真公年譜」二）。忠真が播磨国明石から小倉に移った翌年の寛永十（一六三三）年、幕府は「小倉御城米」として米五千石を忠真に渡している。小笠原氏は譜代大名であり、幕府の九州支配の要とされていたためである。同十五年、幕府は五千石増やして「御城米」を一万石とした（「源忠真公年譜」三）。これは、前年の島原・天草一揆勃発により、幕府が小倉をより一層重要視するようになったことによるのだろう。なお、城米とは幕府が有事に備えて城に貯蔵させた米のことで、幕府領（天領）から納められる年貢米であった。［守友］

現在の勘定錦春稲荷神社（到津八幡神社境内）。勘定稲荷と錦春稲荷の２社が合祀されている

軍事物資の貯蔵場と慰霊の場の創出

■軍用地の形成と貯蔵施設の立地

本丸と三ノ丸の南東側にかけて、紫川左岸や堀の間にある一帯に、御下屋敷、御下台所、御厩、御蔵、代米御蔵、御勘定所、御普請所など公的施設が多く立地していた。また御厩、御蔵、代米御蔵、御勘定所に囲まれた場所に舟入があって、水運の根拠地となっていた。第二次長州戦争の際に劣勢に陥った小倉藩は慶応二（一八六六）年八月一日に小倉城を自焼して田川郡香春に退いた。御下屋敷跡、御厩跡、御蔵跡、御勘定所跡、代米御蔵跡、御普請所跡で実施された発掘調査で焼土層が検出されるとともに、焼けた遺物が出土しており、自焼の際の炎は主郭の外にまで及んだことがわかっている。

明治以降に小倉城内は軍用地となったが、この一帯も改めて整備された。舟入も石垣で造成され直した（「明治石垣」と呼んでおく）。各区域の変遷を見ると、陸軍の軍用倉庫が立地している。紫川沿いの区域は江戸時代以来物資の貯蔵空間として継続したのである。

御蔵跡は明治二十九（一八九六）年「小倉城郭千弐百分一之図」には「刎橋倉庫地」と見え、熊本陸軍経営部小倉出張所の資材置場や歩兵第十四連隊倉庫（被服庫）があった。「刎橋倉庫地」と御厩跡の間に開閉式水門を設置して紫川と舟入を分けていた。舟入への物資の運送は水門に付属した木戸を開閉して行った。水門は幅五間（約九ｍ）で両脇に木柵があり、中央には二枚の木戸を設けたものである。この木戸が明治二十九年十一月の事故で破損していて、出入りが自在になっていたため、翌年四月または五月には、歩哨の警戒をかいくぐって夜陰に紛れ、杉材七三一本、杉・松など板材一二六坪、苫一七六五枚が盗まれるという事件があった。ここには歩兵第十四連隊建物の増築や陸軍第十二師団関連施設の新築のために準備された資材のほか、日清戦争の際に仮設された建物を解体した際の資材が置かれていた。古材の中から良材を選んで盗んだようである（アジア歴史資料センター C10061333200）。

■明治時代後期から昭和時代初期の地図上で確認できた施設

	御下屋敷跡	御下台所跡	御蔵跡	御厩跡	代米御蔵跡	御勘定所跡	御普請所跡
明治29年		糧餉部倉庫地	刎橋倉庫地	熊本陸軍経営部倉庫地		砲兵第２方面小倉武庫	
明治31年	下屋敷	下台所	被服庫				
明治33年			倉庫	経営部		兵器支廠武庫	
明治39年		第12師団経理部倉庫	刎橋倉庫				
明治45年			第12師団経理部倉庫		乗馬委員厩		
大正７年	陸軍記念碑						大阪砲兵工廠小倉兵器製造所
大正８年	遊園地 紀念碑	遊園地	第12師団経理部倉庫	第12師団経理部倉庫	第12師団経理部倉庫	第12師団経理部倉庫	砲兵工廠小倉支所
昭和２年	紀念碑		陸軍用（地）	陸軍官舎	偕行社		陸軍造兵廠小倉兵器製造所
昭和２～４年	師団長官舎		第12師団経理部倉庫	第12師団経理部倉庫			元第12師団司令部乗馬委員厩（北側） 小倉兵器製造所（南側）
昭和６年	勝山閣	忠魂碑			偕行社		兵器廠構内

＊空白は地図上で無記入を示す
＊「御下屋敷」で昭和２年に「師団長官舎」とあるが、第12師団は大正14年に移動
＊参考地図：明治29年「小倉城郭」、明治31年「特設部隊宿営区域」、明治33年「小倉町略図」、明治39年「集積倉庫門司支庫倉庫壱棟ヲ第十二師団経理部倉庫トシテ小倉城内移配置」、明治45年「小倉城内及周囲之図」、大正７年「小倉市街地図」、大正８年「小倉市街地図」、昭和２年「小倉板櫃足立合併記念 小倉市街地図」、昭和２～４年「東京工廠小倉移転二伴フ充當土地要図」、昭和６年「最新式小倉商工地図」

明治二十九年、小倉城内に第十二師団司令部が設置され、北方に新たに歩兵第四十七連隊が駐屯すると、同連隊と三ノ丸跡の歩兵第十四連隊相互の兵士の往来や物資の輸送のために新たに道が開削された。この道は御普請所跡を貫いて三ノ丸跡の歩兵第十四連隊に至るが、併せて御普請所跡を出て右折して北側の倉庫群にも達している（アジア歴史資料センターC07071724100）。その後さらに御下台所跡を貫いて二ノ丸跡に行く道も開削された。なお、この新道開削に際して紫川に橋が架けられた。これを「陸軍橋」と呼んだ。現在の「鉄の橋」である。少なくとも明治四十三年の「小倉市街地図」には御下台所跡を貫いて二ノ丸跡に至る道が示されている。

明治三十一年、小倉陸軍兵器支廠小倉派出所が東側の紫川左岸に設置された。明治四十四年に陸軍兵器支廠の拡張用地が城野に建設されたが（アジア歴史資料センターC02031324600）、新道を中心に軍用地が小倉城外にまで拡大していることがわかる。

■舟入跡で出土した墓石

平成二（一九九〇）年から勝山公園の地下

駐車場建設に伴って発掘調査が行われた。本丸の東側にあった舟入跡を間に挟み、西側の御厩跡・御勘定所跡、東側の御蔵跡の一部が調査地点であった。

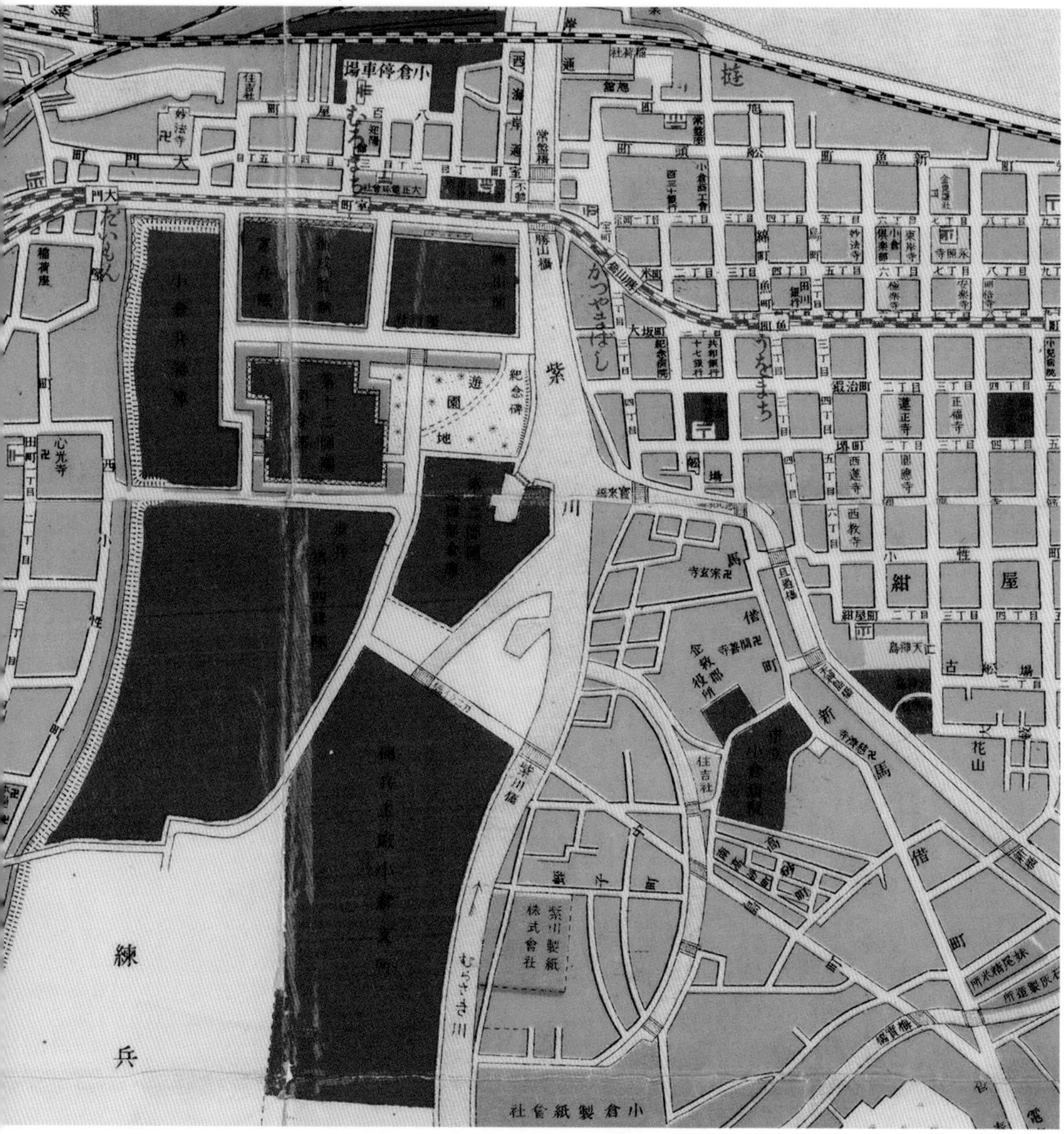

「小倉市街地図」（大正８年、部分、福岡県立図書館蔵）

舟入跡で出土した「明治石垣」の裏込めに、明治十（一八七七）年に病死と銘記された六基分の墓石が打ち割られて転用されていることが確認されている。墓石に刻まれた名前は山口県出身で西南戦争に歩兵第十四連隊の一員として従軍した元奇兵隊士であることが「防長維新関係者要覧」に記録されている。その後の調査で、彼らが全国的に流行したコレラに小倉で感染して死亡し鋳物師町の立法寺に埋葬されたこと、墓標は明治十二年に建立された将兵のものであることが判明した（アジア歴史資料センター C07080229300、C07080232900、C07080250200）。墓石に刻まれた没日は明治十年十月十～十八日が大半であるが、歩兵第十四連隊の小倉凱旋は十月二十三日（『小倉市誌』続編）であるから、先に負傷兵として収容された兵士がコレラに罹って死去した可能性が高い。

明治十年の西南戦争の戦死者の墓石が使用されていることや陶磁器の出土内容に鑑み、また明治二十二年の大日本帝国陸地測量部の

「明治石垣」から出土した墓石

地図には舟入の整備が反映されていることを併せて考えると、明治十八年に第十二旅団本部が小倉城内に開設された際に舟入の整備が行われた可能性がある。それに伴って「明治石垣」が造成されたとすれば、軍用地の拡充に伴って墓石が鋳物師町から一・四㎞離れた舟入跡に移されたと考えられる。なお出土した墓石の一部は下関市の東行庵に移されている（山口信義「小倉城の石垣となった墓石」、『ひろば北九州』一九八四年八月号）。

舟入および周辺については、大正六（一九一七）年、代米御蔵跡東側に位置する新屋敷新地の小倉兵器製造所船溜の新設工事が行われた（アジア歴史資料センターC03024737600）。大正八年の「小倉市街地図」には船溜が反映されている。

昭和二（一九二七）年、陸軍造兵廠東京工廠の小倉移転が決定すると、小倉工廠用地造成のため舟入と周辺の堀は埋め立てられていく（アジア歴史資料センターC01003867400）。

同八年に小倉工廠が開業すると、翌年に工廠診療所が代米御蔵跡の東側の堀を埋め立てて造成した土地に新築された。同十年には東京工廠診療所の病室の一部が移転した。

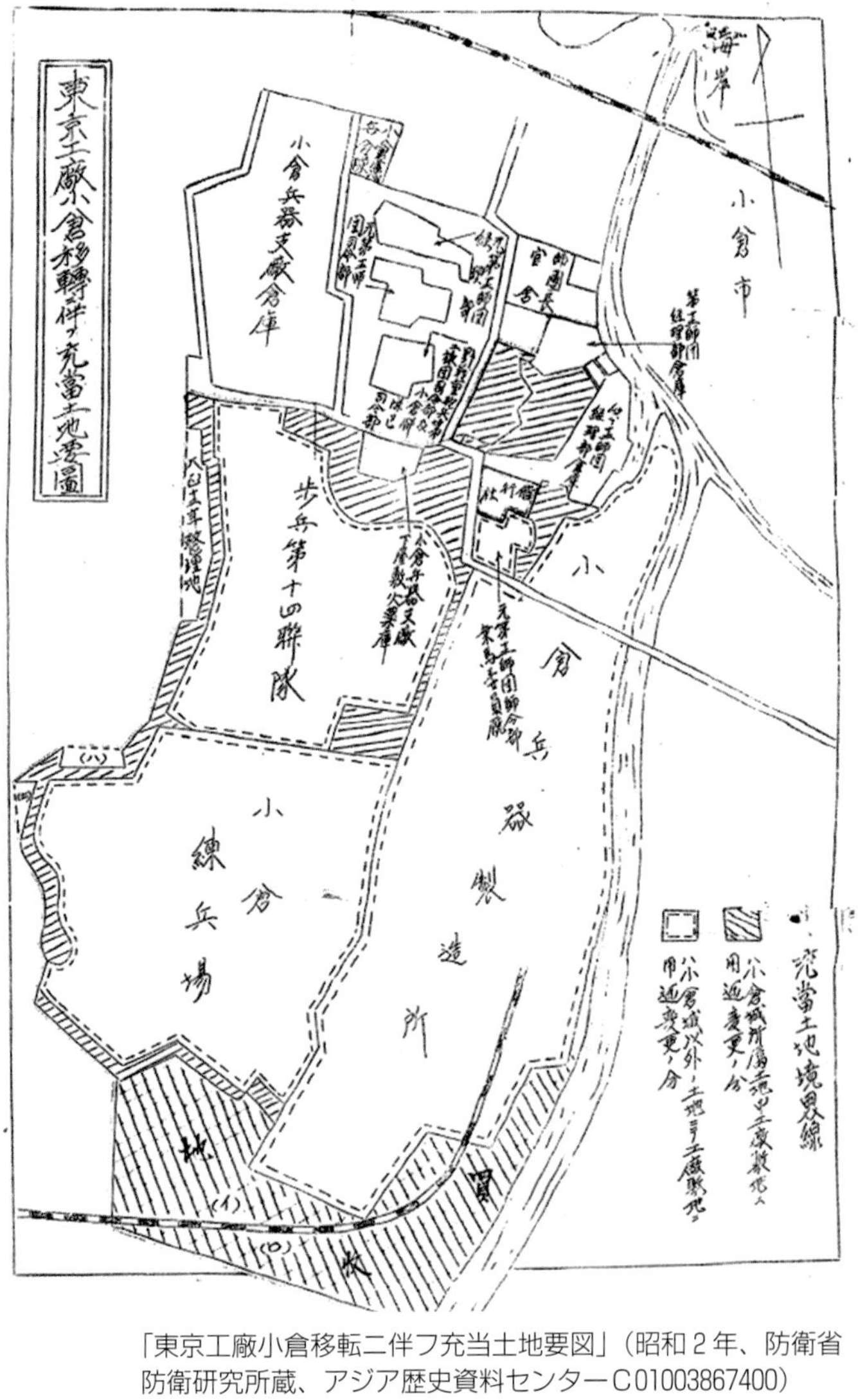

「東京工廠小倉移転ニ伴フ充当土地要図」（昭和２年、防衛省防衛研究所蔵、アジア歴史資料センターＣ01003867400）

昭和二十年の小倉陸軍造兵廠配置図を見ると、小倉工廠の用地造成に伴い、舟入と周辺の堀の埋め立ては計画通りに実施されたようである。

■遊歩的空間と「紀念碑」の建立

明治三十一（一八九八）年の「大日本帝国陸軍陸地測量部作製図」では御下屋敷跡には池が描かれている。小笠原氏が造成した御下屋敷の回遊式庭園にあった池は軍用地整備によっても埋め戻されたりすることなく現在に至っている。

大正八（一九一九）年の「小倉市街地図」では、御下屋敷跡は「遊園地」「紀念碑」とある。昭和二（一九二七）年の「東京工廠小倉移転ニ伴フ充当土地要図」では「師団長

左：「明治二十七八年戦役之記念碑」／右：忠魂碑

官舎」とある（アジア歴史資料センターC01003867400）。「師団長官舎」とは第十二師団の師団長官舎を指し、大正十四年に第十二師団が久留米に移転するまで官舎が置かれていたようである。

昭和六年の「最新式小倉商工地図」（一八七頁）では、御下屋敷跡は「勝山閣」となっている。勝山閣は陸軍の親睦組織である偕行社が関わる保養所のような施設であった。御下屋敷は「御遊所」（「龍吟成夢」）であったが、明治以降軍用地となった後も一貫して、庭園を残した独自な遊歩的空間として存続したといえよう。

また「紀念碑」とあるのは「明治二十七八年戦役之記念碑」である。日清戦争には小倉の歩兵第十四連隊が出征していた。同記念碑はその戦死者の慰霊のために明治三十二年に建立されたものである。同碑は昭和十年に移転していて（アジア歴史資料センターC01002115000）、移転先や移転理由は明記されていないが、現在は御下台所跡の西端にある。

また第十二師管（第十二師団に対応する地域を指す）の戦死者を慰霊するため、大正十一年に「忠魂碑」が建立されている。現在二つの碑は隣り合わせに立っているが、周辺には「軍馬忠霊塔」（昭和十七年建立）や「生馬神之塔」なども立っている。こうして御下台所跡は戦死者などの慰霊空間となったのである。

［馬場・日比野］

現在の御下屋敷跡

現在の御下台所跡

第七章 堀・石垣・土塁・門・櫓

掘り起こされた防御施設

■堀

小倉城下町の中央を流れる紫川は、北流して天然の中堀の役目を果たす一方、船舶による人的移動や物資搬入など海上交通の起点として江戸時代以前から重視されてきた。城の物資は小倉室町にあった船発所（船溜）で小舟に積み替えられ、この川を遡って御蔵と御厩の間に架かる桔橋（跳ね橋）をくぐって運ばれてきたのである。室町遺跡の発掘調査成果によると、船発所では舟入と突堤の数が次第に増え、整備されていった状況が確認できた。一方、御蔵の舟入では小舟が横着けできる幅の狭いスロープが四カ所以上設けられ、それが江戸初期より機能していたことがわかったのである。

紫川は城を守る堀の機能と東西曲輪を分ける地形的役割に加え、多数の船が行き交う物流の拠点だった。

東曲輪は細川忠興が入城した後に整備されたエリアで、紫川から約一km東に外堀を人工的に開削した（現在の砂津川）。

その流れは足立山を源流とし旦過付近で紫川と合流する神嶽川から引き込んだもので、神嶽川から西にも外堀を巡らし豊後橋の南で紫川と合流させている。

一重の堀だけで城下を守った東曲輪に対し、西曲輪の堀は非常に複雑だ。天守はじめ小倉城郭の中心施設が築かれているので、それを守るための堀が幾重にも廻らされ、まさに梯郭式といわれる縄張りが出来上がった。

天守の北面、東面を囲むL字形の内々堀、北ノ丸と本丸との間にあり天守のそれと並列した構造の内々堀、下屋敷から下台所、北ノ丸、本丸、松ノ丸を逆「コ」の字形に巡る内中堀、二ノ丸と室町を隔て、三ノ丸東側から御用屋敷南側を囲む中堀、三ノ丸の西側から南側を囲む中外堀、そして西曲輪の外郭西側・南側を取り巻く外堀と、厳重に防備を固めている。また、城郭北面は海に面するため高石垣で守り、広大な小倉城郭が出来上がった。これは幕末の「小倉藩士屋敷絵図」に見られる堀の配置なので、時代が異なれば堀の位置や形にも変化が現れる。

それを示すのは小倉城新馬場跡で検出した弧状を呈する土堀と土塁、大手ノ勢溜跡第二地点で見つかった土堀である。いずれもど

船着き場（船発所）の土止め

の絵図にも現れない小倉城郭最古の堀といえる。思永中学校の東隣で見つかった新馬場跡の堀は小倉城郭形成期以前には畠地だった所に土堀を掘り、その土で畠を埋めて平坦面（曲輪）を造り溝を設けている。その後堀をさらに幅広く深く掘り下げ、その土を平坦面の上に盛り上げて土塁を築くが、堀と土塁が不要になった近世初期にはすべてを埋め立て、西側に石垣を積み上げて曲輪を拡張し武家屋敷（「豊前国小倉城図」〔慶長十七年〕では「各々屋方」）を築いているのである。この二段階に分けて築かれた土堀は、戦国末期に小倉城主となった高橋鑑種（あきたね）・元種父子時代（一五七〇～八七年）、および毛利勝信時代（一五八七～一六〇〇年）のものと考えられる。めまぐるしく防御施設の設計が変わったのである。

　大手ノ勢溜跡第二地点の土堀も同様に、以前あった堀を完全に埋めて新たな縄張りを築いて、前の城主の権力の象徴を完全に消し去りたい、という次の城主の強い意志が感じら

「小倉藩士屋敷絵図」。幕末期の堀の配置がわかる

新馬場の堀と土塁

（上から）連なった堀障子／隅石に見られる矢穴痕／地下から現れた代米御蔵の高石垣

れる遺構である。

　そして、日本でも有数の規模を持つ堀障子（ほりしょうじ）を備えた堀が小倉城郭南面の発掘調査で発見された。安川電機の敷地南側にあたる部分で、長さ二〇〇ｍにわたり、L字状に屈曲する堀は幅一六～二〇ｍ、深さ約七ｍ、堀底の幅三～六ｍと巨大なもので、堀底には長方形や正方形の間仕切りを持つ区画が二十五以上も設けられ、敵の身動きを止める工夫がなされていることがわかった。

　江戸時代の初めといえば、関ヶ原合戦が終わったばかりの時期だ。小倉城主の細川忠興には、いつまた大きな戦が起こるかもしれないという緊張感があったのだろうか。

　こうした障子堀は大坂城や小田原城などでも検出されているが、これほど大規模に良好な状態で見つかった例は珍しく、小倉城郭の南面を防御する施設としては最大の特徴といえるのではないだろうか。

■石　垣

　近世城郭を特徴づける構築物は何といっても石垣である。堀は地面を掘り下げた遺構で、後世に埋められるのが常だが、石垣は地面から積み上げられたものなので残りやすいし、いらなくなると角（出角（ですみ））の方から取り壊される運命にある。

　小倉城下町では、本丸を中心にいたる所で石垣を見ることができる。まず目を引くのは何といっても天守の土台である天守台石垣だ。これについては第一章で詳しく述べたので省略するが、四百年以上経ってもほとんどズレや孕（はら）みもなく、その築造技術の高さを物語っている。次に大手門脇の連続石垣は南北長一三〇ｍ以上にわたって築かれており、一望に見渡せたのが魅力だったが、現在は商業施設ができたため一部見えにくくなった。この石垣をじっくり眺めていると、積まれた築石の順序や新古の関係、修理の範囲、また仕事の単位が線を引けるかのように見えてくる。一度試してみてはどうだろうか。石の大きさも門に近いほど大きくなり、下部の方では野面（のづら）積みが荒々しく勇壮さを印象づけている。

　石垣をよく見ると、虎口（こぐち）部分、門の部分などの角部（出角）の石は花崗（かこう）岩の切石（きりいし）を使用しており、割った際に楔（くさび）を打ち込んだ痕跡（矢穴痕）が確認できる。一般的にはこの矢穴の間隔が広いのが古いとされているが、小倉城でも幅が広いもの、狭いものが両方見られ、後に積み替えた箇所があることがわかる。

石垣は地震や豪雨でよく崩壊したようで、小倉城でも幕府に石垣修復を届け出た図面が残っている（二七頁の「小倉御城図」参照）。

紫川沿いに設けられた代米御蔵跡の六番石垣は高さ六・四mもあり壮観だが、後世に埋められて日頃目にできたのは天端から一・五mの高さしかなかった。五m以上も埋められて現在の地表面になっていたのは驚きであった。

また、代米御蔵の石垣調査で最も注目されたのは、普請所門脇の北側に築かれた石垣のうち、五個の根石部分に墨で書かれた文字（墨書）が発見されたことである。それには「村上八郎左」「村上八郎左　東組□月八日」「村八　大組」「大」などと記されていた。また、根石下の胴木周辺からは十五世紀の中国製白磁皿の底面に「上」という墨書文字が見られたことから、瀬戸内海で活躍した村上水軍の末裔村上八郎左衛門景広が細川家に召し抱えられ、自らの家紋を陶磁器に記して石垣構築に携わった事実を示していることがわかったのである。

石垣を築くには非常に高度で緻密な技術が必要であり、小倉城の石垣が、各地から呼び寄せた石工などの専門工人によって築かれた証拠といえるだろう。

■土　塁

土塁は、堀とセットで築かれることが多く、先に紹介した新馬場でもそうだった。堀から出た土をそのまま横に盛り上げれば、高さと深さが加算され防御機能が強化される。しかしこうした遺構は、それが必要ではなくなった時に真っ先に除去される運命にあり、小倉城では目に見える形で近年まで残っていた土塁も大半が削られてしまった。

（上から）「村上八郎左」と墨書された築石（代米御蔵跡）／土塁の築造過程を示す土層（備後守屋敷南側土塁跡）／城郭の南限を守る巨大な堀（備後守屋敷南側土塁跡）

現在、江戸時代の土塁は思永中学校運動場の西側スタンドに残っており、外から見るとこんもりとした緑地帯になっている。この高まり自体が土塁で、その西側は今はバス通りになっている堀に続いていく。

大手町に所在する備後守屋敷南側土塁跡の発掘調査前には、もともと大規模な土塁が一〇〇m以上にわたり残されていたが、近代以降は給水塔が建設されたり、防空壕が掘られていたりして、かなりの破壊が進んでいた。

共同住宅建設工事に先立って調査が行われた結果、土塁は最大幅が三四m、高さは現状で五・五mあり、その北側基底部には石組み排水溝も備えているが、上面を後世に削られており、復元すればおそらく高さ八mを超える巨大な土塁と考えられる。また堀の規模は幅が一七～二〇m、深さは約九mもあり、その規模の大きさに驚くほかない。

幕末期の「小倉藩士屋敷絵図」を見ても、石垣とは違う二重線で縁取りされた部分は土塁の表現と考えられるので、まさに小倉城郭のいたる所に土塁が築かれていたことがわかる。

■門

小倉城には、大小合わせて四十八の門があったと、延享（一七四四～四八）・寛政（一七八九～一八〇一）年間の幕府巡見上使御答書には記載されている。まずは城郭の内外を分ける外堀部分に築かれた外郭の門、天守や本丸の出入口に設置された城内の門、城内から曲輪に至る所にある仕切門、また石垣の中に設けた埋門などがあり、その構造も櫓門、薬医門、高麗門など多様だ。

大手門は、細川忠興時代には西側（西ノ口門）に設けられていたが、小笠原時代になり今の位置に変えられたという。発掘調査はされていないが、いずれも城内では虎ノ門に次ぐ大きな門である。二階は渡櫓になっており、南北に向いていた。門をくぐって西に折れれば槻門に続くが、大手門は内枡形になっており、左右の隅石は非常に大きな石を積み上げ、正面には大きな鏡石がはめ込まれている。

槻門は、勝山公園整備前に一部発掘調査も行われている。南北向きの櫓門で、藩主、家老、菩提寺住職、英彦山の座主のみが通ることのできる格式の高い門である。今でも瓦敷の路面上に礎石が残っているが、花崗岩の石垣は火熱を受け、慶応二（一八六六）年の第二次長州戦争の名残を留めている。極めて珍しい遺物として、中国の元時代の青花磁器瓶や鉢がこの門と西にある鉄門周辺から出土しており、付近の渡櫓内に保管されていた可能性もある。

鉄門は一般武士が通る門で一連の調査で石

槻門の礎石も東西に残されている

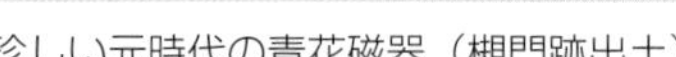

珍しい元時代の青花磁器（槻門跡出土）

段、石敷、石組み側溝などが検出されているが、明治期の軍事施設建設の際に大きく破壊を受けており、門跡は確認できなかった。一間半の幅の階段西側の石垣にはやはり長州戦争時に焼けた痕跡が残っている。

虎ノ門虎口石垣の中央に巨大な鏡石が見える

西ノ口門は大手門に対しては搦手門（裏口の門）にあたるが、細川忠興の築城当時はこちらが大手門であった。西ノ口門の北側にある本丸石垣には古期の石垣に新たに積み足した石垣が確認でき、この門周辺が改変されていることを物語っている。

多聞口門は本丸北側と北ノ丸を繋ぐ門で、八坂神社への通用門であるが、その構造については第二章で述べている。

虎ノ門は城の北東（寅）の門で、藩主が城内に入って下屋敷に向かう位置に築かれている。二ノ丸に住む上級家臣もここから登城したという。二度にわたる発掘調査では石垣沿いに石組み側溝と礎石列が検出されている。門の構造ははっきりしないが、櫓門ではなく、東西方向を向いている。門を入っての通路幅は石垣沿いの土手や植栽を除いても七〜八mはあったと思われる。この桝形部分にも巨大な鏡石がはめ込まれ、当時の威風を感じさせる。

最後に大門について紹介しておこう。常盤橋を渡り西曲輪に入ると長崎街道が西へと続いていくが、室町五丁目（今の室町二丁目）の先を北に折れると、左手に三×八間の大きな櫓門が聳えていた。東西に向いた門で、くぐると突き当たりに妙乗寺が位置している。発掘調査では直径が二m以上もある門の礎石の抜き取り跡と見られる遺構が見つかり、周囲の石塁や石垣との位置関係から、左のような櫓門が復元されている。旅人たちはこの門

CGで甦った大門

火災で炎上・落下した平櫓の天井部分（写真中央、代米御蔵跡）

を西からくぐると、小倉城下町の中心部に辿り着いたことが実感できたことだろう。

■櫓

先に見た延享・寛政年間の幕府巡見上使御答書には、城中の大小一四八カ所に櫓があると記されている。そのうち一一七基は平櫓、十六基は二階櫓、十二基は門櫓である。櫓はもともとは矢を収める武器庫、あるいは矢を射るための場所のことで、「矢蔵」「矢倉」とも書く。小倉城では石垣で築いた城壁上に建てられたものが多く、天守に連続する西側には、北面する続櫓を配している。

先に述べたような大門や槻門は櫓門形式で、防御・監視機能を高めたものになっている。

小倉城代米御蔵跡では、絵図にも描かれた南東隅の平櫓が、幕末期の長州戦争で焼け落ちた状況で堀の中から出土した。薄い杉のへギ板と竿縁を組み合わせた天井板の部材で、棟を東西方向に向けて倒壊し、焼け焦げてはいるが、非常に丁寧かつ装飾性がある瀟洒な造りだったようだ。ただ、幕末期の絵図では南東隅の櫓は棟の方向を南北に向けていることから、焼けて石垣から堀に崩壊・転落するとすれば南北石垣に並行して見つかると考えられる。あるいは絵図にない櫓があったのか、櫓の棟方向を変えて建てられた時期があったのかもしれない。

このように、小倉城郭の発掘調査は予期せぬ事実をいくつももたらしてくれている。

［佐藤］

海を強く意識した防御体制

■近世城郭と幕藩体制

近世城郭は十六世紀末に天下統一を成し遂げた豊臣政権および政権に服属した諸大名が採用した築城技術（織豊系縄張り技術）によって形成された。中でも、堀・石垣・土塁などの土木構築物、門・櫓などの建造物は近世城郭の形状を規定する重要な構成要素である。

各曲輪の縁辺部には土塁や石垣、そして空堀によって仕切られた強力な遮断線が構築された。一方、堅固に防御された曲輪と比べて攻略対象となりやすい開口部（虎口）は、攻撃と防御を兼ね備えた枡形虎口や馬出しといった技巧的な虎口を城門とすることで防御上の弱点を克服しようとした。その結果、各曲輪の塁線は堀・石垣・土塁などの土木構築物によって強力に遮断されるとともに、門や通路の配置が固定化され、攻め手に対して防御と反撃を組み合わせて対処する守り手側の配置を順序立てて設定することが可能となった。

このように、曲輪と虎口が一体となって外部からの侵入を防御する仕組みを繰り返すことで、本丸を中心に下位曲輪に至るまで各曲輪を単位とした組織的な防御体制が整備された。その仕組みはあたかもスポーツ競技の団体戦の編成（大将・副将・中堅・次鋒・先鋒）のように各曲輪が本丸・天守を頂点に階層的に配列された点で、地形の高低差に沿って曲輪を並べた従来の戦国期城郭とは一線を画するものであった（千田嘉博『織豊系城郭の形成』）。

近世城郭の場合には、当主や重臣が編成した各隊がそれぞれの持ち場に入ることが、そのまま当主のいる本丸や天守を頂点とする求心的な防御体制下に編成されることを意味した。さらに、十七世紀に入り、幕藩体制の安定から諸大名間の紛争が抑制されると、戦時の軍事編成はそのまま平時の家中編成に転用された。城主が日常生活・政務を営む御殿が本丸の中にあり、周辺の曲輪内に重臣団屋敷が配置された姿は、軍事と政治が一致する幕藩体制の秩序を視覚化したものとなった。それゆえ、幕藩体制が続いた十九世紀半ばまでの間、近世城郭は大きく改変されることなく当初の姿のまま機能し続けたのである。

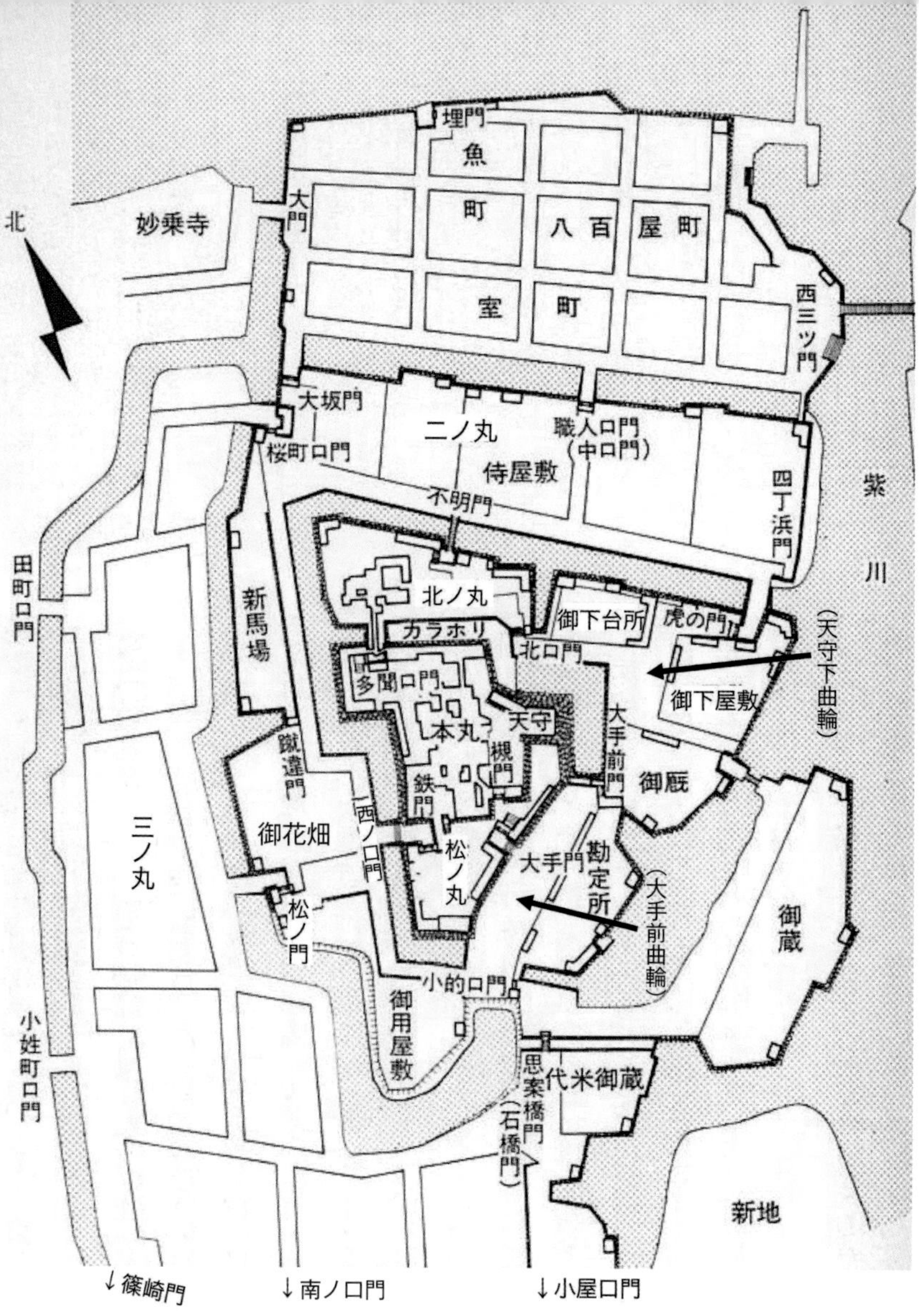

小倉城縄張り図（松岡利郎氏提供の図に加筆）

ところで、本丸・天守を頂点とする階層的な曲輪配置を反映して、近世城郭では本丸から周囲の下位曲輪になるに連れて堀・石垣・土塁の使い分けが見受けられる。おおよその傾向を見ると、中枢の本丸（主郭）部分は総石垣の塁線で囲繞（いにょう）され、技巧的な虎口と天守・櫓などの大型塗籠（ぬりごめ）建物を組み合わせるなど最も堅固な防御が施された軍事性の強い空間であった。ところが、二ノ丸・三ノ丸など相対的に序列が下がるに連れて、石垣塁線が土塁に替わるように防御施設は簡略化された。そして、周縁部の惣構（そうがまえ）・外堀に至っては、土塁・空堀など土造りの塁線が基本となり、惣構上の城門とその周囲にだけ石垣や多聞櫓がパーツのように配置されるようになった。このような堀・石垣・土塁の使い分けは、そのまま近世城郭における主郭への求心性、すなわち近世の身分制秩序のあり方を反映したものである。したがって、現存する城郭遺構や当時の様子を描いた城絵図から構築物の配置などを読み解くことで、近世幕藩体制下の身分秩序を分析することが可能となる。

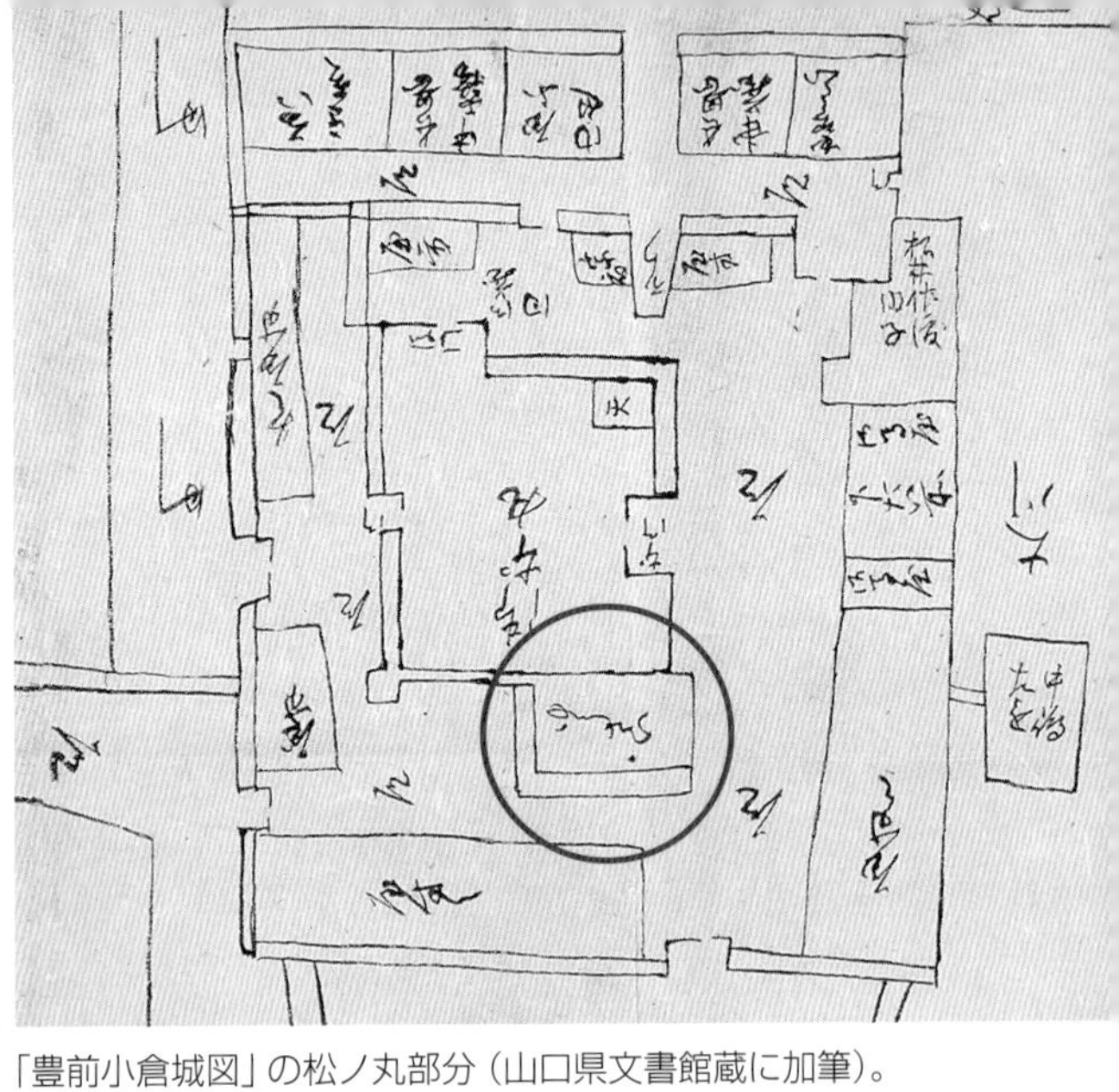

「豊前小倉城図」の松ノ丸部分（山口県文書館蔵に加筆）。「ゆうさい」とあるのが細川幽斎の隠居屋敷

■本丸・松ノ丸・北ノ丸の堅固な防御

近世城郭の特徴を念頭に置きつつ、小倉城では堀・石垣・土塁などの土木構築物や門・櫓などの建造物がどのように配置されたのか読み解いてみよう（曲輪や門の名称については一四三・一四六頁の図を参照）。

小倉城の中心部は勝山丘陵の北東隅を堀と石垣で区画して造成された。東側塁線は丘陵斜面を利用した高石垣であり、西側塁線は逆に丘陵部分を空堀で掘り抜き、法面に高石垣が施された。それらの塁線上を天守・小天守や櫓、多聞などの大型塗籠建物が取り囲み堅固な防御が施された。

まず、本丸・北ノ丸・松ノ丸で構成された主郭部の構成を見ると、城主（細川氏・小笠原氏）の御殿は本丸と北ノ丸にあった。当時の奉行衆の「日帳」からは、本丸には城主が居住し政務を執る御殿があり、北ノ丸には城主と家族の近親者、友人らとの私的な対面・遊興の場（山里）があったことがわかる。小笠原氏時代の絵図「北御丸絵図面」（小笠原文庫）では、北ノ丸は城主の家族が住む奥となっている。一方、「豊前小倉城図」を見ると、松ノ丸は塀で仕切られた屋敷地となっており「ゆうさい」と記されている。これは、細川忠興の入城当初にはここに父幽斎（藤孝）の隠居屋敷があったことを示す。寛永二（一六二五）年に作成された「小倉御城図」にも松ノ丸には屋敷地の区画があり、忠利（忠興の子）の代になっても屋敷地が解体されていなかったことがわかる。当時の古記録から松ノ丸の屋敷には本丸御殿に詰める藩士の詰所が置かれていたようである。そして、小笠原氏時代の正保年間（一六四四～四八）に作成された「豊前国小倉城絵図」では、松ノ丸の区画は再編を受け、一部が塀で仕切られ、鉄門から西ノ口門への通路に改変された。

続いて、本丸に対する北ノ丸・松ノ丸の役割を見てみよう。

本丸の三つの門（槻門・多聞口門・鉄門）は、松ノ丸と北ノ丸に続き、松ノ丸を経て大手門・西ノ口門へ、そして北ノ丸を経て北口門・不明門を通ってさらに下位の曲輪へと連なる。これにより、本丸を基点に松ノ丸、北ノ丸、二ノ丸、三ノ丸などを受け持つ各軍団が城郭の形状（縄張り）と一体的に機能するように計画的に配置された。

北ノ丸は空堀を挟んで本丸の北側に位置する。本丸と北ノ丸の間は多聞口門の土橋で繋がり、北ノ丸の二つの虎口（北口門・不明門）は、それぞれ二ノ丸と御下屋敷・御下台所・御厩の曲輪（以下、天守下曲輪とする）に続く。北ノ丸の役割は、本丸から見た場合には多聞口門を防御する門前の緩衝地帯であり、出撃に関しては北口門・不明門から外へ押し出すための武者溜として機能する。

北ノ丸のように出撃と防御を兼ね備えた溜の空間を城郭研究では「馬出し」と呼ぶ。馬出しは戦国後期に東国の武田氏・後北条氏が積極的に用いたことで知られている。一方、

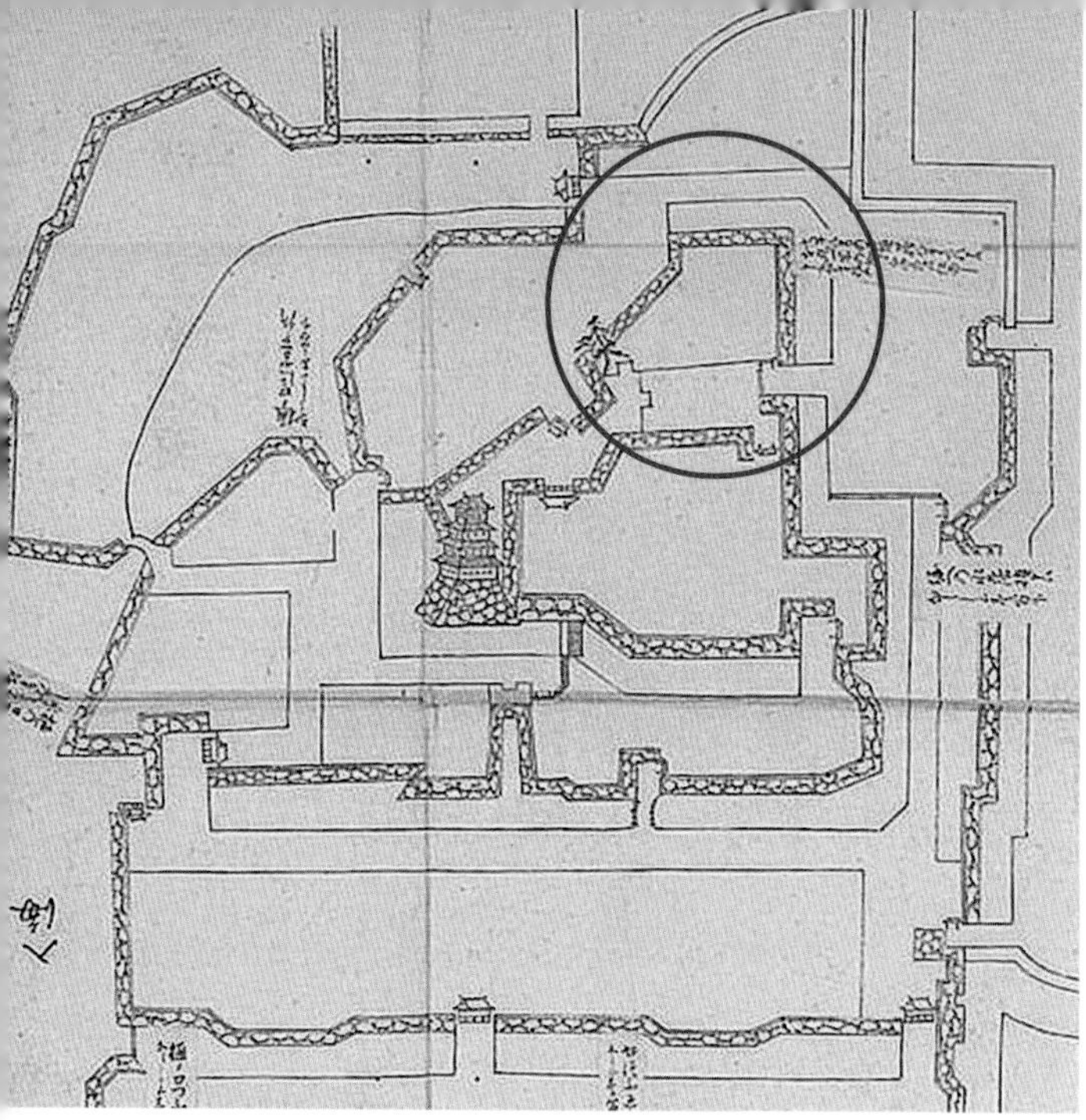

西国では統一政権を創出した織田・豊臣政権が枡形虎口とともに馬出しを積極的に採用し、この技術が近世城郭に継承された。

織田・豊臣政権が採用した段階では、馬出しの役割は空堀を越えた対岸に築かれた小規模な橋頭堡であった。ところが、近世城郭が大型化するのに伴い、馬出し部分は一般の曲輪と変わらない規模にまで肥大化した。一般の曲輪と同等の規模を持つ北ノ丸の形状は当時最新の築城技術が反映された姿である。

一方、本丸の南側に位置する松ノ丸は、屋敷地手前の通路部分が前述の馬出しの緩衝帯の機能、すなわち東側の大手門と西側の西ノ口門に振り分ける武者溜の役割を担った。

以上のように、石垣や城門・櫓の配置から、小倉城の主郭部は本丸を中心に北ノ丸や松ノ丸が南北を固めて一体的に機能するように計画されたことがわかる。このように、藩政時代の小倉城主郭部は、周囲を天守などの塗籠式大型建物と高石垣、そして馬出しなどの技巧的な虎口プランの採用により厳重に防御された閉鎖的な空間であった。現在は主郭部の各曲輪には櫓や塀はほとんど残されておらず、復興天守やモニュメントが建つばかりであるが、現存遺構を辿ることで、当時最先端の技術的指向と築城技術が随所に盛り込まれた堅固な防御を垣間見ることができる。

「小倉御城図」の松ノ丸部分
(下が北、公益財団法人永青文庫蔵に加筆)

■主郭部を取り巻く周囲の曲輪群

次に、主郭部を取り巻く周囲の曲輪群――大手門前の曲輪(以下、大手前曲輪とする)、天守下曲輪、二ノ丸、新馬場、御花畑、御用屋敷、御蔵および三ノ丸――を概観する。

「豊前国小倉城絵図」(国立公文書館蔵)を見ると、これらの曲輪群のうち、塁線が総石垣となっているのは大手前曲輪・天守下曲輪と二ノ丸、新馬場である。これに対して、御花畑の内側の堀は石垣塁線を持つが、松ノ門を境に石垣塁線から土塁に替わる。これに続く南側の御用屋敷はすべて土塁囲みである。また、御蔵は紫川に面した部分に石垣塁線が延びるが、内側は砂州のままである。一方、御花畑・御用屋敷の外側を囲む三ノ丸では、南ノ口門より東側の塁線には高石垣が連なるが、南ノ口門より西側の塁線は土塁となっている。この南ノ口門までが狭義の城郭部分と捉えることができる。

狭義の城郭部分における曲輪の繋がりを見ると、本丸を基点として、最初に馬出しとなる第二郭グループ(北ノ丸・松ノ丸)に続いて馬出しを繰り返す(これを重ね馬出しと呼ぶ)第三郭グループ(大手前曲輪・天守下曲輪・二ノ丸・新馬場・御花畑・御用屋敷)を形成する。具体的には、二ノ丸は本丸を基点に北ノ丸→二ノ丸と馬出しを二つ重ねた曲輪である。同様に、御花畑も本丸を起点に松ノ丸→御花畑と馬出しを二つ重ねた曲輪である。

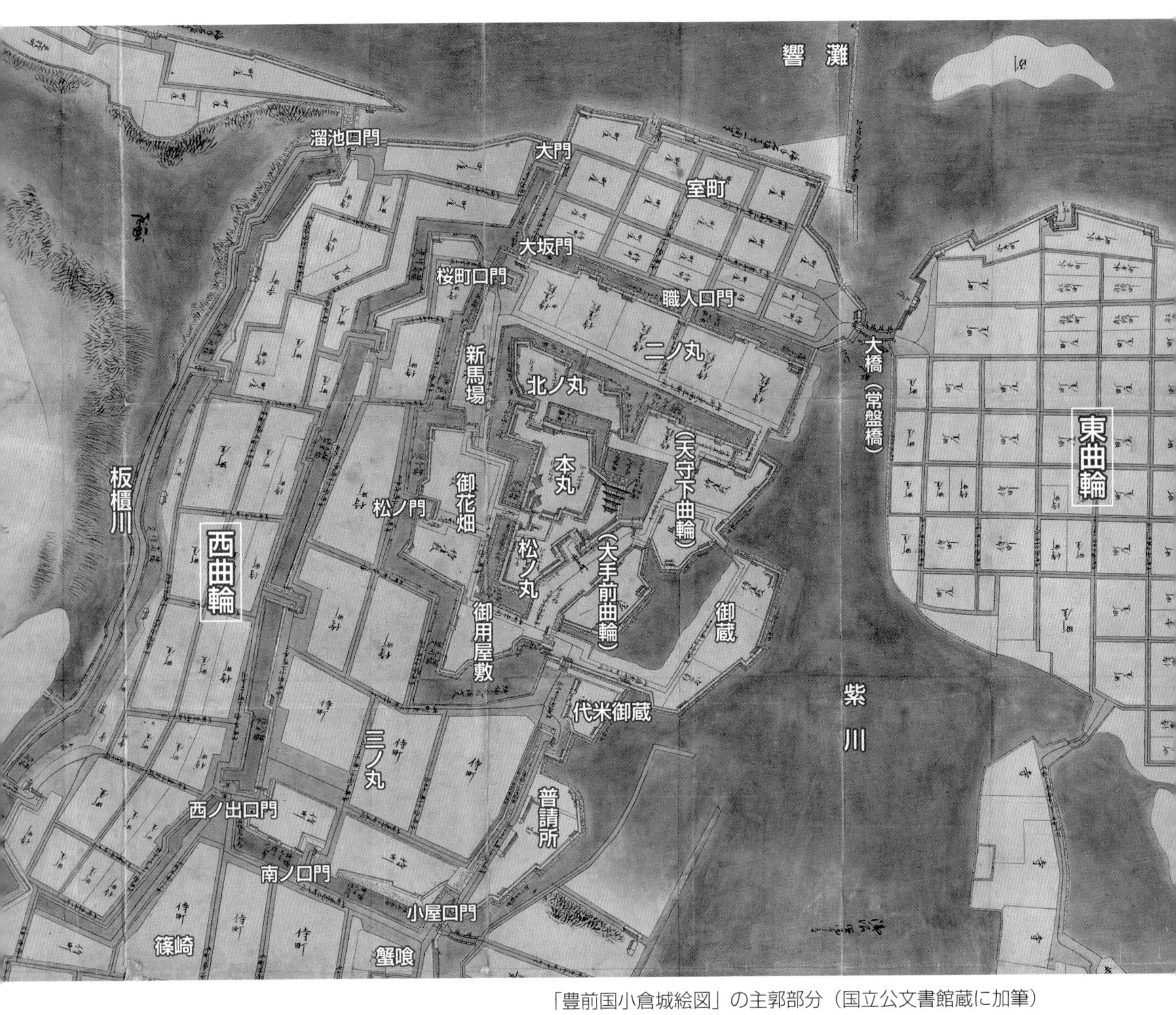

「豊前国小倉城絵図」の主郭部分（国立公文書館蔵に加筆）

さらに御花畑から松ノ門を経て、その外側に三ノ丸が広がる。このように本丸から各方向に馬出しパターンを二〜三回繰り返し、異なる方向に重ねた馬出しが相互に繋がり、あたかも周囲の曲輪が主郭部を守るように配置されたかのような同心円状の曲輪群が形成される。

一般的な城郭の入門書を見ると、このような形状を指して「輪郭式」という分類を時折見かけることがある。小倉城の第三郭グループの形状などはまさに輪郭式の模範例のように映る。ところが、輪郭式の用語は、近世城郭に至る縄張り技術の系譜である重ね馬出しの用法を鑑みないまま、輪郭状に曲輪が連なる様子をそのまま輪郭式と呼んだものに過ぎない。本来ならば、本丸を基点に各方向に馬出しを重ねる近世城郭の発達モデルの一つとして評価すべきものである。

■二ノ丸と三ノ丸

二ノ丸と三ノ丸には家老をはじめとする大身家臣団の屋敷が建ち並んだ。

主郭部の北側にある二ノ丸は塁線が総石垣である。特に、北側正面・東側塁線は石塁になっており強力な遮断線を構築した。正面の水堀には紫川に向けて閉塞石塁を置き、中央の職人口門と西側の大坂門はそれぞれ土橋で空堀を仕切った。更に北側正面の塁線は中央の職人口門を挟んで左右対称となるように均等に凸状の張り出しを築くなど、狭義の城郭部分の最も外側を防御する役割を強く意識したプランとなっている。

二ノ丸に対して、主郭部の南西側に空堀を挟んで位置する新馬場・御花畑・御用屋敷各曲輪の外側を取り囲むように配置された巨大な曲輪が三ノ丸である。

三ノ丸は南側正面を一直線に空堀で仕切り、背後の丘陵からの侵入を強力に遮断する意識が強い。また、紫川に繋がる空堀は小屋口門の土橋で閉塞し、中央の南ノ口門と西側の西ノ出口門もそれぞれ土橋で空堀を仕切った。この配置は前述の二ノ丸の城門の配置と類似したものである。本丸・北ノ丸・松ノ丸などの狭義の城郭部分に対して、北側の二ノ丸と南側の三ノ丸で防御することを強く意識した配置といえる。ただし、三ノ丸は総石垣ではなく、二ノ丸で見られた均等配置の凸状の張り出しは採用されていない。相対的に見ると二ノ丸の方が三ノ丸よりも防御施設が充実しており、小倉城は響灘に面した北向きに対する防御意識の高さが見て取れる。

ところで、三ノ丸の小屋口門に続く城道は、三ノ丸の東側塁線と代米御蔵・普請所の敷地の間を通って、小屋口門に至る。代米御蔵・普請所の敷地は勝山丘陵と紫川に挟まれた低地部分にあたる。地形条件の制約から細長い形状になっているが、主郭部の南東側に城道を確保しようとする築城主体の意識を読み取ることができる。

以上のように小倉城中心部分の石垣塁線と土造り部分の配置を見ると、丘陵地を占める広大な三ノ丸を後背に据え、主郭部を中心に海側と東側の紫川河口に向けて石垣塁線を持つ堅固な城域を構築しようとした細川忠興の意図を読み取ることができる。

■外曲輪の石垣と土塁

最後に、最も外側に配置された武家屋敷や寺院・町家が並ぶ城下の外曲輪と惣構を概観する。

外曲輪は、東曲輪と二ノ丸の北側に位置する室町・魚町・八百屋町などの町場を取り込んだ曲輪を含む西曲輪、そして南側の武家屋敷地（篠崎・蟹喰）の曲輪に分かれる。

西曲輪の中でも二ノ丸北側の室町周辺の曲輪はすべての塁線を石垣で固め、大門から西三ツ門までの海岸部分には埋門を配するなど、響灘沿岸・紫川河口を押さえる最前線の橋頭堡を強く意識した配置となっている。そのような曲輪の中を長崎街道が通り、街道沿いに町人地が組み込まれている。この町人地の住人は城主・家臣団と密接な関係を持った特権商人層の可能性が高い。

この曲輪の東西に位置する東曲輪・西曲輪を見ると、河口に面した内側は土造りの塁線が目立つが、それ以外の二ノ丸北側の曲輪から両端に続く海岸部分は、東曲輪の門司口門から大橋（常盤橋）まで、西曲輪の大門から溜池口門までの間はすべて石垣塁線である。しかも、塁線上には均等間隔で埋門や横矢掛りの張り出しが築かれており、二ノ丸北側の曲輪の海岸部分を延長して同等規模の防御が施されていたことがわかる。

これに対して、南側の武家屋敷地を含めて東曲輪・西曲輪の後背地を囲い込む南側の惣構は、大半は土造りの土塁と水堀を組み合わせたものに留まる。そして、開口部にあたる門司口・中津口など惣構上に設置された城門および門の周辺部分のみ局所的に総石垣で固められた。もちろん惣構自体も遮断性は高いが、石垣塁線を持つ海岸部分との使い分けが見受けられる。

以上のように、響灘沿岸・紫川河口に向かって二ノ丸北側の曲輪を中心として東西に長大な石垣ラインが築かれた小倉城は、海岸部分の防御を強く意識するとともに、城自体が関門海峡を押さえる「水軍基地」や「（軍事）物資の運搬」としての水城・海城の性格を強く前面に打ち出したプランとなっている。このような城郭の縄張りからも関門海峡の停泊地である小倉津の要塞化を目指した築城主体の意図が見て取れる。

■小倉城の櫓と門

今日、小倉城では天守をはじめ櫓や門に至るまで藩政時代の建物は残っていない。また、形状を記録した指図や絵図類もほとんど残っていない。古記録・文献史料にしても、天守は藩政時代の記録からおおよその大きさや間取りを把握することができるが、それ以外の櫓や門については断片的な記録しか残っていない。

藩政時代の櫓や門について、延享三（一七四六）年「巡見上使御尋之節、申上様の次第」（『福岡県史資料』第二輯、一九三三年）によると、小倉城の櫓数は本城と外曲輪を合わせて大小一四八カ所になる。このうち、平櫓一一七カ所・二階櫓十六カ所・門櫓十二カ所とする（上記分類に当てはまらない櫓が三カ所となる）。一方、門は四十八カ所とあり、櫓を伴わない門（冠木門など）が三十六カ所だとわかる。また、巡見上使の報告には、城内の建物や城壁から攻め手に射掛ける矢狭間の数も重要視されていたようで、細かく数値が計上されている。天守・惣櫓・惣外曲輪の矢狭間は三二七一カ所であり、内訳は外曲輪が一三八一カ所・内曲輪（城内か）は一八九二カ所（ただし、二カ所は重複の可能性が高い）とする。

現時点ではこれらの櫓に関する指図などの資料は確認されていない。一方、発掘調査では、思案橋の南側にある代米御蔵跡の調査において南東出角櫓のものと思われる焼け焦げた天井板の部材、杉材による竿縁天井の部材や天井を吊るす竹の添木などが直下の堀底から検出された。紫川に近い立地から地下水位が高く腐朽せずに保存されていたものである。また近年では、天守台下の石垣測量に伴う内堀の調査から天守のものと思われる柱材・床板材などの建築部材が発見された。いずれも断片的ではあるが、当時の建物の存在および櫓の様式を知る貴重な手掛かりといえる。

［中西］

堀や石垣の解体

■九州の玄関口として再出発

慶応二（一八六六）年に徳川幕府の第二次長州戦争に参戦した小倉藩（小笠原氏）は、戦況の悪化により小倉城と城下を自焼し内陸の香春（後に豊津）へ撤退した。しかし、戦後に小倉への復帰と藩士の還住が実現せず、小倉城・藩役所・武家屋敷などの再建に着手できないまま廃藩置県を迎えることになった。小倉の市街地は荒廃し、城内や周辺の惣構などは空閑地として放置されたものと思われる。

明治四（一八七一）年の廃藩置県により小倉県庁が室町に置かれ、旧小倉城内に小倉鎮台（後に歩兵第十四連隊→第十二旅団本部→第十二師団司令部）が設置された。その後、小倉県が廃止され福岡に県庁が移ったため、小倉は軍隊の駐屯地を核に再出発を図ることとなった。明治二十年測量「陸地測量図・小倉」を見ると、この段階では、小倉城と周囲の惣構は旧城内を除けばまだ良好な状態で残されていたことがわかる。

■近代に失われた小倉城跡の堀・石垣

小倉の近代化に伴い、小倉城・城下の遺構は次第に解体されていくが、最初の大きな契機は明治二十四（一八九一）年の九州鉄道の開通であった。鉄道は、北側の海岸沿いから西側の板櫃（いたびつ）川沿いの低地帯を通り、当時の小倉の中心市街・官庁街であった室町に小倉駅（現在の西小倉駅）が開業した。この時の鉄道工事で海岸沿いの石垣塁線は整地により埋め立てられ、西側の土塁・堀は解体された。続いて、明治四十四年には二ノ丸北側の堀を挟んだ対岸に九州電気軌道の路面電車が走り、小倉駅に近接して停車場（室町）が設定された。この時の道路拡幅により堀幅はかなり狭められた。さらに、大正十一（一九二二）年には二ノ丸内の軍用地払い下げを受けて、当時の小倉市が庁舎や図書館を建設した。この時の払い下げにより、二ノ丸から大手門前に道路が通され、大手前門や小的口門の石垣塁線も解体、あるいは整地により埋め立てられた。

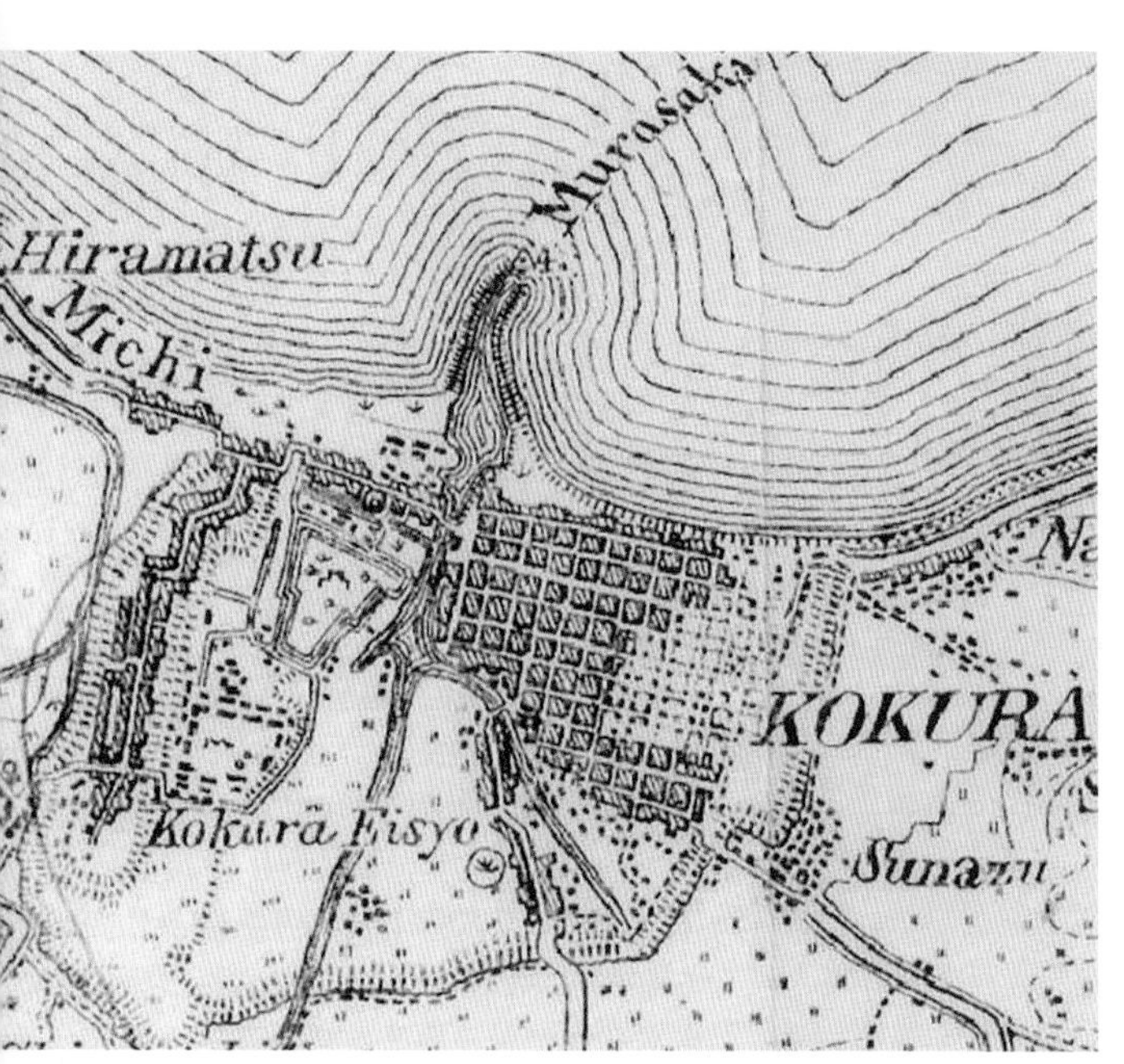

明治20年測量「陸地測量図・小倉」（部分）

　一方、城内側は軍隊の兵営・練兵場が置かれた。明治三十一年測量「陸地測量図・小倉」を見ると、旧三ノ丸地区は歩兵第十四連隊の兵営・練兵場などが占める。この頃までには三ノ丸南側の南ノ口門・西ノ出口門などの石垣塁線は解体され堀も埋められている。同年には旧三ノ丸地区の北側に小倉陸軍兵器支廠（ししょう）・兵器庫が新たに設置された。部分的には内部の区画改変は進んだが、この段階では大掛かりな改変までは至っていない。

　その後、軍隊や軍事施設が小倉城外に移転したが、兵器工場の誘致に成功したことにより、城内には広い敷地が必要となった。これに伴い大がかりな造成が始まり、城内の周辺環境は大きく変わることになった。昭和八（一九三三）年に陸軍造兵廠東京工廠が移転し小倉工廠が開設された。この時、旧三ノ丸から南の旧惣構に至る広大な土地が小倉工廠の敷地に再編された。敷地内には多数の工場が建ち日豊本線から複数の鉄道引込線が敷かれた。この頃までには周辺を仕切っていた西側や南側の土塁・空堀は改変され、旧惣構の西半分は大半が消滅した。最後に近年まで蟹喰口門跡近くに土塁跡が辛うじて残されていたが、これも開発行為に伴う記録保存を経て消滅した。

軍用地として変容し続けた旧城内やその周囲の旧西曲輪と比べると、旧東曲輪の惣構は海岸の鉄道部分を除いて明治期には大きな変化は見られなかった。明治二十年測量「陸地測量図・小倉」でも、東側の門司口から神嶽川までの惣構（土塁・堀）が良好な状態で残されていた。また、紫川下流の中島地区は低地帯だったこともあり、神嶽川から香春口・豊後橋までの間の惣構も確認できる。

しかし、明治期後半には次第に都市化の波が押し寄せてくる。紫川河口の低地帯が造成され製紙工場などが建設され、周辺に労働者住宅が建ち並ぶなど急速に市街地化が進んだ。昭和十年の「小倉市地図」を見ると、旧東曲輪の惣構は土塁がほぼなくなり、南東側（神嶽川－香春口－豊後橋）の水堀も堀幅が狭くなっている。現在では神嶽川から香春口までの部分に細い水路が残る以外、水堀は道路となっている。一方、惣構の東側（門司口－神嶽川）の堀は神嶽川の放水路の役割を担い、砂津川と呼ばれるようになった。

大日本帝国陸地測量部「一万分一地形図・小倉」（部分、明治31年測図、国土地理院蔵）

■戦後の開発行為と小倉城跡

第二次大戦後、連合国に接収されていた旧小倉工廠などの軍用地は昭和三十四（一九五九年）年に返還された。これを契機に、中心市街地室町や市庁舎・図書館などに近い立地を活かして小倉市制六十周年を記念した「小倉大博覧会」が企画され、小倉城復興天守が建設された。また、同時期に小倉市民会館が完成するなど城内は都市公園・文教地域として整備が進められた。

北九州市が発足し、一九七〇年代に入ると、昭和四十七年に北九州市役所が完成して昭和五十年には中央図書館が建設されるなど、城内には庁舎・公共施設が建ち並ぶようになった。しかし、その過程でそれまで残されていた石垣塁線などの遺構および明治期以降に埋め立てられた遺構の多くが記録保存後の解体を余儀なくされた。特に、一九九〇年～二〇〇〇年代には公共事業が活発化し、市役所周辺の整備事業が相次いだ。二ノ丸家老屋敷跡

「小倉市地図」（昭和10年、国書撰奨会発行、福岡県立図書館蔵）

・下屋敷跡・御蔵跡・御厩跡・代米御蔵跡・御花畑跡・大手ノ勢溜跡・御用屋敷跡など広い範囲で小倉城跡の関連遺跡が開発行為の対象となり、記録保存調査を経て解体された。現在では主郭部（本丸・北ノ丸・松ノ丸）とその周囲の水堀に当時の遺構が残るのみとなった。

今後、記録保存されたデータを集成して研究を進めることで、主郭部（本丸・北ノ丸・松ノ丸）とその周辺の現存遺跡を保全し、文化財保全の意識醸成と小倉城跡の歴史的価値および学術的価値を後世に伝える取り組みが求められる。［中西］

［コラム］豊前小倉の名産小倉織

小倉織は、江戸時代の初めから豊前小倉の名産とされた綿織物で、袴や帯として使用された。その起源について税田昭徳氏は、藩主であった小笠原氏が信濃から伝えたとする「信州起源説」と木町に住む老婆による「小倉起源説」があったが、細川小倉藩時代にはすでに小倉織があったと指摘している（「小倉織　その再見と私考」）。

その根拠の一例として、江戸中期の国学者柏崎具元（かしわざきともと）が著した「事蹟合考（じせきがっこう）」巻の三には、隠居後の徳川家康が鷹狩（たかがり）の際に小倉織の袷（あわせ）の羽織を着ていたとの記述がある。これは家康が隠居した慶長十（一六〇五）年から死去する元和二（一六一六）年までにあたり、当時は細川氏が小倉を治めていることから、小笠原氏入城以前にすでに小倉地方で織られていたと考えられる。

また永尾正剛氏は寛永年間（一六二四～四四）の細川家に関する史料である「奉書」や「日帳」に、小倉織を贈答品として用いた記録が見られることを指摘している（「文献史料にみる豊前『小倉織』の歴史的変遷」）。日本では十六世紀頃から木綿栽培が始まり、江戸時代に入り全国的に普及したが、小倉織はそのような木綿の全国普及期において、すでに「小倉」の地名を冠するブランド布として確立していたようである。

小倉織の特徴は、多くは二本の糸を撚（よ）って一本にまとめた「双糸（そうし）」を使用し、よこ糸が見えないほどたて糸を多く使用した密度の高い布であることにある。この双糸は時代を経るごとに細さが追求され、細い双糸の誕生によって「小糸織」ともいわれる、木綿布の丈夫さと絹布のようなしなやかさを併せ持つ布の製作が可能となった。このような技術革新の努力もあって、小倉織は嘉永年間（一八四八～五四）に最盛期を迎える。『小倉市誌』補遺によれば一カ月で帯五万筋、袴地一万二千反が生産されたという。

しかし、江戸時代を通じて豊前小倉の名産とされながらも、実物資料が乏しい小倉織の実態は不明な点が多い。小倉織が木綿の織物であるためほかに転用されることが多かったこと、幕末小倉城下町が戦災に遭ったことなどがその理由である。明治期になり小倉織の復興と機械化が試みられたが、袴の需要が低下し、岡山など他地域での織物に押された結果、昭和初期頃には廃れてしまい、戦後「幻の布」と呼ばれるようになっていた。現存する小倉織の多くは、明治時代以降に機械で織られた袴地で、その数も数える程度である。

昭和五十九（一九八四）年、染織家の築城則子氏が機械織りの小倉織片を研究し、復元に成功する。また平成七（一九九五）年には小倉織の起源やその技法を研究する豊前小倉織研究会が発足し、活動を広げている。さらに平成三十年には、市内に小倉織を製造する会社も発足した。小倉の人々によって織られ、一時は姿を消した小倉織は、再び市民の手によって織られ、広く伝えられている。［上野］

「諸工職業競　小倉機織之図」

第二部

城下町の変遷

第一章　西曲輪

小倉城「惣構」の誕生

小倉城の中枢部は、紫川の河口部西岸の標高約一〇mを測る丘陵上にあり、少なくとも毛利勝信在城期には城下町を形成していた。慶長七（一六〇二）年以降、細川忠興による小倉城の築城過程においても従来の城下町地域を中心に再整備が進められた。忠興は、旧来の城下町が展開した丘陵地帯の東西をそれぞれ北流する、紫川・板櫃川の両河川を天然の堀として利用し、さらに海岸線から南約一・五〜一・八kmの場所に東西方向の新たな外堀を掘り、この中を西曲輪とした。

一方、本丸から東四kmを隔てた足立山を源流とする寒竹（神嶽）川の下流付近（現在の中津口付近）から北側の響灘に至る約一・三kmの距離を直線に掘り貫き、寒竹川の水を通して東の外堀とした。この東の外堀と紫川との間にあった荒れ地を新たに開き、ここを東曲輪とした。

さらに、西曲輪の北西部の大門から西はすべて浜地であったが、家中の上下男女、在町の男女が総出で埋め立て、帯曲輪を造成した。

江戸時代を通じ、小倉城下町の枠組みは概ねこの西曲輪・東曲輪・帯曲輪の三つの曲輪により構成された。この三曲輪の周囲を、石垣を持つ塀や枡形門、堀、土塁で囲み、「惣構」の小倉城が完成した。この惣構の規模（「御城外曲輪廻リ」）は、「弐里壹丁半」、「丁に積候而者七十三町三十間」（約八km）に及んだと記されている（延享三年「巡見上使御尋之節、申上様の次第」、『福岡県史資料』第二輯、一九三三年）。

西曲輪とは

西曲輪（西郭、西小倉とも）の中心は、従来から城下町の形態を備えていた本丸と北ノ丸および高橋氏の菩提寺である安全寺を移転して新たに造成した松ノ丸であった。この中枢部を取り囲むように、北側と西側に二ノ丸、西側と南側に三ノ丸を配した（『北九州市史』近世）。特に北ノ丸北側の堀沿いには、西から長円寺、心光寺、本就寺が並ぶ寺町を形成していたが、忠興はこれらの寺を移し、二ノ丸として重臣の屋敷地とした。さらにその北側には石垣を有する堀を巡らし、堀を挟んで北の町は、後の長崎街道が通る「諸（室）町」などを含む商業地とした。本丸の西側には、板櫃川を利用した外堀を曲輪の西限として、三ノ丸の東西の堀と内堀を含む五重の堀を構築した。南側の外堀から本丸の間には四重の堀を築き、「侍町」や「鉄砲町」を置いた（「筑前筑後肥前肥後探索書写」）。

西曲輪の内と外とは、各方面の地名を冠した「口」で結ばれ、枡形の門や番所を建てて、厳重に固められた。細川氏時代には、若松口・筑前口・紺屋町口・高月口・黒崎口・平松口・篠崎口・蟹喰口などの名称が見える（「日帳」）。その後、一部の名称は改称され、幕末の「小倉藩士屋敷絵図」などでは、北か

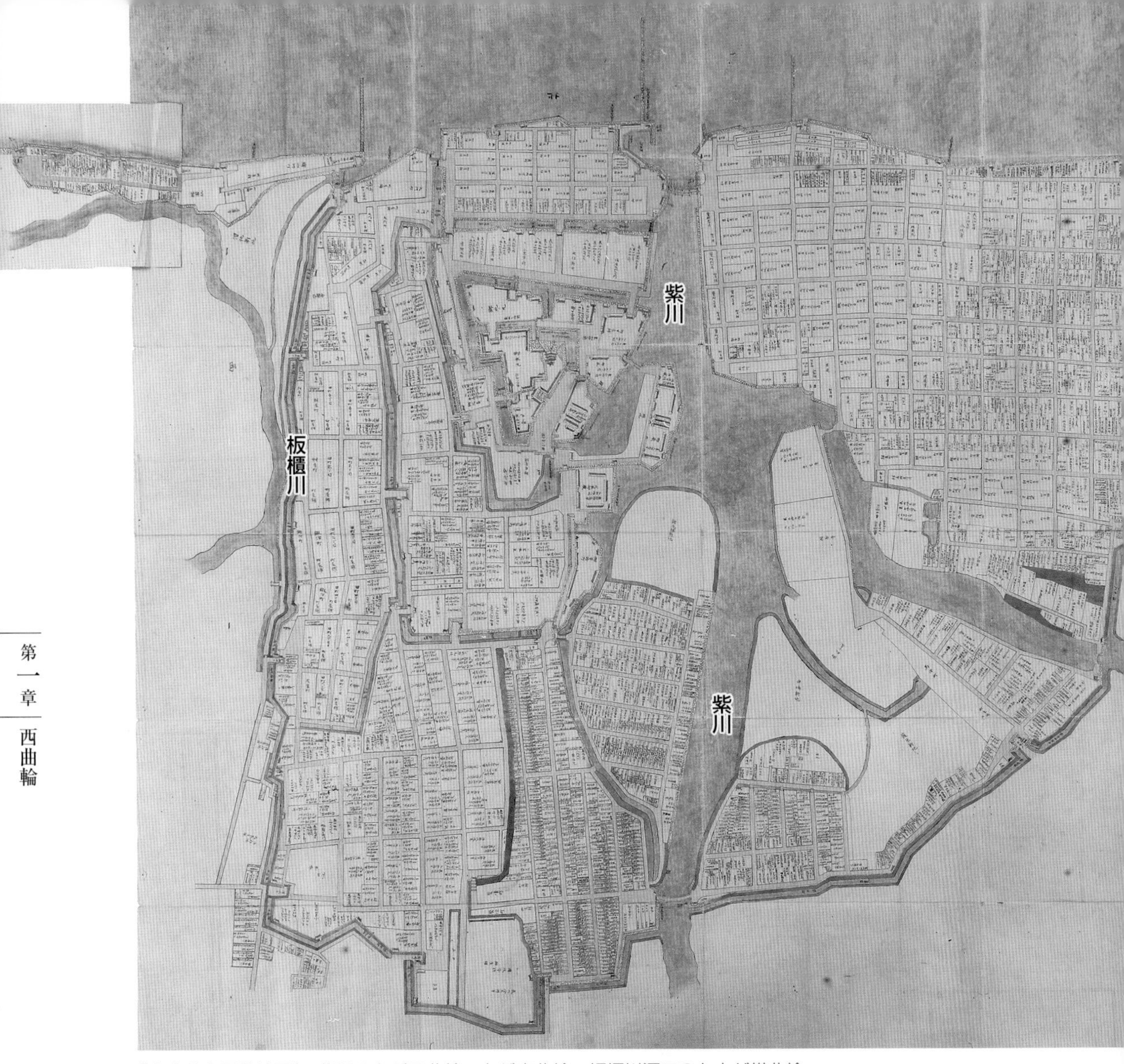

「小倉藩士屋敷絵図」。紫川の左が西曲輪、右が東曲輪、板櫃川河口の左上が帯曲輪

ら溜池口・紺屋町口・到津（筑前）口・清水口・篠崎口・雁喰（蟹喰）口となっている。

細川氏時代（寛永年間〔一六二四～四四〕）の西曲輪には、西魚町、もろ（諸、室とも）町、職人町、手拭町、不断町、田町、紺屋町、蟹喰町、侍町、二階町などの町名があった（『小倉城　小倉城調査報告書』）。

小笠原氏入部以降の寛政十二（一八〇〇）年頃になると、室町五丁、八百屋町二丁、魚町二丁、大門町二丁、立（竪）町二丁、田町六丁、紺屋町二丁、鍛冶町二丁と蟹喰町一筋とある（「倉府俗話伝後集」）。

幕末にはさらに増え、室町、職人町、八百屋町、西魚町、大門町、竪町、田町、西紺屋町、西鍛冶町、左官町、小姓町などに加え、寛政期までは「蟹喰町一筋」とされていた西曲輪南東部の町人地と武家地の混在地区は、鷹匠町、本町、御厩町、坊主町、小道具町、柳町、蟹喰町、中ノ町とに細分化されている。加えて、武家地を中心とする「篠崎」には「馬場町」以下四町が、さらに、蟹喰から紫川方面の北東に向かって拓かれた「新屋敷」には「橋ノ町」以下六町の名前が確認できる（「龍吟成夢」）。

このように概観した場合、時代が下るに従って、三ノ丸から南、あるいは紫川の埋め立てを伴う西曲輪南東部の武家地を中心に新たな町が誕生していることが指摘できる。このことは、小笠原氏時代の寛文～延宝期（一六六一～八一）頃における地方（じかた）知行制の廃止と、それに伴う蔵米支給の開始、その結果、城外から城下町への武家の集住といった政策の展開が想定されよう。

江戸時代の西曲輪の戸口について、細川氏時代の寛永元年には商家が六十七軒、手間（てま）稼（かせぎ）・長屋居住の者が二八〇人いたという（『小倉市誌』上編）。宝永五（一七〇八）年には八七三戸、四五〇〇人、延享元（一七四四）年に七六三軒、人数は東西曲輪合わせて九六二一人であった。十九世紀に入った文政八（一八二五）年には、町屋八〇八軒に対して二七五五人、弘化二（一八四五）年には町屋一〇四〇軒にて三六一四人となっている。ただし、これらの数字には、町政機構上の区分により、帯曲輪の戸口も「西曲輪」に組み込まれている可能性が高い。

一方、武家については、延享元年に侍屋敷二八三軒、組屋敷五一八軒、下って弘化二年には侍屋敷二八三軒、組屋敷は東西曲輪合わせて九一一軒とあるが、侍屋敷数に全く変化がなく、資料転写時の誤記の可能性もあるため、あくまで参考の数字に留めておきたい。

ちなみに町家、武家屋敷の軒数を「小倉藩士屋敷絵図」、「小倉城外町屋敷之図　西之部」より集計すると、武家屋敷が六一九軒（知行屋敷一七五軒、切米屋敷二三三軒、組屋敷二一一軒）であった。一方の町人屋敷は八〇三軒となっている。

武家地

西曲輪の武家地は、小倉城の主郭部（本丸・二ノ丸・三ノ丸）を挟んで、主に北部の職人町と、南部の篠崎周辺に配される。

職人町は「昔、御扶持人（ごふちにん）の職人住居せるの故の名なり」とあり、忠興の築城の際に諸国より職人を集めて住まわせたことが町名の由来とされる。重臣の屋敷地である二ノ丸の北側の堀に面し、室町の南側で東西に延びる片側町である。東は寛政～享和年間（一七八九～一八〇四）に藩が建設した「御客屋」（御客館）を隔てて紫川に面し、西は大坂門に至

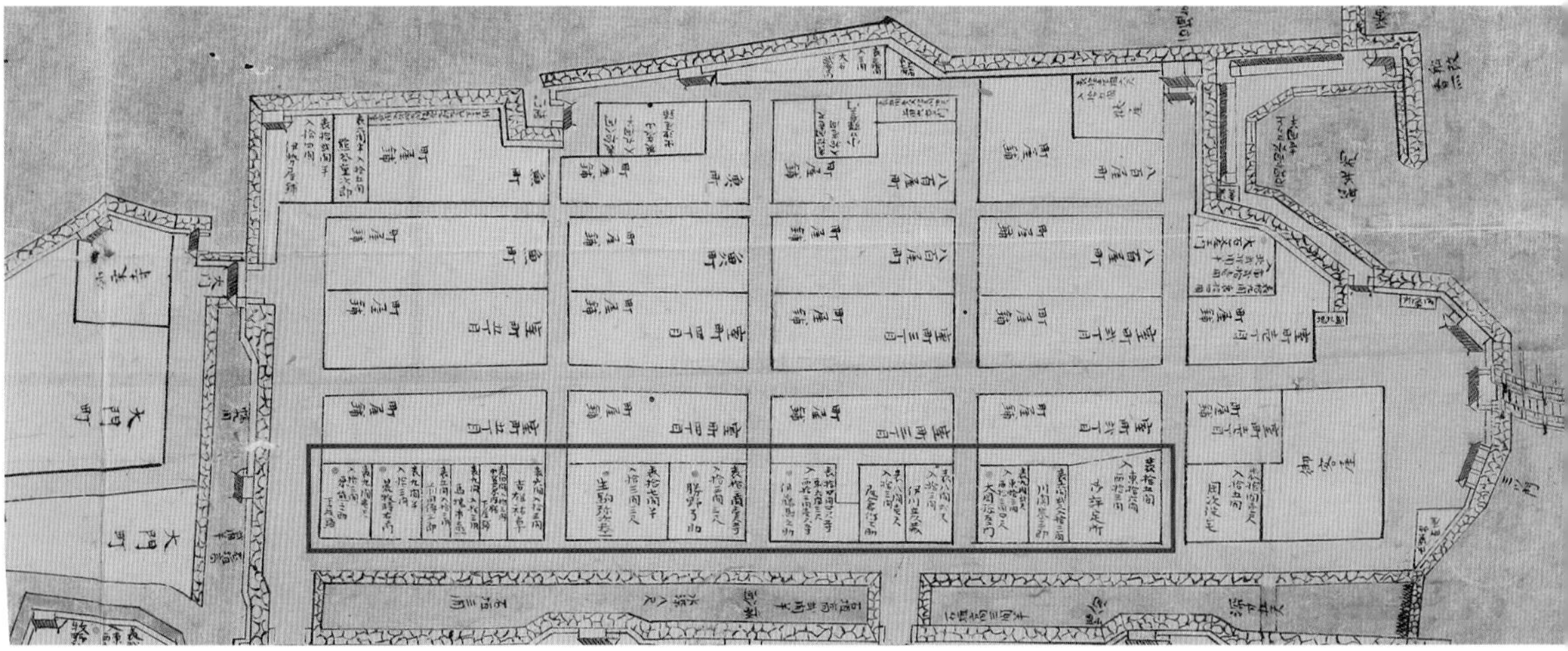

西曲輪北部の室町付近（「小倉藩士屋敷絵図」）。赤枠内は職人町

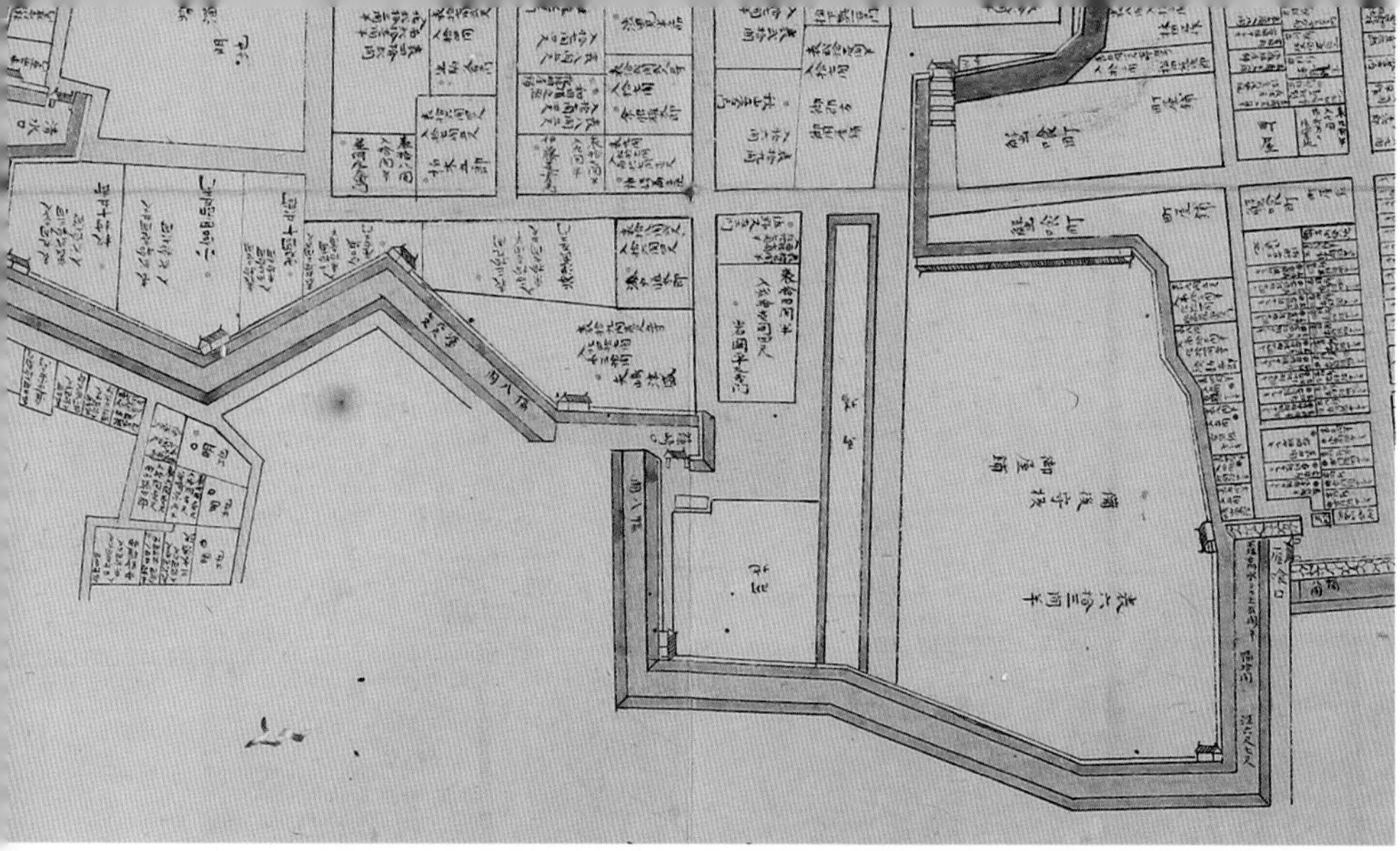

西曲輪南部の「篠崎」周辺の武家地（「小倉藩士屋敷絵図」）。右の広大な敷地が「備後守様御屋鋪」

る。御客館の裏には、「国次」（送り状の伝達役）の役宅があり、道を挟んだ一丁目には「評定所」があった。続いて、二丁目・三丁目には寺社奉行兼町奉行の役所と役宅など、藩の公的な施設が多く建ち並んでいた（「龍吟成夢」）。

西曲輪南部の「篠崎」と呼ばれる地域は、幕末には「総テ家中屋敷」と称されるほど、藩士屋敷が建ち並ぶ地区であった（「龍吟成夢」）。地区の北の端には、三ノ丸に通じる西ノ出口門と南ノ口門があり、南端には城外に通じる清水口門や篠崎口門、蟹喰町ほかの組屋敷に通じる坂上門があり、各屋敷は南北の門を結ぶ街路に向かって間口を開くことを原則としている。ここでは、屋敷裏の境界線が南北に通り、間口は東西に開き、南北に長い街区（丁）を構成する（高見敞志「小倉城下町の町割技法と現在市街地への影響と特性」）。

西曲輪の南側ほぼ中央に位置する篠崎口付近には、小笠原小倉藩二代藩主の忠雄の弟真方が、元服後の寛文十一（一六七一）年に、新田高のうち築城郡（のちに上毛郡と交換）一万石を分知して創設した小倉新田藩の屋敷があった。真方は独自の家臣団を有したものの、この篠崎屋敷を本拠地としたため、「篠崎侯」とも呼ばれた。「小倉藩士屋敷絵図」には、「備後守様御屋敷」として、二ノ丸以下では最大の六十三間半の間口を有する広大な屋敷地が描かれている。屋敷から見て正面には、南北に延びる「御屋敷ノ馬場」（「龍吟成夢」）があり、その先に、勢溜となる明地を経て篠崎口門がある。さらに、屋敷地の北面には白壁の塀、同じく東面の中央と南端（西曲輪南端）部には櫓も描かれている。

また、坂上門を抜けた「蟹喰町筋」の組屋敷では、篠崎と同様に南北に長い長方形街区が広がる。街区の中は、短辺（間口）が狭い屋敷地が画一的に並び、門は主に南北に通る街路に向けて開いていた。ここは下級武士団の屋敷地であり、家格の差が小さいため均一な屋敷地が連続していたものと考えられる。

さらに、小笠原氏の時代に沼を埋め立てて新たに造成した新屋敷新地では、西端の木屋口門と、南端で豊後橋に通じる門を繋ぐため、主街路を直角に曲げて主要門を連絡し、地形に従って東西に長い短冊状街区を並列に配置する街並みが広がっていた（『小倉城下町調査報告書』）。

町人地

近世初期から幕末にかけての西曲輪の町名

浮世絵に描かれた室町付近（「西国内海名所一覧」より）

の変遷を概観してみると、二ノ丸の北側および三ノ丸西側の各町は、基本的に近世初期（細川氏治政期）からの町名を留めており、現代も引き継がれている町名（地名）が多い。具体的には、長崎街道の起点である大橋（常盤橋）から西へ向かって最初の町である室町（諸町）、続いて大門町を経て、二ノ丸を反時計回りに迂回する形で南に折れて、竪町、田町を経て、左官町の突き当たりの到津口より城外へ至るまでの地域である。

　西曲輪の北部に位置する室町を中心とする街区は長方形で整えられ、屋敷裏の境界線の方向などから、同町を東西に貫く街道（後の長崎街道）を基軸にして町割りされたことがわかる。幕末の浮世絵師五雲亭貞秀は、「西国内海名所一覧」において、紫川河口に架かる常盤橋を中心に小倉城下町の一部を描いている。この図で描かれた室町付近を見ると、横（東西）方向に「肥前長寄（崎）街道」が強く意識され、街道に間口を開く二階建ての町屋が整然と軒を連ねる様子が描かれている。「御城下にて宿は室町（中略）、是宿町にてこれ無き所は成らぬ」（「倉府見聞集」）とあるように、室町は参勤に向かう大名や往来の旅客が利用する宿屋が多く軒を連ねる町であった。室町に店を持つ商人の中には、中原屋が豊前中津藩、村上銀右衛門が熊本細川藩や支藩の宇土藩、薩摩藩、人吉藩というように九州諸藩の定宿を務める家もあった。また、各藩の飛脚問屋を務める家もあり、九州各方面へ延びる街道の基点の地として、公務を担う商家が多く存在した。

　さらに、先の「西国内海名所一覧」には、室町の街道筋に沿って、「名物大明三韓飴」（三官飴）や「小倉織商家多」などの注記が見える。室町一丁目には藩の御用飴として全国的に有名であった三官飴（滋飴）を商う「三官屋」、同四丁目には、いわゆる小倉織とされる「小倉産物小糸袴地・羽織地・男女帯地」などを商う「肥後屋」など、小倉の名産品を扱う商家も集まり、室町は西曲輪の中心をなす町人地として賑わった（「龍吟成夢」）。

　室町を西に向かうと大門町があった。この辺りは曲輪として整備される以前は浜辺であったといい、「此所の磯には山の如く海藻を打ち上る故、所の実名を大藻といひしよし」（「倉府俗話伝」）と町名の由来を伝えている。その後、菊原又兵衛なる人物が最初に屋敷を

建て、酒造を始めたところ評判になり、町屋も増えるようになったことから、細川忠興によって「菊原町」と名づけられた（「小倉商家由緒記」）。その後、小笠原氏の時代になり「大門」町へと改められたという。

西曲輪西部にあたる竪町・田町には、間口が狭く奥行きが長い、いわゆる「鰻の寝床」状の屋敷地が連続して並び、堀で囲まれた南北に細長い地形に合わせて長方形の街区形状を呈していた。「龍吟成夢」によれば、竪町には「大工」・「針医」、田町には「馬具師」（一丁目）・「蕎麦屋」（二丁目）・「袴ノ仕立屋」（三丁目）・「質屋」（四丁目）など、多種多様な稼業を営む町人が居住していた。また大店（おおだな）が多かった室町に比べて、比較的小規模の町屋が多いのが特徴である。竪町には、「亀屋」なる屋号の造り酒屋があり、「小倉商人由緒記」によれば、同家の先祖は細川忠興の家来だったが、その後京都で町人となり、忠興に従って小倉へ移ってきたという由緒を持つ。同家はさらに、忠興の小倉移転に際する御用米や御用金を用立て、大坂の陣に際して具足（ぐそく）を献上するなどの功績により細川家との関係も深く、「(忠興)侯ヨリ拝領ノ品物多ク所持ス」名家として、その名を知られていた（「龍吟成夢」）。

田町の一丁目・二丁目西側の裏町を西紺屋町といい、文字通り紺屋を営む商家が、同じく三丁目・四丁目の裏町を西鍛冶町といい、農具鍛冶屋が数軒ずつ軒を連ねていた（「龍吟成夢」）。このように、西曲輪の町人地は、北部と西部では性格が異なり、公的・対外的な性格を有する大店（おおだな）中心の室町地区（北部）と、私的・日常的な性格を有し、生活の場としての竪町・田町地区（西部）というように、それぞれの町ごとに役割を担いつつ、総体としての小倉城下町の運営を支えていたと捉えることができよう。

寺社地

江戸時代以前の小倉城下町では、松ノ丸や本丸のすぐ北側（後の二ノ丸）に大寺院が集中し、寺町は城郭の中枢近くに位置していた。対照的に、江戸時代以降の小倉城下町では、特に西曲輪において、寺院は曲輪の周縁部、とりわけ外郭の出入口となる各門の内側周辺に配置された様子が確認される（「小倉藩士屋敷絵図」など）。

まず溜池口門と紺屋町口門の間にあたる竪町には、禅宗の安国寺があった。安国寺は暦応二（一三三九）年の創建で、元の境内は東曲輪の三本松付近にあった。細川氏の入封後、後に二ノ丸となる位置より竪町へ移転してきていた長圓寺（ちょうえんじ）が帯曲輪へ再度移転し、その跡地へ安国寺が入った。安国寺の旧地は、寒竹川が東曲輪へ流れ込む「水門」橋のある場所であったため、「水門ノ橋を昔時は安国寺橋ト云」うこともあったという（「龍吟成夢」）。安国寺の境内には、いわゆる伊達騒動の連座によって奥州より小倉藩預けとなり、小倉で死去した伊達市正宗興（いちのかみむねおき）（政宗の孫）の墓地があった。

次に、到津口門（筑前口門）の内側には、西応寺、見徳寺、万徳寺、本立寺が配された。

西応寺は、以前は丹後田辺にあり、細川氏の移封に伴い小倉城下西曲輪の田町へ移転したとの由緒を伝える。細川忠利の時代には、四方五十間の寺地を有し、忠利より堂宇の寄

「小倉藩士屋敷絵図」の到津口付近。
上から本立寺、万徳寺、西応寺、見徳寺

付を受けるなど、細川家との関係が深い寺院であった。見徳寺は元は築城郡浜の宮にあったが、大友氏の兵火にかかり、名のみ残っていた。その後、元文五（一七四〇）年に小笠原忠基により田町に再建され、旧号および寺領を与えられた。本立寺は慶長年間（一五九六〜一六一五）に、小笠原秀政の母延寿院の菩提寺として信濃松本に創建された。その後、小笠原氏の転封に合わせて移転し、寛永九（一六三二）年に西鍛冶町に創建された。歌人として名高い西田直養の墓があったとされるが、慶応二（一八六六）年の第二次長州戦争で廃れ、墓石も見当たらなかったという（『小倉市誌』上編）。［立野］

発掘調査の現場から 1

篠崎武家屋敷跡の調査

西曲輪では、二ノ丸、三ノ丸以外でも、その大半を武家屋敷が占める。特に城下への出入口である門付近には、有事の際の警護を想定し、大きな武家屋敷や寺、藩役所などが配置されている。西曲輪での武家屋敷の発掘調査は、これまでにも多く行われているが、明治時代以降、陸軍による練兵場の設置、造兵廠の建設などにより地形が大きく改変されており、屋敷跡に伴う遺構の残存状況はよくない。掘が埋め立てられたり、場所によっては二m近く削平されたりしているため、紫川を挟んだ東曲輪では江戸時代から続く大きな寺や町割りの道路が今も使われているのに対し、西曲輪ではこれらが残っておらず、江戸時代に描かれた絵図と現在の地図を照らし合わせることが大変難しい。

このような状況下で、平成二十六（二〇一四）年度に実施した西曲輪西南に位置する篠崎武家屋敷跡の調査では、比較的広い面積の発掘が行われたことから、屋敷境に築かれた石組みの側溝、玉砂利を敷き詰めた通路などが発見された。道は、中央を南北に走る道と横折れする道二条が検出され、中央の道は馬場町筋、横折れする道は、それぞれ藪ノ町筋、本町筋へと至ることが判明した。これにより、幕末の「小倉藩士屋敷絵図」と符合する郡方御用屋敷、郡方作事方屋敷、馬場跡などを特定し、大きな成果を上げることができた。［関川］

平成26年度の発掘調査範囲
（「小倉藩士屋敷絵図」に加筆）

発掘調査の現場から 2

武家屋敷の水事情

■井戸の変遷

小倉北区室町の商業施設リバーウォーク北

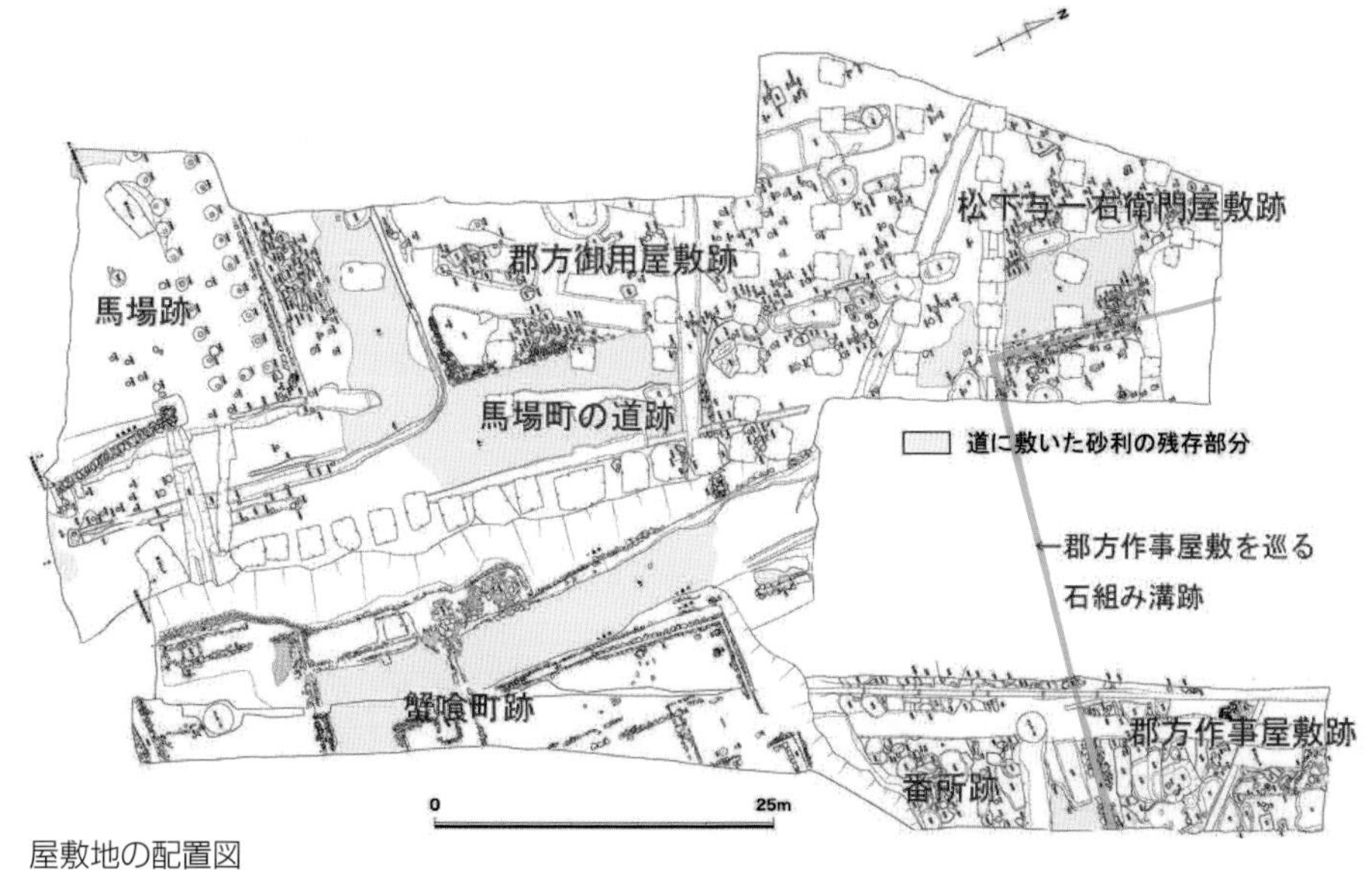

屋敷地の配置図

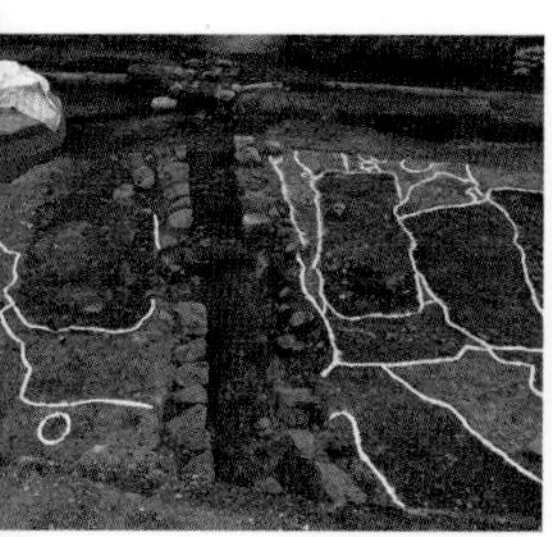

（左から）郡方作事屋敷を巡る石組み溝／馬場町筋の道砂利面検出状況／郡方御用屋敷の東南隅の石垣／馬場の厩建物跡

九州は、小倉城二ノ丸にあたり、家老級の屋敷跡地である。この二ノ丸家老屋敷地の北には二ノ丸を守る内堀があったが、明治時代に埋められて道路となり、昭和五十年代頃までは西鉄電車が走っていた。この内堀を挟んだ北側の上級武家屋敷の発掘調査が平成二十一（二〇〇九）年に実施された。調査担当者は、発見された遺構の位置と現在の地図を比べ、「小倉藩士屋敷絵図」に描かれた寺社奉行勝野了助、外様者頭生駒弥次兵ヱの屋敷跡および長崎街道に面した町屋の位置を特定し、その面積を割り出している。ちなみに外様者頭の屋敷地は八〇五㎡、約二四四坪である。

　また調査では、四十七基の井戸が検出された。砂丘上に立地しており、水脈の移動や崩壊などにより作り替えられたものである。井戸は大きさや構造に違いがあり、その出土遺物から、江戸時代初期から幕末期まで約三百年間の井戸の変遷を辿ることができた。江戸時代前期の井戸は木桶の井筒の上方に大型の河原石を用いて円形に組み上げている。時代が下ると、石組みに使われる河原石が大型石から人頭大ほどと小さくなる。江戸時代後期になると、河原石に代わって井戸専用瓦が用いられるようになり、幕末期になると、扁平板石による石組み井戸へと変化していく。

■上水施設

　上水施設が大手町遺跡第十一地点で発見されている。直径一一〇～一二〇㎝、上方がやや広がる丸形の桶と、それに注ぎ込む断面方形の桶からなる。方形の桶は凹形に刳り込ん

上：室町遺跡第11地点の寺社奉行勝野了助宅32号井戸
中・下：大手町遺跡11地点の上水施設全景と注ぎ口の様子

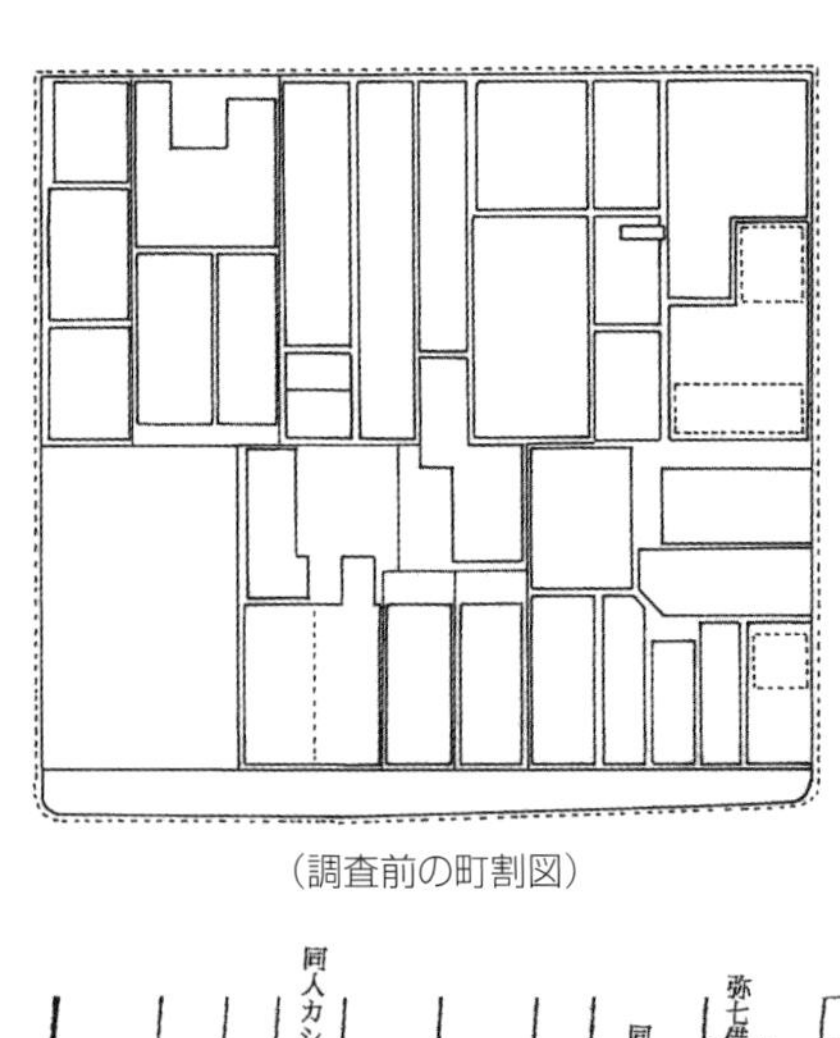

（調査前の町割図）

二ノ丸北側の上級武家屋敷地の町割り
（発掘調査をもとに「小倉藩士屋敷絵図」に記入）

だ底板に蓋板を被せ、三〇cm間隔で竹釘を打ち込んで留めている。途中の継ぎ目や桶への注ぎ口にはシダ製の細い縄を巻きつけて水がもれるのを防ぐ工夫が見られる。調査地西側から水を取り入れ木桶に貯める仕組みであり、西端部と木桶への注ぎ口との高低差はわずか五cmである。徳川家康が開いた江戸の町でも神田上水や玉川上水などの大規模な水道建設が有名であるが、小倉の武家屋敷でも同様に大がかりで緻密な土木工事が行われていたことが示された。［関川］

発掘調査の現場から3

西曲輪の町人地

西曲輪の町屋のうち、鋳物師町、大門町、竪町、田町、八百屋町、魚町などはこれまで建物建設に伴う小規模な発掘調査が実施されているが、大規模発掘調査は室町遺跡などが中心となる。

■室町遺跡第十一地点の町屋

中でも平成二十二（二〇一〇）年に実施された室町遺跡第十一地点の発掘

調査では、調査地の北側は長崎街道に面する町屋跡が、その南側には武家屋敷跡が確認された。なお、調査区は安政年間（一八五四～六〇）の「小倉城外町屋敷之図 西之部」の町割りにほぼ該当する形で遺構が発掘された。

調査では主に江戸後期から幕末期にかけての石列や排水溝、石室や土坑、井戸、柱穴などが確認され、九軒あまりの町屋があったと考えられる。各戸とも、細長い町屋のほぼ中央に二～三基の井戸を配しており、井戸の規模は南側の武家屋敷に比べると若干小さい。

町屋は排水溝や石列などで区画していたと見られ、特に調査地北西の町屋「鞆屋勘六」宅と見られる敷地の両側には石を組んだ排水溝が確認されている。これらの区画溝などから、それぞれの町屋の敷地面積は、最も狭いと見られる「米屋治朗七」の区画で一三〇㎡（約四十坪）、最も広いと見られる「播磨屋全蔵」の東側敷地で二六六㎡と推定される。なお、調査地の両端に位置する二つの宅地については、境界が不明確なため計測していない。

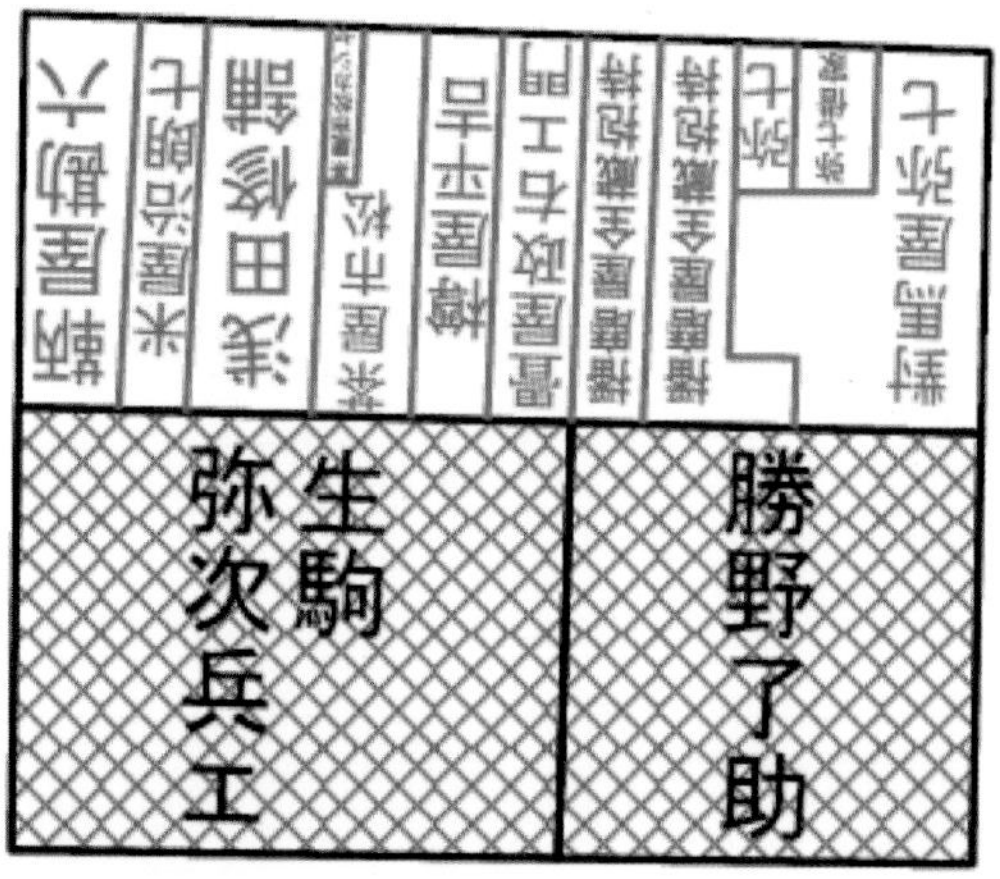

室町遺跡第11地点調査区
（「小倉城外町屋敷之図 西之部」に記入）

室町遺跡第11地点の「鞆屋勘六」宅と見られる区画

■町屋からの出土資料

武家屋敷跡だけでなく町屋跡からも瓦が数多く出土しており、少なくとも江戸時代後期には町屋は瓦葺き屋根であったことがわかる。

その他、日常使用した茶碗や急須、皿や碗、瓶などの食器類や調理用のすり鉢や行平、焙烙、土鍋や包丁、焼き塩壺や飴壺などが出土する。陶磁器類は在地産のものに加えて、上野・高取や肥前、瀬戸美濃や備前など他地域からの搬入品も少なくない。

また、明かりをとるための灯明皿や武者人形や観音像、猿や犬、亀などの動物を象った人形なども出土している。縁起物や子どものおもちゃと見られる。

■料理屋の存在と町屋の食

調査地の西側、「米屋治朗七」宅と見られる敷地内から、大量の獣骨や魚骨が出土している。これらの多くは頭骨が少なく体部の骨を中心としており、中には調理痕のある骨も含まれることから、食用にされたと見られる。確認された獣骨ではニワトリが最も多く、シカ、キジ、ウマ、クジラ、イヌなどがある。他の町屋からの出土量と比べてかなり多量で

室町遺跡第11地点の出土遺物
左：（上から）染付碗、急須、包丁／右：武者人形

あることから、調査担当者はこの地に鶏を中心とする小料理屋があったのではないかと推測している。

　さらに調査地の中央東寄り、「播磨屋全蔵」宅と見られる区画内の土坑（ゴミ穴）からサザエの殻が八十個出土している。調査地全体では一一〇個検出されていることから、かなり一カ所に集中しているといえる。焼きサザエの店があったのではないかと目される。その他の貝類としては、アカニシやハマグリなどが出土するものの、各区画に数個ずつであることから、住人の食卓に上ったものと見られる。なお、これらの貝類にはマテガイなど周防（すおう）灘産のものが少ないことから、響灘沿岸の海浜や岩場で採集したものを町屋の人々が食していたと考えられる。

■町屋における産業

　また、「対馬屋弥七」宅と見られる区画内から、菓子用の型が二十三個体出土している。菓子型はかんきつ類の粒を象ったもので、手（て）捏（ご）ねの陶器製、内部には薄く透明の釉薬（ゆうやく）をかけており、二個で一組みの合わせ型で用いられたものと見られる。水飴と寒天を溶かして作られる萩の名菓に似たものかもしれない。このような菓子型をいくつも使用する町屋は通常の住宅とは考えにくく、菓子屋があったと考えるのが自然である。

　一方、「対馬屋弥七」宅と見られる区画内からは総数で約四十数個体分の蠟燭（ろうそく）鉢が出土している。鉢の内面に「豊前」、ヤマに「ヒ」などの陰刻がある。蝋の原料であるハゼから、

室町遺跡第11地点の出土遺物
左：蠟燭鉢／右：菓子型

蝋燭製作の素材となる「木蝋」を作って塊にする器と見られる。この宅地内で製品の蝋燭作りまで行っていたのかは不明である。

［宮元］

第二章　東曲輪

東曲輪とは

東曲輪（東郭、東小倉とも）は、慶長七（一六〇二）年以降、細川忠興による城下町整備の過程において、小倉城本丸の東側を北流する紫川河口の東岸部を新たに開いて形成された。それまでの荒れ地を新たに開いて曲輪を造る際の町割りについて、「倉府俗話伝」には、「東曲輪の地取り出来、町割有て夫々町名定り、武家屋敷・町屋の所相分れ」と記載があり、東曲輪の地取り（区画割）→町割り→町名制定→居住区分の決定というように、段階的・計画的な町の整備が行われたことがうかがえる。

細川氏時代の寛永（一六二四～四四）前期にはすでに、魚町、堺町、大坂町、鳥町、船場町、東猟師町、円応寺町、中島、弓町などの地名が見える（「日帳」、『小倉城　小倉城調査報告書』）が、各町の具体的な位置や町人地と武家地との区分については不詳である。

曲輪内の整備に際しては、大橋（常盤橋）を起点として、まず後の長崎街道の東方面への延長線である京町筋を主要な街路としてまず線引きし、この街路を基軸に縦横の街路を定めていったものと考えられる。東曲輪の街区は、京都のそれを模範にしたといわれ、基本的には碁盤目状に街路が配された。ただし、その交差点はすべてが直行するのではなく、京町筋を例にとると、南北に走る鳥町筋と交差する地点で「へ」の字の形に折り曲げられていた。これは、万一の市街戦を想定した細

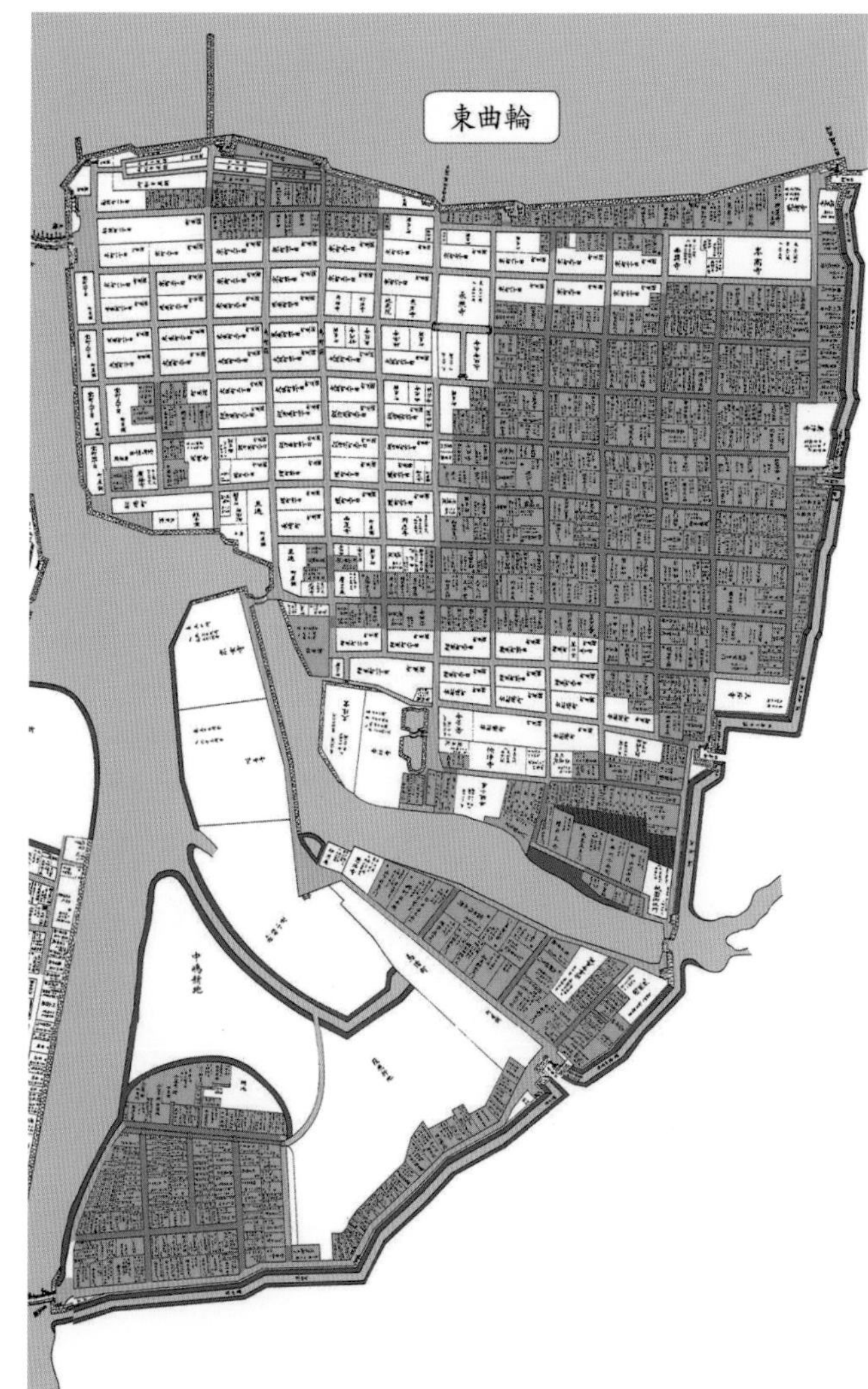

東曲輪。赤色部分は武家地（「小倉城藩士屋敷絵図」に着色）

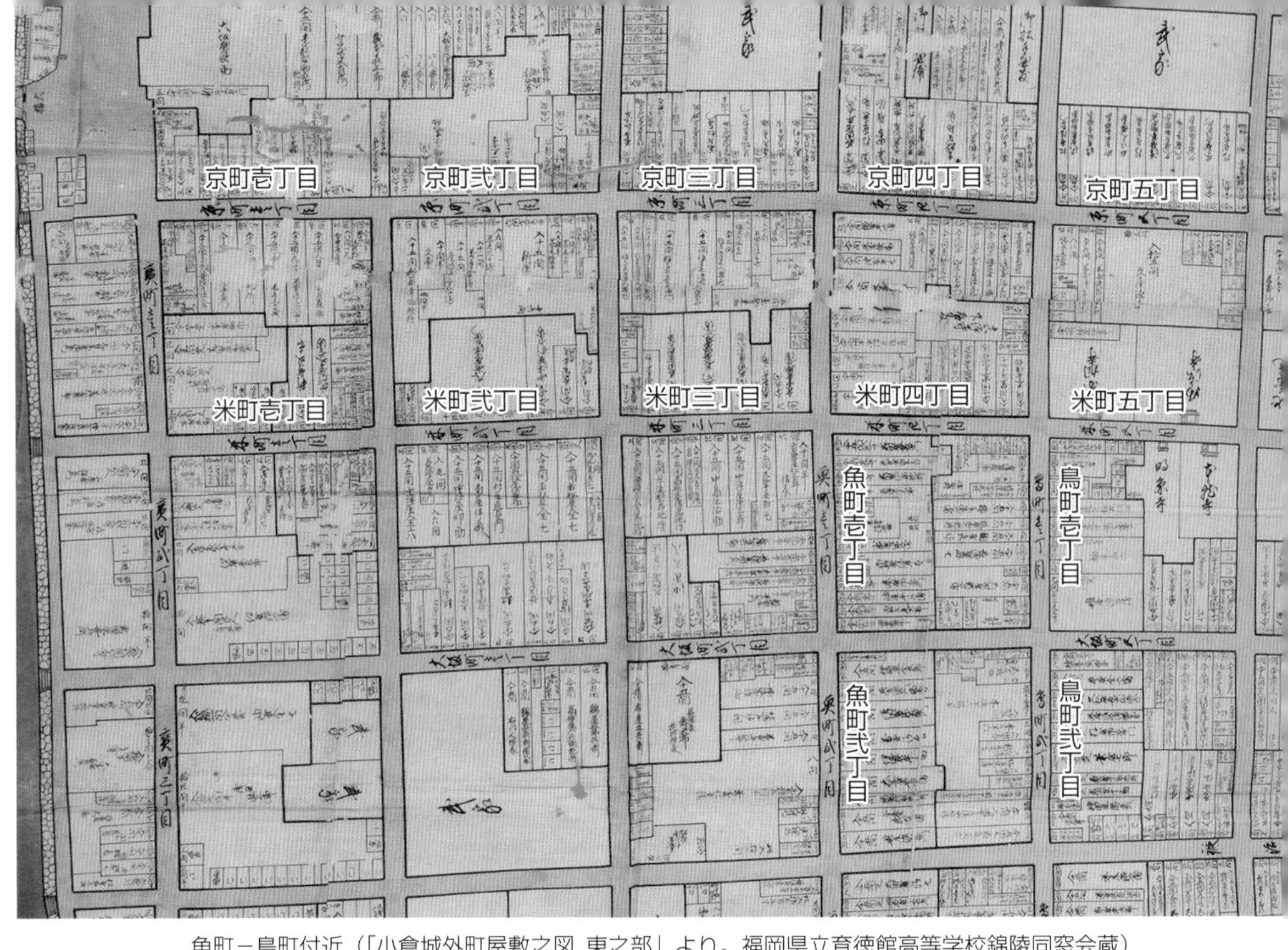

魚町－鳥町付近（「小倉城外町屋敷之図 東之部」より。福岡県立育徳館高等学校錦陵同窓会蔵）

川忠興による、遠見遮断を目的とした城下町設計上の工夫と考えられる。

江戸時代に描かれた絵図などから街区内の土地利用を見ると、大部分が横（東西）方向の街道筋を意識した間口の配置（東西に延びる街路に間口を開き、南北に長い奥行きを設定する敷地利用）となっている。さらに、紫川と垂直方向に一丁目、二丁目、三丁目と町が東進しており、紫川（南北・縦）と京町筋（東西・横）を機軸とした町の整備が推定される。

一方、南北方向の街路については、旦過橋より馬借町を通り、香春口を抜けて香春街道へ、また、同じく旦過より中津口を抜けて中津街道へ至る街路が配され、旦過橋が東曲輪南部の交通の基点であったと考えられる。このため、京町筋から旦過橋までを結ぶ鳥町・魚町筋は、東曲輪における南北方向の往来の基軸になったと推定される。このことは町屋の配置状況からも裏づけられ、魚町筋と鳥町筋に挟まれた一街区は、南北方向の街路に間口を開いて街区が形成されている。

ちなみに、平安京や江戸の碁盤型街区の基本単位は、一辺が約六十間の正方形街区であるのに対し、小倉城下東曲輪では、約半分の平均三十一・二〜三十一・五間前後の基本単位で町割りされている（『小倉城下町調査報告書』）。

東曲輪より城外へと繋がる「口」は、細川氏時代には門司口・中津口・香春口という三つの口が確認される（「日帳」）。幕末の「小倉藩士屋敷絵図」では、富野口を加えた四つの口がすべて枡形門で描かれ、各口（門）の周辺には、西曲輪同様に大規模な寺院が配されていた。

江戸時代の東曲輪については、宝永五（一七〇八）年の戸数が一九二四戸、人口が一万三五六五人だったが、延享元（一七四四）年の軒数は二一六八軒、人口は東西両曲輪合わせて九六二一人であった。文政八（一八二五）年には、持家・借家合わせた町屋が一三二七軒で四六八八人、弘化二（一八四五）年には一五九五軒にて六七七七人となっている（『小倉市誌』上編）。

一方、武家については、延享元年に侍屋敷三二〇軒、組屋敷四五四軒、下って弘化二年には侍屋敷三二〇軒、組屋敷は東西両曲輪合わせて九一一軒とある（同前）。ただし、これらの数字も、西曲輪と同様に延享から弘化の間で侍屋敷の軒数に変化がなく、資料転写時の誤記の可能性も考慮する必要がある。

一方、幕末の「小倉藩士屋敷絵図」と「小倉城外町屋敷之図 東之部」を統合した図より、東曲輪の屋敷の軒数を集計すると、武家屋敷が六六六軒（知行屋敷一〇二軒、切米屋敷三四九軒、組屋敷二一五軒）、町屋敷一三四六軒、寺社が百軒となっている。

武家地

江戸時代初期の東曲輪における武家屋敷の状況について、「筑前筑後肥前肥後探索書写」には、

> （東西の両曲輪合わせて）浜手十四・五町、町のうら石垣高さ二間ニ筑（築）へいをかけ所々ニ矢倉有、何も口々の門ハ不及申、外かわ矢倉ごとニ不断番之者住居仕候、町のうしろニても、外かわの門の左右近辺ニ知行取の屋敷御座候

との記述がある。つまり小倉藩では曲輪の北面浜手に築地塀と櫓（「矢倉」）を築いて番人を住まわせ、さらに海に面する門の内側には知行取り家臣の屋敷を配するなど、防衛線が東西に長い北側海岸の「外かわ」を意識した厳重な防衛態勢をとっていた。

この北面の浜手に設置された石垣と塀について「小倉藩士屋敷絵図」では東曲輪、西曲輪ともに「浜手惣石垣高サ一間半」の注記があり、その規模を伝えている。「探索書」記載の「二間」とは若干の齟齬があるものの、寛永年間（一六二四～四四）までには東西両曲輪で統一的な石垣と塀が整備され、近辺には在番の藩士を置き、外部からの侵入に備えていた。

一方で、小倉城下で警備などの役を担う藩士以外の武士について、「倉府俗話伝」には次のような記録がある。

> （東曲輪の町割りが開始された頃）士通りの面々の者は、皆以て西曲輪に居り、知行取り無役の族は夫々の知行所に在宅なり。小身の面々も数度在宅故、東曲輪には士通りの居宅これなし。大身の歴々は下屋敷斗ありて、夫々の家来共住居す。其内知行取りの者共も多くありしよし。其外には未（身）軽き者、昔の居宅少々有りしといふ

細川氏の時代、直臣の多くは西曲輪に屋敷地を与えられ、無役の者は城外の知行地に居住した。そのため、西曲輪と比べると東曲輪に武家屋敷は少なく、その多くは藩士の下屋敷か陪臣の居住地であった。そのほかには「未（身）軽き者」の居宅が数軒ある程度であったという。

寛永九年、細川氏に続いて小倉へ入部した小笠原氏は、知行を与えられた家臣が直接知行地の支配を行う地方知行制を廃し、知行高に応じて蔵米を支給する制度に転じた。「小笠原御代になりて、東曲輪に士の居宅繁々に建ち続き、末々の者共の住宅も弥増し（後略）」（「倉府俗話伝」）とあるように、地方へ居住する必要がなくなった知行取りの藩士た

ちは、小倉城下町への集住を迫られたが、西曲輪にはすでに直臣の屋敷が建ち並んでいたため、東曲輪にも武家屋敷が増加していったという。史料上、新たに武家地となった具体的な町名や場所についての記載はないが、後述するように、すでに東曲輪の中心部には寺院や有力商人たちの町屋が建ち並んでおり、新たな武家屋敷は東曲輪の周縁部、あるいは新地に、その用地を求めざるを得なかったものと考えられる。

町人地

天明～寛政期（一七八一～八九）に小倉城下で大商家として存続していた家の由緒を記録した「小倉商家由緒記」には、細川忠興によって東曲輪に屋敷（店）地を与えられたとの由緒を持つ家が複数軒あったことが記録されている。

〈東曲輪居住商人の由緒〉

●木屋又三郎家

先祖より小倉に居住し、室町にて酒造業を営む。「細川忠興君小倉へ御在城の節義御重恩、鳥町四丁目に転宅仰せ付けられ」た後、家業を継承し、代々鳥町四丁目に居住。小笠原氏入部後も変わらず、月行事役なども務める。

●粕屋（石原家）

永禄年間（一五五八～七〇）に小倉へ移り住み、酒造業を営む。慶長年間（一五九六～一六一五）、「細川忠興公御代東魚町三丁目東側に表三十間、入三十間の屋輔（舗）を拝領」し、家宅や土蔵を建築。代々魚町三丁目に居住。

●富田屋

もともとは安芸の国の武士の家柄であったが、天正年間（一五七三～九二）に小倉に移り、「紙屋」の屋号にて商人となる。その後、慶長年間に「細川忠興公小倉に御入国有り、東曲輪を新に御開発にて御町割出来候節、京町二丁目北側に屋敷を下され、店を構へ商買」を行う。以後、家業を継承し、京町に居住するが、寛文十（一六七〇）年に香春町に転宅。

この三家の「由緒」では、いずれの家も細川氏の入部以前から、小倉（おそらく後の西曲輪を指す）に居住し、商いを営んでいたが、忠興により「転宅仰せ付けられ」、あるいは「屋敷を下され」たことが、東曲輪に居住した契機であると伝えている。その時期は富田屋の由緒に記される「東曲輪を新に御開発」と同時期に、ほかの二家も命ぜられたと考えるのが自然である。さらに、彼らの新たな屋敷地は、先述した東曲輪の町割りの基準線、即ち京町筋から魚町・鳥町を経て旦過に至る街区付近に与えられている。つまり忠興は東曲輪の城下町整備に際し、旧来から城下に居住していた有力な商家に移転を命じ、彼らに東曲輪の中心地ともいうべき街区で優先的に屋敷地を与えていたのである。このことは、東曲輪を商人の町として振興しようとする忠興の城下町振興策の一環として位置づけられよう。

また商家の側から見れば、新たな領主となった細川忠興による屋敷（店）地の給付は、各々の家業に対する領主直々の追認とも受け取ることのできる事柄であった。それ故に「由緒記」が編まれた十八世紀後半に至ってもなお、忠興による転宅の下命を、各家がそれぞれ由緒として語り継いでいたのである。

ただし、このような忠興による城下町振興策が早々に実を結んだわけではなかった。「町家も東西の町々いつれも最初は荒増なる事にてありし所に、小笠原公御代になり、隅々端々の所に至るまて軒端建連り、大きに繁昌なり」（『倉府俗話伝』）と、両曲輪の隅々まで町屋の軒が連なるのは、小笠原氏の時代を待たねばならなかったとする記録もある。

東曲輪の町人のうち特に常盤橋沿いに屋敷地を有する町人の中には、九州諸大名の参勤交代や長崎奉行など幕府役人の往来の際に定宿を務めた商家が多くあった。東橋本勢溜（常盤橋東詰め）から北の海岸方面へ向かう客屋町の「大坂屋」は、久留米藩の定宿を務め、長崎奉行もここに宿泊した。「龍吟成夢」では、「大坂屋権四郎ト云フ旅館アリ、公儀諸役人諸国ノ使者此家ニ休泊ス」との記述があり、伊能忠敬もここに投宿している。

現在の京町通り（京町銀天街）。アーケードの屋根も道路に合わせて交差点で角度が付けられている

同じく「鍋屋」は小間物店を営む一方で、福岡藩の定宿、秋月藩の飛脚問屋を務めている。船頭町の「素麺屋」は唐津藩の定宿を務め、小倉を通過しない日出・杵築・森・府内・岡・佐伯など豊後諸藩の飛脚問屋を担当していた。同じく船頭町の「塩飽屋」は、佐賀本藩のほか、蓮池・小城などの支藩の定宿、皿屋は柳河藩・平戸藩の定宿、また「大坂屋」は間口二十一間余もあり、日田代官の定宿を務めていた。京町には、佐賀支藩の蓮池・小城藩の定宿を務める「桝屋」、宝町には大村藩・島原藩・鹿島藩の定宿「銭屋」もあった。

寺社地

東曲輪の町割りの基軸になった京町筋と米（屋）町筋との間、海岸線から約二〇〇mの地には、西曲輪（室町付近）から永照寺を移転させ、同寺を中心に寺町が形成された。永照寺の記録では、四世西秀が細川忠興の命により「寺を今の地に遷さ」れ、慶長十三（一六〇八）年に「殿堂、方丈、厨室等」を米（屋）町に建立したとされる（『小倉市誌』上編）。永照寺の西隣（米町六丁目北側）には、紫川東岸、後の船頭町付近にあった東岸寺を移転させ（『平井文洋漫筆』、同前）、その向かいの極楽寺の西隣には、かつての毛利（森）氏の菩提所であった本就寺が小倉城本丸北側（後の二ノ丸付近）より移設された（『倉府俗話伝』）。

本就寺の斜向かいには圓相寺があったが、同寺は仲津郡馬ヶ岳城主長野氏の子孫が、忠興に屋敷地を拝領して元和年間（一六一五〜二四）に創建したものである。このように、忠興はそれまでの「小倉城下町」内外に所在した寺院を東曲輪のほぼ中央に集め、碁盤目の街区の枠組みの中で再建、あるいは創建させた。

さらに、東曲輪における南北の街道の起点となる旦過橋の西向かいに泰勝院・泰巌寺・秀林院の三寺院が建立された。泰勝院は忠興が父の細川幽斎追善のために慶長十一年に建立したが、寛永九（一六三二）年の細川氏の熊本移封に伴い、八代に移された。泰巌寺は忠興が織田信長の菩提を弔うために旧領の丹後国宮津に創建し、細川氏の転封に伴って、小倉を経て八代に移った。八代の泰巌寺には、小倉時代に造られた信長供養の梵鐘も移され、現在も八代の光圓寺に伝来している。秀林院は忠興の妻玉子（ガラシャ）の菩提寺として建立されたが、細川氏の熊本移封とともに廃寺となった。

細川氏の後に入った小笠原忠真は、細川氏移封に伴い移転、廃寺となった三寺の跡に、宗玄寺・開善寺・峯高寺を創建した。宗玄寺は小笠原忠真の父小笠原秀政を祀り、小笠原氏とともに信濃松本から播磨明石、小倉へと移転した。開善寺は小笠原氏の中興の祖とされる小笠原貞宗を祀り、小笠原氏の転封に伴って、松本・明石を経て小倉へと移った。慶応二（一八六六）年の第二次長州戦争では、幕府軍の小倉口総督として派遣された小笠原長行の本陣が置かれた。峯高寺は小笠原秀政の妻（忠真の母）福姫の菩提寺であり、開善寺同様に松本・明石を経て小倉へ移転した。その後、寛文元（一六六一）年に門司口付近の浄喜寺跡地（京町十一丁目）へと移転し、峯高寺跡地は船方役所に組み込まれた（『新修北九州市史』文化編・教育編）。

このほか、東曲輪においても、西曲輪同様に城外との結節点である諸口門の内側に大規模な寺院が配置された。「小倉藩士屋敷絵図」では、門司口の内側には徳蓮寺、光清寺、峯高寺、西顕寺が配されている。門司口門内には、寛永年間に細川忠興によって浄喜寺が建立されていたが、寛文元年に藩主小笠原忠真の命により寺地を譲り、馬借町にあった峯高寺が同地に移った。本堂、庫裡を含めて境内地を譲った浄喜寺には、「代地」として博労町の東端の地が与えられ、末寺である徳蓮寺・光清寺がそれぞれ浄喜寺の「掛所」（別院）として独立し、幕末に至った。

富野口門の内側には真浄寺が配された。当初、同寺は米町四丁目にあったが、寛政十二（一八〇〇）年の失火により焼失し、翌年に富野口脇の土手端の地に移転、再建された。中津口門の内側には、もともと細川家の家臣が建立した寺院があったが、小笠原氏の入封に合わせ、小笠原貞慶（忠真の祖父）の菩提所大隆寺が配されている。

このように、東曲輪では周縁部である口門付近のみならず、京町筋や旦過橋といった主要街道に接する交通の要衝に大規模な寺院が立地していることが特徴として挙げられる。さらに、永照寺を中心とする寺町は、旧来からの「小倉城下」に所在した寺院が画一的な街区内に集められているのに対して、馬借町の寺院が碁盤目状の街区にとらわれない立地、かつ藩主家と縁の深い寺院で固められている点に留意する必要がある。［立野］

発掘調査の現場から 1

東曲輪の武家地

東曲輪では、明治時代以降も開発が繰り返され、南半部については、外堀の埋め立てや神嶽川、紫川の川幅変更、区画整理、新地の開発による新しい街区の設置などにより江戸期の状況はほとんど残っていない。一方の北半部については、開発は基本的に近世の街区を踏襲して行われている。海浜の大規模な埋め立てや、道の拡幅に伴う街区の変更などが行われているものの、近世絵図との地点照合は比較的容易に行い得る。

武家地は、現在の京町二丁目・三丁目・四丁目、米町一丁目・二丁目、鍛冶町一丁目・

二丁目、堺町一丁目・二丁目、魚町三丁目・四丁目、船場町、紺屋町、古船場町、馬借三丁目、中嶋一丁目に広がっていたことがわかる。

なお、武家地の範囲については、全体的な傾向として大きな誤差はないと考えているが、特に南半部について絵図との照合が難しく、より詳細な判断については発掘調査事例の増加を待つ必要があるだろう。

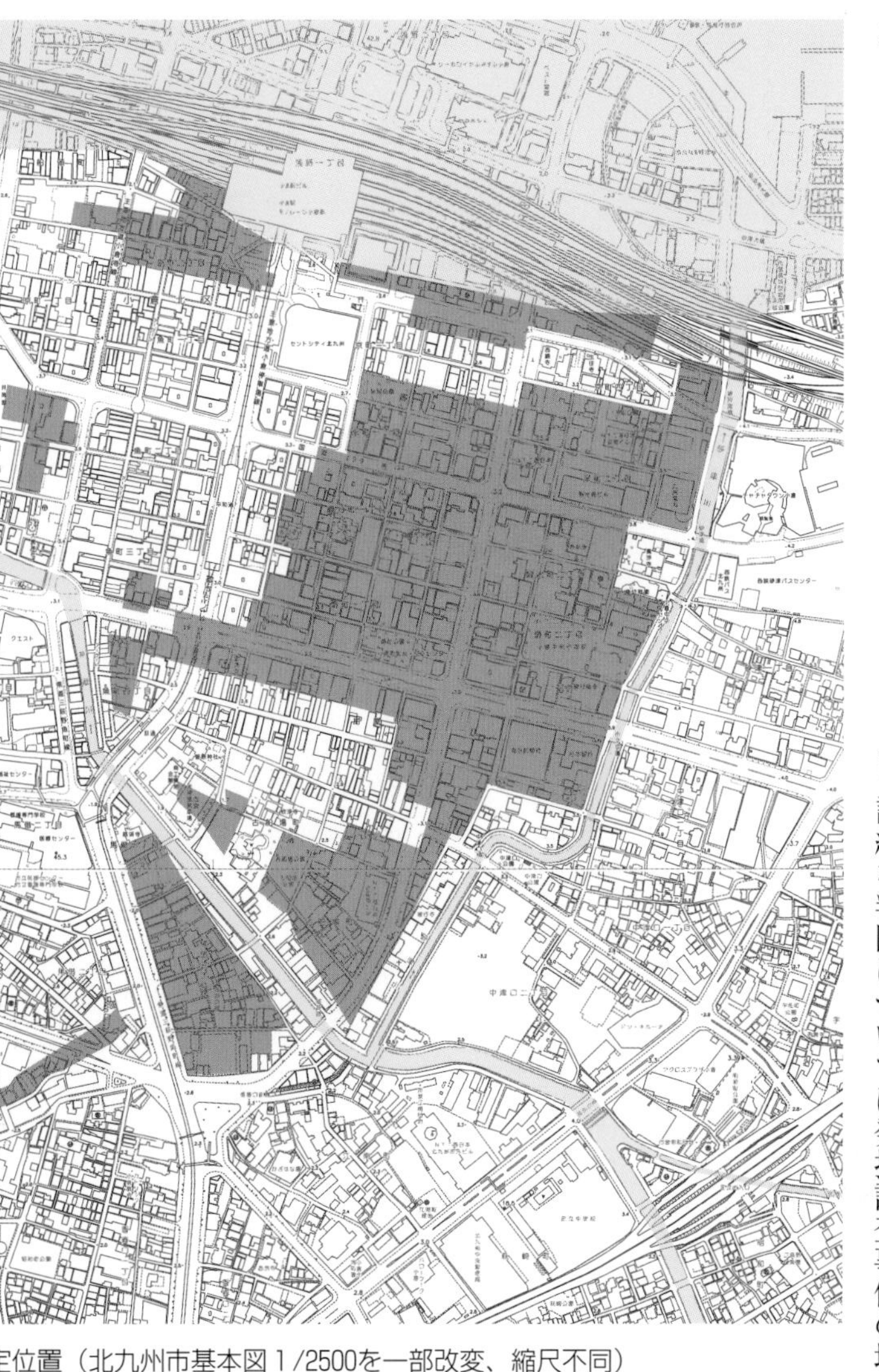

東曲輪武家地の想定位置（北九州市基本図 1/2500を一部改変、縮尺不同）

■調査の概要

東曲輪の武家地に該当する地点での発掘調査は、京町遺跡で三地点、米町遺跡で三地点、鍛冶町遺跡で三地点、堺町遺跡で四地点、紺屋町遺跡で一地点、古船場町遺跡で一地点、馬借遺跡で一地点の計七遺跡十六地点で行われている。これらの調査によって、少しずつにではあるが、その様相が明らかになってきている。

■旧地形について

神嶽川より北側では、いずれの調査地点においても基盤層は砂層であった。このことから東曲輪北半部は、本来砂州であったことがわかる。なお、大日本帝国陸地測量部による明治三十一（一八九八）年測図「一万分一地形図・小倉」によると、砂津川の東側、城外にあたる地点において、「長浜」、「中砂」、「砂原」、「砂津」の地名が見えることから、この砂州はかなりの広範囲にわたって形成されていたものと考えられる。

一方、南半部に位置する馬借遺跡第二地点

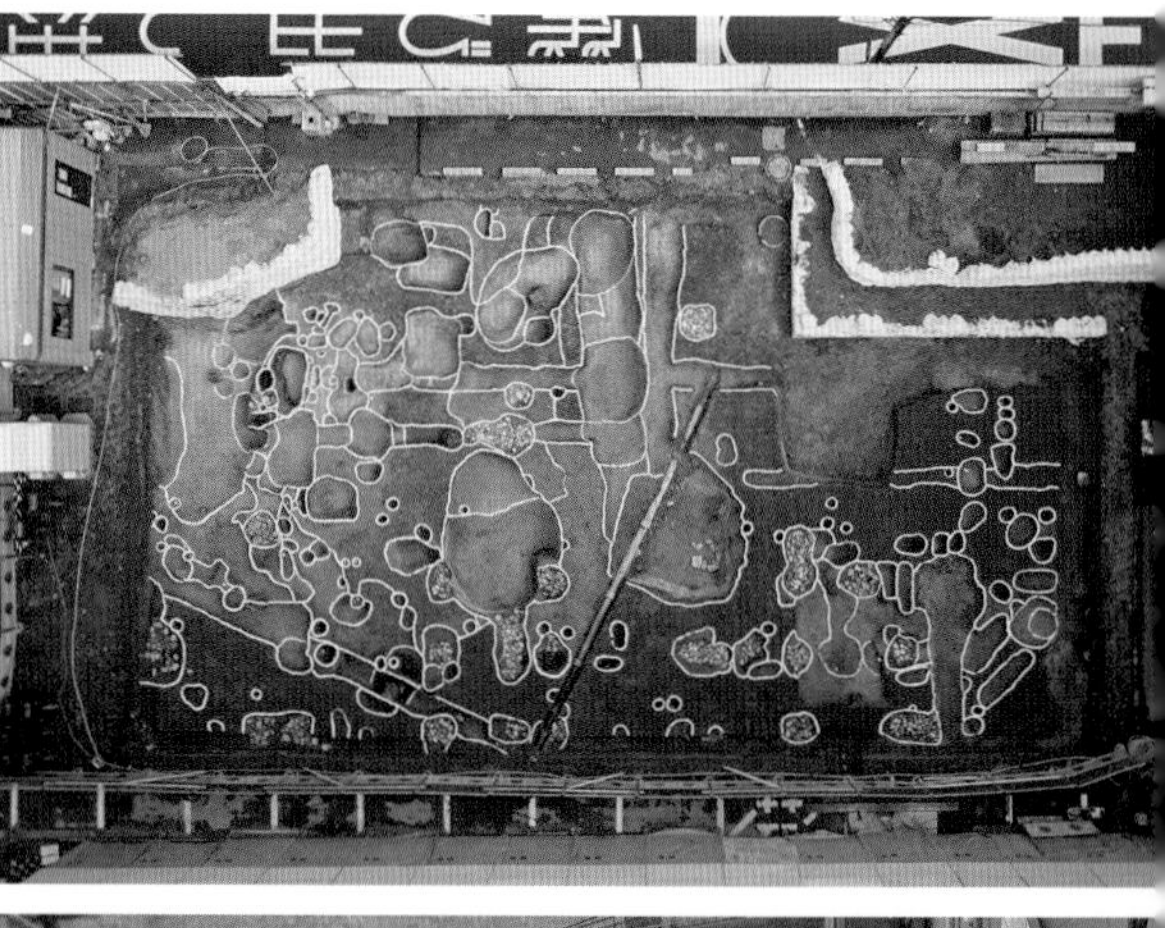

東曲輪武家地では砂州上に多数の遺構が設けられる傾向がある
上：堺町遺跡第４次調査
下：古船場町遺跡

では砂州は認められず、神嶽川由来と考えられる堆積層が基盤層となっていた。調査事例の増加に伴って変更が加えられるかもしれないが、東曲輪では神嶽川を挟んだ南北で土地の様相が大きく異なっていた可能性がある。

■遺構の様相

ほとんどの調査地点からは溝状遺構、土坑、井戸、ピットなどの遺構が大量に、かつ密集した状態で検出されている。これらは複数回における建物の建て替えなどがあったことを示すものであり、永きにわたって積極的にその土地が利用されてきたことを物語るものである。しかし、具体的にどのような建物が建っていたのか復元できた事例はない。それは、あまりにも遺構が密集し、複雑に重なり合うことから、その検討が非常に困難になっているためである。

このような状況ではあるが、全体的な建物配置の傾向は読み取ることができる。米町遺跡第一地点や第二地点での調査では、道に面して建物が建ち、その裏手に設けられた空閑地に井戸や便所が配置されるという状況が復元されている。当然、これがすべてではないだろうが、東曲輪における武家地土地利用の一類型と考えてよいだろう。なお、井戸については屋敷ごとに設けられていたと考えられ、水が涸れたり、濁ったりしたため造り替えられている事例もしばしば確認される。

このほかには、「小倉藩士屋敷絵図」に描かれた屋敷境に対応する位置に溝状遺構が配置される例が散見される。これは屋敷境に設けられた排水路もしくは塀などの構造物の痕跡と考えられることから、屋敷配置を検討する上での鍵となるものである。

これらの遺構からは東曲輪武家地の時期的な変遷も見ることができる。戦国期にはすでに城館が築かれていた西曲輪とは異なり、東曲輪は慶長七（一六〇二）年の細川忠興による小倉城築城に伴って新たに拓かれた土地である。それまでは長く荒れ地であり、また、その開発も十八世紀までは本格化しないとも考えられていた。しかしながら、調査事例の増加によって確実に細川期や小笠原初期に遡る十七世紀前半代の遺構が確認されるようになり、このような考え方には一部変更が求められている。

なお、近世以前の遺物についてはほとんど認められないことから、東曲輪での本格的な人間活動は近世になって始まったと考えてよいだろう。

次の画期としては十七世紀後半から十八世紀前半頃が挙げられる。一定数の遺構や遺物が認められ、この時期に建物の建て替えなどを含む大きな動きがあったことがうかがわれる。実はこの傾向は西曲輪においても認められることから、城下全体での何らかの動きを反映している可能性があり注意を要する。なお、これは小笠原家二代藩主忠雄、三代藩主忠基の頃に相当する。

その後十八世紀から十九世紀、幕末にかけて安定的に遺構、遺物が認められるようになる。幕末頃には「小倉藩士屋敷絵図」に描かれたような状況になったものと思われるが、武家地全体が均一に変化したのか、それとも街区ごとに変化に差があるのかについては、調査事例を積み重ねながら慎重に判断していく必要があるだろう。

■出土遺物

出土遺物には日常生活に用いる陶磁器などに加え、金属製の簪や煙管などの装身具や嗜好品、玩具、建築材である瓦などがある。これらには、西曲輪の武家地でしばしば見られる高級品が含まれていないことを特徴として挙げることができる。これは重臣や上級武士たちが集住した西曲輪に対して、主に中・下級武士が集住した東曲輪の性格を反映しているものと思われる。

［中村］

発掘調査の現場から 2

東曲輪の町人地

東曲輪における古い時期の遺構としては、東部における米町や堺町、北側の海岸沿いに築かれた漁師町の長浜など、江戸初期の遺構や遺物が発見されている。

魚町や大坂町、紺屋町や鍛冶町などでも小規模な発掘調査が実施され、町屋独特の石組みの区画溝と土坑、ならびに井戸が検出されている。しかし、これらの遺構の多くは江戸中期以降、幕末期にかけて集中していることから、東曲輪の開発はこの時期に行われたと見られる。以下、比較的広い範囲で行われた調査について簡単に触れる。

■馬借遺跡の町屋

馬借遺跡では、帋屋治右衛門の町屋と見られる一角と、その西に広がる湧水の多い「葭原新地」が発掘調査によって確認された。湧水の多い層からは一木作りの下駄や獣の骨などが出土した。食料と見られるスッポンやイノシシのほか、アカニシやテングガイ、アカガイなどの貝類が出土したことから、周辺でこれらを食したか、商いをする町屋が存在した可能性が指摘されている。

■西楽寺に隣接する京町遺跡の町屋

平成六（一九九四）年の発掘調査では、京町における西楽寺とそれに隣接する町屋が調査された。中央部分からは井戸が発掘されており、一般的な町屋の様子が見られた。

調査地は「小倉城外町屋敷之図　東之部」では「米屋弥吉」、「左官吉次郎」、「畳屋喜作」、「曳野屋仁右衛門」、「石屋喜助借家（二軒）」、「西楽寺借家町屋敷」などに該当している。最西端の「米屋弥吉」宅部分については、遺跡がすでに破壊されていたが、ほかの宅地からは生活用具である陶磁器や包丁、煙管などが出土した。その他、鎹や釘なども出土しており、この遺跡の周辺では建築に携わる職人が集住していたといえそうである。

■安楽院に隣接する京町遺跡の町屋

平成二十五（二〇一三）年の発掘調査は、「小倉城外町屋敷之図 東之部」によれば、主に京町における安楽院のある区画とその東の区画周辺に該当する。

安楽院の区画には、いずれも間口二～三間半ほどの店が並んでいるが、「米屋弥太郎」は六間、「米屋治助」は借家を含めた北側で九間という広さを持っている。このほか、米屋と鍛冶屋が三軒、大工が一軒、その他十軒の町屋からなっている。

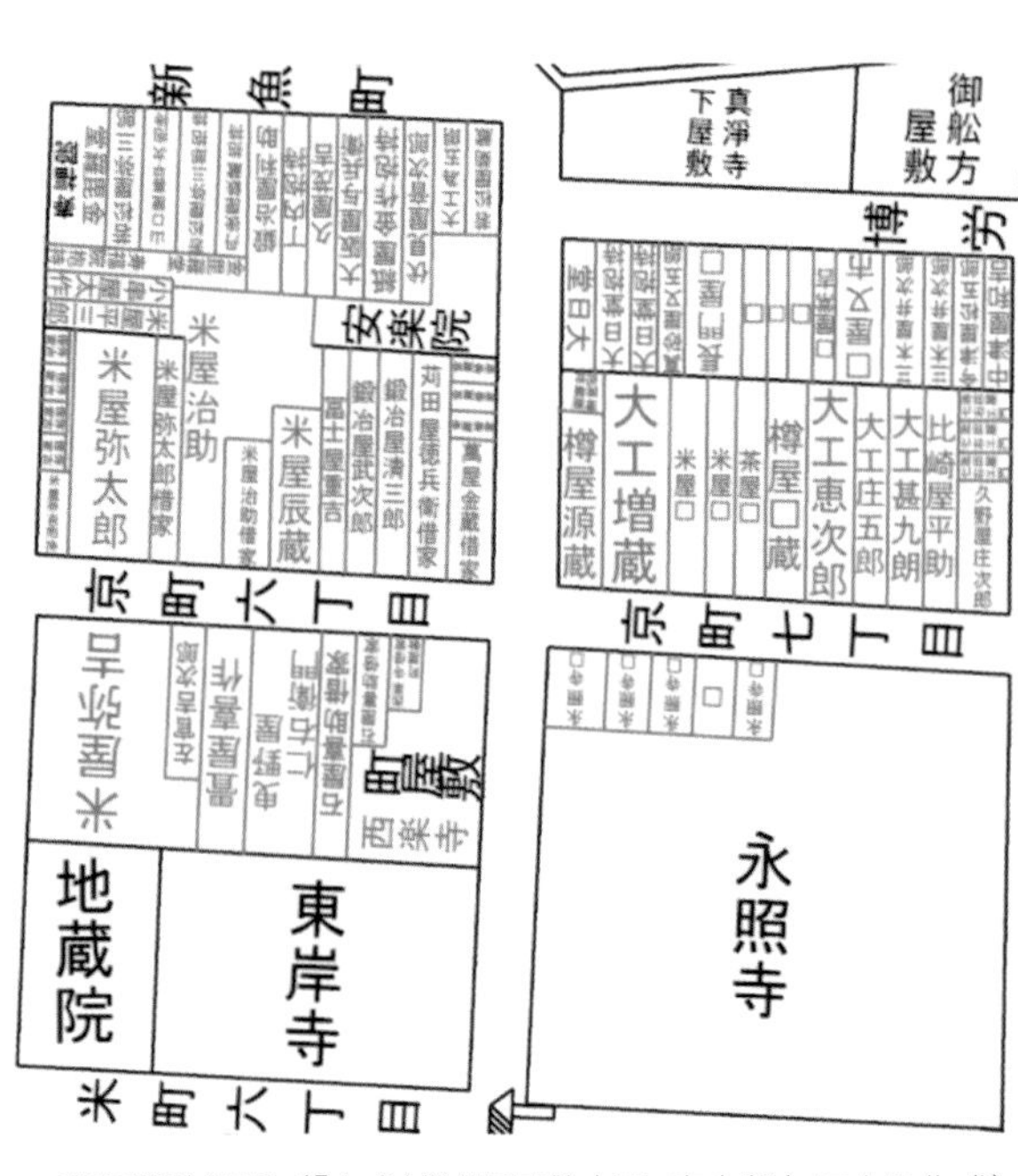

京町遺跡付近（「小倉城外町屋敷之図 東之部」により作成）

この区画からは通常の町屋と同様の生活用の陶磁器類や煙管などが数多く出土しており、町屋に住んだ人々の暮らしぶりを垣間見ることができる。［宮元］

発掘調査の現場から③
永照寺と宗玄寺

■永照寺本堂の建て替えの謎

永照寺は、明応四（一四九五）年、武将であった村上大炊守道定（おおいのかみみちさだ）が出家して道証（どうしょう）と名乗り、現在の室町付近にあたる小倉津に寺を作ったのが起源と伝えられる。

慶長七（一六〇二）年、藩主となった細川忠興の小倉城築城に伴い、京町三丁目に移っている。藩からの手厚い庇護により、文化年間（一八〇四～一八）頃には本願寺の出張所である御坊となり、高い寺格の寺院だけに許された五筋塀（五本横筋の塀）を巡らすようになる。これを裏づけるように「小くら御坊」と刻印された素焼きの小皿が、発掘調査

「小くら御坊」と刻印された土師皿。右は大量に破棄された様子

時に大量に出土した。

平成二（一九九〇）年に現存する本堂建物を解体し、発掘調査が実施された。

本堂は、南北二八・二m、東西二七・六mの基壇を設け、礎石を並べて基礎としていた。礎石の周囲には根石と呼ばれる小振りの石を詰め、礎石を安定させている。また、中央の四つの礎石掘方は、ほかと比べ一回り大きく造られ、本堂を支える太い柱を据えるための工夫が図られている。発掘調査の結果、礎石に使われていた墓石に刻印された年代や礎石掘方の出土遺物から、この本堂の築造は十九世紀前半と判断された。また、本堂の解体時に、弘化二（一八四五）年と記銘された墨書木材も多く発見されており、現存本堂は寺の記録の通り、弘化二年に築造されたことが裏づけられた。

ところが、発掘調査を進めると、現存本堂基礎の下層、東へ八・二m、南へ一・三～一・四m平行移動した地点から、現存本堂と同一規模、同一方向の建物基礎が発見された。現存本堂と異なる点は、周囲に溝状に布基礎を持つことである。出土遺物から、この基礎も現存本堂と同時期の十九世紀前半のものと考えられた。現存本堂は、なぜ建築直前に、場所を移して建て替える必要があったのか。寺の記録にもない謎である。

■宗玄寺の石垣の発見

宗玄寺は、慶長十九（一六一四）年、信濃松本に小笠原秀政によって創建され、小笠原氏の移封に伴って明石、さらに寛永九（一六三二）年、馬借に移ってきた。

平成四（一九九二）年に実施した発掘調査では、紫川沿いの護岸石垣、建物基礎とするために石を方形に並べた基壇状遺構、六一九基の墓などが発見された。

■武士の寺と町人の寺
――墓の埋葬形態や副葬品の違い

武士の寺である宗玄寺では、早桶（円形の木製棺桶）と甕棺とでの埋葬が約三分の一ずつを占める。使用されている甕は肥前産が多く、器高七〇～八〇cm前後、胴部径五〇～六〇cm前後と大型である。一方、商人の寺である永照寺では甕棺が三%、早桶が約七〇%と

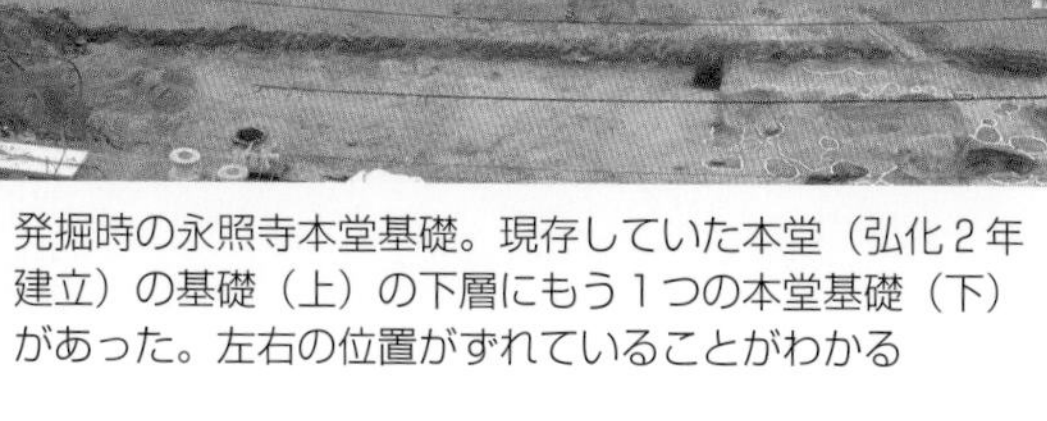

発掘時の永照寺本堂基礎。現存していた本堂（弘化２年建立）の基礎（上）の下層にもう１つの本堂基礎（下）があった。左右の位置がずれていることがわかる

なり、宗玄寺での甕棺の占める比率が永照寺の十倍以上にもなっている。

また、副葬品を見ると、永照寺はその保有率が約二〇％であるのに対し、宗玄寺では約五〇％と高くなり、武士の方が手厚く葬られていることがわかる。ただ、どちらの寺からも共通して多く出土しているのは、三途(さんず)の川の渡し賃といわれる六道銭である。死後の安寧を願う家族の心は、武士も町人も同じであるということであろう。

〔関川〕

紫川に面した宗玄寺の護岸石垣（18世紀後半）

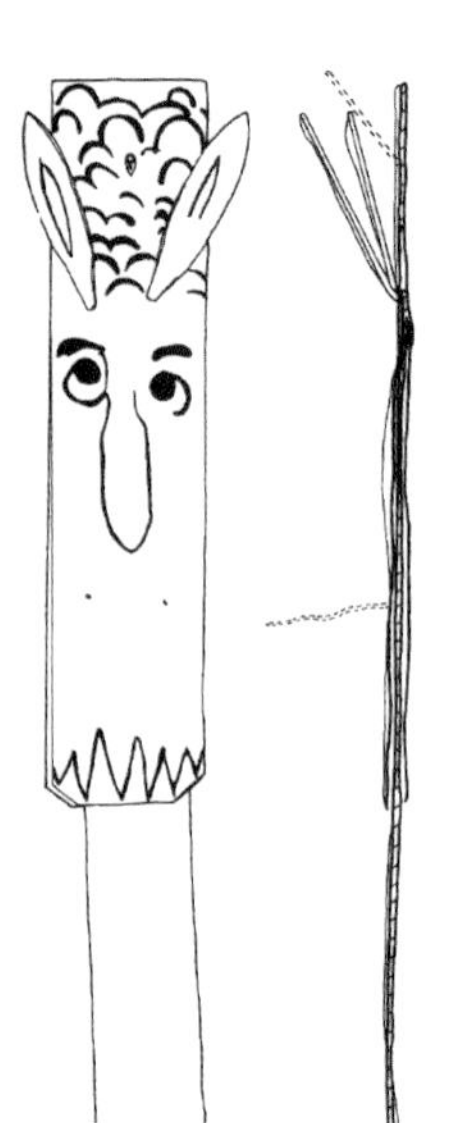

宗玄寺跡出土の龍竜（りゅうたつ）復元図。木製の板に目、鼻、口、うろこと髭を描いたもの。雌雄対となり、葬列の先頭を司る

幼児の墓に入れられた闘犬の置物（宗玄寺跡出土）

女性の墓に副葬された鏡（宗玄寺跡出土）

三途の川の渡し賃とされる六道銭（宗玄寺跡出土）

第三章 帯曲輪

帯曲輪とは

小倉城西曲輪(にしくるわ)の北西部、溜池口門から北へ向かう石橋を渡ると、帯曲輪（「帯郭」または「かざし郭」）に至る。帯曲輪は旧板櫃(いたびつ)川河口部の砂州上に築かれた東西方向に狭長な曲輪である。幕末の「小倉藩士屋敷絵図」によると、北面を響灘(ひびき)に面し、南面は大きく蛇行して西側へ流れる板櫃川と、板櫃川から分岐して東側へ流れる支流によって区切られていて、他の曲輪からは独立している。なお、この川に区画された南側の三角地には「溜池新地」との表記がある。この部分は、これ以前の絵図には「葭原(よしはら)」や「溜池」と表記されていたり、沼沢地のような表現がされているものがある。かつてはそのような状況であったものが、幕末頃には「新地」、すなわち埋立地となっていたのだろう。しかしながら、具体的な土地の利用方法は不明である。

帯曲輪の成立について、慶長七（一六〇二）年に細川忠興(ただおき)が小倉城全体の建設に着手し、「其後又々此廓(帯曲輪)懸り候」（「倉府見聞集」）とあることから、他の小倉城施設とは若干の時間をおいて造成に着手した曲輪と考えられる。帯曲輪の地はもともと浜地であったが、「御衆中上下男女、在町の者男女打寄」せて砂を運び、完成させたという（「倉府見聞集」）。先の記録と重ね合わせると、小倉城内郭の施設や東西両曲輪の建設に一定の目途がつき、余力を他所へ差し向けることが可能となった時期に、帯曲輪の造成に着手したことが推測される。帯曲輪中央に位置して最も広い敷地を有する小倉「祇園社」は、元和三（一六一七）年に帯曲輪の鋳物師(いもじ)町に社殿を新築した由緒を伝えるが、帯曲輪の成立自体も少なくとも内郭や東西両曲輪より遅く、元和期まで下る可能性もある。

「筑前筑後肥前肥後探索書写」では、「外がわの西のそとに、海手に三町町有。いもし町、料(猟あるいは漁か)人居申候」と記されている。これにより、細川氏時代の寛永期（一六二四～四四）の帯曲輪には、すでに三つの町が成立していたことが知られるが、鋳物師町以外の二つの町名についての記述はなく、不明である。

幕末の「小倉藩士屋敷絵図」には、帯曲輪の町名として、「鋳物師町」と「不断町」の二町が確認できる。同絵図に描かれた帯曲輪は、周囲を石垣で固め、東端部に架かる石橋で西曲輪の溜池口門と結ばれる。また北面の沿岸部には四カ所の櫓(やぐら)が描かれ、最も東側の櫓付近からは北の響灘に向かって直線の堤防が延びる。中央部の櫓のそばには海に向かって開口する門が描かれ、最も西側の櫓は帯曲輪の西端に設けられた平松口の枡形(ますがた)門を兼ね、二階建ての大型のものが確認できる。一方、南面には、帯曲輪の東端部、「敷石」と呼ばれる石橋の東隣に、響灘と板櫃川の河口部（南）に向けて門が一カ所描かれ、あとは西端に近い石垣の上に櫓が一棟描かれており、海岸線を意識した施設配置となっていた。

幕末の「小倉藩士屋敷絵図」と「小倉城外

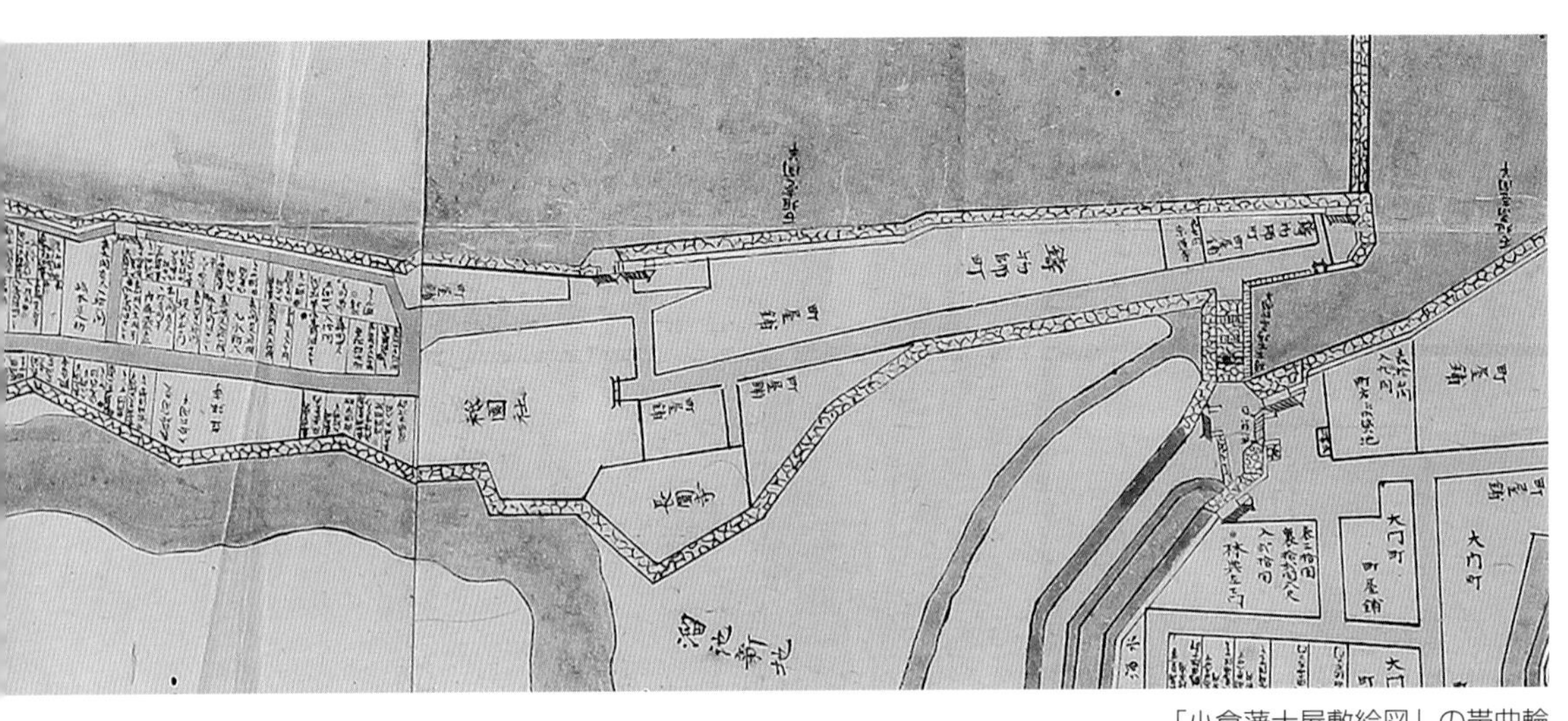
「小倉藩士屋敷絵図」の帯曲輪

町屋敷之図 西之部」とを統合した図により帯曲輪の屋敷数を集計すると、武家屋敷は五十九軒（切米屋敷十八軒、組屋敷四十一軒）、町屋敷は六十四軒とほぼ均衡している。帯曲輪の武家屋敷には知行屋敷が一軒も存在しないことが特徴的である。

武家地

文字通り東西に細長い帯曲輪は、概略、西側の武家地（不断町）と、東側の町人地（鋳物師町）に区分されていた（「小倉藩士屋敷絵図」、「小倉城外町屋敷之図 西之部」など）。また、中央部の祇園社の北側、すなわち不断町と鋳物師町との間に「（鋳物師町）屋根ノ下」なる小字があり、「新地蕪ノ種ヲ商フ店」などが軒を連ねていたという（「龍吟成夢」）。

不断町の名称自体は、実は細川氏時代より確認される（『北九州市史』近世）が、「小倉藩士屋敷絵図」に見える帯曲輪西側の「不断町」と同一の町（位置）を指すかは不明である。また、「筑前筑後肥前肥後探索書写」は、寛永期（一六二四〜四四）には鋳物師町以外に二町あったと伝えてはいるが、そのうちの一町が不断町（もしくは後の不断町の前身となる町）であったのか、または二町とも別の町が存在したのかについては記述がない。ただし、近世中期頃の「豊前小倉之図」（「日本古城絵図」西海道之部、国立国会図書館蔵）では、帯曲輪の西側に「侍町」や「足軽」と記されている。これらの記述を素直に解すれば、近世初期の段階から帯曲輪の西側、すなわち曲輪の外と口門を介して接する場所に武家地（屋敷）が設定されたと考えられ、他の曲輪の武家地の配置（口門の周辺、あるいは外堀沿いに武家を配する）と勘案しても矛盾しない。

町人地

一方の町人地である鋳物師町は、別名「金屋町」とも呼称されたという。これは、小倉藩領の仲津郡金屋村に居住していた鋳物師らが、小倉城下の鋳物師町に移住して鋳造業を営んだ経緯に由来するものであった。彼らは、「子孫小倉鋳物師町に住し、鍋釜の類を造り、屢巨鐘を鋳たり」（田中愛春「小倉城」、『小倉市誌』上編）とあるように、小倉移住後も代々鋳物師を生業として住み続けた。

幕末段階でも同町に数軒の鋳物師が軒を連ね、「鍋・釜・鋤サキ等」の品を鋳て、生業を立てていた。その中の一人である吉村伝右衛門は、数種の「高島流ノ大砲」を鋳ることができたとされる（「龍吟成夢」）が、彼の作品として確認されているものとして、明和二（一七六五）年の年紀が刻まれた銅製鰐口（北九州市指定文化財）がある。「小倉城外町屋敷之図 西之部」では、鋳物師町のほぼ中央の街道北側に、南に向けて四間半の間口を開く「釜屋伝右衛門」の屋敷地を確認することができる。

寺社地

帯曲輪の中央部、幕末の町名でいえば鋳物師町と不断町との間に、小倉祇園社と浄土宗長圓寺があった。帯曲輪で最も広い敷地を占める祇園社は、それまで小倉城西の不動山（愛宕山）にあった小祠と、城東の三本松にあった小祠とが細川忠興によって帯曲輪の鋳物師町に移され、元和三（一六一七）年に新たな社殿が築かれたことを始原とする。ただし、小倉城築城がなったとされる慶長十七（一六一二）年の直後から元和三年までの間、仮の社殿や、不動山や三本松から遷された二基の小祠があったかどうかについては不明である（北九州市教育委員会『小倉祇園太鼓』）。

小倉祇園社の門前の景観について、「龍吟成夢」には、「鋳物師町突当リニ祇園社アリ、鳥居外ニ川江大宮司アリ、左ニ高山大宮司アリ、川江氏ヲ奥ノ宮、高山氏ヲ口ノ宮ト唱ヘシナリ」と、祇園社正面の鳥居の左右には川江・高山両社家の屋敷地があったこと、さらに「石ノ鳥居ヲ入リ、右ニ蘇鉄ノ大株二株アリ、其次ニ能舞台アリ」と敷地内の施設や樹木の様子についての記述がある（「龍吟成夢」）。『豊国名所』には、「祇園社」と題して、石造の大鳥居と、鳥居をくぐった右手に大きな蘇鉄の植え込み、さらに奥には能舞台らしきものが描かれている。

現在も鋳物師町にある浄土宗華岳山長圓寺の境内地は、細川忠興による小倉城築城までは、後の二ノ丸となる地にあった。忠興による城下町整備に際し、西曲輪の竪町に移転し、その後、忠興の命により鋳物師町に再移転したとされるが、再移転の具体的な年紀は不明である。同寺は室町時代中期の嘉吉元（一四四一）年開山の寺伝を持つ古刹であり、六代貞鑑、七代玄達和尚は忠興との親交も厚く、拝領品も多くあったという（『小倉市誌』上編）。また、忠興は毎年九月に小倉祇園社に

祇園社（『豊国名所』より）

おいて自ら神事能を奉納したとされるが、その際の行程は城内から紺屋町口へ出て、そこから川船にて長圓寺の裏門へ着船後、同寺の方丈（ほうじょう）にて身支度を整えて祇園社へ向かうというのが通例であった。また、境内には元和三年没の小倉祇園社初代宮司高山孫大夫（まごだゆう）定直（さだなお）の墓もあり、近世期を通じて小倉藩主および小倉祇園社と関係の深い寺院であった。［立野］

発掘調査の現場から

■調査の概要

発掘調査は二カ所（第一地点、第二地点）で行われているが、部分的であって、近世以前の状況についてはほとんどわかっていない。

なお、調査地点が帯曲輪のどこにあたるのかについては、現在この地点を東西方向に延びる道が、かつて帯曲輪を東西方向に走っていた道を踏襲したものと考えられることや、現在も残る長円寺や立法寺の位置などを参考に推定することができる。それによると、第一地点は祇園社の北東部に、第二地点は不断町武家地の北東側の一隅に、それぞれ比定される。しかしながら、これらはいずれも現時点での暫定的な想定といわざるを得ず、より確度の高い位置比定は今後の調査事例の増加を待つ必要があるだろう。

なお、遺構が検出された面の標高は第一地点に比べて第二地点の方が低くなっていることから、帯曲輪の地形は東から西へ向かって低くなっていた可能性がある。

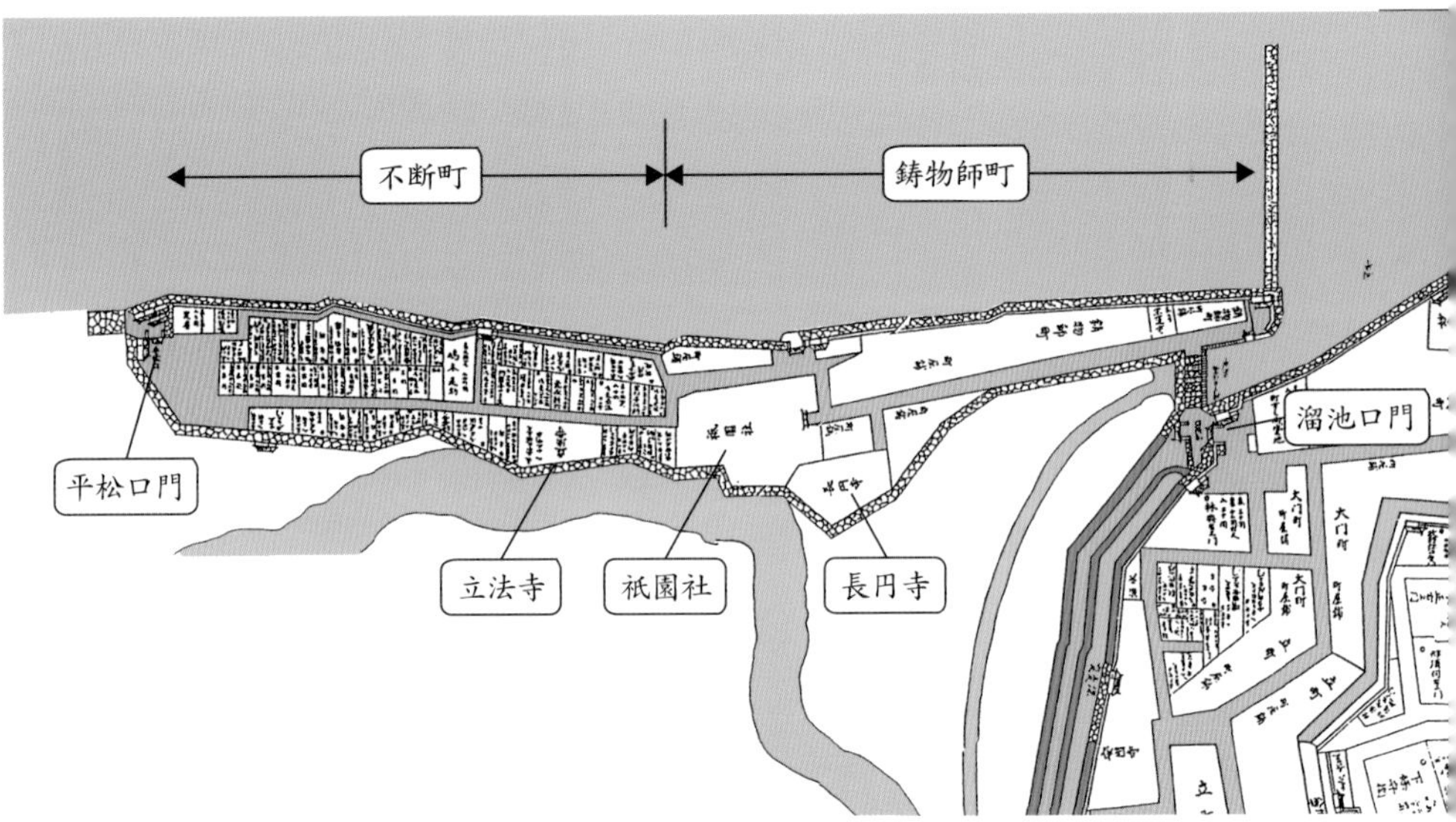

「小倉藩士屋敷絵図」の帯曲輪（上）と現在の帯曲輪周辺（下）

■第一地点の調査成果

祇園社の北東部に比定される第一地点では、古代から中世にかけての遺物がわずかに出土するため、この頃から何らかの人間活動が周辺で行われたと考えられる。しかし、具体的な活動痕跡は不明瞭で、それがどのようなものであったかはよくわからない。十七世紀前半頃になると砂州上からピット、土坑、井戸などの多数の遺構が確認され、明確で活発な人の営みが認められるようになる。しかし、これらの活動はその後一旦途絶えてしまう。続く十八世紀から十九世紀にかけては、この時期の遺物が出土することから土地利用が続いていることはわかるものの、遺構は希薄となり、再び具体的な人間活動を捉えにくくなる。

このような遺構の変遷過程は、この地で本格的な人の営みが行われたのが近世になってからのことであることを示していると同時に、位置比定に大きな誤りがない場合、祇園社の成立により土地の利用方法が変化したことと関連しているものと思われる。

上：東側から撮影した第１地点の調査区全景。17世紀代の遺構が主体を占めている。遺構は密集しており活発な人間活動が行われていたことを示す
下：北側から撮影した井戸。10～40㎝大の石材が円形に積み上げられている。深さは約１mであったが、これは後世に上半部が壊されてしまったためだろう

■第二地点の調査成果

武家地の北東側一隅に比定された第二地点では、北東－南西方向に延びる十八世紀代の二条の溝状遺構と、その遺構を切って十八世紀後半から十九世紀代に設けられた土坑が検出されている。

このうち二条の溝状遺構については、調査担当者は道路の両側に設けられた側溝と判断している。その場合、側溝間の幅約一・五mの平坦面が道として使用されたことになるが、屋敷境のような建物配置に関連したものなど、周辺の状況が不明な現状では道以外の用途を想定することも可能である。いずれにせよ、十八世紀代にはこの方向を意識した土地利用が行われていたことを示している。

なお、この調査地点においては十七世紀代

南側から撮影した第２地点の調査区全景。西側に並列する二条の溝状遺構が見える（赤色部分）。このような遺構は土地の区画方法を検討するのに役立つ

の遺構が未確認であることや、十八世紀後半から十九世紀代にかけての新しい遺構が見られることから、土地の利用方法に変化があったことがわかる。しかし、これらのことが帯曲輪西側の全体的な傾向なのか、本調査地点独自の事情によるものなのか現時点ではわからない。

■出土遺物

出土遺物には日常生活に用いる陶磁器などに加え、建築材である瓦、溶解炉の炉壁片や鋳型片、送風管片、スラグなどの鋳造活動に伴うものが含まれていた。

瓦は第二地点からのみ出土している。これは第二地点周辺が武家地であったことと関連している可能性がある。町屋側では瓦の使用が制限されていたのであろうか。

鋳造関連遺物は鋳物師の活動に伴うものであるが、出土量は第一地点が多く、第二地点からの出土はわずかであった。このことは、武家地成立以前に曲輪の西側においても鋳物師の活動があったこと、またその一方で活動の中心は鋳物師町のある曲輪の東側にあったことを示しているものと思われる。なお、第一地点、第二地点のいずれにおいても溶解炉跡などの鋳造に関連する遺構は確認できていないことから、ここでの鋳物師の活動実態については不明である。

[中村]

第１地点出土の陶器の碗（左）と皿（右）

第１地点出土の溶解炉片

第２地点出土の瓦

第四章　近代・現代の城下町

城下町から近代都市へ

小倉城自焼「御変動」から二年が経過した慶応四（一八六八）年八月、長州藩の企救郡代官佐藤寛作が作成した「企救郡宰判小倉町戸籍帳」（「防長幷豊石諸宰判戸籍」県庁伝来旧藩記録、山口県文書館蔵）によれば、小倉町には二二一一軒、七五一七人（男三七三六人、女三七八一人）の「町人」がいた。小倉藩は慶応二年八月一日から田川郡香春に撤退していたから「武士」はいない。慶応三年一月に長州藩と小倉藩の「止戦」が成ったこともあり、一時的に疎開していた「町人」も戻ってきたのだろう。ほかに寺院が六十一あり、僧一一一人、比丘尼九人、「俗」七十八人がいた。社家は二軒で十一人、「山伏盲僧」は十四軒で二十八人、「座頭」が一軒で三人となっている。

その後は明治二（一八六九）年八月の版籍奉還に伴い、長州藩は小倉城下町と企救郡を朝廷に返上し、日田県が所管することになり、翌三年二月になって長州藩から日田県へ引き渡された。明治四年七月廃藩置県、十一月に豊前一国を所管する小倉県が誕生し、小倉は県庁所在地となった。しかし小倉県は同九年四月に廃止され、福岡県に統合された。明治十一年七月「郡区町村編制法」が制定され、小倉に企救郡役所が置かれた。明治二十二（一八八九）年四月には町制施行して小倉町となり、明治三十三年四月一日に市制施行して小倉市が誕生した。全国的に市が誕生し、福岡県では福岡市と久留米市が誕生した明治二十二年から十一年遅れ、北九州五市では明治三十二年の門司市に一年遅れての市制施行であった。

昭和三十八（一九六三）年二月十日に小倉市は門司・若松・八幡・戸畑四市と合併して北九州市となった。同年四月一日に北九州市が政令指定都市になると小倉区が成立したが、昭和四十九年四月一日には小倉北区と小倉南区に分かれて現在に至っている。

明治二十二年町制施行年の小倉町の人口は一万五〇七二人であった。陸軍第十二師団が置かれた明治三十一年は二万一六五〇人で、市制施行後の明治三十六年は三万二九六四人となっている。その後人口は伸び悩んだが、大正後半から周辺町村の合併を含めて大きく増加した。第十二師団が久留米市に移転した大正十四（一九二五）年は五万一六六三人、昭和五年は八万八〇四九人、陸軍造兵廠小倉工廠が開設された後の昭和十年は十一万三七二人、昭和十七年二十一万八五六九人となっている。昭和二十年は十三万一四八三人に減少したが、翌年から回復し、小倉市最後の昭和三十七年には三十一万三〇八六人となっている。

城下町の近代化

城下町小倉が解体して近代都市小倉が形成される中で、町の生活や風景はどのように変化していったのか。明治時代前半を中心とする小倉の近代化を概観した上で、小倉市のいくつかの地図によって近代都市への変貌と発展、昭和戦後までの変遷について見てみたい。

明治四（一八七一）年に郵便制度が始まると小倉に郵便役所が開設した。同六年に東京－長崎間で電信線が敷かれると小倉に電信局が設置された。明治三十三年に赤間関電話局門司支局が開局し、まず門司市で、さらに続いて小倉市と若松町でも電話の利用が始まった。

明治六年に宝町の銭屋を校舎として開校した明誠小学校が小倉最初の小学校である。同校はその後米町の極楽寺、鳥町の西蓮寺、室町を経て、大正四（一九一五）年板櫃村に移転し、西小倉尋常小学校と改称される。現在の北九州市立西小倉小学校である。その後様々な学校が旧城下町および周辺に開校していくが、中等学校の多くは郊外に開校した。

明治九年には宝町に森山写真館が開業した。小倉および北九州市域で最初の写真館である。長崎の写真家上野彦馬のもとで修業した森山國蔵が開業した。

明治二十年、馬借町の武家屋敷跡に妹尾精米所が開業した。以後様々な工場が立地するが、明治二十四年に開業した千寿製紙のような大規模工場は紫川右岸の埋立地および郊外に建設されていく。

明治三十年頃に小倉初の西洋料理店「三樹」が京町に開店している。

小倉市が誕生した明治三十三年に小倉電灯会社の発電所が建設され、電灯の利用が開始された。明治四十三年には小倉瓦斯会社が設立され、翌四十四年からガス灯の利用が始まった。同年、九州電気軌道の大門の発電所が開所して、家庭で利用する電灯が明るくなったという。

明治初期に開設された志撰社演劇場を継承する常盤座が明治三十一年に開業し、その後各町に劇場が開かれていく。

京町や魚町は商業地として発展した。一方で大正七年に小倉市初の百貨店として兵庫屋が開店した。その後、昭和十一（一九三六）年に小倉井筒屋、翌十二年には小倉玉屋が開店した。

■明治三十一（一八九八）年
――「二万分一地形図・小倉」

陸軍第十二師団が小倉で発足した年である。西曲輪は広大な軍用地となっている。東曲輪は町屋敷に江戸時代からの継続性が見られる一方で、東部の家屋敷の一部が桑畑となっている。廃藩置県により空いた武家屋敷が桑畑として利用される例は全国的に見られるが、小倉も同様であったことがわかる。

紫川左岸の低湿地帯は未開発地のままで、紫川東岸は水田となっている。その中には「千寿製紙会社小倉工場」（明治二十四年開業）がある。その後、製紙工場は経営主体を変えながら、昭和四十一（一九六六）年まで続いた。紫川河口の東西の台場は埋め立てられている。明治二十四（一八九一）年の九州鉄道と明治二十八年の「豊州鉄道」の開通が大きな変化である。ただし九州鉄道は現在の戸畑線ではなく大蔵線である。「豊州鉄道」は実際には九州鉄道が小倉駅から行事駅（現在の行橋）までを開通させ、行事駅で豊州鉄道に接続したが、ここでは「豊州鉄道」と記載されている。現在の鹿児島本線と日豊本線を区別する意識の表れであろうか。

■大正八（一九一九）年
――「小倉市街地図」

二十一年後の大正八年には紫川河口の西側に広大な埋立地が存在している。「許斐埋立」と呼ばれるもので、「東京製綱株式会社小倉工場」が立地している。紫川の両岸の埋め立ても進み、左岸では軍用地が拡大し、右岸では市街地化が進行した。九州鉄道は戸畑線（現在の路線）が明治三十五（一九〇二）年開通し、従来の大蔵線は同四十一年に廃線となった。同四十年には九州鉄道は国有化されている。ほかに東小倉駅を起点とする小倉鉄道が明治三十九年に、九州電気軌道が同四十四年に開通している。

九州電気軌道は小倉城下町の東西の曲輪を貫いている。本社はまず船頭町に置かれたが、大正六年に京町に移り、さらに昭和十五（一九四〇）年に砂津に移転した。本図では砂津に拠点が描かれる。大門に電源供給のための

「一万分一地形図・小倉」（明治31年、国土地理院蔵）

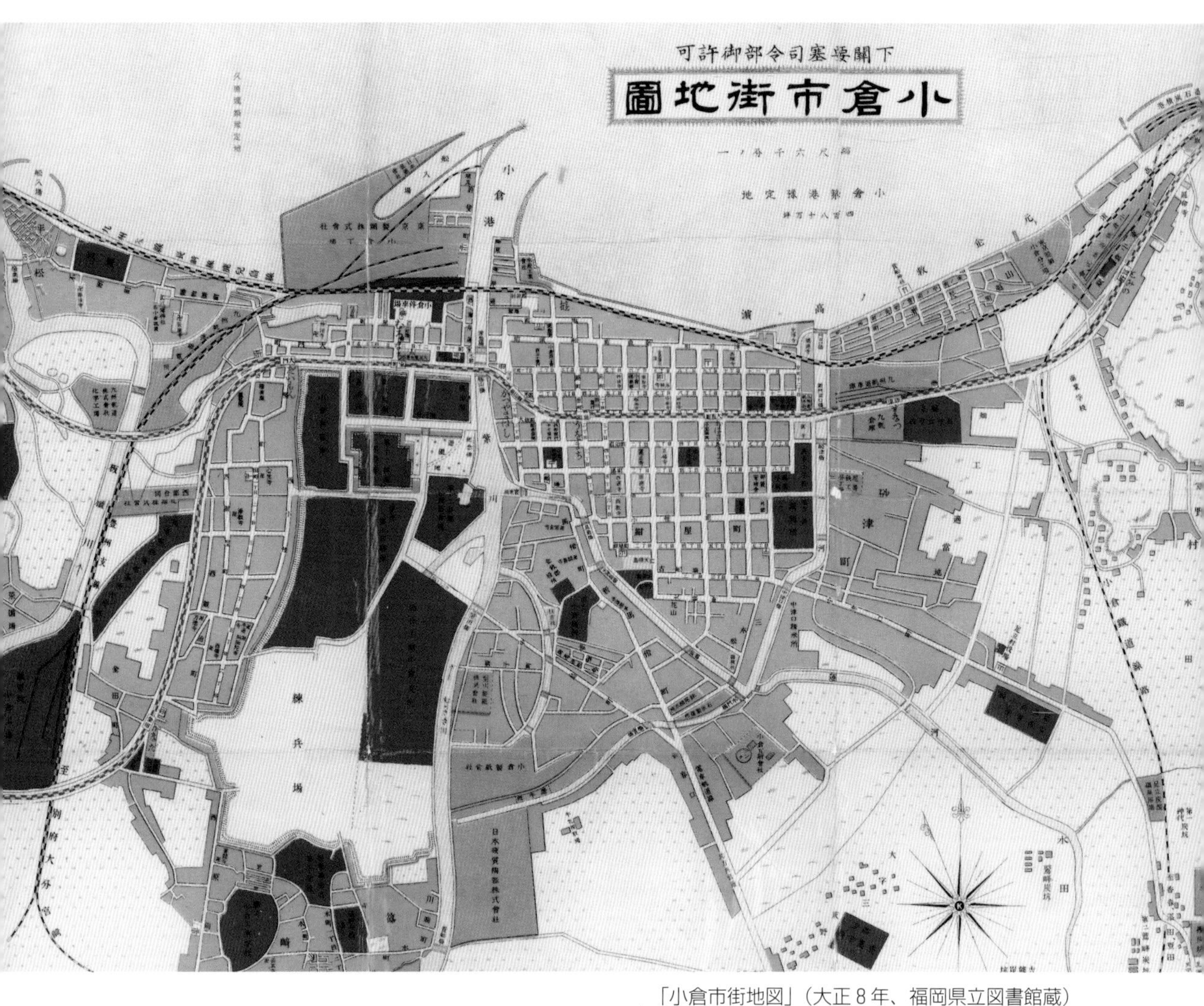

「小倉市街地図」（大正８年、福岡県立図書館蔵）

「九州軌道発電所」が見える。九州電気軌道の開通に際して紫川に「勝山橋」が架けられた。また歩兵第十四連隊と香春口、さらに北方の歩兵第四十七連隊を結ぶ道路が開通し、紫川に「陸軍橋」が架けられている。「小倉製紙会社」に加え「紫川製紙株式会社」や「日本硬質陶器株式会社」が立地している。紫川製紙は小倉製紙の関連会社と思われるが、すぐに廃止されて、小倉製紙に吸収されたようである。日本硬質陶器は大正六年に創立された東洋陶器を指すだろう。

■昭和六（一九三一）年
──「最新式小倉商工地図」

さらに十二年後の昭和六年になると、紫川河口の東側に「築港埋立地」が描かれている。許斐町は「浅野製鋼小倉工場」となっている。大正十一（一九二二）年に二ノ丸跡が陸軍省から小倉市に払い下げられて小倉市役所などが立地した。「北方行電車」は旦過（たんが）橋－香春口間が昭和二年に開業して、路線が小倉市の中心部に及んでいる（昭和七年に魚町－旦過橋間が開業する）。昭和八年に開業する陸軍造兵廠小倉工廠の関連施設もすでに示されている。小倉製紙は王子製紙に、日本硬質陶器は東洋陶器会社になっている。

■昭和六（一九三一）年
――「小倉市交通名所図絵」

「大正広重」と呼ばれた鳥瞰図絵師の吉田初三郎が小倉市を描いた鳥瞰図として、昭和六年と昭和二十五年の二種がある。いずれも海側から小倉市街地を「鳥瞰」している。

昭和六年の鳥瞰図を見ると、同年の「最新式小倉商工地図」には示されていない海岸部の埋立地が記載されている。埋立地が拡大する小倉市の姿が明確である。紫川河口の東側の埋立地は「浅野町」と記されている。小倉城内の「造兵廠」の姿が明確である。三萩野に「競馬場」、北方に「新競馬場」がある。明治四十（一九〇七）年に戸畑競馬場が開設され、大正八（一九一九）年に三萩野に移転し、昭和五年に北方に再移転して現在に至っている。

「最新式小倉商工地図」（部分、昭和６年）

「小倉市交通名所図絵」（昭和６年）

■昭和二十五（一九五〇）年
──「小倉市観光鳥瞰図」

昭和二十五年に小倉市は市制施行二十周年を迎え、記念事業の一環として吉田初三郎に再び依頼して鳥瞰図が制作された。

小倉城内には旧小倉陸軍造兵廠の建物が数多く残っている。連合国軍の占領は続いていた。埋立地の開発は途上の段階と見られる。浅野町には「豊楽園球場」が建っている。同球場は昭和二十三年七月に完成して、プロ野球の公式戦にも使用された。翌二十四年に結成された西鉄クリッパーズ（二十六年から西鉄ライオンズ）の準本拠地でもあった。しかし小倉駅の現在地への移転に伴い、昭和三十二年シーズンを最後に閉鎖された。なお翌三十三年には小倉市営球場が完成している（現在の北九州市民球場）。

九州電気軌道は昭和十七年の企業統合により西日本鉄道（西鉄）となった。同社の拠点は引き続き砂津にあったが、その隣に朝日新聞の西部本社が建てられた。同社は大正十四（一九二五）年、大阪朝日新聞門司通信局が門司支局に昇格したことに始まり、昭和十年に九州支社に昇格し、同十二年に小倉市に移

「小倉市観光鳥瞰図」（昭和25年）

転し、同十五年に大阪本社から独立し西部本社となった。なお平成十五（二〇〇三）年に旧二ノ丸跡（室町）のリバーウォーク北九州に移転して現在に至る。

三萩野にあった小倉競馬場は「小倉競輪場」に変わっている。「小文字山」で「小文字焼」が行われるようになって、「小」の文字が見える。足立山麓には「小倉炭鉱」がある。小倉炭鉱は昭和十二年に宇部炭鉱の古谷博美が買収してから本格的に開発され、生産が増加して、北九州の主要炭鉱として発展した。しかし国のエネルギー政策の転換に伴い、昭和四十年に閉山した。同炭鉱は、この昭和二十五年には最盛期に近い賑わいを誇っていたようである。

［日比野］

［コラム］小倉祇園祭と小倉祇園太鼓

小倉祇園祭の小倉祇園太鼓

小倉祇園太鼓は、江戸時代初期を起源とする小倉祇園祭（江戸時代は祇園会）の際、かつての小倉城下町（現在の小倉北区）の町内を中心とする団体によって演じられる民俗芸能（太鼓芸）である。その太鼓芸は、「両面打ち」・「歩行打ち」・「三拍子」を特徴とし、国の重要無形民俗文化財に指定されている（指定名称「小倉祇園祭の小倉祇園太鼓」）。

江戸時代の小倉祇園会は、細川氏時代の元和四（一六一八）年の夏、東曲輪の馬借町が疫病退散の祈禱を行うために、祇園（牛頭天王）社の神山を先導して城下町を御幸させたことが始原であるとされる（「八坂神社遷宮縁由記」馬借町蔵）。その後、小笠原氏の入部後も小倉祇園会は継続され、神山、神輿の御幸を中心としつつ、湯立神楽や踊り（祇園踊り）、山車、引山、人形飾り山、傘鉾、鳴り物など、各町が趣向を凝らした出し物が城下を巡行する大規模な神幸行事へと拡大した。

城下町各町からの出し物は、それぞれ自慢の山車が先導していたが、そのうちの五基は現存し、いずれも福岡県の有形民俗文化財に指定されている。このうち、紺屋町山車の最上部の金装飾りの「鳳凰」の背面には、長門国長府（現在の山口県下関市）の細工師が製作したという内容の銘が残されている。

この山車の構造は、江戸の天下祭（山王祭・神田祭）などの祭礼で用いられた古い型式の山車に見られる「一本柱万度型」に類するもので、九州ではほかに例はなく、西日本でも極めて稀な山車の型式であるという（北九州市教育委員会『小倉祇園太鼓』）。小倉祇園と江戸の祭礼との関わりについては、万治三（一六六〇）年、それまでの小倉祇園の囃し方に「不都合」があったため、小倉の町人が江戸滞在中に山王神事（山王祭）の囃し方を聞き覚え、帰国後に子どもたちに相伝したという記録が残されている（「八坂神社遷宮縁由記」）。

このように、江戸時代の小倉祇園祭は、当時の政治的中心地であった江戸の祭りの文化を積極的に取り入れつつ、一方で祭りに直接関わる職人や踊子は近辺からの担い手をも採用するなど、一城下町の賑わいを超越した大祭であったことがうかがえる。

幕末の第二次長州戦争による戦禍と幕藩制の解体は、城下町小倉に大きな影響を及ぼし、明治初年から二十年代にかけての小倉祇園祭

「ぎおん踊」（『豊国名所』より）

上：小倉祇園祭のだし（山鉾）。（左から）紺屋町山車（安政３年建造）／古船場町山車（安政４年建造）／大門町山車（明治21年建造）／堺町山車（明治22年建造）／西鍛冶町山車（明治31年建造）
下：紺屋町山車の「鳳凰」背面の刻銘

は規模の縮小を余儀なくされる。しかし、この時期の小倉祇園祭では、時勢を反映した踊りや囃子、仮装行列を新たに出し物に組み込むなど、小倉の町人が主体となった自由な祭りへと変化する契機となった。

明治時代の後半になると、地元紙などで「太鼓等を打鳴す」（『門司新報』明治二十七年六月二日）、「地方に名高き小倉の太鼓祇園祭」（『門司新報』明治三十五年六月一日）と報じられるようになり、祭りにおいて昼夜問わず打ち鳴らされる太鼓の存在感が突出し始め、「太鼓祇園祭」の呼称が人々に定着し始める。また太鼓を車輪の付いた太鼓山車に据えて、歩行しながら両面から打つ芸能が登場したのもこの時期であったと思われ、現在の小倉祇園太鼓ではこの芸態が主流となっている。

ところで、一地方の夏祭りでしかなかった小倉の祇園太鼓の名を全国区に引き上げたのは、映画「無法松の一生」であろう。この映画は、小倉出身の作家、岩下俊作による小説「富島松五郎傳」を原作とし、昭和十八（一九四三）年に主演坂東妻三郎にて初めて映画化された。その後、昭和三十三年に三船敏郎主演にてリメイクされた同作は、第十九回ヴェネツィア国際映画祭において金獅子賞を受賞し、日本映画の名作の一つとして知られている。

劇中で主人公の松五郎が披露する「暴れ打ち」や「勇み駒」などの勇壮な「祇園太鼓」は観衆を虜にし、後の創作太鼓の模範にもなったという。一方、実は今日に受け継がれている「正調」小倉祇園太鼓は、優美で上品な響きが特徴であり、創作である松五郎の太鼓とは一線を画す。また、打法や調子、所作には町（団体）ごとで個性があり、単純に聞こえる太鼓のリズムの中に奥深さを有するのも小倉祇園太鼓の魅力である。映画の打法との違いや、団体ごとの特徴に注目しつつ、祇園太鼓に耳を傾けてみるのも、小倉祇園祭と小倉祇園太鼓の楽しみ方の一つである。

［立野］

［コラム］小倉鋳物師と南蛮鐘

　JR鹿児島本線西小倉駅の西側一帯に鋳物師町（江戸時代の帯曲輪）が広がる。鋳物師とは、銅や鉄の鋳物製品を造ることを生業としている工人を指す言葉である。

　この鋳物師町の東側、室町一帯の発掘調査の成果から、小倉城北側から小倉城が整備される以前に鋳物師集団の工房が広がっていたことがわかった。

　きっかけは昭和六十三（一九八八）年の室町遺跡の発掘調査であり、その後リバーウォーク北九州の建設に伴う小倉城二ノ丸家老屋敷跡、平成二十（二〇〇八）年の室町遺跡第十一地点の発掘調査などで、中世の大規模な鋳物工房跡が発見されている。遺跡からは、鉄鋳物製鍋や鍋蓋、鉄製鋤先の粘土製鋳型、溶けた銅や鉄を掬い取る坩堝や取瓶、鞴から風を送る管の先端に装着する粘土製羽口も出土している。特に鉄や銅を溶かす溶解炉が井戸枠として再利用されており、当時の溶解炉の規模や構造が推測できる貴重な資料が多く出土している。

　溶解炉は、朝顔形に開く上甑と中間の中甑、溶けた金属が溜まる下段の坩の三段に分かれているが、中甑部分を井戸枠に再利用していた。中甑は、直径六五～七〇㎝、高さ五五～七〇㎝、厚さ五㎝くらいの大きさの円筒形で、外壁部分には縦横方向に竹の箍の痕跡が残っていた。井戸枠としては、この中甑を四段重ねて使用されていた。

　小倉城天守の北側は一段低くなっており、砂浜が広がり、その砂浜に鋳物作業場が広がっていたと考えられる。年代は、十二世紀後半から十六世紀にかけてである。

　小倉南区から田川郡香春町にかけては平尾台を代表とする広大な石灰岩地帯が広がる。石灰岩地帯の周辺にはスカルン（接触交代）鉱床が広がり、様々な金属が産出する。特に銅が多く産出し、平安時代、豊前国は長門国とともに我が国の二大銅産地で、良好な港を有する紫川河口左岸の砂丘上には古くから鋳物師集団の工房が形成されたと考えられる。

　小倉鋳物師は、寺院の梵鐘の鋳造も手掛けた。小倉鋳物師の梵鐘は、竜頭部分の宝珠とたてがみの間に透かしを施すことから、容易にほかの産地の梵鐘と区別することができる。梵鐘は通常出吹きといって、発注者である寺院などに出かけて作業を行う。

　近年、この小倉鋳物師の特徴を有する梵鐘が沖縄で十四個確認された。最古の梵鐘は、大工藤原國光、明・景泰七（一四五六）年銘の大安禅寺鐘など三個ある。小倉鋳物師が、一四五〇年代琉球国に渡り、梵鐘を鋳造していたのである。最も新しい梵鐘は、明・弘治八（一四九五）年の梵鐘である。かつて首里城正殿に掲げられていた重要文化財「万国津梁の鐘」は、一四五八年の鋳造で、大工藤原国善の刻銘がある。全体的に大きく、形も異なるが、小倉鋳物師が鋳造に関わったことはほぼ間違いない。

　細川家の家宝を伝える公益財団法人永青文庫には、十七世紀初頭の「九曜紋付南蛮鐘」が保存されている。慶長五（一六〇〇）年に没した細川ガラシャ追悼のために細川忠興が造らせ、小倉城下の南蛮寺（所在不明）に施入したと伝えられる鐘である。ベル風の形であるが、三段に分け、梵鐘と同じ手法で鋳造している。江戸時代小倉鋳物師の作品の一つと考えられる。ほかには津山城築城の折に細川忠興が森忠政に祝いの品として贈った南蛮鐘がある。

［松井］

九曜紋付南蛮鐘
（公益財団法人永青文庫蔵）

第四部

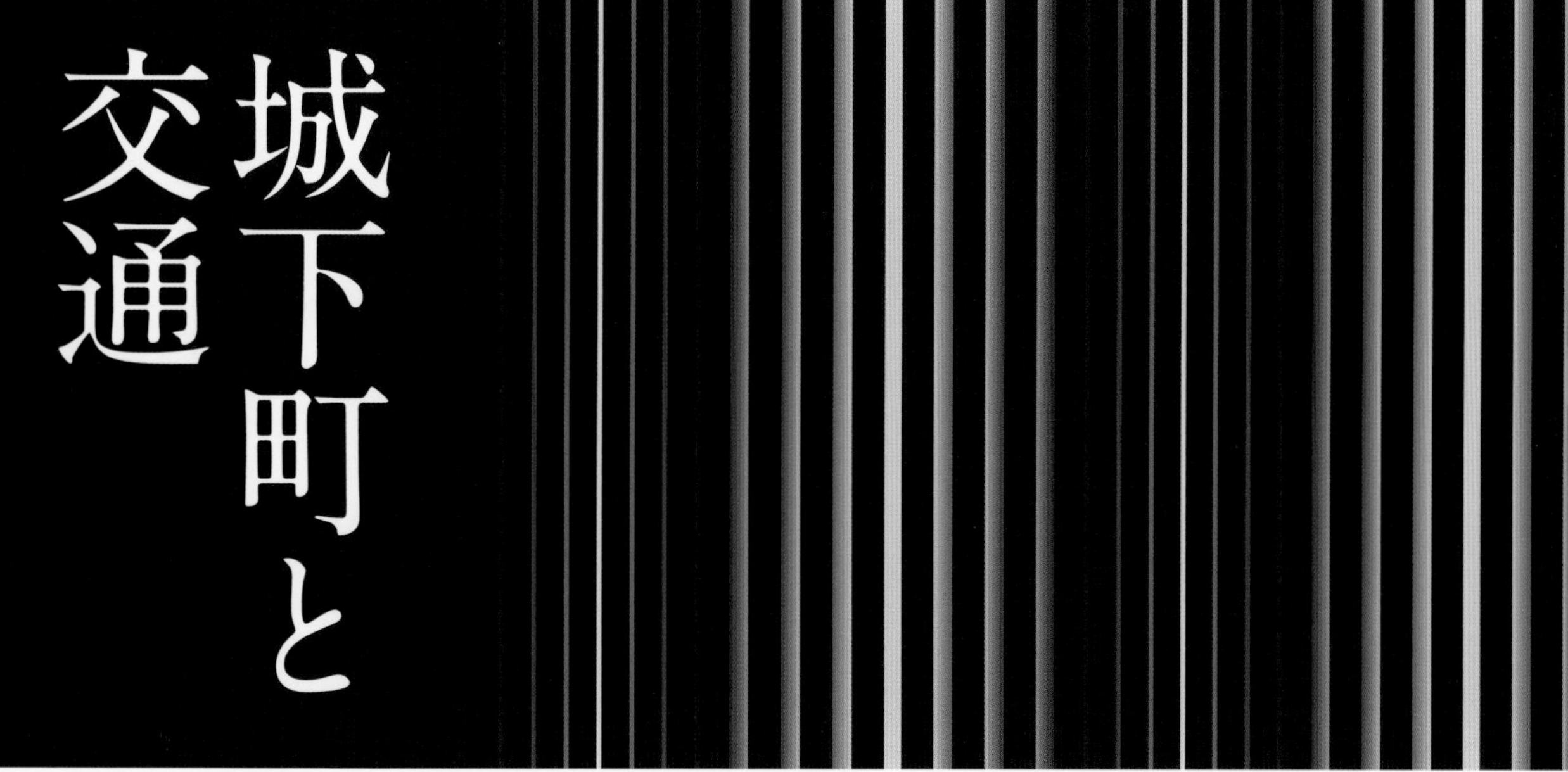

城下町と交通

第一章 口門・道・橋

遺構が物語る往時の姿

■絵図に見る口門・道・橋

幕末の「小倉藩士屋敷絵図」によると、惣（そう）構（がまえ）の城である小倉城郭は外周に巡らされた堀によって城外と区切られている。また、その内部も紫川（むらさき）、神嶽川（かんたけ）、堀によって分断された複数の曲輪（くるわ）から構成されている。具体的には中央部を北流する紫川によって東西に二分された東曲輪と西曲輪があり、西曲輪北西部には板櫃川を挟んで帯曲輪がある。また、西

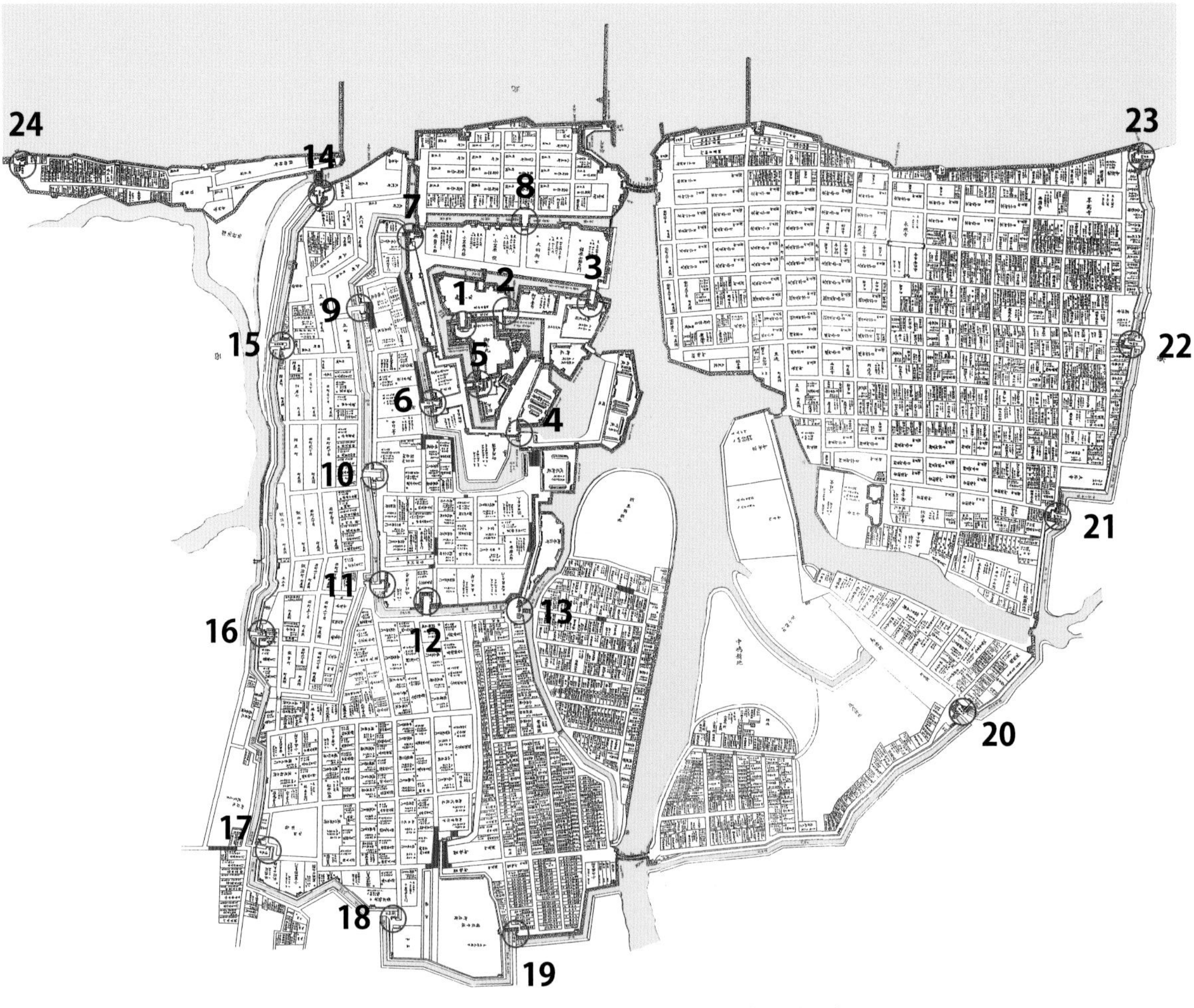

「小倉藩士屋敷絵図」中における口名と、調査によって確認された道（赤色部分）
1. 多門口／2. 御北口／3. 虎ノ門口／4. 小的口／5. 西ノ口／6. 西ノ出口（松ノ御門）／7. 桜口／8. 職人口
9. 田町口（竪町口）／10. 小姓町口／11. 西ノ出口／12. 南ノ口／13. 古木小屋口／14. 溜池口／15. 紺屋町口
16. 到津口／17. 清水口／18. 篠崎口／19. 雁喰口／20. 香春口／21. 仲津口／22. 富野口／23. 門司口／24. 平松口

曲輪内部にも堀が多重に取り囲み、本丸、二ノ丸、三ノ丸を区画する。

それぞれの曲輪には道によって隔てられた街区が配置され、東曲輪北半部では碁盤目状に並ぶが、その他の場所では長方形の区割りを基本に、地形に合わせて様々な街区を形成する。

曲輪と曲輪、もしくは曲輪と城外を繋ぐ出入口の多くには、城郭特有の有事に備えた構造が採用されている。これは、土手や石垣を用いて道を屈曲させ、その先に門を設けるもので、いざ敵が攻めてきた際には攻め手が直進できず、簡単に侵入できないようになっている。また、これは平時にあっても人や物の動きを管理するための重要な施設であった。なお、出入口のことは一般的に「口」といい、その場所や、そこから繋がる終着地の地名などを付して「〇〇口」と呼称することが多かったようである。城内には、こうした名称を持つ出入口が二十三カ所ある。

また、小倉城郭では曲輪から曲輪、もしくは城外への移動には必ず堀、もしくは川を渡る構造となっているため、口にはこれらを渡るための橋が付属する。これには橋梁もしくは土橋があるが、絵図を見る限りその数は圧倒的に土橋が多い。

■現在の口門・道・橋の姿

明治期以降の近代化に伴って急速に開発が進み、小倉城郭を特徴づける多重の堀はそのほとんどが埋め立てられており、現在では本丸周辺の一部と、神嶽川から分岐して海に向かって延びる東曲輪北半部の外堀が砂津川として残るのみである。堀の跡地は新しい道や街区として再利用され、堀に架かっていた橋はほとんどが失われている。

また、三ノ丸と西曲輪南半部では、明治期以降の帝国陸軍駐屯と小倉陸軍造兵廠(ぞうへいしょう)の設置により埋め立てや削平を伴う大規模な改変が加えられ、全く新しい区画や道が設けられている。このため、近世の街区は現在では見る影もない。

一方、東曲輪や西曲輪北–西縁部では、盛り土によって近世の地面は地中に埋没しているものの、道であった場所は現在も道として使用されている場合が多く、かつての街区は比較的良好に遺存している。

「口」については、近代以降に社会制度や生活様式が変化して往来が自由に行えるようになったため、交通の妨げとなる石垣など、地上にあった構造物はほとんどの場所で撤去された。現在では二ノ丸と本丸側を繋ぐ虎ノ

二ノ丸側から見た虎ノ門口跡。両側に石垣を築き通路を屈曲させる虎口の一例。二ノ丸側から入り、本丸側へ屈曲した先に虎ノ門があった

桜口門前の土橋（写真下側が北）。堀（水色部分）を挟んで右側が三ノ丸、左側が二ノ丸。三ノ丸側からは橋を渡って突き当たりを右折し、そこにあった桜口門を通るように動線が制限されていた

門口や北ノ丸と本丸を繋ぐ多門口がわずかに当時の様子を伝えている。

■発掘調査に見る口門・道・橋の姿

●概要

発掘調査でこれらが確認されるのは、ほぼ西曲輪での調査に限られている。現道を発掘調査することは稀であるため、近世の街区が現在でも踏襲されている東曲輪では、調査区内に道などは検出されにくいのである。

●口・橋について

橋は、木造もしくは石造の橋梁そのものが調査された事例がないため、具体的な構造などはわからない。一方、土橋については小倉城桜口門跡の調査において、良好な事例が確認されている。これは二ノ丸に入るための桜口門と三ノ丸を繋ぐために設けられた東西方向に延びる土橋である。

調査によって、土橋の幅は一〇mであり、その両壁には石垣が築かれていたことがわかった。また「小倉藩士屋敷絵図」ではこの土橋を境に南北の堀が互い違いになっているように表現されているが、実際には堀は直線的に続いているようである。土橋の下部には南北の堀を繋ぐ暗渠が設けられていた。土橋によって堀が分断された場合、水の供給や水質維持に問題が発生するため、通水のための施設があるものと桜口門跡の調査以前から想定されていたが、それが実際に確認された重要な事例といえる。他の土橋についても、規模の差はあれ、このような施設が設けられていたであろう。

「口」については、大門遺跡第四地点と小倉城三ノ丸跡第六地点の調査によって、三ノ丸北西端部から帯曲輪に通じる溜池口および三ノ丸と三ノ丸外縁の曲輪を繋ぐ口の一つである田町口（竪町口）の位置が確かめられている。また、小倉城下屋敷跡の調査では虎ノ門の位置が確認されており、現在まで残る石垣と併せて、当時の「口」の状況を知るための良好な資料となっている。

●道について

道は西曲輪の三ノ丸を中心に断続的に確認されている。ほとんどの場所では、路面は砂利で舗装され、両側もしくは片側には排水のための石組み側溝が設けられていた。路面は繰り返し補修されていたようで、砂利の厚さが二〇cmほどになる箇所もある。この砂利敷き舗装面は非常に硬く締まっていて、調査の過程でこの舗装面を除去しようとしても、ツルハシの刃が跳ね返されたり、パワーショベルのバケットが上すべりするほどの硬度を持っている。そのためか、車輪の轍や、人・馬の足跡などが検出された例はない。雨が降ればぬかるみ、凹凸もできやすい土の道よりも、かなり快適に利用できたものと思われる。

発掘調査で確認された道の例
上：小倉城三ノ丸跡第10地点で検出された道。路面は砂利で舗装され、石組みの側溝が付設されている
中：大手町遺跡第13地点で検出された坂道。上段左側にある武家地と下段にある町人地を結んでいた。「小倉藩士屋敷絵図」によると坂道を上がって突き当たりには「坂上門」があった。坂道の高低差は約５m。道の両側には石組み側溝が付設される
下：城外の大手町遺跡第１地点で検出された道。非常に狭いが構造的には城内各所で検出された道と全く同じであることがわかる

一方、東曲輪の古船場（ふるせんば）町遺跡で調査された武家屋敷地南側の道には砂利敷き舗装は認められず、砂の路面が剥き出しになっていた。ここでは側溝も素掘りだったようである。このことから、城下の道の様相が一律ではなかったことがわかるが、そのような造り分けや使い分けがどのような理由で行われたのかは、現時点ではわからない。今後の調査事例の増加を待ちたい。

道幅は、両端が確認できたもので約三・五～一六mと様々であり、場所によって異なっている。道幅に違いがあることは絵図からも読み取ることができるが、これはその道の重要度や役割などに応じたものであろう。

なお、城外の調査事例ではあるが、金田遺跡第三地点では清水（きよみず）口前を東西方向に延びる長崎街道の一部が確認された。道幅は約三・五mで砂利敷きの舗装がなされており、石組み側溝が両側に設置されている。また、小倉城郭南端の篠崎（しのざき）口から南南東約二〇〇mの位置にある近世集落を調査した大手町遺跡第一地点においても、幅が約一・三mと非常に狭いものの、集落内を延びる砂利敷き舗装、石組み側溝付きの道が確認されている。このことは、砂利敷き舗装と石組み側溝を組み合わせた道の形態が城内だけに限られたものではなく、部分的かもしれないが城外においても採用されることがあったことを示している。

これらの道については、一部で付け替えの痕跡が認められるものがある。これは街区の変更などに伴って行われたものと考えられ、その時期としては十七世紀後半から十八世紀前半頃に一つの画期があるようである。

また、御厩（おうまや）の調査では、東西方向に延びる近世の砂利敷き道に平行して、十六世紀後半代の砂利敷き道が確認されている。このこと

は、細川忠興による近世小倉城郭整備以前の戦国期にも砂利敷き道が整備されていたことを、また、この中世の町割りを近世小倉城が部分的にせよ踏襲した箇所があったことを示している。これは小倉城における中世城館から近世城郭への具体的な変遷を考える上で、非常に重要な資料である。［中村］

街道の起点と二つの橋

■立　地

小倉城下町は、北を海（響灘）、中央を紫川（大川）、西を板櫃川、南を寒竹川（神嶽川）、東を人工の砂津川に囲まれた要害であった。これらの海と川が外郭の堀の役割をなしていた。北は津波などに備え堅固な石垣・塀が、残りの三方も土塁・塀が築かれ、要所には櫓が設けられていた。これは細川忠興によって築かれたもので「惣構」という。城下町を囲む惣構は広く設計された。これは忠興が在国中の合戦を想定したものといわれる。逆に、主郭部の本丸・二ノ丸・三ノ丸は、忠興不在時に少数の兵で城を守ることを想定して狭く設計されていた（「藩譜採要」四）。

■口　門

城下町に入るには十カ所の「口」のいずれかを通らなければならなかった。北東から時計回りに、門司口・富野口・中津口・香春口・雁喰口（蟹喰口）・篠崎口（木町口）・清水口・到津口（筑前口）・紺屋町口・溜池口である。口に冠された場所に向かって道が走っていた。門司口を出ると長浜浦、中津口を出ると中津口村、香春口を出ると片野村の枝村（分村）ともされる萩崎村、篠崎口を出ると篠崎村（木町）、到津口を出ると金田村、溜池口を出て帯曲輪を抜けて平松口を出ると平松浦である。城下は町方、城下を出ると村・浦から構成される郡方と明確に区分された。

各口の外側には水堀が通り、土橋が架かっていた。さらに、石垣・櫓門・物見櫓が築かれ、枡形虎口となっており、外郭の防衛施設となっていた。『豊国名所』には「門司口」、「中津口」、「香春口」という題の絵がある。嘉永三（一八五〇）年八月二十九日、吉田寅次郎（松陰）は小倉城下を通行した時のことを日記に記している。小倉の入口、門司口門のことを「魏々たる」（高大な）城門、門内には「衛卒」（番兵）がいたと記録している

「豊前小倉領沿岸図」（部分、下が北）

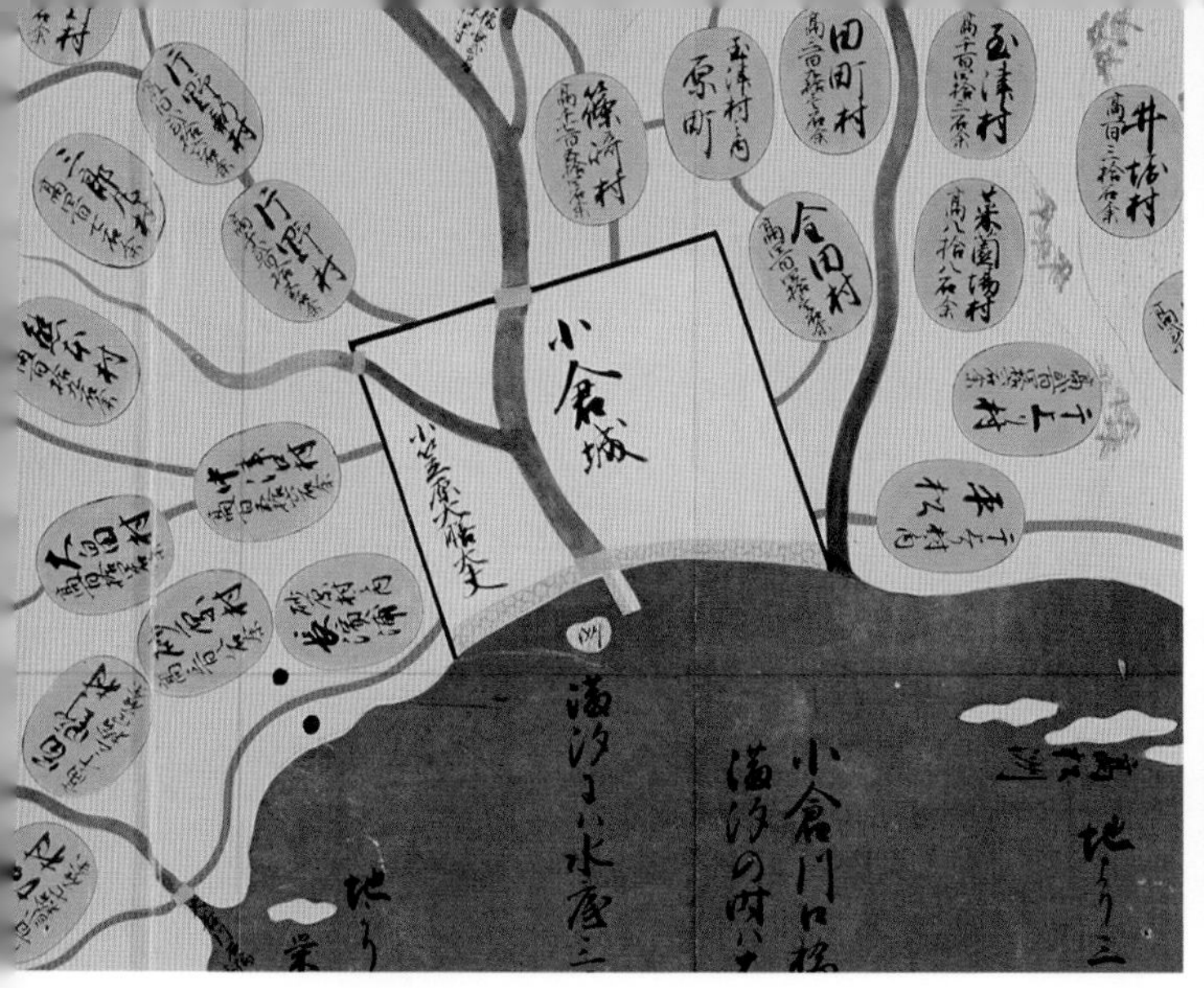

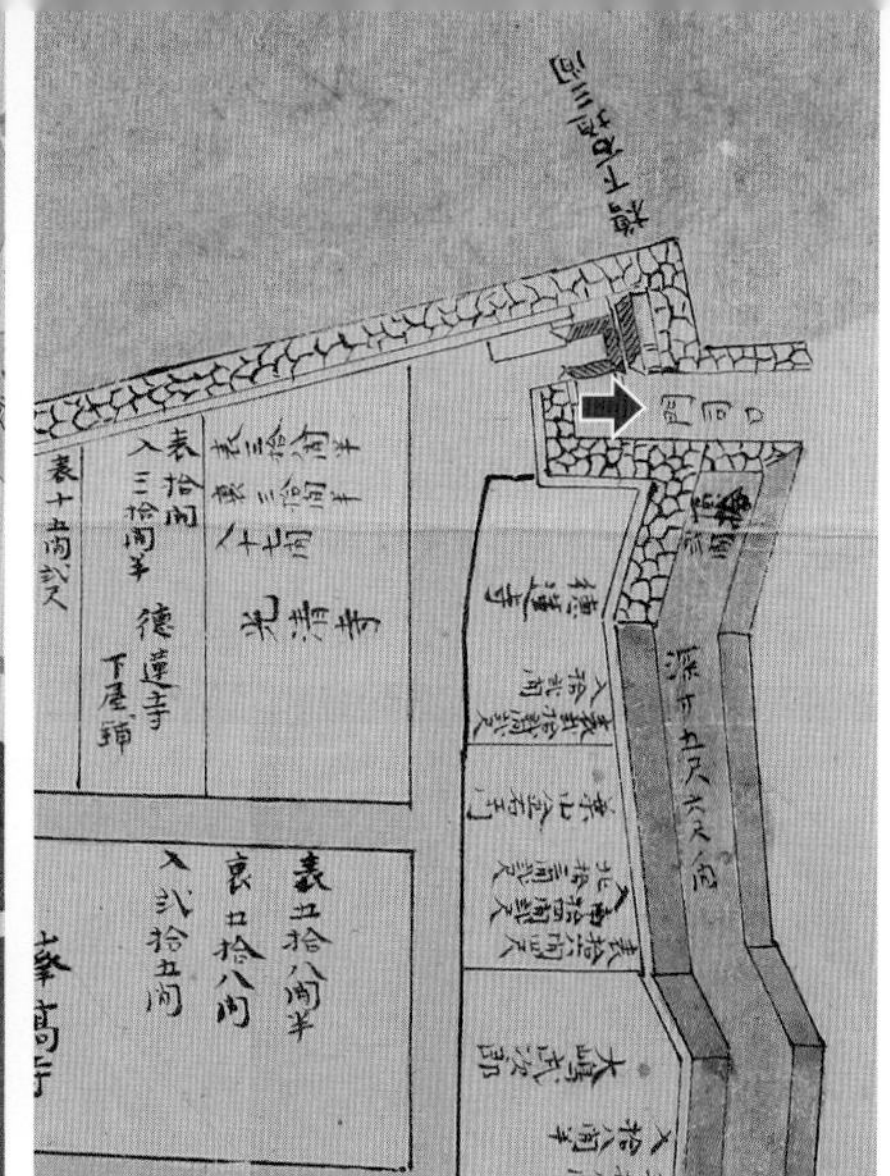

左：「豊前国図」（天保国絵図、部分、下が北、国立公文書館蔵）
右：「小倉藩士屋敷絵図」に描かれた門司口

左：『豊国名所』に描かれた門司口
右：現在の門司口（砂津川と門司口橋、現小倉北区長浜町）

（『西遊日記』、山口県教育会編『吉田松陰全集』第九巻、大和書房、一九七四年）。

天保十五（一八四四）年二月、中津口門外の香春口側の堀端に人馬小屋が建設された。九州に下向する幕府役人のトップである長崎奉行をはじめ、九州諸大名の行列が往来する際、その輸送などに従事するため小倉藩領内から集められる人足や馬がここに集合した（『中村平左衛門日記』第一巻・第七巻）。『豊国名所』には馬小屋らしき建物が描かれている。

雁喰（蟹喰）口門は外郭南端の門のため、「下ノ御門」とも呼ばれた。到津口は筑前国と繋がる街道が通る口であるため、筑前口とも呼ばれた。

これらの口は「外曲輪御門」と呼ばれ、有事の際、防衛の要をなした。また平時には城下町の物資の出入り、人の往来を監視する口留番所としての役割を果たした。

■街道（往還）

小倉は「九州咽喉ノ地」と呼ばれたが、それは一つには小倉から九州各地に繋がる街道（往還）が放射状に伸びていたことによる。

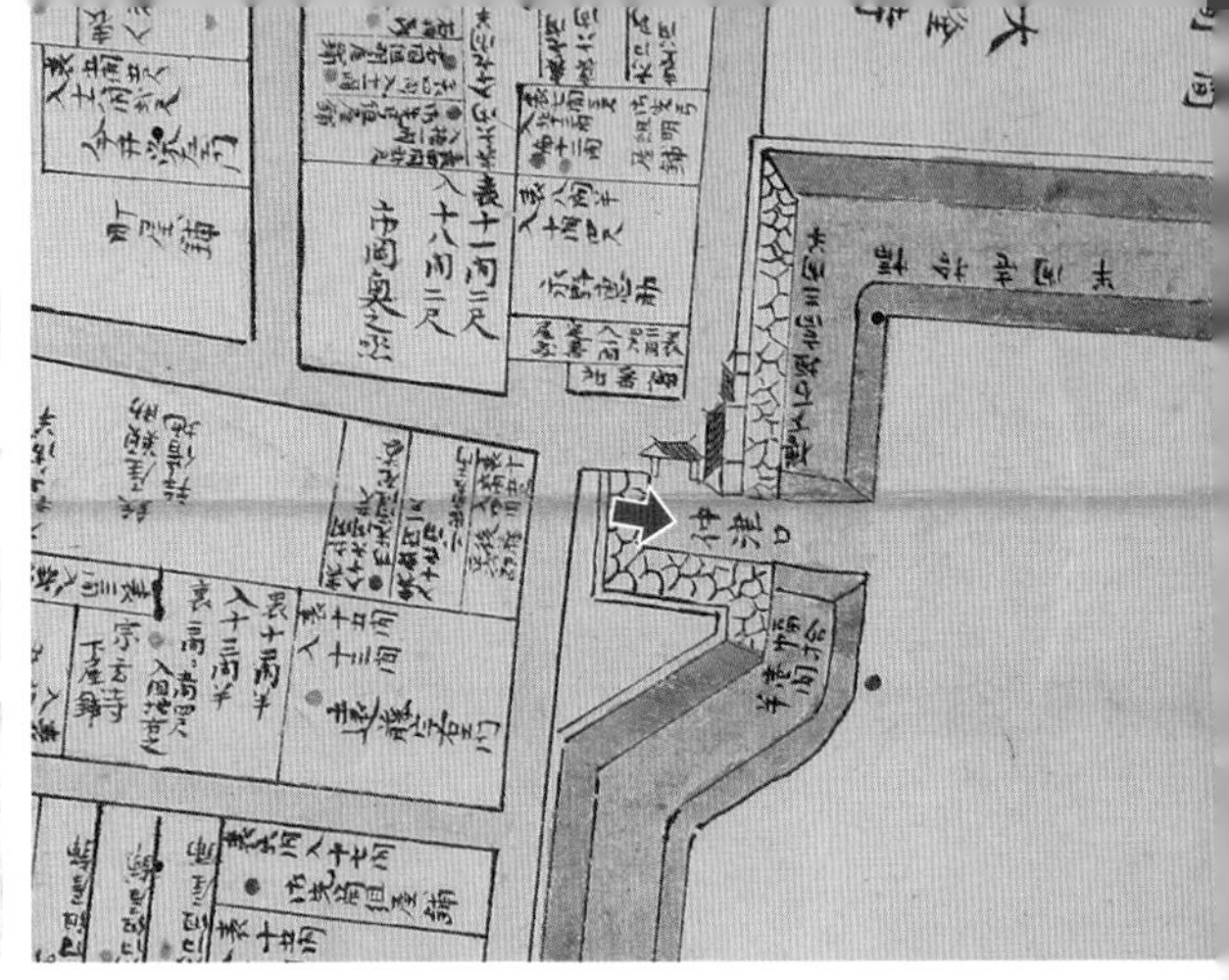

左上：『豊国名所』に描かれた中津口
右上：「小倉藩士屋敷絵図」の仲（中）津口
左下：現在の中津口（砂津川と中津口橋）
右下：旧中津口門の大石。現在は八坂神社境内にある

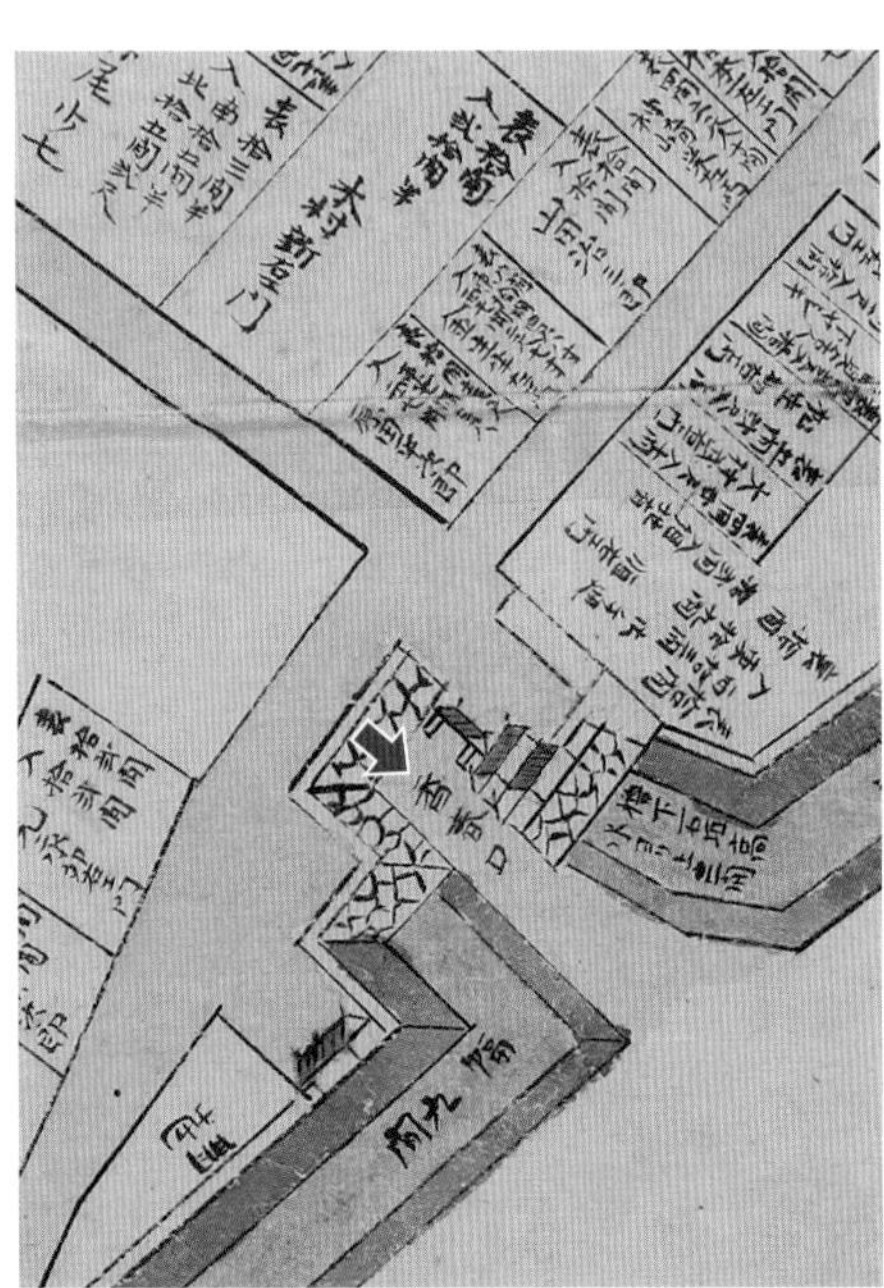

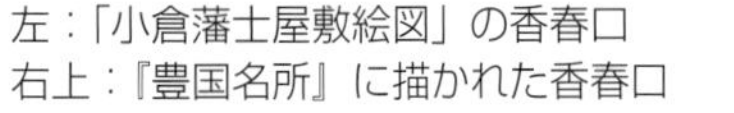

左：「小倉藩士屋敷絵図」の香春口
右上：『豊国名所』に描かれた香春口
右下：「旧長崎街道」石碑と旧街道（小倉北区清水５丁目）

「西国内海名所一覧」に描かれた「肥前長嵜街道」（長崎街道）

門司口を出て大里・門司に至る、いわゆる門司往還。中津口を出て豊前国中津に至る、いわゆる中津街道。香春口を出て田川郡香春、筑前国秋月を経て筑後国久留米に至る、いわゆる秋月街道。到津口を出て、筑前国黒崎・

左：追分石（北九州市立自然史・歴史博物館敷地内に展示）
右：「唐船打払図」に描かれた追分石

木屋瀬を経て肥前国長崎に至る、いわゆる長崎街道。溜池口を出て、帯曲輪の平松口を抜け、筑前国戸畑・若松、さらに博多・福岡を経て肥前国唐津に至る、いわゆる唐津街道。この五つの主要な街道が小倉を起点に伸びていた。ただし、街道の呼称はのちに便宜的に名づけられたもので、江戸時代当時は様々な呼称があった。加えて、長崎街道の起点を小倉とする説と、本州の山陽道と海路で接続するという考え方から大里を起点とする説がある。よって、門司往還は長崎街道の一部とする考え方もある。

「従是西筑前冷水越道」、「従是南筑前八丁越道」と刻まれた石柱が現存している。これは小倉城下の東、赤坂村と馬寄新町村、現在の小倉北区と門司区の境辺りにあった「冷水越道」（長崎街道）と「八丁越道」（秋月街道）への近道との追分（分岐点）に建てられたと考えられる道標である。

■西曲輪と東曲輪を結ぶ二つの橋

小倉城下町は、天守・本丸や大身家臣の屋敷が並ぶ西曲輪と、主に町人町であった東曲輪に分かれていた。東西の曲輪は紫川で分かれていたが、紫川に架かる橋は、北の常盤橋（ときわ）（大橋）と南の豊後橋だけであった。常盤橋・豊後橋ともに板橋であった。

極楽橋（唐津街道）。江戸時代は地獄橋という木橋が架かっていた。小倉から処刑場への途中にあったためという

●常盤橋

常盤（常磐）橋は、江戸時代には一般的に「大橋」と呼ばれ、橋付近を「橋本」、「橋の本」といった。橋は長さ十六丈三尺四寸（約四九・五m）、幅二丈七尺（約八・二m）であった。橋には欄干と唐銅（からかね）の擬宝珠（ぎぼし）が左右に十二個付いていた。「享保六　三月吉祥日」銘の擬宝珠が現存している。

橋は紫川の洪水でたびたび破損した。文化・文政年間（一八〇四～三〇）、橋脚が木製から石製に替えられた。文化十年に「為試（ためしとして）建之（これをたてる）」と刻まれているものや、文政の銘が入った石製の橋脚が現存している。現在、常盤橋は木製の橋「木の橋」として復元されている。

常盤橋の擬宝珠と石の橋脚

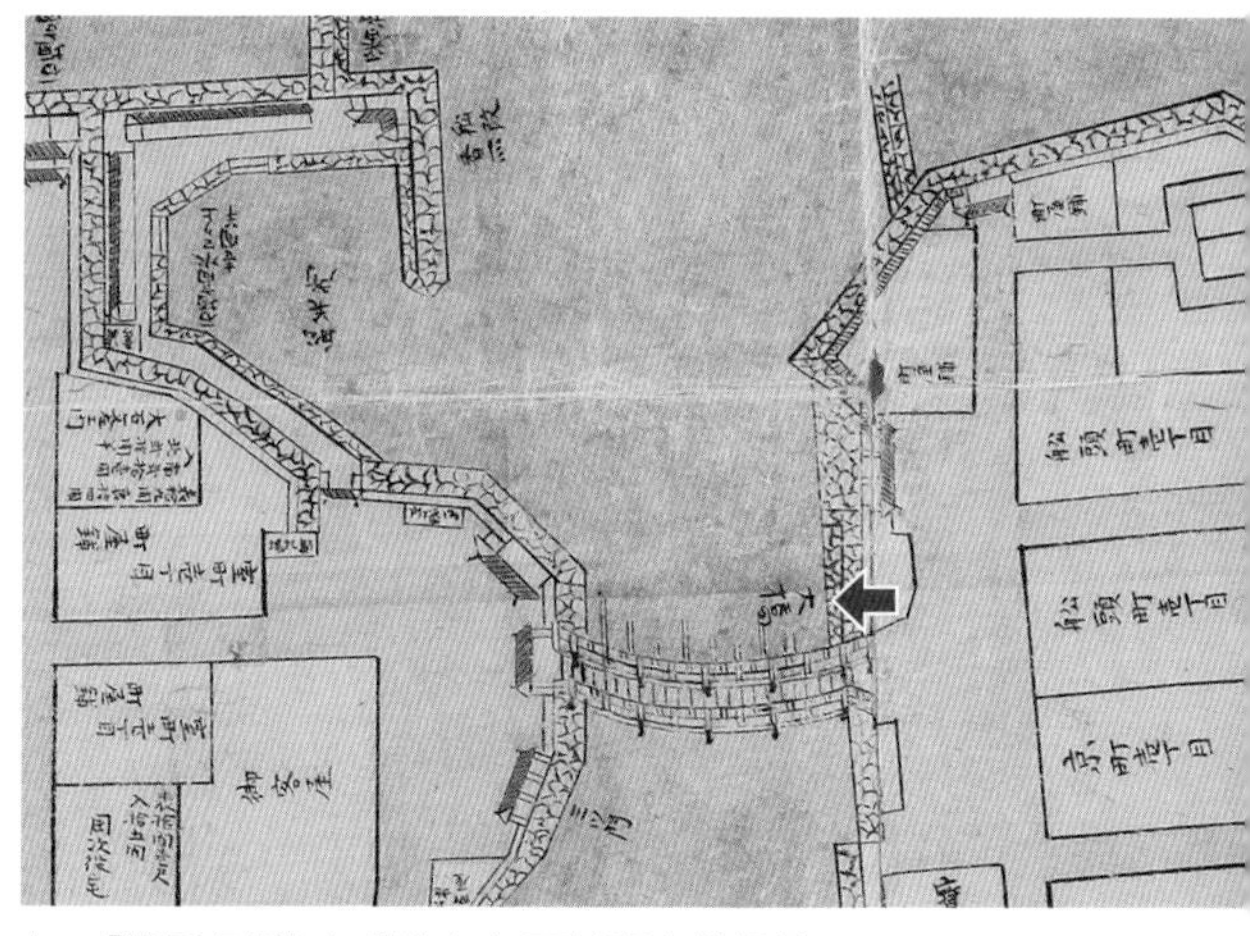

左：『豊国名所』に描かれた西勢溜と常盤橋
右：「小倉藩士屋敷絵図」の大橋（常盤橋）

シーボルト『NIPPON』に描かれた常盤橋（福岡県立図書館蔵）

橋の西側、西勢溜には門があった。これは陸路の往来に対しての門である。西曲輪の主郭部に近いことから、このような防衛施設が設けられたと考えられる。なお、勢溜とは一般的に軍勢が集まり控える場所のことであるが、伝馬（宿継）制度確立後には人馬継立のための人足や馬が集まる場所として利用された。

一方で、時期によって位置が異なるが、紫川から上陸する者に対する門、「三ツ門」・「一ツ門」と呼ばれる門があった。元文五（一七四〇）年頃には、西曲輪北側に「一ツ門」、東曲輪、常盤橋の北東側に「三ツ門」があった。嘉永年間（一八四八～五四）には、「三ツ門」が西勢溜の門に隣り合って立っていた。ただ、安政五（一八五八）年五月成立の『豊国名所』では、「東勢溜」に「三ツ門」が描かれている。嘉永・安政頃には「東ノ三ツ門」・「西ノ三ツ門」と呼ばれる「三ツ門」がそれぞれあったようである。一般的には、「東ノ三ツ門」のうち「中ノ御門」を藩主が使用し、両側の門を藩士や庶民が使用した。

●豊後橋

豊後橋は長さ十七丈三尺七寸（約五二・六m）、幅一丈六尺五寸（約五m）であった。橋の西曲輪側には豊後橋門があった。主郭部のある西曲輪の防衛のためであろう。

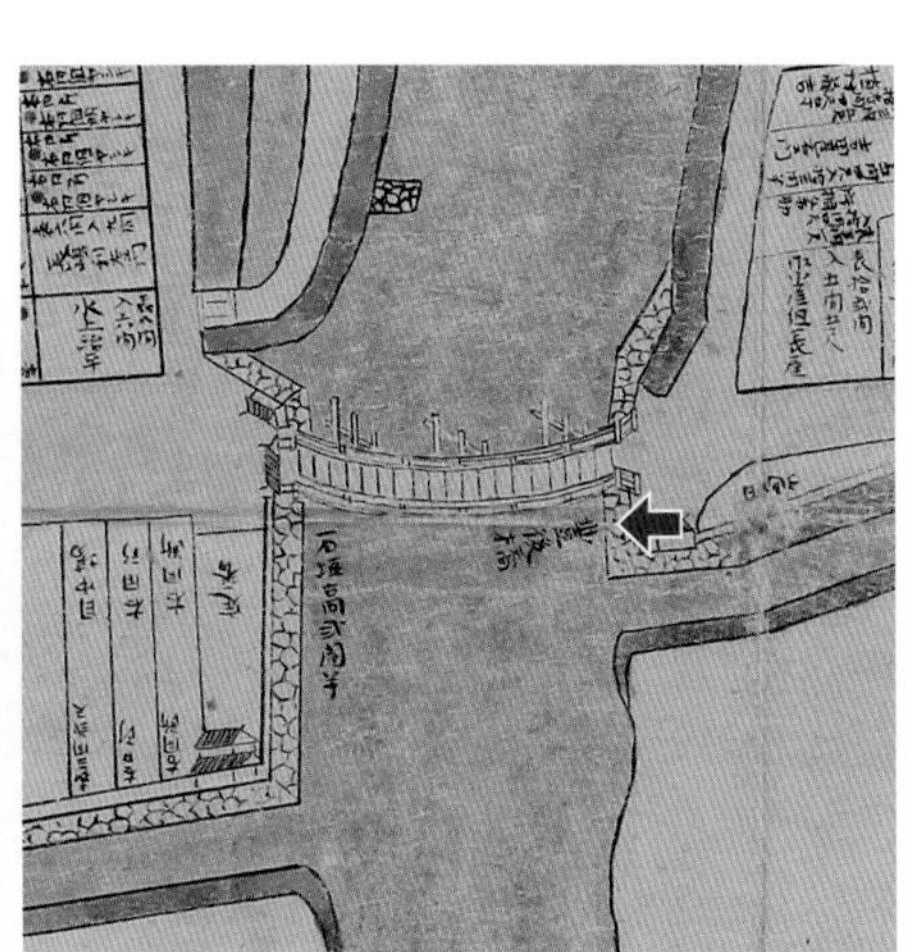

左：『豊国名所』に描かれた豊後橋
右：「小倉藩士屋敷絵図」の豊後橋

「鵜之真似（うのまね）」には豊後橋の名前の由来が記されている。細川小倉藩の時代、その領地は豊前国一国と豊後国速見・国東（くにさき）二郡であった。豊後二郡から小倉は遠く、諸役目を勤めることが難しかった。そこで領民たちは、諸役目の代わりにこの橋を普請することを命じられ、完成した橋は「豊後橋」と呼ばれるようになったという。

『豊国名所』には、豊後橋や河原で花火を見物する人々が描かれている。［守友］

街道から国県道、鉄道へ

■街道から国道・県道へ

江戸時代の小倉城下町は北部九州の街道（長崎街道・中津街道・秋月街道など）の起点であったが、いずれも明治時代以降においても重要な役割を担った。明治九（一八七六）年六月八日に全国の道路が国道・県道・里道の三種、またそれぞれ一等から三等までに区分された。国道の一等は東京と各開港場を結ぶ道路、二等は東京と伊勢皇大神宮および各府・各鎮台を結ぶ道路、三等は東京と各県の県庁を結ぶ道路が指定された。小倉城下町関連では長崎街道と門司往還が国道一等、中津街道が国道三等となった。また県道の一等は各県を結ぶ道路、二等は各県の本庁と支所を結ぶ道路、そのほかは三等に指定された。秋月街道は県道三等となった。

明治十八年には「国道表」が制定され、長崎街道は国道四号（鳥栖で分岐して熊本・鹿児島に至る道路は国道三十七号）、中津街道は国道三十五号（大分から宮崎経由鹿児島に至る道路は国道三十八号）となった。

大正九（一九二〇）年に施行された道路法（旧道路法）に基づいて国道四号は国道二号となったが、その際に福岡市を経由するように変更された。国道三十五号などは国道三号となった。昭和二十七（一九五二）年には新道路法が施行されて、国道二号線の門司以南（以西）が国道三号線に、国道三号線は国道十号線になった。このほかに秋月街道は昭和四十年、国道三二二号線となった。明治以降さらには現在も、小倉あるいは門司は街道の起点としての重要性を保持しているということができる。

上：門司往還／下：陸軍橋
（いずれも昭和初期、北九州市立中央図書館蔵）

■新道の開削

軍隊が駐屯し、軍事施設が立地して小倉が軍都として発展するに伴って新たに開削された道路もあった。城内三ノ丸南東部と香春口を結んだ道路は明治三十一（一八九八）年に第十二師団司令部が小倉城内に開設された際に、歩兵第十四連隊と北方に新設された歩兵第四十七連隊の連絡道路として開削された。その際に紫川に架けられた橋は「陸軍橋」と名づけられた（現在の紫川橋＝「鉄の橋」）。

■鉄道と軌道の敷設

明治二十四（一八九一）年四月一日に九州鉄道門司－熊本間が全通した際、室町の北側に小倉駅が開業した。当初の小倉－黒崎間は内陸側を通る「大蔵線」であり、明治三十五年十二月二十日に「戸畑線」が開通して、明治四十四年九月に大蔵線は廃止された。明治二十八年四月一日には九州鉄道小倉－行事間が開通した。大正四（一九一五）年四月、小倉鉄道東小倉－上添田間が開通した。

明治四十四年に九州電気軌道東本町（門司市）から大蔵（八幡町）までの路線が開業した。また小倉馬車鉄道、小倉軌道を継承して大正七年一月に設立された小倉電気軌道が小倉の大坂町（のちに魚町）と北方を結んだ。昭和十七（一九四二）年、九州電気軌道と小倉電気軌道は統合して西日本鉄道北九州線となり、旧小倉電気軌道はその一路線、西鉄北方線となった。

このような鉄道や軌道の敷設によって、旧小倉城下町の交通や景観は大きく変貌した。

■紫川の橋の増改設

江戸時代の小倉城下町内で紫川に架けられた橋は北側の「常盤橋」と南側の「豊後橋」の二つであったが、豊後橋は明治初年に失われた。その後前述した「陸軍橋」（紫川橋）、続いて九州電気軌道の開通（明治四十四〔一九一一〕年）に際して「勝山橋」が架けられた。

常盤橋は明治二十二年に鉄橋に改められたが、上流側に勝山橋と紫川橋が設置されると常盤橋の役割は低下した。昭和二（一九二七）年には石橋に改められ、平成七（一九九五）年には木橋に架け替えられた。一方の豊後橋は昭和五十八年に再建されている。

上：開通後間もない時期の勝山橋（明治40年頃）
下：昭和６年に石橋に改築された勝山橋

その後は昭和三十年代前半に「中の橋」と「紫川大橋」が架けられた。さらに平成三（一九九一）年に「室町大橋」、翌四年に「中島橋」、平成十二年に「鷗外橋」が架けられている。

平成二年に建設省（現在の国土交通省）による「紫川マイタウン・マイリバー整備計画」の認定を受けると、紫川の橋も改めて整備が進められ、それぞれ愛称が与えられた。下流から順に並べておく。

紫川大橋　「海の橋」
室町大橋　「火の橋」
常盤橋　「木の橋」
勝山橋　「石の橋」
鷗外橋　「水鳥の橋」
中の橋　「太陽の橋」
紫川橋　「鉄の橋」
中島橋　「風の橋」
豊後橋　「音の橋」

■口門

明治時代以降小倉城下町が解体して、小倉の近代都市化が進む中で、惣構の外縁部に設置された口門は取り外されたが、道路交通の要所としての性格は残された。

例えば香春口は旧秋月街道の起点であったが、小倉城内の歩兵第十四連隊と北方の歩兵第四十七連隊を結ぶ連絡道路が旧秋月街道と交差する結節点となった。

［日比野］

（上から）大正初期の常盤橋／昭和２年に石橋に改築された常盤橋／現在の常盤橋／現在の豊後橋

第二章

船溜

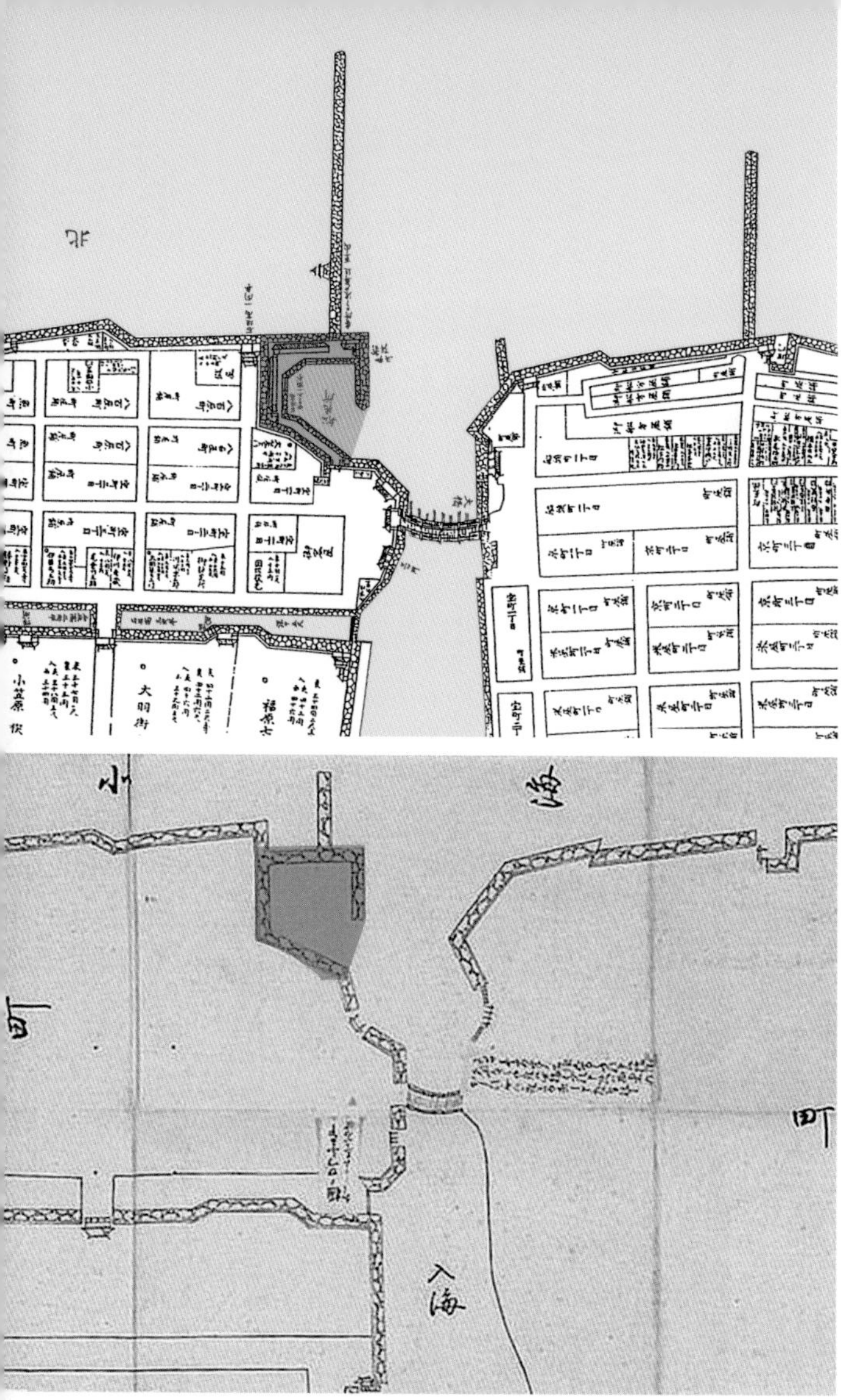

整備と改変の過程

■絵図に見る船溜

幕末の「小倉藩士屋敷絵図」によると、船溜は紫川河口部西岸、西曲輪北東端部に位置しており、「船発所」（絵図では「船拼所」と読める）との記述がある。ここは石垣で覆われた突堤が北東側から南側までを鈎形に囲んでおり、南東側のみが開口する。北・西・南側の石垣は二段となり、犬走り状の敷地が存在する。ここには西辺と北辺に沿って二棟の長大な建物が配置されている。さらに北東端部にも二棟の小さな建物がある。これには「船改番所」との記述があり、船の出入りを管理する建物であったことがわかる。北側には海へ向かって突堤が長く延びる。

なお、近世小倉城の最初期の絵図である「小倉御城図」（寛永二〔一六二五〕年）には二段の石垣で造られた敷地の表現が見られないものの、基本的に同じ形態の施設が描かれている。ただし、小倉城にはそのほかにもいくつかの絵図があり、それらの中には石垣の表現など敷地の形状が異なるものがあるため、注意を要する。

船溜の位置（赤色部分、上は「小倉藩士屋敷絵図」、下は「小倉御城図」に着色）

■発掘調査に見る船溜の姿

●調査の概要

発掘調査は平成十一（一九九九）～十二年と平成十五年の二回行われた。その結果、船溜は慶長七（一六〇二）年の細川忠興による小倉城築城に伴って整備されて以来、明治期に埋め立てられてその機能を失うまでの間に度々形状変更が加えられており、その変遷は大きく六期に分けられることがわかった。そ

上：検出された突堤の一部。石垣による古い突堤の護岸（白い破線部分）と、板材と竹垣による新しい突堤の護岸（内側）が見える。砂の堆積によって接岸できなくなったため、埋め立てて内側に新しい護岸を築いている
下：護岸に用いられた船材。水場に適した材として再利用されたものか

れをさらに整理すると次の通りである。

まず、細川忠興の小倉城築城に伴って、寛永二年絵図に描かれたような鈎形に囲われた水域と、その北側では海に向かって延びる突堤が築かれる。

次に十七世紀後半から十八世紀後半にかけて、鈎形の内側がさらにいくつかの突堤で区分けされ、それぞれが舟入として整備される。

その後、十八世紀後半から十九世紀半ば過ぎにかけて鈎形内側の北から南西側を埋め立てて二段目の石垣が築かれるが、その際に区分けされていた舟入も埋め立てられている。なお、二段目の石垣にはスロープが見られるが、「小倉藩士屋敷絵図」にはそのスロープと見られる表現がある。

明治になってさらに敷地を広げ、その後完全に埋め立てられる。

以上のように船溜の歴史は埋め立ての歴史でもある。その中でも最も大きな変更は、「小倉藩士屋敷絵図」に描かれた姿になる十八世紀後半から十九世紀中頃にかけてのものであった。なお、埋め立ては船溜内部に向かって行われており、結果として、船溜として機能するために最も重要な水域の面積は減少し続けたものと思われる。

●船溜改変の理由とその技術について

このような変更は理由なく行われたわけではない。この地点は水深が浅く、最初期の状態でも岸壁の水深が一・三mほどしかなかったことが確かめられている。これでは吃水の浅い小型の船しか接岸することはできなかったであろう。それに加えて、川の流れの中で自然と土砂が堆積していき、船着き場としての機能が失われていったことが確認された。それを回復させるためか、浅くなった部分をあえて埋めて岸を水深の保てる場所まで寄せ、それとともにいくつかの突堤を設けたのである。突堤に挟まれた部分を舟入とし、水深の確保と利便性の向上を併せて図ったのであろう。しかしながら、最終的にはその突堤も堆積物によって機能を喪失し、全体的に埋め立てられている。

なお舟入の突堤は、外周を石垣などで囲い、内側に土砂や土嚢を充塡することで築かれている。また、石垣ではなく、杭と船の廃材を用いて囲いとしたり、杭と竹を使って竹垣状に築いたりする時期もあった。これらは、近世の土木技術を考える上で非常に重要である。

このように、船溜は近世を通じて比較的大

きく変化しているが、その過程を詳細に表現した絵図はない。今後周辺の調査が行われた際には、再度絵図との比較検討が必要となるだろう。［山口］

江戸時代の九州の玄関口

■船溜とは

船溜とは船を碇泊させるために設ける入り江、すなわち湊（港）のことである。小倉城下町においては、紫川（大川）の河口にあった。細川氏時代の慶長十七（一六一二）年の「豊前国小倉城図」（山口県文書館蔵、二五頁参照）には「舟入」と記されている。もっとも、この場所は藩主の御座船が碇泊するための場所である。それ以外の船は大橋の周辺に碇泊した。大橋は現在では常盤橋（木の橋）として知られている。

紫川は江戸時代には「大川」の名称が一般的であるが、その河口部は川というよりも大きな入り江であった。紫川の名称の由来は、一説には蒲生村（現小倉南区）の「紫の池」を経て小倉城下を貫流することによる。現在、「紫の池」は埋められてなくなっている。

小倉の海は干満の差が激しく、引き潮の時には城下の北側に広い干潟が現れた。現在のJR鹿児島本線の小倉駅・西小倉駅などがある場所は、当時の城下の範囲外、すなわち海であった。

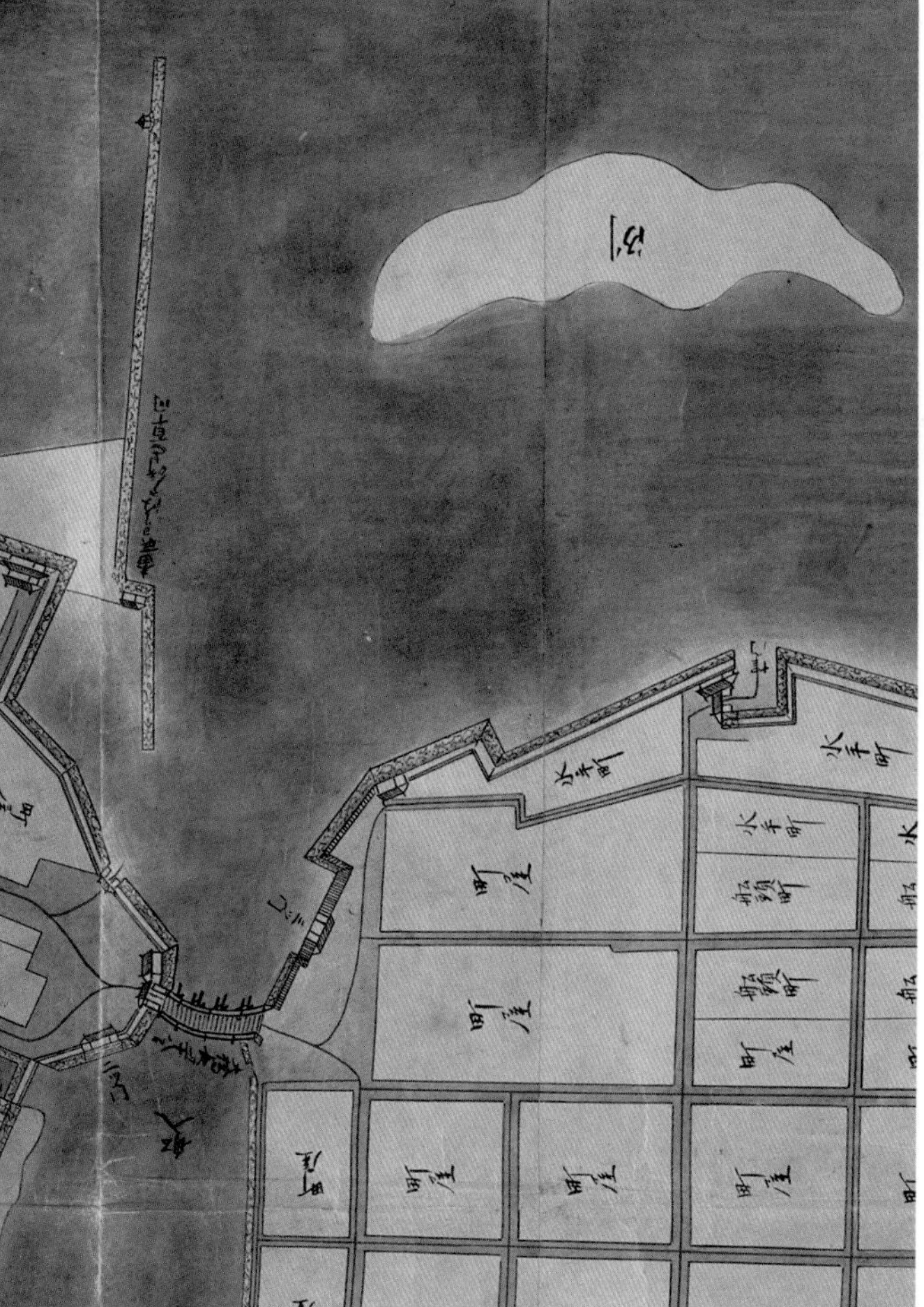

「豊前国小倉城絵図」
（正保城絵図、部分、国立公文書館蔵）

■細川氏時代

寛永二（一六二五）年の「小倉御城図」（公益財団法人永青文庫蔵、二七頁参照）では、石組みの船溜が描かれているが、波戸はそれほど沖に延びていない。大橋の南側に「入海」と記されており、大橋をくぐれる小船（艀など）は橋の南側まで入っていたようである。

■小笠原氏時代

正保年間（一六四四～四八）の「豊前国小倉城絵図」には「番所ヨリ波戸崎迄百十間」という記述とともに長い波戸（約二〇〇m）が描かれている。波戸の先には常夜灯らしきものも描かれている。また、「洲」が描かれており、遠浅であったことがわかる。

「唐船打払図」（部分）

元禄四（一六九一）年、江戸に向かう途上、小倉に宿泊したドイツの医者・博物学者であるケンペルは、その紀行文に「川には凡そ百許（ばかり）の小船ありて（○水面を）覆ひたり。荷船は河水の浅きため、此処までは来らず、下ノ関に停泊してあるなり」と記している（呉秀三訳註『異国叢書 ケンプェル江戸参府紀行』上〔復刻版〕雄松堂書店、一九六六年）。つまり小倉の湊は、多くの船が出入りしていたが、遠浅のため大船は入れず、良港とは言い難かったことがわかる。

その一方で元禄十四年の「豊前国図」（元禄国絵図、『福岡県史資料』第五輯附図、一九三五年）には次のように記されている。「小倉川口橋の下、幅廿八間波戸崎より船入迄三町、此間干汐（ひしお）に荷船不通、満汐の時ハ大汐・小汐共に荷船出入自由、橋より内に船大小二百艘計繋」。すなわち、干潮の時は荷船が入れないが、満潮の時には自由に出入りでき、大小二百艘もの船が繋留していたといい、小倉の湊の繁栄ぶりがうかがえる。

安永五（一七七六）年、スウェーデンの植物学者・医学者のトゥーンベリ（ツンベルグ）は、小倉の町について次のように記して

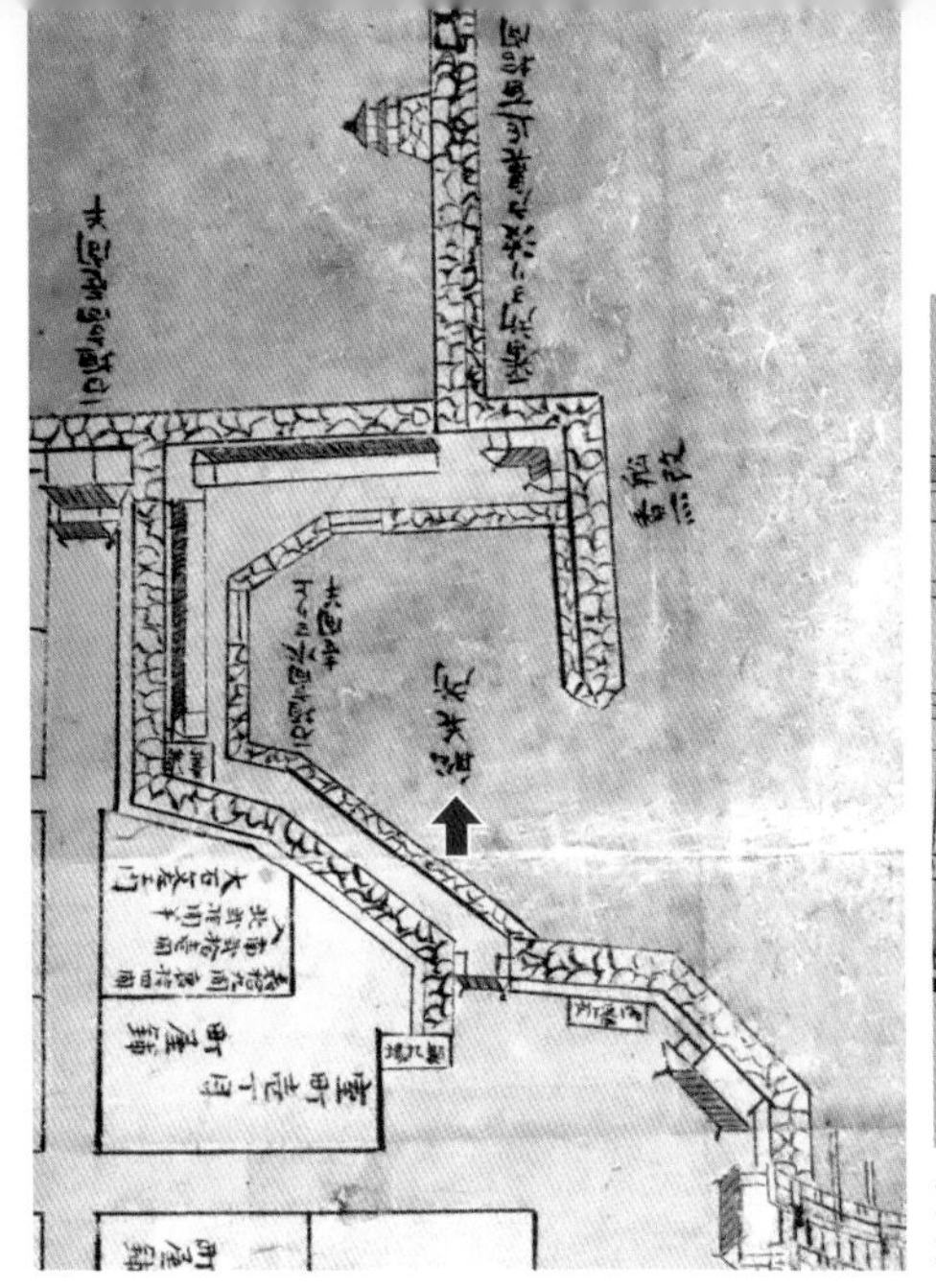

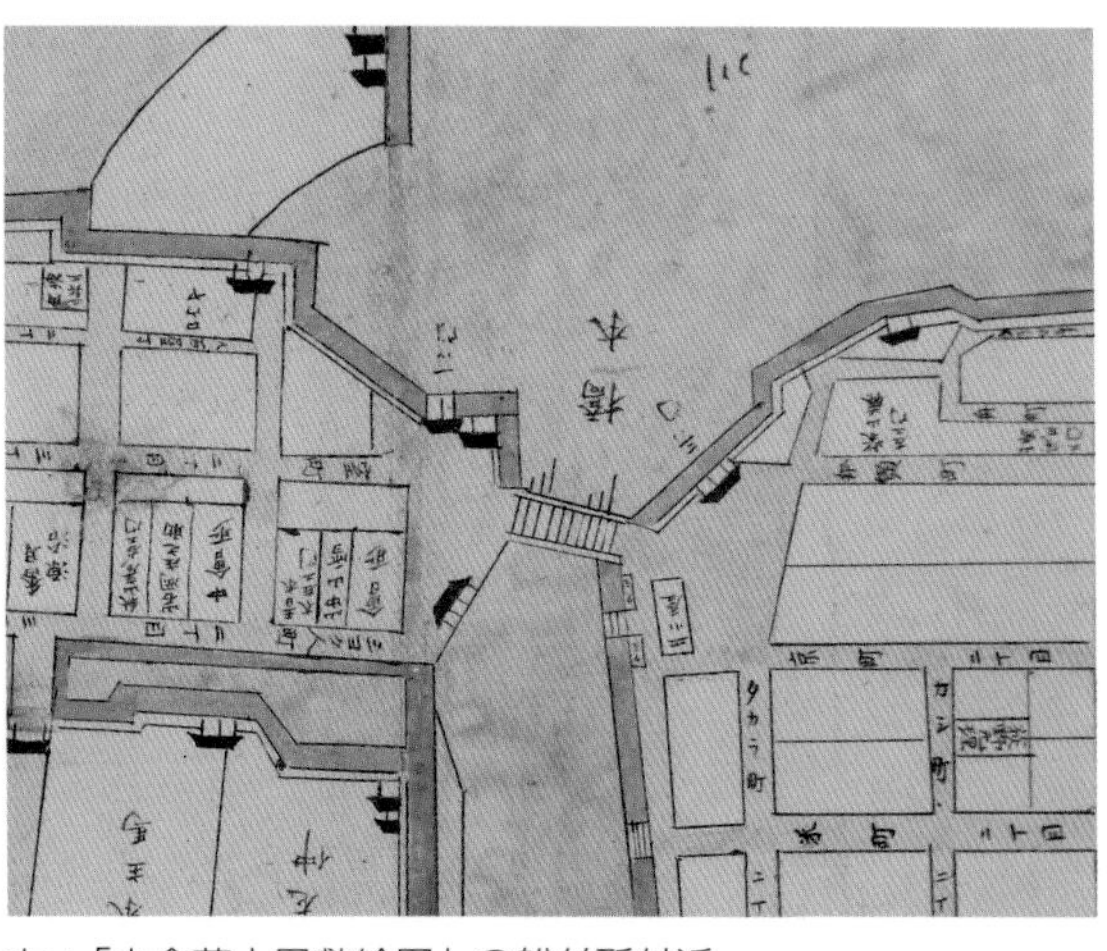

左：「小倉藩士屋敷絵図」の船丼所付近
右：「豊前小倉図」（部分）。「橋本」の文字が見える

いる。「日本中で最も大きな又最も商業の盛な町の一つで、長さ一里に亙るものである。一流の河がこの町を横切って海に注いでゐる。不幸にして港を舟が混雑するまゝで、放置してあるものだかをら（ママ）、小舟か小型の船でなければこの港には入れない」（山田珠樹訳註『異国叢書　ツンベルグ日本紀行』〔復刻版〕雄松堂書店、一九六六年）。「日本中で最も大きな又最も商業の盛な町」は言い過ぎではないかと思われるが、トゥーンベリの目には小倉の町はそのように見えたのだろう。また、混雑するままで放置しているのではなく、遠浅なので小舟・小型の船が多く出入りしていたのだろう。

享保二（一七一七）年六月四日の小倉藩による「唐船」（密貿易船）打ち払いを描いたと考えられる絵図には、小倉の「湊口」から出船する小倉藩の船団が描かれている。

元文五（一七四〇）年頃の「豊前小倉図」には、大橋の辺りを「橋本」、橋の北側の船溜を「川口」と記している。

幕末の「小倉藩士屋敷絵図」には、藩主御座船の碇泊場所は「船丼所」（船発所）と記されている。また、「船改番所」、「御番所」という記載がある。もっとも、これらの番所は幕末になってできたものではなく、細川氏時代の江戸時代初期からあったことが文献史料から明らかである。

『豊国名所』のうち「川口」という表題の絵には、小笠原家の三階菱紋を染め抜いた幕を付けた御座船が描かれている。また、「西浦の浜」という表題の絵には、正保年間には設けられていた常夜灯が描かれている。

「西国内海名所一覧」には、「常磐橋」周辺の小倉の湊に、大小多くの船が碇泊している様子が描かれ、その繁栄ぶりがわかる。また、「常燈明」、「船番所」なども描かれ、江戸時代の小倉の湊の完成形態がよくわかる。

■本州と九州を結ぶ玄関口

尾張国名古屋の商人菱屋（ひしや）平七（吉田重房）の「筑紫紀行」（『日本庶民生活史料集成』第二十巻、三一書房、一九七二年）の享和二（一八〇二）年四月二十日条には、「此所（こゝ）は九州の咽喉（いんかう）なり。川口に番所ありて、出入舟（いでいる）の人数切手を改む」（ルビは原文通り）と記されている。船番所があって出入りする船を監視し、通行手形の確認を行っていたことがわかる。また小倉藩・小倉新田藩の両藩主が乗る御座船は小倉の湊に碇泊し、参勤・下国の際に利用された。

『豊国名所』の「川口」は、小倉藩主の帰国時を描いたものと思われる。また、「西国内海名所一覧」には、紫川に架かる大橋（常盤橋）から北に延びる波戸に沿って大小多くの船が碇泊している風景が描かれている。

小倉の北に広がる響灘は「西国筋図巻」に描かれているように、日本海の西回り航路、瀬戸内海航路、九州の東西を走る航路が集まる海上交通の要衝であった。

安政六（一八五九）年十月二十六日、小倉に一泊した長岡藩士河井継之助は、「城下へ入りてより大橋を渡り、宿屋までは余程長かりし様に覚ゆ。大橋は即ち船着にて、此の辺り随一に賑かなり。宿屋も其の近辺なり」と記している（安藤英男校注『塵壺』平凡社、一九七四年）。時代によって旅人の捉え方は異なるが、河井は大橋を中心とし、湊と宿屋街（宿場機能）が一体となった構成を評価しているようである。

■幕末の砲台建設

幕末の文久三（一八六三）年、外国船の脅威が小倉にも及ぶようになると、小倉の西浦浜（西曲輪の浜）・東浦浜（東曲輪の浜）に「御台場」（砲台）が建設された。四月十日、京都から小倉に戻った藩主小笠原忠幹が建設中の砲台を視察した。西浦浜の砲台は同二十

『豊国名所』より
（上から）「川口」。三階菱紋の幕が張られた御座船が見える／常夜灯が描かれた「西浦の浜」／「西浜の芝居」。紫川河口の西岸浜地で、窮民の救済や復興の費用を捻出するために芝居など様々な興行が行われた

七日に完成した。同時期に東浦浜の砲台も完成したと推測される。七月三十日には、幕府が九州に派遣した使番の牧野左近（成名）・村上求馬らが台場での大砲試射を視察している（『中村平左衛門日記』第十巻、『小森承之助日記』第三巻、『大日本近世史料』柳営補任三、東京大学出版会、一九六四年）。

第二次長州戦争開戦直前の慶応二（一八六六）年五月二十六日、小倉藩は守衛のための持ち場を発表した。東西御台場には小倉藩軍六備のうち、遊軍三備が一備ずつ交替で詰めることになっていた。また、大砲については

上：「西国内海名所一覧」に描かれた小倉の船溜（湊）
下：「西国筋図巻」（部分）

「御備大砲打方の向、御台場当番の日、東三ツ門江相備、水陸の敵を相防き候事」(「豊倉記事」二)とあり、小倉沖だけでなく、陸路からの敵も想定して、敵勢を砲撃するよう定められていた。

八月一日、小倉城自焼の日、西台場は小笠原織衛備、東台場は島村志津摩備が固めていた。織衛には使番が城自焼を知らせたため田川郡に撤退したが、島村には使番が派遣されなかった。大目付の志津野織右衛門が気づき、急いで自焼のことを島村に伝えたため、島村備は大砲・銃器などをまとめ、陣営を焼き払って田川郡に撤退した(「豊倉記事」二)。せっかく築かれた台場であったが、実戦ではほとんど活躍の場がなかったようである。[守友]

小倉港の近代化

■小倉の「戦後復興」と小倉築港

小倉城自焼「御変動」から二年が経過した慶応四(一八六八)年八月、長州藩の企救郡代官佐藤寛作が作成した「企救郡宰判小倉町戸籍帳」(「防長幷豊石諸宰判戸籍」県庁伝来旧藩記録二五四、山口県文書館蔵)によれば、小倉町には八~百石積の「廻船」十二艘、「上荷船」九艘があった。詳細は不明で、また江戸時代の小倉の船数は知られず、また他領籍の船の出入りも多かったため一概にはいえないが、やはり少ないのではないか。「御変動」の影響であろう。したがって小倉の「戦後復興」において小倉港の整備は特に重視された。

小倉沖は潮流が激しい上に暗礁が多く、長浜沖に波止を築造して往来船の潮待ちの便を図るとともに紫川河口の浚渫が計画された。企救郡役所と小倉商人が連携して県との折衝を重ね、明治十七(一八八四)年に波止築造工事が起工し、翌十八年に竣工した。しかし浚渫工事は実施されずに持ち越された。

明治二十一年になり常盤橋の架け替え(木造から鉄造に変わった)とともに河口の浚渫と海岸(旧台場付近)の埋め立てが行われ、翌二十二年に竣工した。しかし同年に門司港が特別輸出港に指定されると、以後は門司港の築港が優先されることになり、小倉港の整備は後退した。

■小倉港の後退

明治十四年の『福岡県勧業年報』によると、小倉港の移出額は九二〇〇円、移入額は三十七万五五〇〇円である。同じ年の福岡県内の他港を見ると、

博多港	移出	一三九万九千円
	移入	三百万三千円
若津港	移出	一二二万八千円
	移入	一五一万九千円
若松港	移出	八十二万六千円
	移入	五万千円

となっている。江戸時代以来の物資の出入り、すなわち流通のあり方が残存していたというべきである。

ところが二十年が経過し、小倉市制が施行された明治三十三年の『福岡県統計書』を見ると、小倉港は移出額八七〇〇円、移入額一三四万三千円である。同様に福岡県内の他港を見ると、

博多港	移出	三六八万円
	移入	四三一万千円
若津港	移出	二七八万七千円
	移入	三二三万八千円
若松港	移出	一〇一二万円

料金受取人払郵便

博多北局
承認

3217

差出有効期間
2021年10月30
日まで
（切手不要）

郵便はがき

812-8790

158

福岡市博多区
奈良屋町13番4号

海鳥社営業部 行

通信欄

通信用カード

このはがきを，小社への通信または小社刊行書のご注文にご利用下さい。今後，新刊などのご案内をさせていただきます。ご記入いただいた個人情報は，ご注文をいただいた書籍の発送，お支払いの確認などのご連絡及び小社の新刊案内をお送りするために利用し，その目的以外での利用はいたしません。

新刊案内を［希望する　希望しない］

〒　　　　　☎　（　　）

ご住所

フリガナ

ご氏名　　　　　（　　　歳）

お買い上げの書店名　　　　　**小倉城と城下町**

関心をお持ちの分野

歴史，民俗，文学，教育，思想，旅行，自然，その他（　　　）

ご意見，ご感想

購入申込欄

小社出版物は全国の書店，ネット書店で購入できます。トーハン，日販，楽天ブックスネットワーク，地方・小出版流通センターの取扱書ということで最寄りの書店にご注文下さい。なお，本状にて小社宛にご注文いただきますと，郵便振替用紙同封の上直送致します（送料実費）。小社ホームページでもご注文いただけます。http://www.kaichosha-f.co.jp

書名		冊
書名		冊

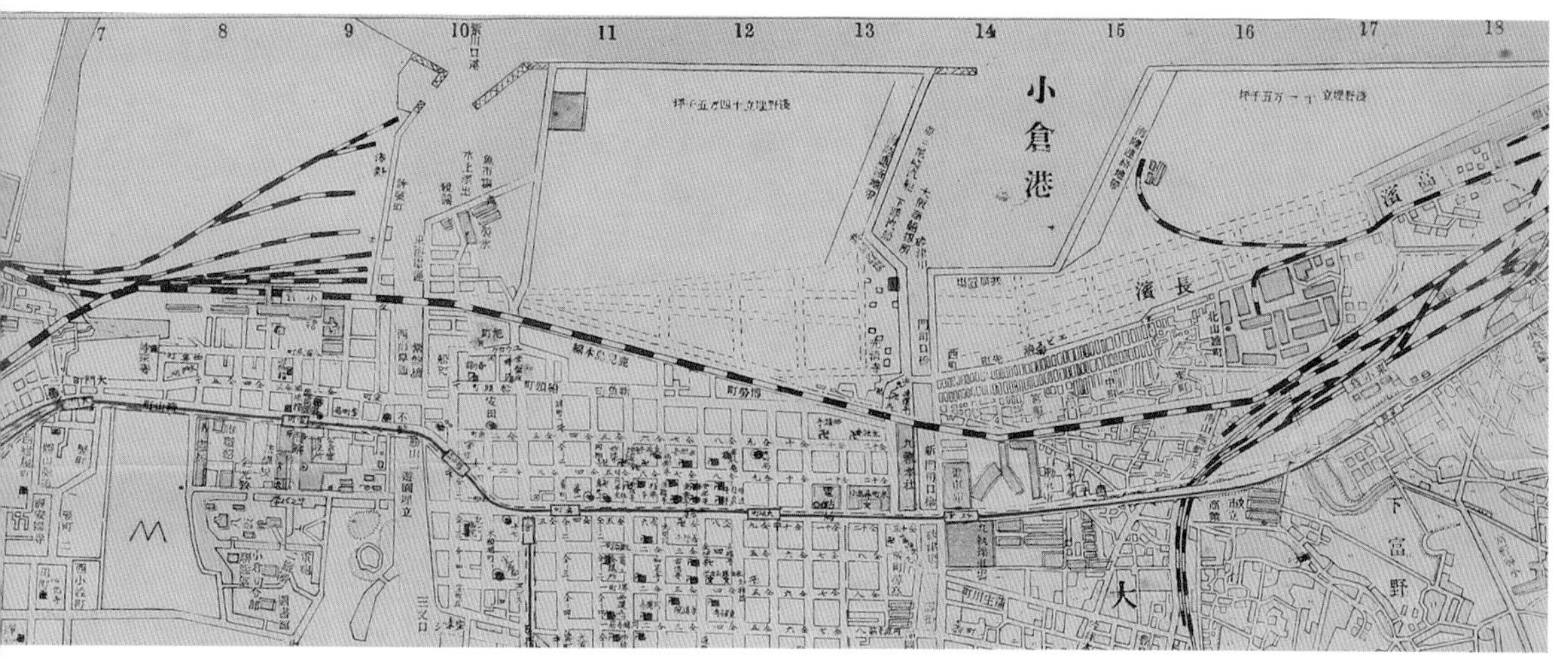

「小倉市地図」（昭和10年）の海面埋立地

　　　　移入　一四六万八千円
門司港　移出　三四五一万二千円
　　　　移入　五三〇万五千円
大牟田港　移出　七九六万八千円
　　　　移入　四二四万六千円

となっている。いずれも石炭積出港の門司・若松・大牟田港の躍進が目覚ましく、博多・若津港の停滞と対照的である。その中で小倉港は門司港と若松港の発展に挟まれて、さらに存在感を低下させた。

企救の高浜（長浜）

■海面の埋め立てと小倉築港

したがって小倉港も石炭積出港として再生されなければならなかった。紫川の西側では小倉の海面で最初に造成された大規模埋立地「許斐町」もそのような目的に基づいていた。紫川の東側では明治四十（一九〇七）年に小倉鉄道株式会社が高浜地区の埋め立てを出願し、大正四（一九一五）年五月に護岸・埋め立て工事が竣工した。同年四月一日、小倉鉄道東小倉－上添田間が開通し、十一月から石炭の積み出しを開始した。その後大正十年八

浅野町の埋立地（昭和30年代前半）。今の西小倉駅付近から現在地に移った小倉駅と北側の豊楽園球場

月、株式会社浅野小倉製鋼所と小倉鉄道が小倉市および企救郡足立村地先海面（八六万五一〇四㎡）の埋め立てを出願し、翌十一年十二月に許可、大正十四年十一月に着工した。なお昭和五（一九三〇）年三月に小倉鉄道は離脱した。

砂津川河口西側の四八万三〇七㎡の埋め立て工事は昭和六年一月に竣工して「浅野町」と呼ばれた。七月、浅野小倉製鋼所は小倉築港株式会社を設立した。同十年十月には砂津川の西部全区域の埋め立てが完了した。また昭和六年八月には東部の埋め立てが着工して、同十六年十二月に一部が竣工、十七年八月に「末広町」と命名された。

このように砂津川河口の東西の海面の埋め立てが進行して、河口付近に小倉港が整備され、昭和十年に「開港」指定を受けた。小倉港は石炭積出港としての役割を高めたが、その一方で紫川河口付近には木材が集まり、小倉港は西日本一の木材集散地として独自な地位を獲得することになった。

〔日比野〕

紫川河口東台場付近（大正中期、のちの浅野町）

浅野埋立地全景（昭和30年代前半）

紫川下流に集められた木材（昭和初年、北九州市立中央図書館蔵）。川向こうには陸軍の倉庫群がある

［コラム］朝鮮通信使と小倉藩

江戸時代に朝鮮通信使は十二回来日している。そのうち十一回は将軍のいる江戸まで赴いた。漢城（現ソウル）を出発した通信使一行は、釜山から海路、対馬府中（現対馬市厳原町）・壱岐勝本に寄港し、それから福岡藩領の藍島（現糟屋郡新宮町相島）、長州藩領の赤間関（下関）を経て瀬戸内海に入った。小倉藩領においては寄港地が定められていなかったので、小倉藩領沿岸を使節の船団が航行する際に警固にあたった。寛永十三（一六三六）年の通信使来日の際、小倉藩初代藩主小笠原忠真は、福岡藩領の藍島・長州藩領の赤間関に使者を派遣している。

通信使一行は、大坂から淀川を遡り、京都に入った。淀川で用いられる御座船は諸藩が提供し、小倉藩小笠原家も提供している。京都からは陸路東海道を通って江戸に向かった。通信使一行が東海道で使用する鞍置馬を小倉藩が提供したこともあった。

宝永七（一七一〇）年、小倉藩二代藩主小笠原忠雄は、小倉藩のお抱え鍛冶（刀工）の紀政平（高田庄太夫）が制作した大太刀・大長刀を幕府に差し出した。幕府は、翌年来日予定の朝鮮通信使にそれらの太刀・長刀を贈るため、小倉藩に用意を命じたのであった（「源忠雄公年譜」三）。

享保四（一七一九）年八月十八日、福岡藩領の地島（現宗像市）に滞在していた通信使一行は赤間関に向かった。製述官の申維翰は海上から見える小倉城について次のように記している。「風よ！　風よ！　船の檣頭を転じて虹橋に着かせ、我を放ちて、二、三日あの高楼に坐らせ給わんことを乞う」（申維翰著・姜在彦訳注『海游録』平凡社、一九七四年）。「虹橋」とは常盤橋、「高楼」とは小倉城天守のことであろう。小倉城は、朝鮮通信使の随行員から見ても数日滞在してみたいと思わせるほどに一際映える城であった。

文化八（一八一一）年、結果的には最後となったこの通信使は江戸まで赴かず、対馬で国書の交換を行った（易地聘礼）。日本側の代表である幕府上使には小倉藩主小笠原忠固が選ばれた。

忠固は、上使に内定した後の文化四年三月二十九日、侍従に叙任された。これは、日本側の代表は幕府老中かそれと同格の人物ということを朝鮮側が求めていたため、老中が叙任される侍従に忠固が任じられたわけである。

文化八年三月二十一日、忠固は対馬下向のため小倉から乗船した。五月二十二日、対馬府中の桟原屋形で、忠固と通信使の正使が国書の交換を行った。六月十八日、忠固は対馬を発ち、八月十五日、江戸城で将軍徳川家斉に復命した。十一月一日、忠固は家斉から通信使応接の褒賞として鞍・鐙を与えられた（『続徳川実紀』第一篇、吉川弘文館、一九六六年）。

その後も朝鮮通信使の来日は計画されたが実施されず、結果的に文化の通信使が最後の通信使となった。そのため、忠固はただ一人の通信使応対の上使となったのである（守友隆「文化度朝鮮通信使と小倉藩主小笠原忠固」、同「文化八年朝鮮通信使における上使小笠原忠固と小倉藩」）。

［守友］

小笠原忠固肖像（部分、広寿山福聚寺蔵）

■「小倉城と城下町」関連年表

和暦	西暦	出来事
永禄十二年	一五六九	毛利元就が小倉津に平城を築く
元亀元年	一五七〇	大友氏が高橋鑑種を豊前国企救郡の鷲岳城に入城させる。のち鑑種は小倉を居城とする
天正三年	一五七五	島津家久が上洛の途中で小倉の高橋鑑種の館を一見する［三月十日］
天正六年	一五七八	高橋鑑種死去、秋月家より元種が養子として高橋家に入り（高橋元種）、香春岳城を居城とする。小倉城は端城となる
天正十四年	一五八六	豊臣秀吉の九州平定に伴い毛利氏が高橋元種の小倉城を攻略［十月四日］（吉川元春は小倉で死去）
天正十五年	一五八七	毛利勝信（森吉成）が企救郡と田川郡を領有、小倉城に入る［六月］ 豊臣秀吉が小倉城に立ち寄る［七月二日］
慶長五年	一六〇〇	毛利勝信は改易（土佐山内家に預けられる） 関ヶ原合戦の軍功により細川忠興が豊前一国と豊後二郡を領有、中津城入城。弟の細川興元が小倉城入城［十一月］（慶長六年出奔）
慶長七年	一六〇二	細川忠興が小倉城を築城［一月十五日］ 細川忠興が小倉城に入る［十一月］
慶長十五年	一六一〇	天守完成［十一月］
慶長二十年	一六一五	大坂夏の陣、小笠原秀政・忠脩戦死、忠真重傷［五月七日］、毛利勝信の嫡子勝永自害［五月八日］
元和三年	一六一七	鋳物師町に祇園社社殿が新築される
元和六年	一六二〇	細川忠興隠居、三男忠利が家督相続［閏十二月二十五日］
寛永九年	一六三二	細川忠利が肥後熊本に転封［十月四日］、播磨国明石から小笠原忠真が小倉城に入る
寛永十五年	一六三八	島原・天草一揆の鎮圧後、開善寺に諸大名が参集［四月五日］
寛文四年	一六六四	小笠原忠真が西山宗因を小倉に招く［五月］（翌年三月八日まで小倉に滞在）
寛文五年	一六六五	小笠原忠真が即非を開基に黄檗宗広寿山福聚寺を開く［三月］ 西山宗因が「小倉千句」を詠む
寛文七年	一六六七	小笠原忠真が小倉城で死去［十月十八日］、三男忠雄が家督相続、二代藩主となる［十二月十日］
寛文十一年	一六七一	小笠原忠雄が弟の真方に一万石を分知、小倉新田藩成立［九月二十三日］
元禄十一年	一六九八	中津藩主小笠原長胤が改易［七月二十七日］、小倉に移される［十月十四日］
享保十年	一七二五	小笠原忠雄が小倉城で死去［六月二十八日］、長男忠基が家督相続、三代藩主となる［八月十三日］ 京町大火災［一月二日］
享保十七年	一七三二	享保の大飢饉

宝暦二年	一七五二	小笠原忠基が江戸で死去［三月五日］、六男の忠総が家督相続、四代藩主となる［三月二十二日］
宝暦八年	一七五八	小笠原忠総が石川正恒の屋敷に「思永斎」を開設［五月］
天明八年	一七八八	「思永斎」が乗馬・武術の稽古場を拡張、「思永館」と改称、学館となる
寛政二年	一七九〇	小笠原忠総が江戸で死去［十二月十二日］
寛政三年	一七九一	小笠原忠総の養子（播磨国安志藩主小笠原長逵三男）忠苗が家督相続、五代藩主となる［一月二十九日］
文化・文政年間	一八〇四〜三〇	常盤橋の橋脚を石造に交換
文化元年	一八〇四	小笠原忠苗が「小笠原騒動」の責任を取って隠居。養子（安志藩主小笠原長為次男）忠固が家督相続、六代藩主となる［七月二十日］
文化五年	一八〇八	小笠原忠苗が江戸で死去［二月十八日］
文化十一年	一八一四	小笠原出雲による藩主忠固の昇進運動に反対する藩士ら三六〇人が小倉から退去（白黒騒動）［十一月十六日］
天保八年	一八三七	天守および本丸御殿が焼失［一月四日］
天保十四年	一八四三	小笠原忠固が江戸で死去［五月十二日］。次男の忠徴が家督相続、七代藩主となる［九月三日］
安政三年	一八五六	小笠原忠徴が江戸で死去［五月十二日］。養子（小倉新田藩主小笠原貞哲四男）の忠嘉が家督相続、八代藩主となる［八月二十九日］
万延元年	一八六〇	小笠原忠嘉が江戸で死去［六月二十五日］。安志藩主小笠原貞幹が養子となり家督相続、九代藩主となり忠幹と改名［十一月六日］
文久三年	一八六三	西浦浜と東浦浜に御台場（砲台）を建設（四月二十七日完成） 英彦山の山伏が逮捕、小倉に連行される［十一月十一日］
元治元年	一八六四	第一次長州征討、副総督の福井藩主松平茂昭が小倉に入る［十一月十一日］
慶応元年	一八六五	小笠原忠幹が小倉城で死去［九月六日］（公表されず）
慶応二年	一八六六	第二次長州戦争小倉口の戦い［六月十七日、七月三日、七月二十七日］ 小倉城自焼、田川郡香春に撤退［八月一日］（「御変動」と呼ばれる） 長州藩が小倉城下町を占領［八月二日］
慶応三年	一八六七	小倉藩と長州藩の講和が成立［一月二十三日］ 長州藩が企救郡代官を設置、小倉城下町と企救郡を統治［一月］ 小倉藩が藩庁を香春に置く［三月］ 小笠原忠忱が家督相続、十代藩主となる［六月二十五日］
明治二年	一八六九	小倉新田藩が千束藩となる［六月］ 企救郡百姓一揆が起こる［十一月十七日］ 香春藩が藩庁を仲津郡錦原に移し、豊津藩となる［十二月］
明治三年	一八七〇	長州藩が企救郡を朝廷に返上、日田県の所管となる［二月十九日］

和暦	西暦	出来事
明治四年	一八七一	西海道鎮台開設［四月］（間もなく熊本に移る） 廃藩置県、豊津県成立［七月十四日］、小倉城下町と企救郡は引き続き日田県が所管 小倉県成立、小倉県庁が室町に開設される［十一月十四日］
明治六年	一八七三	「全国城郭存廃ノ処分並兵営地等撰定方」で小倉城が「存城」（軍用地）となる［一月十四日］
明治八年	一八七五	歩兵第十四連隊開設［四月］、三ノ丸跡の北側が兵営、南側が練兵場となる。小倉営所病院設置（明治二十一年小倉衛戍病院と改称）
明治九年	一八七六	小倉県が廃止され福岡県に統合（旧中津県は大分県に統合）［四月］
明治十一年	一八七八	企救郡役所が室町に開設［十一月一日］
明治十五年	一八八二	衛戍監獄設置［十二月］
明治十七年	一八八四	小倉沖に波止築造工事起工（明治十八年竣工）
明治十八年	一八八五	歩兵第十二旅団本部が松ノ丸跡に開設［六月］（明治二十一年歩兵第十二旅団司令部に改称）
明治二十一年	一八八八	小倉大隊区司令部が松ノ丸跡に開設［五月］（明治二十九年小倉連隊区司令部に改称） 紫川河口を浚渫、旧台場付近の海岸埋立着工［十一月］（明治二十二年竣工）
明治二十二年	一八八九	市制・町村制施行、企救郡小倉町が成立［四月一日］ 常盤橋が鉄橋となる［七月三十一日］
明治二十四年	一八九一	九州鉄道門司－熊本間全通、小倉駅開業［四月一日］ 九州鉄道工場建設（現ＪＲ九州小倉工場）［四月十一日］ 千寿製紙株式会社設立（紫川左岸）［四月十一日］
明治二十九年	一八九六	第十二師団の小倉設置が公布［三月十四日］ 三ノ丸跡と北方を結ぶ連絡新道の開削（この時に陸軍橋が開設） 西部都督部が松ノ丸跡に設置［十二月一日］（明治三十三年五月東京に移転）
明治三十一年	一八九八	第十二師団司令部が二ノ丸跡偕行社（勝山閣）で事務開始［十月一日］ 熊本第六師団兵器支廠内に小倉陸軍兵器支廠、小倉城内に派出所設置［十月二十日］ 第十二師団司令部が本丸跡（新築移転）、同経理部が北ノ丸跡、同憲兵隊が二ノ丸跡に開設［十一月］
明治三十二年	一八九九	「明治二十七八年戦役之記念碑」建立［三月二十一日］ 小倉衛戍病院が三ノ丸跡から北方に移転［四月一日］ 「許斐町」造成地の埋立着工［四月］（大正十一年第一次埋立完了） 「要塞地帯法」で下関要塞地帯に指定［七月十五日］ 小倉陸軍兵器支廠が熊本より小倉に移転、小倉城東側紫川沿いに開設［十一月十一日］
明治三十三年	一九〇〇	小倉町が市制施行し、小倉市が成立［四月一日］ 小倉電灯会社が発電所を建設、小倉市で電灯利用開始［九月二十三日］ 赤間関電話局門司支局が開局、小倉市で電話利用開始［十一月十六日］

和暦	西暦	事項
明治三十七年	一九〇四	九州鉄道小倉裏線が全通［二月十二日］（大正五年六月二十一日廃止）
明治三十九年	一九〇六	東京製綱小倉工場開設［二月］ 小倉軌道香春口－城野間が馬車鉄道として開通［六月十一日］
明治四十年	一九〇七	小倉軌道城野－北方間開通［二月二十三日］ 小倉鉄道株式会社が高浜地区の埋立を出願［四月五日］（大正四年五月竣工、同年十一月石炭積出開始）
明治四十三年	一九一〇	小倉瓦斯会社設立［四月十五日］（明治四十四年ガス灯利用開始） 九州電気軌道株式会社が火力発電所を開設［五月六日］
明治四十四年	一九一一	九州電気軌道東本町（門司）－大蔵（八幡）間開業［六月五日］、勝山橋開設
大正四年	一九一五	小倉鉄道東小倉－上添田開通［四月一日］
大正五年	一九一六	松方幸次郎が鋳物師町および企救郡板櫃村平松浦地先埋立出願［一月］（九州電気軌道株式会社と九州土地興業株式会社が継承して埋立実施、東港町） 小倉市役所庁舎が大阪町から室町に新築移転［八月二十八日］
大正六年	一九一七	東洋陶器株式会社設立［五月十五日］（現在のＴＯＴＯ株式会社）
大正七年	一九一八	小倉電気軌道設立［一月十四日］、小倉軌道を継承 小倉陸軍兵器支廠が城野に移転し、旧支廠は小倉兵器庫と改称［八月二十三日］ 小倉市初の百貨店「兵庫屋」開店 浅野小倉製鋼所開業［十二月七日］
大正十年	一九二一	浅野小倉製鋼所と小倉鉄道が足立村地先海面埋立を出願［八月三十日］（大正十一年許可、同十四年着工、昭和六年竣工、浅野町）
大正十一年	一九二二	小倉衛戍監獄が城野に移転［二月八日］ 二ノ丸跡の東側が陸軍省から小倉市に払い下げられる［三月］ 小倉市記念図書館が開館［十月三十日］ 第十二師団「忠魂碑」建立［十一月］（田町、のち御下台所跡に移設）
大正十二年	一九二三	小倉市役所が田町に建設［一月十六日］、移転［十一月十六日］
大正十四年	一九二五	第十二師団が久留米に移転［五月一日］ 野戦重砲兵第二旅団司令部が下関から松ノ丸跡へ移転［五月八日］ 陸軍造兵廠東京工廠の小倉移転決定［十月二十四日］
昭和二年	一九二七	小倉電気軌道馬借町－香春口間開業［二月一日］
昭和三年	一九二八	野戦重砲兵第二旅団司令部・小倉連隊区司令部が旧第十二師団司令部庁舎へ移動［一月十四日］ 東京工廠小倉出張所が大手町の小倉兵器製造所に設置 歩兵第十四連隊が北方の歩兵四十七連隊跡に移転［十一月十九日］
昭和四年	一九二九	常盤橋が石橋となる

和暦	西暦	出来事
昭和六年	一九三一	小倉築港株式会社が砂津川東部の埋立着工［八月四日］（昭和十六年十二月一部竣工、昭和十七年八月「末広町」と命名） 小倉発電所建設（埋立地の東港）［十一月二十九日］
昭和七年	一九三二	小倉電気軌道魚町―旦過間開業［十月二日］
昭和八年	一九三三	「歩兵第十四聯隊之跡」碑建立［三月］ 陸軍造兵廠小倉工廠開設［十一月一日］
昭和九年	一九三四	八坂神社が鋳物師町から北ノ丸跡に移る［七月八日］ 「奥元帥生誕之地」碑建立［九月］
昭和十年	一九三五	小倉港が「開港」指定を受ける［五月］
昭和十一年	一九三六	小倉井筒屋開店［十月六日］
昭和十二年	一九三七	西部防衛司令部が本丸跡に開設［八月四日］
昭和十三年	一九三八	菊屋百貨店開店［十月二十五日］（のちの小倉玉屋）
昭和十四年	一九三九	野戦重砲歩兵第二旅団司令部改編、西部軍砲兵隊司令部設置
昭和十五年	一九四〇	第六十六独立歩兵団設置［七月十日］（昭和十八年六月廃止） 西部防衛司令部が改組され西部軍司令部となる［八月一日］（十二月二十四日福岡市に移転）
昭和十六年	一九四一	小倉防空隊設置［七月十六日］ 小倉連隊区司令部が福岡連隊区に統合［十一月一日］ 西部防空旅団司令部が西南女学院に設置［十二月］
昭和十七年	一九四二	「東久邇宮稔彦王殿下台臨記念」碑・「軍馬忠霊塔」碑が建立［十月二十日・二十四日］
昭和十八年	一九四三	第六十六独立歩兵団廃止［六月二十五日］ 下関要塞司令部が第六十六独立歩兵団跡に移転［八月］ 西部防空旅団が西部防空集団になる［八月］（昭和十九年六月一日西部高射砲集団、昭和二十年五月六日高射第四師団編制）
昭和十九年	一九四四	本土初の本格的空襲で陸軍造兵廠が空襲を受ける［六月十六日］
昭和二十年	一九四五	広島市に原爆投下［八月六日］（小倉市は第二投下目標） 長崎市に原爆投下［八月九日］（小倉市は第一投下目標） 米軍第三十二師団が小倉に進駐［十月十八日］（昭和二十一年五月に米軍第二十四歩兵師団が進駐）
昭和二十三年	一九四八	豊楽園球場が浅野町に完成［七月］（昭和三十二年閉鎖） 小倉市立第四中学校が三ノ丸跡に開校［十一月］（昭和二十六年思永中学校と改称）
昭和三十三年	一九五八	小倉駅が現在地に移転［三月一日］ 中の橋が開設［四月］

昭和三十四年	一九五九	旧陸軍造兵廠全域が返還される［一月二十一日］ 紫川大橋が開設［三月］ 小倉市民会館開館［十月一日］ 小倉城天守（復興天守）建設［十月］
昭和三十五年	一九六〇	「伸びゆく北九州　小倉大博覧会」開催［三月二十日～五月二十二日］ 日明臨海工業用地埋立計画決定［七月］（昭和三十八～四十二年、西港町）
昭和三十八年	一九六三	五市合併により北九州市が成立［二月十日］ 北九州市が政令指定都市となり、小倉区が成立［四月一日］（昭和四十九年四月一日小倉北区と小倉南区に分かれる） 白洲灯台再現模型が松ノ丸跡に建設［十一月二十日］
昭和四十一年	一九六六	十条製紙小倉工場閉鎖［十一月二十日］、八代工場に統合
昭和四十三年	一九六八	小倉城大太鼓返還式［六月二十二日］、入城式［七月六日］
昭和四十七年	一九七二	北九州市役所庁舎竣工［四月十日］
昭和四十八年	一九七三	「原爆犠牲者慰霊平和祈念碑」建立［八月九日］
昭和五十年	一九七五	山陽新幹線岡山―博多間開通、小倉駅開業［三月十日］ 北九州市立中央図書館開館［四月十六日］ 北九州市立歴史博物館開館［八月一日］
昭和五十一年	一九七六	長崎市より「長崎の鐘」贈呈［八月二日］
昭和五十八年	一九八三	豊後橋再建［六月］
昭和六十年	一九八五	北九州高速鉄道（モノレール）開通［一月九日］（平成十年四月一日小倉駅乗り入れ）
平成二年	一九九〇	「紫川マイタウン・マイリバー整備計画」が建設省から認定される［八月］
平成三年	一九九一	室町大橋開設［四月二十三日］
平成四年	一九九二	中島橋開設［七月一日］
平成七年	一九九五	常盤橋が木橋となる［三月］
平成十年	一九九八	北九州市立松本清張記念館が御花畑跡に開館［八月四日］ 北九州市立小倉城庭園が御下屋敷跡に開館［九月二十九日］
平成十一年	一九九九	小倉北区役所庁舎が現在地に新築移転［一月四日］
平成十二年	二〇〇〇	鷗外橋開設［三月三十日］ 「岩松助左衛門翁顕彰碑」建立［四月二十三日］
平成十五年	二〇〇三	リバーウォーク北九州開業［四月十九日］
平成十八年	二〇〇六	北九州市立文学館開館［十一月一日］
平成三十一年	二〇一九	小倉城展示リニューアル［三月三十日］

主な引用資料解説

1　地図・絵図など

■小倉藩士屋敷絵図

北九州市立自然史・歴史博物館　蔵

複製には「安政年間」とあるが、原図には年代が記されず、作成年代は明確ではないため、とりあえず幕末としている。「藩士屋敷絵図」とあり、武家屋敷については住人である小倉藩士の名前が明記されているが、町屋敷については「町屋敷」と記すだけである。本図については複製がよく知られている。

■小倉城外町屋敷之図（福岡県指定文化財）

福岡県立育徳館高等学校錦陵同窓会　蔵
みやこ町歴史民俗博物館　寄託

東西両曲輪を分けて二枚一組となっている。「町屋敷之図」とあり、町屋敷については住人の名前が記されているが、武家屋敷については「武家地」と記すだけである。「小倉藩士屋敷絵図」と同様に幕末に作成されたと思われる。「小倉藩士屋敷絵図」と「町屋敷之図」を統合することによって、小倉城下町の全体像を知ることができる。

■西国内海名所一覧

北九州市立自然史・歴史博物館　蔵

幕末から明治初期にかけて活躍した浮世絵師の五雲亭歌川貞秀が描いた鳥瞰図で、紫川河口の常盤橋を中心に、西は長崎街道の室町界隈、東は京町から門司方面が描かれている。街道筋の賑わいや河口に多数の船が出入りしている様子が印象的である。

■豊国名所（北九州市指定文化財）

北九州市立自然史・歴史博物館　蔵

小倉の町絵師である村田応成（一八一六～七七）が幕末の小倉城下町や小倉藩領の名所・風俗四十二場面を描いたもの。村田応成は京都に生まれ、円山派の系統に属し、弘化二（一八四五）年頃に小倉に移住した。

北九州市立歴史博物館（現在の北九州市立自然史・歴史博物館）が全四十二場面のカラー図版および刊行当時の現地の写真を掲載し、解説を付して刊行している（二〇〇〇年）。

2　細川氏時代

■日　帳

公益財団法人永青文庫　蔵
熊本大学附属図書館　寄託

小倉藩主および熊本藩主の細川家の奉行所の記録。

『福岡県史』近世史料編・細川小倉藩一～三に左記のように翻刻されている（西日本文化協会編、一九九〇、九三、二〇〇一年）。

一　「日帳」寛永元年八月～同五年五月
二　「日帳」寛永五年六月～同七年六月
三　「日帳」寛永七年八月～同八年十一月
　　「覚書」元和九年五月～同十年四月

■細川家史料

公益財団法人永青文庫　蔵
熊本大学附属図書館　寄託

公益財団法人永青文庫が所蔵し、熊本大学附属図書館に寄託されている細川家文書から選択して、東京大学史料編纂所が編纂する『大日本近世史料』のうち『細川家史料』として第二十六巻までを刊行している（東京大学出版会、一九六九～二〇一八年）。

なお『大日本近世史料』には、熊本藩家老を務めた松井家旧蔵で熊本大学附属図書館が所蔵する『小倉藩人畜改帳』全五巻も翻刻・刊行されている（一九五六～五八年）。

■**綿考輯録**

公益財団法人永青文庫 蔵
熊本大学附属図書館 寄託

細川家が細川藤孝（幽斎）、忠興（三斎）、忠利、光尚四代の当主の事績を全六十三巻にまとめたもの。安永七（一七七八）年に熊本藩士の小野景湛が各種の伝記や軍記物などをもとに編纂し、藩の記録局が継承し、校訂・浄書して完成した。ほかにも大正時代の写本が国立国会図書館に所蔵されている。

出水神社編により全七巻で翻刻・刊行されている（汲古書院、一九八八～九一年）。

■**筑前筑後肥前肥後探索書**（写本）

細川氏時代の寛永四（一六二七）年に幕府の隠密方が九州諸藩の情勢を探索した報告書で、各藩の城郭の規模や城下町の人口・家数などを記録している。同書によれば小倉城の天守の高さは十間、本丸の石垣の高さは四間とある。

九州史料刊行会より「九州史料叢書」第八として翻刻・刊行されている（一九五八年）。

3 小笠原氏時代

■**鵜之真似**

小倉藩士で書院番や天守番などを歴任した小島礼重が小倉藩の故事や風俗・習慣などについて調査して著したもので、嘉永年間頃に成立した。小島にはほかに「倉府見聞集」がある。

本資料は「小倉叢書」として静観堂書籍部より刊行されている（一九二六年）が、原本の所在は不明である。また『豊前叢書』第五巻にも収録されている（国書刊行会、一九八一年）。

■**慶応仮日記**

旧小倉図書館所蔵小笠原家文書
北九州市立自然史・歴史博物館 蔵

慶応二（一八六六）年の第二次長州戦争小倉口の戦いに関する小倉藩側の基本史料。もとは七分冊であったようだが五冊が伝わっている。小笠原家で明治四十（一九〇七）年頃に編纂された「豊倉記事」（後述）の主要典拠史料である。

『山口県史』史料編幕末維新4に一冊が翻刻・収録されている（二〇一〇年）。

■**小倉商家由緒記**

記載内容から天明～寛政初年の成立と推測される。小笠原氏が小倉に入部した寛永九（一六三二）年時点で、小倉城下町内に店舗を構えて商業を営んでいた各家の当主の出自と系譜、その後の商業活動などの変遷を記録している。

九州史料刊行会より「九州史料叢書」第十四として翻刻・刊行されている（一九六三年）。

■**小森承之助日記**（福岡県指定文化財）

北九州市立自然史・歴史博物館 蔵

小倉藩領企救郡小森手永大庄屋を務めた友石（小森）承之助（一八二五～七五）の日記。安政五（一八五八）年から明治四（一八七一）年まで（欠落期間がある）の全二十冊から成る。

北九州市立歴史博物館より全五巻で翻刻・刊行されている（一九九五～九九年）。

■**御当家末書**（福岡県指定文化財）

福岡県立育徳館高等学校錦陵同窓会 蔵
みやこ町歴史民俗博物館 寄託

小倉藩小笠原家の故事来歴などについて、小倉藩士進五左衛門綱房がまとめたもの。第一・二巻から十五巻までの十四冊と余編一冊の計十五冊から成る。進は文化二（一八〇五）年正月までに編纂を行っている。その後旧小倉藩士松井斌二が明治三十七年頃に書写している。

この写本が翻刻され、『福岡県史』近世史料編として上・下二冊で刊行されている（西日本文化協会編、一九八三・八六年）。

■倉城大略誌（写本）

北九州市立中央図書館 蔵

寛永九（一六三二）年に小笠原忠真が小倉藩主となるまでの小倉城の歴史のあらましを述べたもの。寛政三（一七九一）年に小倉藩記録方の春日信映が編纂した。昭和二（一九二七）年の写本があるが、原本の所在は不明である。

『福岡県史資料』第四輯（一九三五年）に抄録、また『豊前叢書』第二巻（一九八一年）に翻刻・収録されている。

■倉府見聞集

小島礼重（前述）が小倉藩の故事や風俗・習慣などについて調査して著したもの。小島の著作にはほかに「鵜之真似」がある。

『福岡県史資料』第四輯（一九三五年）に抄録、『豊前叢書』第二巻（一九八一年）に翻刻・収録されている。

■倉府俗話伝（写本）

北九州市立中央図書館 蔵
北九州市立自然史・歴史博物館 蔵

小倉城と城下町の各所（神社・寺院を含む）の由来や変遷などについて記述したもの。寛政四（一七九二）年に小倉藩記録方の春日信映が編纂した。昭和二（一九二七）年の写本があるが、原本の所在は不明である。

『豊前叢書』第二巻に翻刻・収録されている（一九八一年）。

■中原嘉左右日記（福岡県指定文化財）

北九州市立自然史・歴史博物館 蔵

小倉の商家・中原屋の幕末・明治前期の当主である中原嘉左右（一八三一～九四）の日記。慶応四（一八六八）年四月から明治二十七（一八九四）年までの全四七冊から成る（現在は三十八冊に整理・製本されている）。長州藩・日田県による占領・預かり時代（香春藩・豊津藩時代）の旧小倉藩の人々の動向や旧小倉城下町の様相を詳細に知ることができる。全十二巻で翻刻・刊行されている（西日本文化協会、一九七〇～七七年）。

■中村平左衛門日記（福岡県指定文化財）

北九州市立自然史・歴史博物館 蔵

小倉藩企救郡および京都郡の大庄屋を務めた中村平左衛門（一七九三～一八六七）の日記。文化九（一八一二）年から慶応二（一八六六）年までの全三十五冊から成る。ただし一部欠落がある。

『福岡県史資料』第五輯に一部が抄録されていて、同書によれば文化八年の日記もあるようだが、現在は確認できない。北九州市立歴史博物館より全十巻で刊行されている（一九八二～九三年）。

■豊倉記事（福岡県指定文化財）

福岡県立育徳館高等学校錦陵同窓会 蔵
みやこ町歴史民俗博物館 寄託

第二次長州戦争小倉口の戦いを中心に幕末の小倉藩の動向について、明治四十（一九〇七）年に小笠原家で編纂された記録。全八冊から成る。小笠原家の幕末の「正史」としての意味を持つ。旧小倉藩士の松島義方（止堂）と松井精良（鶴年）が編纂を担当した。

八冊のうちの四冊が『豊前叢書』第一巻に翻刻・収録されている（一九八一年）。

■龍吟成夢

幕末の小倉の様子について、旧小倉藩士の松井斌二が記したもの。明治四十四（一九一一）年六月十一日付の「緒言」がある。城内施設の名称や規模と機能、城下町については町ごとに住人の生業・特色などを詳細に記述している。小島礼重の「鵜之真似」と類似の記述があり、先行の記録類も参考にしているようである。

小倉藩政史研究会により「豊前史料集成」三として、「倉藩時式」とともに翻刻・刊行されている（一九九三年）。

主な参考文献

引用資料は別掲、刊行順に配列

❶城全般

藤岡通夫『城と城下町』増補訂正版、中央公論美術出版、一九八八年

三浦正幸『城の鑑賞基礎知識』至文堂、一九九九年

千田嘉博『織豊系城郭の形成』東京大学出版会、二〇〇〇年

中村雅治『城と天守』日本の美術四〇四、至文堂、二〇〇〇年

木島孝之『城郭の縄張り構造と大名権力』九州大学出版会、二〇〇一年

中井　均『信長と家臣団の城』KADOKAWA、二〇二〇年

福田千鶴『城割の作法　一国一城への道程』吉川弘文館、二〇二〇年

❷小倉城と城下町全般

【自治体史など】

小倉市市役所編『小倉市誌』上編、一九二一年

北九州市史編さん委員会編『北九州市史』近代・現代（行政・社会）、北九州市、一九八七年

北九州市史編さん委員会編『北九州市史』近世、北九州市、一九九〇年

北九州市開港百年史編さん委員会編『北九州の港史　北九州港開港百年を記念して』北九州市港湾局、一九九〇年

北九州市史編さん委員会編『北九州市史』近代・現代（産業経済一）、北九州市、一九九一年

北九州市史編さん委員会編『北九州市史』近代・現代（産業経済二）、北九州市、一九九二年

北九州市史編さん委員会編『北九州市史』古代・中世、北九州市、一九九二年

北九州市産業史・公害対策史・土木史編集委員会産業史部会編『北九州市産業史』北九州市、一九九八年

北九州市産業史・公害対策史・土木史編集委員会土木史部会編『北九州市土木史』北九州市、一九九八年

豊津町史編纂委員会編『豊津町史』上巻、豊津町、一九九八年

行橋市史編纂委員会編『行橋市史』中巻（中世・近世・建築・美術）行橋市、二〇〇六年

新修北九州市史編纂会議編『新修北九州市史』文化編・教育編、北九州市、二〇一八年

【一　般】

藤岡通夫「豊前小倉城天守考」（『近世建築史論集』中央公論美術出版、一九六九年）

米津三郎『小倉城の話』小倉観光、一九七八年

米津三郎ほか『北九州の歴史』葦書房、一九七九年

米津三郎編著『わが町の歴史　小倉』文一総合出版、一九八一年

高見敞志「小倉城下町の町割技法と現在市街地への影響と特性」（日本建築学会編『日本建築学会計画系論文報告集』三八〇、一九八七年）

松岡利郎「小倉城」（探訪ブックス日本の城9『九州の城』小学館、一九八九年）

北野　隆「小倉城」（『復元大系 日本の城』八〔九州・沖縄〕ぎょうせい、一九九二年）

米津三郎監修『北九州の100万年』海鳥社、一九九二年

米津三郎『小倉藩史余滴』海鳥社、一九九五年

佐藤浩司「小倉城下町の構造と特質」（第八回関西近世考古学研究会大会『近世城下町の構造と特質』、一九九六年）

『城下町古地図散歩7　熊本・九州の城下町』平凡社、一九九八年

佐藤浩司「西国における在地産土器の生産と流通」（小野正敏・萩原三雄編『戦国時代の考古学』高志書院、二〇〇三年）

碧水社編『歴史群像シリーズ よみがえる日本の城20 小倉城』学習研究社、二〇〇五年

長崎街道小倉城下町の会「城下町小倉」編集委員会編『城下町小倉の歴史』長崎街道小倉城下町の会、二〇〇六年

出口　隆『地図で見る近代の小倉室町と城内』北九州市芸術文化振興財団、二〇一〇年

小野剛史『小倉藩の逆襲　豊前国歴史奇譚』花乱社、二〇一九年

北九州市の文化財を守る会編『北九州歴史散歩』豊前編、海鳥社、二〇一九年

3 調査報告書など

米津三郎ほか編『小倉城 小倉城調査報告書』北九州市文化財報告書二二、北九州市教育委員会、一九七七年

谷口俊治編『室町遺跡』北九州市埋蔵文化財調査報告書九五、北九州市教育文化事業団埋蔵文化財調査室、一九九〇年

谷口俊治編『京町遺跡2』北九州市埋蔵文化財調査報告書一四六、北九州市教育文化事業団埋蔵文化財調査室、一九九四年

北九州市小倉北区役所まちづくり推進課編『小倉城下町調査報告書』北九州市小倉北区役所、一九九七年

梅﨑惠司編『小倉城代米御蔵跡Ⅳ』北九州市埋蔵文化財調査報告書三一三、北九州市芸術文化振興財団、二〇〇四年

佐藤浩司編『小倉城新馬場跡』北九州市埋蔵文化財調査報告書三一四、北九州市芸術文化振興財団、二〇〇四年

宇野愼敏編『小倉城二ノ丸家老屋敷跡第2地点』北九州市埋蔵文化財調査報告書三四九、北九州市芸術文化振興財団埋蔵文化財調査室、二〇〇六年

柴尾俊介編『室町遺跡第六地点』北九州市埋蔵文化財調査報告書三五七、北九州市芸術文化振興財団埋蔵文化財調査室、二〇〇六年

髙山京子編『小倉城二ノ丸家老屋敷跡1』北九州市文化財調査報告書一一〇、北九州市教育委員会、二〇〇六年

谷口俊治編『大門遺跡第三地点』北九州市埋蔵文化財調査報告書三六三、北九州市芸術文化振興財団埋蔵文化財調査室、二〇〇七年

前田義人編『大手町遺跡（小倉城外堀跡）』北九州市埋蔵文化財調査報告書三七二、北九州市芸術文化振興財団埋蔵文化財調査室、二〇〇七年

柴尾俊介編『備後守屋鋪南側土塁跡』北九州市埋蔵文化財調査報告書四〇五、北九州市芸術文化振興財団埋蔵文化財調査室、二〇〇八年

宇野愼敏編『室町遺跡第十一地点』北九州市埋蔵文化財調査報告書四四二、北九州市芸術文化振興財団埋蔵文化財調査室、二〇一〇年

梅﨑惠司ほか編『小倉城三ノ丸跡第6地点5』北九州市埋蔵文化財調査報告書四七三、北九州市芸術文化振興財団埋蔵文化財調査室、二〇一二年

髙山京子編『小倉城二ノ丸家老屋敷跡2』北九州市文化財調査報告書一二六、北九州市教育委員会、二〇一二年

中村利至久編『鋳物師町遺跡』北九州市埋蔵文化財調査報告書五三二、北九州市芸術文化振興財団埋蔵文化財調査室、二〇一五年

佐藤浩司編『馬借遺跡』北九州市埋蔵文化財調査報告書五六九、北九州市芸術文化振興財団埋蔵文化財調査室、二〇一七年

北九州市教育委員会編『小倉祇園太鼓』北九州市文化財調査報告書一五八、二〇一八年

北九州市芸術文化振興財団埋蔵文化財調査室「小倉城天守台跡と内堀の発掘調査」（『発掘ニュース』八二、二〇一八年）

宇野愼敏編『鋳物師町遺跡第2地点』北九州市埋蔵文化財調査報告書五九二、北九州市芸術文化振興財団埋蔵文化財調査室、二〇一九年

佐藤浩司編『小倉城天守台跡』北九州市埋蔵文化財調査報告書五九五、北九州市芸術文化振興財団埋蔵文化財調査室、二〇二〇年

4 展示図録など

北九州市立歴史博物館編『小倉藩創始 細川家の歴史展』一九八五年

北九州市立考古博物館編『よみがえる小倉城下町』一九九二年

北九州市立歴史博物館編『北九州の金工品』一九九三年

北九州市立歴史博物館編『再見小倉城下町』一九九八年

八代市立博物館編『天草・島原の乱 徳川幕府を震撼させた120日』二〇〇二年

北九州市立自然史・歴史博物館／八代市立博物館編『大名細川家 文と武の軌跡』二〇〇五年

熊本県立美術館編『永青文庫 細川家の歴史と名宝』二〇〇八年

熊本県立美術館編『細川幽斎展 没後400年・古今伝授の間修復記念』二〇一〇年

八代市立博物館編『八代城主松井家の名宝 珠玉の松井文庫コレクション』二〇一〇年

北九州市立自然史・歴史博物館編『最後の戦国武将 小倉藩主小笠原忠真』二〇一八年

八代市立博物館編『ザ・家老　松井康之と興長』二〇一八年

5 毛利氏時代以前

宗像神社復興期成会『宗像神社史』上、一九六一年
有川宣博「豊前時代の高橋元種とその花押」（北九州市立自然史・歴史博物館編『研究報告 B類歴史』五、二〇〇八年）
柴尾俊介「中世小倉津の鋳物師」（九州古文化研究会編『古文化談叢』六五、二〇一〇年）
松井和幸『考古学から見た中世鋳物師の総合的研究』科学研究費研究成果報告書、二〇一四年
今福　匡『真田より活躍した男 毛利勝永』宮帯出版社、二〇一六年

6 細川氏時代

俵口洋子「幕藩制確立期の豊前細川藩」（丸山雍成編『幕藩制下の政治と社会』文献出版、一九八三年）
永尾正剛「慶長期細川小倉藩の人畜改帳」（九州史学研究会編『九州史学』八八・八九・九〇、一九八七年）
永尾正剛「細川小倉藩人畜改帳の考察」（西南地域史研究会編『西南地域の史的展開』近世篇、思文閣出版、一九八八年）
永尾正剛「細川菜園場窯の史的考察」（九州大学国史学研究室編『近世近代史論集』吉川弘文館、一九九〇年）
永尾正剛「『人身売買禁止令』と小倉藩」（西日本文化協会福岡県地域史研究所編『福岡県地域史研究』九、一九九〇年）
細川護貞『細川幽斎』中公文庫、一九九四年
八代市立博物館編『松井文庫所蔵古文書調査報告書』一〜二十、一九九六〜二〇一九年
永尾正剛「細川忠興と北九州」（米原正義編『細川幽斎・忠興のすべて』新人物往来社、二〇〇〇年）
山本博文『江戸城の宮廷政治　熊本藩細川忠興・忠利父子の往復書状』講談社学術文庫、二〇〇四年
熊本大学永青文庫研究センター編『永青文庫叢書 細川家文書　近世初期編』吉川弘文館、二〇一二年
熊本大学永青文庫研究センター編『熊本大学寄託永青文庫資料総目録　歴史資料編』一〜三、二〇一五年
熊本大学永青文庫研究センター編『熊本大学寄託永青文庫資料総目録　文学・文芸・故実・芸能編　絵図・地図・指図編　歴史資料編補遺』二〇一五年
後藤典子『熊本城の被災修復と細川忠利』熊本日日新聞社、二〇一七年
稲葉継陽『細川忠利　ポスト戦国世代の国づくり』吉川弘文館、二〇一八年
後藤典子「小倉藩細川家の葡萄酒造りとその背景」（熊本大学永青文庫研究センター編『永青文庫研究』創刊号、二〇一八年）
永尾正剛「細川小倉藩の『葡萄酒』製造」（北九州市立自然史・歴史博物館編『研究報告 B類歴史』一五、二〇一八年）
後藤典子「島原・天草一揆以前における肥後細川家のキリスト教政策」上・下（熊本大学永青文庫研究センター編『永青文庫研究』二・三、二〇一九・二〇二〇年）
熊本大学永青文庫研究センター編『永青文庫叢書 細川家文書　島原・天草一揆編』吉川弘文館、二〇二〇年
稲葉継陽『歴史にいまを読む　熊本・永青文庫からの発信』熊本日日新聞社、二〇二〇年
公益財団法人永青文庫・熊本大学永青文庫研究センター編『永青文庫の古文書　光秀・葡萄酒・熊本城』吉川弘文館、二〇二〇年

7 小笠原氏時代

白石　壽『小倉藩家老 島村志津摩』海鳥社、二〇〇一年
玉江彦太郎『小倉藩の終焉と近代化』西日本新聞社、二〇〇二年
土井重人『大庄屋走る　小倉藩・村役人の日記』海鳥社、二〇〇七年
守友　隆「長討却軍記　慶応二（一八六六）年の小倉戦争を題材とした軍記史料」（福岡地方史研究会編『福岡地方史研究』四六、二〇〇八年）
宮崎克則『九州の一揆・打ちこわし』海鳥社、二

〇〇九年
松尾晋一『江戸幕府の対外政策と沿岸警備』校倉書房、二〇一〇年
守友 隆「『小倉合戦風説書』巻一～四 慶応二年（一八六六）の長州戦争（小倉戦争・小倉口の戦い）を題材とした軍記史料」（『九州文化史研究所紀要』五四、九州大学附属図書館付設記録資料館九州文化史資料部門、二〇一一年）
守友 隆「『漂流貿易』の拠点・藍島 小倉藩の遠見番所が置かれた藩境の島」（『西日本文化』四五九、西日本文化協会、二〇一二年）
松尾晋一『江戸幕府と国防』講談社、二〇一三年
守友 隆「小倉新田（千束）藩の居館」（『北九州市の文化財を守る会会報』一四一、二〇一三年）
アクロス福岡文化誌編纂委員会編、アクロス福岡文化誌9『福岡県の幕末維新』海鳥社、二〇一五年
守友 隆「文化度朝鮮通信使と小倉藩主小笠原忠固」（福岡地方史研究会編『福岡地方史研究』五四、二〇一六年）
日比野利信「『旧藩史観』再考」（九州歴史科学研究会編『九州歴史科学』四五、二〇一七年）
守友 隆「『異船追却志草稿』諸本の紹介 享保の「唐船」打ち払いに関する福岡藩士の記録」（北九州市立自然史・歴史博物館編『研究報告 B類歴史』一四、二〇一七年）
仲尾宏・町田一仁編『ユネスコ世界記憶遺産と朝鮮通信使』明石書店、二〇一七年
池上兼正『350年を経て明かされる 小倉藩とその支藩の真相』幸文堂出版、二〇一八年
守友 隆「文化8年朝鮮通信使応接における上使小笠原忠固と小倉藩」（『朝鮮通信使研究』二八、朝鮮通信使学会、二〇一九年
守友 隆「小倉藩小笠原家の御家騒動に関する史料の紹介 企画展『小笠原騒動と白黒騒動』より」（北九州市立自然史・歴史博物館編『研究報告 B類歴史』一七、二〇二〇年）

8 近代・現代

村田辰蔵編『小倉製紙工場沿革概要』一九二四年
小倉市役所『伸びゆく北九州 小倉大博覧会会誌』一九六一年
北部九州郷土部隊史料保存会編『兵旅の賦』第一巻（明治大正編）西日本新聞社、一九七六年
水内俊雄「戦前期北九州五都市における都市形成と都市政策」（西日本文化協会編『福岡県史』近代研究編・各論一、福岡県、一九八九年）
水内俊雄「福岡県八市の都市開発と都市発展」（西日本文化協会編『福岡県史』通史編近代・産業経済二、福岡県、二〇〇〇年）
西日本鉄道株式会社100年史編纂委員会編『西日本鉄道百年史』二〇〇八年
坂本悠一「北九州における軍隊と戦争 『軍都小倉』の成立・衰退・再生」（林博史編『地域のなかの軍隊』6、吉川弘文館、二〇一五年）
柴多一雄「戦前期における民間航空の発展と福岡市」（福岡市博物館市史編さん室編『市史研究ふくおか』一二、二〇一七年）
日比野利信「近現代福岡市の都市発展と博多湾・箱崎」（九州史学研究会編『アジアのなかの博多湾と箱崎』アジア遊学二二四、勉誠出版、二〇一八年）

9 小倉祇園祭、小倉織

税田昭徳「小倉織 その再見と私考」（北九州市立歴史博物館編『研究紀要』四、一九九六年）
柏木 實「小倉祇園祭の成立と展開」（北九州市立歴史博物館編『研究紀要』五、一九九七年）
中野紀和『小倉祇園太鼓の都市人類学 記憶・場所・身体』古今書院、二〇〇七年
永尾正剛「文献史料にみる豊前『小倉織』の歴史的変遷」（北九州市立自然史・歴史博物館編『研究報告 B類歴史』七、二〇一〇年）
上野晶子・大和恵子「江戸期製作小倉織の技術的検証」（北九州市立自然史・歴史博物館編『研究報告 B類歴史』九、二〇一二年）

執筆者

※五十音順、◎は監修者、○は編集担当者

上野　晶子　北九州市立自然史・歴史博物館学芸員
○佐藤　浩司　前（公財）北九州市芸術文化振興財団埋蔵文化財調査室長
○関川　妥　（公財）北九州市芸術文化振興財団埋蔵文化財調査室学芸員
立野康志郎　北九州市市民文化スポーツ局文化部文化企画課学芸員
◎永尾　正剛　北九州市立自然史・歴史博物館名誉館員
中西　義昌　北九州市立自然史・歴史博物館学芸員
中村利至久　（公財）北九州市芸術文化振興財団埋蔵文化財調査室長
馬場　由行　北九州市立自然史・歴史博物館学芸員
○日比野利信　北九州市立自然史・歴史博物館学芸員・歴史課長
松井　和幸　北九州市市民文化スポーツ局文化部文化企画課埋蔵文化財センター次長
宮元　香織　北九州市立自然史・歴史博物館学芸員・歴史担当係長
守友　隆　北九州市立自然史・歴史博物館学芸員
山口　裕子　（公財）北九州市芸術文化振興財団埋蔵文化財調査室学芸員

編集関係者

※平成二十九〜令和二年度、執筆者（学芸員）を除く

北九州市長　北橋　健治（平成二十九〜令和二年度）

北九州市立自然史・歴史博物館
館長　上田恭一郎（平成二十九〜令和元年度）
館長　伊澤　雅子（令和二年度）
副館長　山家　桂一（平成二十九年度）
副館長　石神　勉（平成三十〜令和元年度）
副館長　小坪　浩子（令和二年度）

北九州市市民文化スポーツ局文化部文化企画課
局長　田島　裕美（平成二十九年度）
局長　久保山雅彦（平成三十〜令和二年度）
部長　久保山雅彦（平成二十九年度）
部長　重岡　典彰（平成三十〜令和元年度）
部長　小笠原圭子（令和二年度）
課長　川邉　健（平成二十九年度）
課長　横山　久（平成三十〜令和元年度）
課長　右田　圭子（令和二年度）

協力者・機関

※五十音順、個人については資料所蔵者のみ記載、敬称略

嘉麻市役所
北九州市立思永中学校
北九州市立中央図書館
熊本県立美術館
公益財団法人永青文庫
公益財団法人松井文庫
広寿山福聚寺
国土地理院
国立公文書館
国立国会図書館
白木信博
萬歳山成道寺
福岡県立育徳館高等学校錦陵同窓会
福岡県立図書館
防衛省防衛研究所
三浦伝統建築文化研究室
みやこ町歴史民俗博物館
宗像大社
八代市立博物館
山口県文書館

小倉城(こくらじょう)と城下町(じょうかまち)

■

2020年 6 月 1 日　第 1 刷発行

■

編　者　北九州市立自然史・歴史博物館

発行者　杉本雅子

発行所　有限会社海鳥社

〒812-0023　福岡市博多区奈良屋町13番 4 号

電話092(272)0120　FAX092(272)0121

印刷・製本　有限会社九州コンピュータ印刷

ISBN978-4-86656-076-2

http://www.kaichosha-f.co.jp

［定価は表紙カバーに表示］